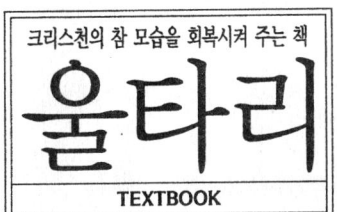

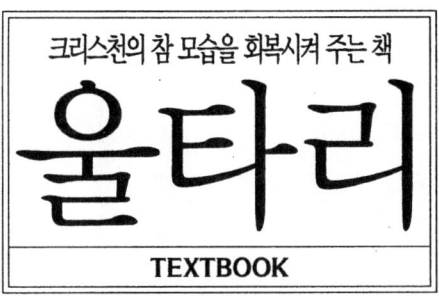

크리스천의 참 모습을 회복시켜 주는 책

울타리

TEXTBOOK

헨리 클라우드, 존 타운센드 지음 / 신현복 옮김

도서출판 아침
Christian Home Books

BOUNDARIES
TEXTBOOK

English Edition Copyright ©1992
by Dr. Henry Cloud and John Townsend
Translated and Published by Permission of Zondervan Publishing House
All right reserved.

Korean Translation Copyright ©1999
by Achim Publishing House

본 저작물의 한국어판 저작권은
Zondervan Publishing House와의 독점계약으로 도서출판 아침에 있습니다.
저작권법에 의하여 한국내에서 보호를 받는 저작물이므로
무단전재와 무단복제를 금합니다.

이 책을 옮기면서

통제를 벗어난 삶이 있습니다. 혹시 여러분의 삶이 그렇지는 않습니까? 사람들이 여러분을 이용하고 있습니까? '아니오!'라고 말하는 게 어려우십니까? 응답받지 못한 기도 때문에 하나님께 실망하고 있습니까? 분명한 울타리를 갖는다는 것은 건강하고 균형 잡힌 삶의 양식에 꼭 필요한 요소입니다.

울타리는 우리가 책임지고 있는 이런저런 일들의 경계를 정하는 개인적인 소유지 표시입니다. 달리 말하자면, 울타리는 우리가 누구인지 그리고 우리가 누가 아닌지를 명백히 보여 줍니다.

육체적인 울타리는 누가 우리를 어떤 상황 아래서 접촉할 수 있는지 결정하는 일에 도움을 주지요. 정신적인 울타리는 우리에게 우리 자신의 생각과 견해를 가질 자유를 제공합니다. 정서적인 울타리를 통하여 우리가 우리 자신의 정서들을 다루는 법과 다른 사람들의 해롭고 조작적인 정서들에 말려들지 않는 법을 배우게 됩니다. 영적인 울타리를 통하여 우리는 우리 자신으로부터 하나님의 뜻을 소멸시키지 않도록 도움을 받게 되고, 우리 창조주에 대한 경외심을 회복하게 됩니다.

종종, 그리스도인들은 사랑하는 일과 이타적인 일에 너무 많이 집중한 나머지, 자기 자신의 경계와 한계를 잊어버리지요. 울타리가 없다는 사실에 직면할 때, 그들은 이렇게 묻습니다 :

- 내가 경계를 설정해도 여전히 사랑하는 사람이 될 수 있을까?
- 합법적인 울타리란 뭘까?
- 만일 누군가 내 울타리 때문에 당황하고 상처입으면 어떡하나?
- 누군가 내 시간이나, 사랑이나, 힘이나, 돈을 원하는 사람이 있다면 뭐라 대답할까?
- 울타리는 이기적인 게 아닐까?
- 울타리를 세우려고 생각할 때 왜 나는 죄책감이나 두려움을 느끼는 걸까?

헨리 클라우드 박사와 존 타운센드 박사는 이런저런 어려운 문제들에 대하여 성경에 바탕을 둔 대답을 제공합니다. 그러면서 우리에게 우리 부모·배우자·자녀들·친구들·동료들, 그리고 우리 자신과도 건강한 울타리를 세우는 법을 보여 줍니다. 지은이들은 하나님께서 주신 선물인 울타리들에 대하여 탁월한 통찰력과 실제적인 지혜를 가지고 있습니다. 그들은 우리 삶에 대하여 책임과 소유권을 행사하는 방법을 논의하면서, 꼭 그것 때문에 산다고는 할 수 없지만 우리 삶을 튼실하게 해주는 희망을 제공합니다. 이 책은 우리 삶을 변화시키는 효력을 지니고 있습니다. 고맙게도 지은이들은 상처를 입고 있는 많은 이들에게 하나님의 지혜를 중심으로 한 전문적인 지식을 사용해 오고 있습니다. 〈울타리〉는 일시적인 기분 전환거리를 제공하는 것이 아니라, 한 인간을 하나님께 내보이고 궁극적인 돌봄을 위하여 그분의 길을 가리켜 줍니다. 윌로 크릭 공동체교회(Wliiow Creek Community Church)의 담임목사인 빌 하이벨스(Bill Hybels)는 이렇게 말합니다 : "나는 이 책을 읽으면서, 내 삶의 온 궤도가 이 책의 내용과는 달랐다는 것과 이 책을 20년 전에 읽었더라면 더 좋았을 것이라고 하는 고통스런 감정을 계속 억제해야 했지요."

울타리들은 축구장에서부터 민족 국가에 이르기까지 모든 것을 규정 짓습니다. 하지만 우리 문화는 그것이 심각한 결과 없이 인간 관계 안에서 울타리들을 침범할 수 있는 것처럼 여겨 왔습니다. 클라우드와 타운센드는 이렇게 금이 간 견해에 따라 야기된 손상을 점검하고, 돌아갈 길을 가리킵니다. '오늘의 가정'(Today's Family) 부회장인 존 트렌트 박사(John Trent, Ph.D.)에 따르면, "이런 통찰력있고 아주 유용한 책 안에서, 여러분은 여러분의 삶을 변화시킬 수 있는 간단한 개념——곧 건강한 울타리에 대하여 배울 것입니다. 그것은 여러분이 다른 사람들을 위한 여러분의 사랑을 배가하고 여러분이 직면하는 문제들을 최소화하는 방법으로 여러분의 삶을 구획하는 능력입니다. 제가 높이 추천하는 이 책을 여러분이 펼칠 때, 그것이 여러분을 기다리고 있습니다."

이 책은 '아니오.'라고 말할 수 있는 능력이 없어서 자신을 무덤 속에 매장시킬 수밖에 없었던 우리들 대부분을 위하여 이해와 자유의 문으로 들어가는 길을 제공할 것입니다. 다시 한번 우리가 자유를 향하여 나아가도록 도와 준 헨리와 존에게 감사를 표하지 않을 수 없습니다. '크리스천 지도력센터'(Center for Christian Leadership)의 하워드 헨드릭스(Howard G. Hendricks)는 이렇게 힘주어 말합니다 : "저는 그 동안 그리스도교 봉사직에 대하여 무수한 설교를 들어 왔건만, 사랑 안에서 직면하기 위하여 또는 배터리를 충전할 공간을 제공하기 위하여 "아니오!"라고 말하는 것의 가치에 대하여 결코 논의된 적이 없었습니다. 〈울타리〉는 그 동안 '언급되지 않은 이야기'—— 곧 반드시 필요했건만 거의 들어 본 적이 없는 사랑과 봉사직의 또 다른 측면입니다."

  헨리 클라우드 박사와 존 타운센드 박사는 대중 연설가요, 자격을 갖춘 심리학자요, 전국에 방송되는 '미너스 마이어 새생활클리닉'(Minirth Meier New Life Clinic) 라디오 프로그램의 공동 진행자요, 클라우드/타운센드 커뮤니케이션의 공동 창설자입니다. 두 사람 다 로즈미드 심리학 대학원에서 임상 심리학 박사 학위를 받았고, 캘리포니아의 뉴포트 해안에서 함께 사설 상담소를 운영하고 있습니다. 그들은 공동으로 베스트셀러를 집필하기도 했는데, 〈안전한 사람들〉, 〈당신을 미치게 하는 열두 가지 '그리스도교' 신앙〉, 그리고 〈엄마의 바다〉 등이 그것입니다.

  현재 이 책은 미국 전역에서 7년째 베스트셀러로 그 진가를 발휘하고 있습니다. 특히 헨리 클라우드 박사와 존 타운센드 박사는 이 책으로 '미국 기독교출판협회상 금상'(The Gold Medallian Book Award)까지 수상하는 영광을 누렸습니다. 이 책의 폭발적 인기는 지금도 날이 갈수록 치솟고 있고, 이 책을 중심으로 한 분야별 각종 세미나가 온 세계에 걸쳐 시행되고 있으며, 비디오 및 오디오 자료까지 쏟아져 나오고 있습니다. 자녀 양육이나 결혼 생활에 관한 울타리 문제에 대해서는 독자적인 책이 계속 개발되어 나오고 있는 중이기도 합니다. 그래서 이런 좋은 책을 한국에 소개하는 것이 한국의 교회와 그리스도인 영성 생활에 여러 모로 도움이 되겠다고 판단하여, 이렇게 부족하나마 선을 보이게 된 것입니다. 문서 선교를 위해 심혈을 기울이신 도서출판 아침의 길청자 사장님과 좋은 책을 만들어 주신 열린마당의 백성기 대표님께 이 자리를 빌어 깊이 감사드립니다.

물론 이 책은 교회 안팎의 여러 가지 상담 모임이나 세미나에서 주 교재로 택하여 쓸 수 있을 것이고, 구역 예배나 여전도회 등 각종 소그룹 프로그램 안에서 상담식 성경공부를 하는 데에도 탁월한 교재로 살려 쓸 수 있을 것입니다. 나아가 이 책은 그 자매편이라고 할 수 있는 〈울타리 워크북〉(Boundaries Workbook)까지 정성스럽게 마련되어 있습니다. 한국 교회와 우리 문화의 상황에 알맞게 창조적으로 잘 다듬어서 이끌어 갈 수 있다면, 더더욱 보람이 있을 것입니다. 아무쪼록 이 책과 워크북을 통하여 우리 한국의 그리스도인들이 한층 더 성숙하고 건강하며 균형이 잡힌 신앙 생활을 풍요롭게 영위할 수 있었으면 합니다.

1999년 여름
뜰앞의 울타리를 바라보며
신현복

감사의 글

스코트 볼린더와 브루스 리스캄프가 맨 처음부터 이 책을 위한 비전을 사로잡았습니다. 그들은 미시간 호에서 조용히 명상할 수 있도록 준비를 해주었는데, 그곳에서 우리는 다른 존더반 실무진들에게 이 비전을 전달했습니다.

샌디 밴더 지히트는 편집 과정을 이끌었고, 로리 월버그와 함께, 원고를 다듬어서 더 우아하고, 더 꼼꼼하고, 더 읽기 쉽고 더 이해하기 쉬운 책으로 만들어 주었습니다. 댄 런연은 책을 다루기 쉬운 크기로 잘라 주었습니다.

데이브 앤더슨은 이 책을 비디오 교과 과정으로 바꾸어 주었습니다.

실리 예이츠는 계약에서 완성본에 이르기까지, 온 과정에 걸쳐 우리를 격려하고 후원해 주었습니다.

차례

- 이 책을 옮기면서
- 감사의 글

제1부 울타리란 무엇일까요?

1. 울타리가 없는 삶의 하루 —————————————— 17
2. 울타리는 어떤 모양일까요? ————————————— 41
3. 울타리 문제 ——————————————————— 79
4. 울타리를 발달시키는 방법 ————————————— 99
5. 울타리의 열 가지 법칙 ——————————————— 135
6. 일반적인 울타리 신화 ——————————————— 169

제2부 울타리 갈등

7. 울타리와 여러분의 가족 —————————————— 203
8. 울타리와 여러분의 친구 —————————————— 225

9. 울타리와 여러분의 배우자 ——————————— 247
10. 울타리와 여러분의 자녀 ——————————— 275
11. 울타리와 일 ——————————————————— 319
12. 울타리와 자기 —————————————————— 343
13. 울타리와 하나님 ————————————————— 377

제3부 튼튼한 울타리를 발달시키기

14. 울타리에 대한 저항 ———————————————— 393
15. 울타리 성공 측정 방법 —————————————— 445
16. 울타리가 있는 삶의 하루 ————————————— 475

● 주

제1부
울타리란 무엇일까요?

1
울타리가 없는 삶의 하루

오전 6:00

자명종이 요란스럽게 울렸습니다. 잠을 제대로 못 자서 눈이 침침한 쉐리는 시끄러운 훼방꾼을 눌러서 꺼버리고 침대맡의 조명등을 켰습니다. 그리고는 일어나 앉았습니다. 쉐리는 벽을 멍청히 쳐다보고 있다가, 자기 처지를 한 번 생각해 보았습니다.

난 왜 오늘이 두려운 거지? 주님, 당신은 나에게 기쁨의 날들을 약속하시지 않았던가요?

바로 그 때 쉐리의 머릿속에서 거미줄이 걷히기 시작하면서, 그 두려움의 원인이 무엇인지 알 수 있을 것 같았습니다 : 오늘은 바로 토드의 3학년 담임 선생님과 면담을 하기로 한 날이었던 것입니다. 쉐리의 기억 속에서 토드 담임 선생님의 전화 내용이 울려 퍼졌습니다 : "쉐리, 전 진 러셀인데요, 토드의 성적하고 저……그 애의 행동에 관해서 얘기 좀 나눌 수 있을까 해서요."

토드는 좀처럼 조용히 앉아 있는다거나 선생님의 말씀에 귀를 기울이는 법이 없는 아이였습니다. 심지어는 쉐리와 월트의 말도 귀담아 듣지 않았습니다. 하지만 토드는 자기 주장이 강한 아이였기에, 쉐리 역시 그 아이의 영혼을 짓누를 의향이 전혀 없었습니다. 그런데 그게 더 중요한 것이 아니었던 걸까요?

"그래, 그런 것까지 다 걱정하고 있을 새가 어디 있겠어?" 쉐리는 이렇게 중얼거리면서 서른다섯 살이나 먹은 몸을 침대에서 일으킨 다음 어슬렁어슬렁 샤워실로 갔습니다. "그날그날 생기는 일들만으로도 숨쉴 틈이 없는 걸, 뭐."

샤워기 아래 서 있는 쉐리의 마음은 아까보다 더 무거웠습니다. 그녀는 머릿속으로 그날 하루의 일정을 점검해 보기 시작했습니다. 도대체가 아홉 살짜리 토드와 여섯 살짜리 에이미는 엄마가 직장에 다니지 않는다 할지라도 무척 다루기 힘들었을 그런 아이들이었습니다.

"가만 있자……아침밥을 짓고, 도시락 두 개를 싸고, 에이미가 학교 연극 때 입을 의상도 바느질해야 되겠군. 이건 정말 묘기라도 부려야 할까부다— 7시 45분에 에이미가 타고 등교해야 할 합승통학차가 오기 전에 부디 그 옷을 다 만들어야 할텐데."

쉐리는 간밤에 있었던 일을 돌이켜보며 무척 후회를 하였습니다. 그녀는 어린 딸에게 특별한 날이 될 수 있도록 있는 솜씨를 한껏 발휘하여 연극 의상을 지어 줄 작정이었습니다. 그런데 그만 뜻밖에도 어머니가 찾아오셨던 것입니다. 예의 상 그녀는 안주인 노릇을 해야 했고, 따라서 어젯밤은 전혀 예상치 못한 방향으로 흘러가 버리고 말았습니다. 문득 시간을 벌어 보려고 애썼던 자신을 돌이켜보니 씁쓸했습니다.

쉐리는 외교적인 태도를 취하려고 애쓰면서 기교를 부려 가며 이렇게 말했습니다. "엄마, 이렇게 갑작스럽게 들러 주셔서 제가 얼마나 기쁜지 짐작도 못하실 거예요! 근데요, 얘기 나누면서 제가 에이미 옷을 바느질해도 될까 모르겠네요?" 쉐리는 속으로 긴장하였습니다. 솔직히 그녀는 어머니가 흔쾌히 승낙해 주기를 기대하고 있었습니다.

"쉐리야, 너도 알다시피 이 에미는 네가 가족하고 있는 시간을 손톱만큼도 방해하고 싶지 않단다." 지난 12년 동안을 혼자서 지내 온 쉐리의 어머니는 자신의 과부살이를 마치 순교라도 되는 양 미화시키는 경향이 있었습니다. "네 아버지가 가신 뒤로 무척 긴 공백기가 있었던 건 사실이지. 난 아직도 우리 가족이 그립단다. 그치만 어떻게 널 위한 시간을 빼앗을 수 있겠니?"

이번만은 그냥 넘어갈 수 없어. 쉐리는 속으로 다짐을 하였습니다.

"그렇기 때문에 난 네가 월트와 아이들을 이끌고 내게 좀더 자주 와 주지 않는 이유를 이해할 수 있는 거란다. 나하고 있는 게 재미있을 턱이 없겠지? 이제 난 한평생을 자식들에게 바쳐 버린 외로운 늙은이에 불과한 걸. 그러니 누군들 나 같은 늙은이와 시간을 보내고 싶을까?"

"아뇨, 엄마. 아니에요. 그게 아니란 말이에요!" 이쯤 되고 보니 엄마와 자신이 수십 년간 춤추어 왔던 감정의 미뉴에트에 다시금 뛰어들지 않을 수가 없었습니다. "그건 절대로 사실이 아니에요! 정말로 엄마를 손님으로 맞는다는 건 저희에게 매우 특별한 일이에요. 맹세코, 저희도 좀더 자주 가 뵙고 싶지만 바쁜 일정 때문에 도저히 그럴 수가 없는 것뿐이라구요. 그래서 엄마가 이리로 먼저 찾아와 주신 게 정말 기쁘다고 아까도 말씀드렸잖아요!" 주님, 저의 이 자그마한 거짓말 때문에 죽음의 벌을 내리지는 말아 주세요. 쉐리는 마음속으로 기도를 드렸습니다.

"사실, 그 의상은 아무 때라도 만들 수 있는 건데요, 뭐." 이 거짓말도 용서해 주세요. "자, 그럼 커피나 마실까요?"

그녀의 어머니는 한숨을 지었습니다. "네가 정 그렇다면 할 수 없지. 하지만 내가 방해가 되고 있는 것 같아서 정말 싫구나."

당연히 그 방문은 밤늦게까지 지속되었습니다. 어머니가 집을 나서는 그 순간까지 쉐리는 정말로 미쳐 버릴 것만 같았습니다. 하지만 그녀는 스스로 이 일을 합리화하려고 애쓰고 있었습니다. 최소한 엄마의 외로운 하루를 조금 가볍게 해드릴 수는 있었으니까 잘 된 거야. 그 순간 성가신 목소리가 끼어 들었습니다. 네가 그렇게 도움이 되었다면, 왜 네 엄만 떠나는 이 마당에도 자꾸만 외롭다고 말씀하신다니? 애써 이런 생각을 무시하면서 쉐리는 지난밤 잠자리에 들었었습니다.

오전 6:45

쉐리는 문득 현실로 되돌아왔습니다. "이미 지나가 버린 시간을 갖고 울어 봤자 아무 소용도 없겠지." 그녀는 검정 리넨 치마의 지퍼를 올리느라 진땀을 흘리면서 중얼거렸습니다. 다른 많은 옷들처럼, 그녀가 가장 아끼는 이 정장 역시 이제는 너무 꼭 끼었습니다. 중년기엔 몸이 이리도 빨리 불어나는 걸까? 그녀는 생각했습니다. 이번 주엔 무슨 일이 있어도 꼭 다이어트와 운동을 시작해야겠어.

그로부터 한 시간 동안은 언제나처럼 그야말로 지옥이었습니다. 애들은 침대에서 나오기 싫어 우는 소리들을 해댔고, 월트는 불평을 터뜨렸습니다. "당신은 애들도 제 시간에 식탁에 딱딱 못 앉히고 도대체 뭣 하는 거야?"

오전 7:45

기적적으로 애들은 합승통학차를 타고 떠났고, 월트도 출근을 하기 위하여 자기 차가 있는 곳으로 갔습니다. 쉐리는 집밖으로 나와서 현관문을 잠갔습니다. 그녀는 숨을 깊게 들이마시면서 마음속으로 기도를 드렸습니다. 주님, 전 오늘 하루가 전혀 기대되지 않아요. 저에게 희망을 주세요. 그녀는 무료 간선도로에서 운전석에 앉아 화장을 하였습니다. 주님, 차가 막히게 해주셔서 고맙군요.

오전 8:45

자신이 패션 고문으로 일하고 있는 맥컬리스터 기업 정문을 뛰어 들어가면서, 쉐리는 손목시계를 재빨리 들여다보았습니다. 몇 분밖에 안 늦었군. 아마도 이제껏 그녀의 동료들은 지각이 그녀의 생활 방식인 줄로 알고 있었을 것이고, 따라서 그녀가 정각에 출근하리라고는 기대도 안하고 있을 것입니다.

하지만 그녀가 틀렸습니다. 동료들은 그녀가 없는데도 벌써 주간 임원회의를 시작하고 있었습니다. 쉐리는 사람들이 눈치채지 못하도록 발끝으로 걸어 들어갔지만, 그녀가 자리에 앉으려고 다가갔을 때에는 이미 모든 사람의 눈이 그녀를 쳐다보고 있었습니다. 그녀는 주위를 슬쩍 둘러보면서 객쩍은 미소를 짓고는, '혼잡한 교통'에 관하여 몇 마디 불평을 하였습니다.

오전 11:59

나머지 아침 시간은 그야말로 유유히 흘러갔습니다. 재능이 뛰어난 패션 디자이너인 쉐리는 한치의 오차도 없는 눈썰미로 매력적인 의상을 만들어냈고, 이것은 맥컬리스터사에 굉장한 도움이 되고 있었습니다. 하지만 점심 식사 직전에 쉐리는 난관에 부딪히게 되었습니다.

그녀의 책상 위에 놓여 있던 전화가 울렸습니다. "예, 쉐리 필립스입니다."

"쉐리, 마침 자리에 있었구나! 다행이다, 얘. 네가 벌써 점심을 먹으러 나갔으면 어쩌나 했어!" 결코 잊을 수 없는 목소리였습니다. 쉐리는 초등학교 때부터 로이스 톰슨을 잘 알고 있었습니다. 신경질적인 로이스는 언제나 위기 속에서 사는 여자였습니다. 쉐리는 이런 로이스에게 도움이 되어 주려고 늘 '그녀 곁에 머물러' 있었습니다. 하지만 로이스는 한 번도 쉐리가 어떻게 지내고 있는지 묻지 않았고, 쉐리 쪽에서 자신의 투쟁에 관하여 한마디 하려 들면 금방 화제를 바꿔 버리거나 그만 가봐야 한다고 일어서기가 일쑤였습니다.

쉐리는 진정으로 로이스를 사랑했으며 로이스의 문제에 큰 관심을 갖고 있었습니다. 하지만 로이스는 친구라기보다는 차라리 고객처럼 여겨지기만 했습니다. 쉐리는 로이스와의 우정이 이처럼 한쪽으로 기울어지게 된 것을 후회하였습니다. 언제나처럼 쉐리는 로이스에게 화가 나 있는 자신을 죄스럽게 여기고 있었습니다. 그녀는 그리스도인으로서 성경이 다른 사람을 사랑하고 도와주는 일을 얼마나 강조하고 있는가에 대하여 너무나도 잘 알고 있었습니다. 내가 또 이러고 있네. 그녀는 생각했습니다. 남보다 나를 먼저 생각하다니. 주님, 제발 저를 로이스에게 자유로이 내주게 하시고, 제가 자기 중심적인 사람이 되지 않도록 도와주세요.

쉐리는 로이스에게 물어 보았습니다. "무슨 일 있니, 로이스?"

"끔찍해, 정말 끔찍하다구." 로이스가 말했습니다. "글쎄, 오늘 앤이 정학을 당했지 뭐니? 게다가 톰은 승진 시험에서 떨어져 버렸고, 설상가상으로 내 차까지 무료 간선 도로에서 그만 서버렸어!"

이까짓쯤이야 내겐 매일 있는 일이잖아! 쉐리는 이렇게 생각하면서, 슬그머니 화가 치미는 것을 느꼈습니다. 하지만 그냥 간단하게 말했습니다. "저런, 정말 안됐구나, 로이스! 그래서, 이제부터 어떻게 할 건데?"

로이스는 쉐리의 질문에 기뻐하며, 필요 이상으로 자세히 대답을 하기 시작했습니다——너무 자세히 대답하는 바람에 쉐리는 친구를 위로하는 일에 점심 시간의 반을 그대로 흘려 버렸습니다. 이런, 그래도 굶는 것보다는 즉석 식품이라도 사 먹는 게 낫겠지. 그녀는 이렇게 생각하였습니다.

차에 탄 채로 주문한 치킨버거가 나오기를 기다리면서, 쉐리는 로이스에 관하여 한번 생각해 보았습니다. 그동안 내가 로이스의 이야기를 들어 주고 위로해 주고 충고해 준 게 조금이라도 로이스에게 변화를 가져다 주었다면 보람있는 일이라고 할 수 있겠지. 그렇지만 로이스는 20년 전이나 지금이나 조금도 변한 게 없어. 맨날 실수 투성이라니까. 그렇다면 도대체 내가 왜 이런 짓을 하고 있는 걸까?

오후 *4:00*

그래도 오후 시간은 무사히 지나가고 있었습니다. 이윽고 토드 담임 선생님과의 약속을 지키기 위하여 막 사무실을 나가려 하는데, 그녀의 직장 상사인 제프 모얼랜드가 잡아 세웠습니다.

"자넬 놓치지 않아서 다행이군, 쉐리." 그가 말했습니다. 맥컬리스터 기업에서 성공을 거둔 제프 사장은 일을 일부러 만들어내기로 유명한 인물이었습니다. 문제는 이 제프가 다른 사원들에게도 '일을 만들어 시키곤' 한다는 것이었습니다. 쉐리는 곧 그 옛노래의 백 번째 소절이 또다시 울려 퍼질 것을 직감할 수 있었습니다. "내 말 들어봐, 시간이 촉박한데 말야." 아니나 다를까, 그는 서류 한 묶음을 건네 주며 말했습니다. "이건 킴브로 신용 거래에 쓸 최종 추천장 자료거든. 그저 조금 적어 넣고 약간의 손질만 하면 될 거야. 내일까지 마치라구. 물론 자네한테는 식은 죽 먹기겠지만 말야." 제프가 매력적인 미소를 지었습니다.

쉐리는 그만 당황하고 말았습니다. 제프가 약간의 '손질'만 하면 된다고 했던 것은 정말로 터무니없는 거짓말이었던 것입니다. 쉐리는 그 서류들을 손바닥에 올려 놓고 무게를 짐작해 보았습니다. 적어도 다섯 시간은 족히 걸릴 것 같았습니다. 이 자료들은 분명히 3주 전에 제프에게 제출한 것인데! 생각할수록 화가 치밀었습니다. 어쩌면 이 인간은 뻔뻔스럽게도 마감 시간이 다 되어서야 이 일을 시키는 걸까?

그녀는 재빨리 마음을 가라앉혔습니다. "그럼요, 전혀 문제 없어요, 제프. 오히려 도와드릴 수 있어서 기쁜걸요. 몇 시까지 갖다 드릴까요?"

"아홉시가 좋겠어. 그리고 말야……고맙네, 쉐리. 이렇게 다급할 때는 꼭 자네 얼굴이 맨 먼저 떠오른단 말야. 자넨 정말 믿음직스러워." 제프는 이렇게 말하고 어슬렁어슬렁 걸어갔습니다.

믿음직스럽다……성실하다……신뢰할 수 있다. 쉐리는 생각했습니다. 내게 뭔가를 바라는 사람들은 언제나 이런 식으로 말들 하지. 마치 충실한 노새라도 되는 것처럼 말야. 갑자기 죄책감이 밀려왔습니다. 이런, 내가 또 화를 내고 있네. 주님, "제가 심어진 곳에서 꽃을 피울 수 있도록" 도와주세요. 하지만 자기가 부디 다른 화분에 옮겨 심어지기를 간절히 바라고 있다는 사실은 그녀 자신도 잘 알고 있었습니다.

울타리란 무엇일까요?

오후 4:30

진 러셀은 유능한 교사였습니다. 그녀는 학생들의 문제 행동 뒤에는 반드시 뭔가 복잡한 요인들이 숨어 있다는 점을 잘 파악하고 있는 많은 교사들 가운데 한 사람이었습니다. 토드 담임 선생님과의 면담은 이미 오래 전부터 지속되어 왔습니다. 물론 월트는 빼고 말입니다. 토드 아빠는 일 때문에 시간을 내기가 어려웠고, 따라서 자연히 두 여자만 만나게 되었던 것입니다.

"나쁜 아인 아니에요, 쉐리." 러셀 부인이 쉐리를 안심시켰습니다. "토드는 영리하고 활기가 넘치는 아이죠. 말을 잘 들을 때는 그 애도 반에서 가장 유쾌한 아이에 속해요."

'쉐리는 잠자코 도끼로 내리칠 때만 기다렸습니다. 요점만 말해요, 진. 그러니까 우리 아이가 '문제아'라는 거 아니에요? 뭐 새로운 거라도 있나요? 이미 난 '문제 투성이인 삶'을 살고 있는걸요.

쉐리의 불편한 심사를 알아챘는지, 토드 담임은 곧바로 본론으로 들어갔습니다. "문제는 토드가 적당한 선을 지킬 줄 모른다는 거죠. 예를 들면요, 수업 시간에 다른 아이들은 모두 공부를 하고 있는데, 토드는 도무지 가만있질 않아요. 자리에서 일어나 다른 아이들을 괴롭히는가 하면, 계속해서 재잘댄답니다. 그러면 안 된다고 타이르면 몹시 뾰루퉁해져서 화를 내고 고집을 부려요."

쉐리는 본능적으로 하나뿐인 아들을 변호하고 나섰습니다. "혹시 집중력이 부족하다거나 너무 활동적이어서 그런 게 아닐까요?"

러셀 선생님은 고개를 저었습니다. "작년에 토드의 2학년 담임 교사가 그 점이 의심스러워서 심리 검사를 했는데, 그런 건 아니라는 결과가 나왔대요. 자기가 관심이 있는 과목 시간에는 토드도 무척 진지

한 자세로 수업에 임하죠. 전 치료자는 아니지만, 아무래도 제가 보기에는 토드가 규칙에 관해서 잘 모르고 있기 때문인 것 같아요."

이제 쉐리의 방어 본능은 토드가 아니라 그녀 자신에게 향해졌습니다. "그러니까, 말씀인즉슨 집안 문제라는 건가요?"

러셀 선생님은 기분이 언짢아 보였습니다. "말씀드렸다시피, 전 상담가가 아니에요. 그저 3학년짜리 아이들은 대개가 규칙을 싫어한다는 점만 알고 있을 뿐이지요. 하지만 토드 경우에는 그 정도가 좀 심해요. 뭘 좀 하라고 시키면, 글쎄 제3차 세계대전이 나기 전에는 죽어도 안 하겠다고 버티는 거예요. 그런데도 지능 검사나 인식력 검사에는 정상이라고 나오니, 도대체 집에서는 어떤가 궁금했을 뿐이에요."

쉐리는 더 이상 눈물을 숨기려 하지 않았습니다. 그녀는 손바닥으로 얼굴을 감싸고 몇 분 동안 발작에 가깝게 울어댔습니다. 모든 일이 감당할 수 없을 정도로 버겁게만 느껴졌습니다.

이윽고 그녀의 울음 소리가 잦아들었습니다. "죄송해요……날을 잘못 잡은 것 같군요." 쉐리는 화장지를 찾기 위하여 지갑을 마구 뒤적거렸습니다. "아니, 아니죠. 그건 아니에요. 좋아요, 솔직히 말씀드리죠, 진. 실은 저도 지금 선생님이 겪고 있는 것과 똑같은 문제를 안고 있답니다. 월트와 전 어떻게 해서든지 토드가 집에서 말을 잘 듣게 만들려고 애를 쓰고 있어요. 같이 놀거나 이야기할 때는 이 세상 누구보다도 훌륭한 아들이지요. 그런데 제가 버릇을 좀 고치려고 하면 도무지 손을 쓸 수 없을 정도로 화를 내는 거예요. 이제는 저도 다 포기했어요. 도대체가 손쓸 방법이 없어요."

진은 천천히 고개를 끄덕였습니다. "정말 도움이 됐어요, 쉐리. 토드의 행동이 집에서도 문제가 있다는 걸 알았으니 말이에요. 적어도 이제는 서로 머리를 맞대고 해결책을 강구할 수 있게 되었잖아요?"

오후 5:15

 이상하게도 쉐리는 퇴근 시간의 교통 혼잡이 고맙게만 여겨졌습니다. 적어도 여기 있는 동안만은 아무도 날 건드리지 않겠지. 그녀는 곧 이어 닥칠 위기를 어떻게 모면할 것인가 생각하면서 시간을 보냈습니다 : 애들, 저녁식사, 제프의 계획안, 교회……그리고 월트.

오후 6:30

 "이번이 네 번째이자 마지막이야, 저녁 다 차렸다니까!" 쉐리는 소리지르는 걸 몹시 싫어했지만 다른 뾰족한 수가 없었습니다. 애들이나 남편이나 똑같이 자기 하고 싶은 대로 느려빼길 좋아하는 성미였습니다. 그러니, 온 식구가 식탁에 다 앉을 때쯤이면 음식이 차디차게 식어 있을 때가 한두 번이 아니었습니다.
 쉐리는 도대체 무엇이 문제인지 알 수가 없었습니다. 음식 때문이 아닌 것만은 확실했습니다. 그녀는 요리를 잘하기로 소문난 여자였으니까요. 남편과 아이들도 일단 식탁에 앉기만 하면 눈 깜짝할 사이에 다 먹어치우지 않았던가!
 에이미만 빼고는 다 그랬습니다. 쉐리는 괴롭다는 듯이 음식을 조금씩 먹고 있는 딸아이를 유심히 바라보았습니다. 또다시 심기가 불편해졌습니다. 에이미는 정말로 사랑스럽고 감수성이 예민한 아이야. 하지만 왜 이다지도 수줍음이 많은 걸까? 에이미는 전혀 사교적이질 못했습니다. 에이미는 책을 읽는다거나 그림을 그리면서 시간을 보내는 걸 더 좋아했습니다. 아니면 자기 방에 처박혀서 '이것저것 생각하는' 것을 좋아했습니다.

"그냥 이것저것요." 언제나 밋밋한 대답뿐이었습니다. 쉐리는 자기 딸의 삶에서 밀려난 듯한 느낌을 지울 수가 없었습니다. 그녀가 꿈꾸어 온 것은 엄마와 딸의 솔직한 대화였는데, '마치 소녀들처럼' 이야기도 나누고, 쇼핑도 하고 싶었는데. 하지만 에이미는 아무도 근접할 수 없는 자기만의 은밀한 장소를 마음속 깊은 곳에 만들어 놓고 있었던 것입니다. 이 다가설 수 없는 딸아이의 마음 깊은 곳을 바라볼 때마다 쉐리는 가슴이 아팠습니다.

저녁 7:00

저녁밥을 반쯤 먹고 있는데 전화벨이 울렸습니다. 우리 집엔 정말로 자동 응답기가 필요해. 저녁 식사를 제대로 할 수 있으려면 말야. 쉐리는 생각했습니다. 온 가족이 모일 수 있는 이 짧은 시간이 우리에게 얼마나 소중한데. 하지만 바로 그 순간 낯익은 다른 생각이 떠올랐습니다. 누군가 내 도움을 애타게 기다리고 있을지도 모르는 일이야.

언제나처럼 쉐리는 이 두 번째 목소리에 귀를 기울였습니다. 그리고는 전화를 받기 위하여 의자에서 벌떡 일어섰습니다. 하지만, 한편으로는 그 목소리를 받아들이면서도 마음이 무거웠습니다.

"방해가 안 되었으면 좋겠군요." 여전도회 회장인 필리스 랜프로였습니다.

"방해라니요, 전혀 아니에요." 쉐리는 이번에도 거짓말을 하였습니다.

"쉐리, 정말 곤란하게 됐어요." 필리스가 말했습니다. "수련회〔避靜〕에 들어가면 마지가 진행을 맡기로 되어 있었거든요. 그런데 글쎄, 이제 와서 못하겠다는 거예요. '집안에 급한 일'이 생겼대나 봐요. 그

나 저나, 쉐리 당신이 좀 맡아 줄 수 없을까요?"

수련회라. 쉐리는 이번 주말에 여전도회에서 해마다 있는 행사를 치른다는 사실을 정말이지 까맣게 잊고 있었습니다. 사실 그녀는 애들하고 월트를 떼어 놓고 가서, 이틀 동안 오직 자기 자신과 주님만을 생각하면서 아름다운 산기슭을 거닐 수 있게 되기를 학수고대했었습니다. 그녀로서는 계획적인 단체 행동보다도 고독한 시간을 누릴 수 있다는 것이 더 기대되었습니다. 하지만 마지 대신 진행을 떠맡는다는 것은 곧 그녀가 홀로 있을 수 있는 소중한 시간을 포기해야 한다는 것을 의미했습니다. 아니지, 그럴 수는 없어. 쉐리가 막 거절하려고 하는데 ......

자동적으로 두 번째 생각이 파고들었습니다. 쉐리, 하나님과 이 여전도회 회원들을 섬긴다는 것은 엄청난 특권이야! 네 삶을 조금만 포기하면, 네 이기심을 조금만 버리면, 네 삶은 엄청나게 변화될 수 있어. 잘 생각해 보라구.

생각할 것도 없었습니다. 쉐리는 저절로 이 낯익은 목소리를 따르게 되어 있었습니다. 어머니에게 그랬던 것처럼, 로이스에게 그랬던 것처럼. 그리고 어쩌면 하나님께도 그랬을 것입니다. 누구의 목소리이든 간에 무시하기에는 너무도 큰 목소리였습니다. "마지가 준비한 걸 제게 보내 주세요. 그럼 제가 이어서 준비할께요."

필리스는 들릴 정도로 안도의 한숨을 내쉬었습니다. "쉐리, 희생이란 건 저도 알아요. 제 자신도 날마다 몇 시간씩 그렇게 희생하는 걸요. 하지만 그거야말로 풍성한 그리스도인의 삶이 아니겠어요? 희생을 실천하는 것 말이에요."

그 쪽에서 굳이 그렇게 말한다면. 쉐리는 속으로 생각했습니다. 그러나 과연 언제가 돼야 그 '풍성한' 삶이 주어질 것인지는 미지수였습니다.

저녁 7:45

마침내 저녁 식사가 끝났습니다. 월트는 축구 경기를 보기 위하여 텔레비전 앞에 자리를 잡고 앉았고, 토드는 친구가 놀러 올 수 있는지 물어 보려고 수화기를 집어들었습니다. 그리고 에이미는 자기 방으로 사라져 버렸습니다.

식탁에는 그릇이 그대로 놓여 있었습니다. 식탁 치우는 일을 거들려는 식구는 아무도 없었습니다. 하기야 애들은 그런 일을 하기에는 아직 어리니까. 쉐리는 식탁에서 그릇들을 치우기 시작했습니다.

밤 11:30

몇 년 전만 해도 쉐리는 저녁 식사 후에 식탁을 깨끗이 치우고, 제시간에 아이들을 잠자리에 눕히고, 제프 사장이 맡긴 일도 문제없이 해 치울 수 있었습니다. 저녁 식사가 끝난 뒤에 마시는 한 잔의 커피, 그리고 위기와 마감 시간이 코앞에 닥칠 때마다 분비되는 아드레날린, 이것들은 그녀가 생산성 향상이라는 초인간적인 묘기를 부릴 수 있도록 그녀에게 활기를 불어넣어 주었었습니다. 그녀는 무슨 일을 하든지 간에 '슈퍼 쉐리'라는 말을 들었었습니다!

하지만, 요즘에는 눈에 띌 정도로 부쩍 힘겨워졌습니다. 스트레스도 예전처럼 긍정적인 작용을 하지 못했습니다. 점점 더 쉐리는 정신을 집중시키기가 힘들어졌고, 자료나 마감 시간을 깜빡 잊어 버리는가 하면, 심지어는 이런 일들에 대하여 전혀 신경도 쓰지 않게 되었습니다.

하여튼, 쉐리는 의지력 하나로 자기 일을 거의 마무리지었습니다. 제프의 계획안은 질적으로 약간 문제가 있어 보였습니다. 하지만, 무엇보다도 그녀는 자기 자신에게 화가 나서 기분이 좋지 않았습니다. 어쩌자고 내가 제프에게 이 일을 하겠다고 했을까? 그녀는 생각했습니다. 이건 그의 탓이 아냐. 내 잘못이야. 왜 난 이 일을 내게 넘기는 것이 부당하다고 그에게 말하지 못했을까?

이제 그럴 시간도 없었습니다. 그녀는 정말로 중요한 자신의 임무를 완수해야 했던 것입니다 : 월트와 대화를 나누어야만 했던 것이죠.

구혼 기간과 결혼 초기에는 쉐리와 월트도 무척 행복했었습니다. 쉐리가 당황스러워할 때면 월트가 확고한 태도를 취했고, 쉐리가 불안해할 때면 월트가 힘있게 나왔었습니다. 그렇다고 쉐리 쪽에서 결혼 생활에 아무런 기여도 하지 않은 건 결코 아니었습니다. 쉐리는 월트가 감정적인 유대감이 약하다는 것을 잘 알고 있었고, 따라서 그들 사이에 결핍되어 있는 온정과 사랑을 제공하는 임무를 떠맡고 있었습니다. 하나님께서는 우리를 멋진 팀으로 엮어 주셨어. 그녀는 이렇게 생각하곤 했었습니다. 월트에게는 지도력이 있고, 나에게는 사랑이 있잖아? 이런 생각 덕분에 그녀는 월트가 자기의 상한 마음을 이해해 주지 못한다고 여겨질 때에도, 외로움을 잘 극복해낼 수가 있었습니다.

하지만, 세월이 흐르면서 쉐리는 그들 부부의 관계에 변화가 이는 것을 차츰 감지하였습니다. 처음에는 미묘하게 시작되었던 것이, 나중에는 두드러지게 눈에 띄었습니다. 자기가 우는 소리를 할 때에 월트가 빈정거리는 말투 속에서 쉐리는 그 변화를 귀로 들었습니다. 그리고 자기가 월트의 도움을 요청할 때에 월트가 아무런 존경심도 없이 바라보는 눈 속에서 그 변화를 확실히 보았습니다. 또한 그녀에게 점점 더 자기 식대로 따라 줄 것을 요구하는 월트의 주장 속에서 그녀는 그 변화를 피부로 느꼈습니다.

게다가 그의 신경질은 또 어떻고? 어쩌면 그건 일로 인한 스트레스라든지 아이들 때문일 수도 있었을 것입니다. 무엇 때문이든간에, 쉐리는 결코 자기와 결혼한 남자의 입에서 그렇게 통렬하고 모진 말을 듣게 되리라고는 상상도 하지 못했었습니다. 월트는 별것도 아닌 일들에 금방 화를 터뜨리곤 하였습니다―토스트가 탔다든지, 초과인출을 했다든지, 자동차에 가스 넣는 일을 잊어버렸다든지―이런 일들만으로도 그는 쉽사리 화를 냈습니다.

결국 그녀는 한 가지 결론에 도달했습니다 : 어느 한 쪽만 남아 있게 되지 않는 한, 결코 결혼 관계로 한 팀이 될 수는 없다는 것. 쉐리가 지금 월트와 맺고 있는 관계는 바로 부모와 자식간의 관계였습니다.

처음에는 그녀도 이런 생각을 품고 있었습니다. 그래, 다시 한 번 시작하는 거야. 멋진 삶을 위해서라면 이런 문제쯤은 잘 이겨내야지. 이러한 각오는 잠시 동안 효력을 발휘했습니다―월트가 또다시 신경질을 부려대기 전까지는. 하지만 마음의 고통과 슬픔은 그녀에게 진실을 알려 주었습니다. 그녀가 이제껏 애써서 부정해 왔던 진실을.

쉐리는 마침내 월트가 지배적인 인간이라는 사실을 깨달았고, 그 모든 책임을 다 자기 자신에게로 돌렸습니다. 나같이 무능력한 여자하고 살게 되었다면 나 역시 그런 식으로 행동했을 거야. 월트가 그토록 비판적이고 욕구 불만인 사람으로 변해 버린 것은 모두 다 내 탓이야.

이런 결론에 다다른 쉐리는 지난 몇 년 동안 다음과 같은 해결책을 실시해 왔습니다 : '신경질 부리지 않는 월트를 사랑하기.' 하지만 이 해결책은 엉뚱한 방향으로 흘러가고 말았습니다 : 맨처음에는 월트의 기분과 몸짓과 말투를 살펴봄으로써, 그의 감정 상태를 알아낼 수 있었습니다. 그러다가 나중에는 월트의 기분을 너무 지나치게 의식하게 되었습니다. 특히 늦장부린다거나, 의견이 서로 안 맞는다거나, 쉐리 쪽에서 화를 낸다거나 해서 월트의 기분을 상하게 하는 일들에 대해서는 더더욱 예민해졌습니다. 그녀가 조용히 월트의 의견에 따르기만 하면 만사는 순조로웠습니다. 그러나 그녀가 더 좋아하는 것들이 슬그머니 고개를 내밀기라도 하는 날에는, 그녀는 목이 잘릴 위험에 처하게 되곤 했습니다.

이제 쉐리는 월트의 기분을 귀신같이 잘 알아맞힐 수 있게 되었습니다. 문득 자기가 감정의 밧줄을 타고 있다는 사실을 깨달은 쉐리는 '월트 사랑하기' 제2단계로 넘어갔습니다 : 그녀는 즉각 행동에 옮겼습니다. 월트의 견해에 접근하는 것(진정 그러지도 못하면서), 조용히 입을 다물고 있는 것, 심지어는 '함께 살기 힘들게 된' 데 대하여 무조건 사과하는 것까지도 모두 도움이 되었습니다.

'월트 사랑하기' 제3단계는 자기가 진지하다는 사실을 월트에게 인식시켜 주기 위하여 뭔가 특별한 일들을 하는 것이었습니다. 집안에서 좀더 매력적인 옷차림을 한다거나, 한 주에 몇 번 정도는 월트가 제일 좋아하는 음식을 만드는 것도 좋을 것 같았습니다. 성경에도 이런 식의 아내가 되라고 쓰여 있지 않은가?

'월트 사랑하기' 제3단계는 한동안 효과가 있었습니다. 하지만 결코 평화는 지속되지 않았습니다. '신경질 부리지 않는 월트를 사랑하기'에는 문제가 있었습니다. 그것은 월트의 성질을 건드리지 않으려고 안간힘을 쓰던 쉐리가 이제 완전히 녹초가 되어 버렸다는 사실이었습니다. 결국 월트는 전보다 더 자주 화를 냈고, 쉐리는 이러한 월트로부터 점점 더 멀어졌습니다.

남편을 향한 그녀의 사랑은 식어만 갔습니다. 과거에 그녀는 아무리 어려운 문제가 생긴다 할지라도, 하나님께서 그들을 엮어 주셨으니 그들의 사랑으로 모든 문제를 이겨낼 수 있으리라고 생각했었습니다. 하지만 지난 몇 년 동안을 비추어 보건대, 그들 사이에 존재하는 것은 사랑이라기보다는 차라리 책임에 가까웠습니다. 지난날을 정직하게 되돌아본 쉐리는, 종종 자기가 월트에게 원망과 두려움 말고는 아무런 감정도 갖고 있지 않았었다는 사실을 인정할 수밖에 없었습니다.

그리고 바로 오늘밤이 일대 전환점이었습니다. 이제는 뭔가 바뀌어야만 했습니다. 어쨌든 그들 부부는 첫사랑의 열정을 다시 불태울 필요가 있었습니다.

쉐리는 거실로 걸어갔습니다. 텔레비전 화면에서는 심야 프로를 맡은 코미디언이 마지막 대사를 끝마치고 있었습니다. "여보, 우리 얘기 좀 해도 돼요?" 쉐리가 머뭇거리면서 말을 꺼냈습니다.

대답이 없었습니다. 왜 그런가 하고 가까이 다가가 보니, 월트는 소파에 앉은 채로 곯아 떨어져 있었습니다. 깨울까 하고 생각하다가, 문득 그녀는 지난번 자기가 너무 '무신경하게' 행동했을 때 남편이 내뱉었던 신랄한 말들을 떠올렸습니다. 그녀는 텔레비전과 전깃불을 끄고 텅빈 침실로 들어갔습니다.

밤 11:50

그녀는 침대에 누웠지만, 외로움과 기진맥진함 중에서 어느 쪽이 더 심각한지 알 수가 없었습니다. 그러다가 더 먼저 해야 할 일을 깨달은 쉐리는 탁자 옆에 있는 성경을 집어 들고서 신약성서를 폈습니다. 주님, 제발 저에게 뭔가 희망적인 말씀을 들려 주세요. 그녀는 조용히 기도드렸습니다. 그녀의 눈이 마태복음 5장 3-5절에 기록되어 있는 그리스도의 말씀에 머물렀습니다 :

"심령이 가난한 자는 복이 있나니 천국이 저희 것임이요, 애통하는 자는 복이 있나니 저희가 위로를 받을 것임이요, 온유한 자는 복이 있나니 저희가 땅을 기업으로 받을 것임이요."

하지만 주님, 저는 이미 그런 걸요! 쉐리는 항의를 하였습니다. 전 지금 심령이 가난한 걸 느껴요. 제 삶과 제 결혼 생활과 제 아이들로 인해서 전 지금 애통하고 있어요. 그리고 전 온유해지려고 노력하고 있지만, 이젠 정말 지친 것 같아요. 당신의 약속은 어떻게 된 건가요? 당신의 희망은 어디 있지요? 당신은 도대체 어디 계시느냐구요?

쉐리는 어두컴컴한 방에서 대답을 기다렸습니다. 하지만 대답은 들려오지 않았습니다. 들리는 소리라곤 오직 그녀의 뺨 위로 조용히 흘러내려서 성경 위로 뚝뚝 떨어지는 눈물방울 소리뿐이었습니다.

문제가 뭘까요?

쉐리는 올바르게 살아 가려고 노력하고 있습니다. 쉐리는 부부 생활도, 자녀 양육도, 직장 일도, 인간 관계도, 주님을 섬기는 일도 잘 꾸려 나가기 위하여 무척 애쓰고 있습니다. 하지만 분명히 무언가가 잘못 돌아가고 있습니다. 삶이 순탄치가 못합니다. 쉐리는 지금 영적인 고통, 정서적인 고통에 무척이나 시달리고 있습니다.

남녀를 막론하고 우리는 모두 쉐리의 딜레마를 이해할 수가 있습니다——그녀의 고립감과 무력감, 혼란스러움, 죄책감을요. 그리고 무엇보다도 우리는 자신의 삶이 통제 불가능한 것이라는 그녀의 생각에 공감할 수가 있습니다.

쉐리가 처한 상황을 한 번 자세히 들여다보기로 할까요? 쉐리의 삶은 바로 여러분 자신의 삶과 놀랄 만큼 비슷한 구석이 많을 것입니다. 그러므로 쉐리의 투쟁을 이해하는 것은 여러분의 삶에 빛을 던져 줄 수 있을 것입니다. 여러분은 쉐리에게 그다지 효과가 없었던 몇 가지 해결책들을 금방 찾아낼 수가 있습니다.

첫째, 좀더 열심히 노력한다는 것은 그녀에게 별 효과가 없습니다. 쉐리는 성공적인 삶을 누리기 위하여 너무나도 많은 노력을 쏟아 붓고 있습니다. 그녀는 결코 게으른 여자가 아닙니다. 둘째, 두려움 때문에 친절하게 행동하는 것 역시 별로 효과가 없습니다. 다른 사람들을 기쁘게 해주려는 쉐리의 노력도 그녀가 정작 필요로 하고 있는 친구를 만들어 주지는 못하는 것 같습니다. 셋째, 다른 사람들에 대한 책임을 떠맡는 것 또한 그다지 효과가 없습니다. 그러니, 다른 사람들의 감정 상태와 문제 거리들을 일일이 신경 쓰는 데 도사인 쉐리로서는 자기의 삶이 비참하게도 실패하고 말았다는 생각이 들 것입니다. 쉐리의 비생산적인 노력과 소심한 친절과 지나친 책임 의식은 핵심 문제가 무엇인가를 잘 보여 줍니다 : 쉐리는 지금 자기 삶의 소유권을 차지하는 일에 심각한 어려움을 겪고 있습니다. 그리고 바로 그것 때문에 무척 고통스러운 것입니다.

에덴 동산에서 하나님은 아담과 이브에게 소유권에 관하여 이렇게 말씀하셨습니다 : "생육하고 번성하여 땅에 충만하여라, 땅을 정복하여라. 바다의 고기와 공중의 새와 땅 위에서 살아 움직이는 모든 생물을 다스려라"(창세기 1장 28절).

우리는 모두 하나님의 형상대로 지음받았으며, 몇 가지 일들에 대한 책임을 지도록 창조되었습니다. 무엇이 우리의 일이고 무엇이 아닌가를 아는 것도 우리가 맡은 책임이나 소유권을 행사하는 것에 속합니다. 자기 일도 아닌 것을 계속해서 떠맡아야 하는 노동자들은 정말로 울화가 치밀 것입니다. 우리에게는 해야 할 일과 해서는 안 될 일을 구별할 수 있는 지혜가 필요합니다. 우리가 모든 일을 다 해낼 수는 없습니다. 그 누구라 하더라도 모든 일을 한꺼번에 다 할 수는 없는 노릇입니다.

쉐리는 어디까지가 자기 책임이고 어디부터가 자기 책임이 아닌가를 판단하기가 무척 힘이 듭니다. 그녀는 옳은 일을 행하고 싶다거나 되도록 갈등을 피하고 싶다는 생각에서, 하나님께서 결코 그녀에게 맡기시지 않은 문제들까지도 몽땅 떠안고 맙니다 : 어머니의 만성적인 외로움도, 제프의 무책임함도, 친구의 끝없는 위기도, 죄책감을 겨냥한 여전도회 회장의 자기 희생 메시지도, 남편의 미숙함도 모두 그녀의 몫이 되고 맙니다.

그녀의 문제는 여기에서 끝나지 않습니다. 안 된다고 말하지 못하는 그녀의 성격이 곧 만족을 늦출 줄 모르는 아들의 성격과 학교 생활에 막대한 영향을 미쳤으며, 어쩌면 그녀의 딸까지도 물러나게 만든 것인지 모릅니다.

우리 삶의 책임과 소유권에 관한 혼동은 모두 울타리 문제에 속합니다. 마치 자기 집을 가진 사람이 자기 땅 둘레에 물리적인 소유 경계선을 긋는 것처럼, 우리 역시 우리 삶에 정신적·육체적·정서적·영성적 울타리를 세워야 합니다. 그렇게 함으로써 우리는 무엇이 우리의 책임이고 무엇이 아닌가를 판별할 수가 있을 것입니다. 쉐리의 경우를 보더라도 알 수 있겠지만, 적절한 시간에 적절한 사람에게 울타리를 쳐두지 못하면 매우 파괴적인 결과가 생길 수도 있습니다.

그리고 이 문제는 오늘 그리스도인들이 부딪히게 되는 가장 심각한 문제들 가운데 하나입니다. 대부분의 진실하고 헌신적인 신자들은 어느 때가 성서적으로 한계를 설정하기에 가장 적합한 시기인가를 알 수 없어서 무척 혼란스러워하고 있습니다. 그들은 울타리 결핍이라는 문제에 봉착할 때에 다음과 같은 질문을 던지게 됩니다 :

1. 내가 경계를 설정한 다음에도 여전히 사랑하는 사람이 될 수 있을까?
2. 합법적인 울타리란 무엇일까?
3. 혹시라도 내 울타리 때문에 당황하거나 상처받는 사람은 없는가?
4. 내 시간이나 사랑 · 힘 · 돈을 필요로 하는 사람에게는 뭐라고 대답할 것인가?
5. 왜 울타리를 치려고 마음먹을 때마다 죄책감이나 두려움이 느껴지는 걸까?
6. 울타리는 고분고분하게 순종하는 것과 무슨 관계가 있을까?
7. 울타리는 이기적인 소치가 아닐까?

이 문제들에 관한 성경의 대답을 자칫 잘못 전달했다가는 울타리에 관한 그릇된 여러 가지 가르침으로 이어질 수 있습니다. 뿐만 아니라, 우울증이라든가 불안 장애 · 섭식 장애 · 중독 · 충동 장애 · 죄책감 문제 · 수치심 문제 · 공황 장애 등의 여러 가지 심리학적 증상과 부부싸움, 친족간의 다툼까지도 사실은 모두 울타리 갈등에 그 뿌리를 두고 있습니다.

이 책은 울타리에 관한 성서적인 견해를 소개합니다 : 울타리가 무엇인지, 울타리가 무엇을 방어해 주는지, 울타리는 어떻게 발달하는지, 울타리는 어떤 식으로 침해를 당하게 되는지, 울타리를 어떻게 고칠수 있는지, 그리고 울타리를 어떻게 사용할 것인지를 알려 주고 있습니다. 이 책은 위의 문제들은 물론이고 좀더 많은 것들까지도 다루게 될 것입니다. 이 책의 목적은 성부 하나님께서 여러분에게 주려고 하시는 관계와 목적을 이루는 일에 여러분이 성서적인 울타리를 잘 사용할 수 있도록 도와주기 위한 것입니다.

쉐리의 성경 지식은 울타리의 결핍을 더욱 더 부채질하고 있는 것 같습니다. 이 책은 울타리가 하나님의 성격과 하나님의 우주와 하나님의 백성 안에서 작용하고 있는 성서적인 본질을 여러분에게 자세히 알려 주는 데 그 목적이 있습니다.

2
울타리는 어떤 모양일까요?

스물다섯 살 짜리 아들을 둔 부부가 공통된 요구 사항을 가지고 나를 찾아왔습니다 : 자기 아들 빌을 '고쳐'달라는 것이었죠. 빌은 어디에 있느냐고 물었더니 그들이 대답했습니다. "예, 그앤 오고 싶지 않다더군요."

"왜죠?" 내가 물었습니다.

"저, 빌은 자기에게 문제가 있다고 생각하지 않거든요." 그들이 대답했습니다.

"어쩌면 그 말이 맞을지도 모르죠." 내 말에 그들은 놀랐습니다.

"어디 한 번 얘기 좀 들어 볼까요?"

그들은 아주 어렸을 때부터 시작된 문제투성이의 역사에 관하여 한참을 이야기하였습니다. 그들이 보기에 빌은 결코 '꽤 양호한' 편이 못 되었습니다. 그런데 최근 몇 년 동안은 아예 약물에까지 손을 댔고, 학교를 진득하게 잘 다닌다거나 직업을 찾을 수 있는 능력도 전혀 없었습니다.

그들이 아들을 무척 사랑하고 있으며, 또 아들의 생활 방식 때문에 마음의 상처가 크다는 사실은 명백했습니다. 그들은 아들을 변화시키고 아들이 책임있는 삶을 살도록 하기 위하여 온갖 방법을 다 동원해 보았지만, 모두가 허사였습니다. 빌은 여전히 약물을 복용했고, 책임을 회피했으며, 문제가 많은 친구들과 어울려 다녔습니다.

그들은 이제껏 빌이 필요로 하는 것이라면 무엇이든 주었다고 말했습니다. 빌은 학생 신분이면서도 용돈이 풍부했기 때문에 '일을 할 필요가 없었고 따라서 공부나 사회 생활을 할 수 있는 시간이 넉넉했습니다.' 빌이 이 학교에서 쫓겨나거나 수업을 빼먹으면 그들은 '빌에게 좀 더 적합할 것으로 보이는' 저 학교에 그를 보내기 위하여 갖은 수단을 다 동원했고, 또 그런 일을 할 때에는 더 행복했습니다.

그들이 한참을 이야기하고 나서, 나는 이렇게 진단을 내렸습니다 : "제가 보기에 여러분의 아드님은 정상입니다. 아무 문제도 없어요."

만일 여러분이 그들의 얼굴 표정을 보았더라면 무슨 사진이라도 찍는 줄 알았을 것입니다 ; 그들은 1분이 넘도록 불신에 찬 눈으로 나를 바라보았습니다. 그러더니 마침내 아버지가 입을 열었습니다. "분명히 제가 옳게 들은 겁니까? 빌에게 아무 문제도 없다고 생각하신다고요?"

"그렇습니다," 내가 말했습니다. "빌에게는 전혀 문제가 없습니다. 보십시오, 빌은 하고 싶은 일은 무엇이든지 다 할 수가 있습니다. 전혀 문제될 게 없지요. 여러분이 대신 돈을 지불해 주고, 여러분이 대신 초조해 하고, 여러분이 대신 걱정해 주고, 여러분이 대신 계획을 세워 주고, 여러분이 대신 노력하고 있으니까요. 빌의 문제여야 했던 것들이 지금 여러분의 문제가 되어 있는 것입니다. 자, 이제 빌이 문제를 가질 수 있도록 여러분이 돕는 과정을 제가 돕도록 해주시겠습니까?"

그들은 마치 미친 사람이라도 보는 것 같은 눈으로 나를 바라보았지만, 그들 머릿속에는 한 가닥의 서광이 비치는 듯했습니다. "빌이 문제를 가질 수 있도록 우리가 돕는다니, 그게 무슨 뜻이지요?" 이번에는 어머니 쪽에서 물었습니다.

"그러니까," 나는 설명을 해주었습니다. "제 생각에 이 문제를 풀 수 있는 방법은 빌의 행동이 여러분이 아니라 바로 빌에게 문제를 가져다 줄 수 있도록 어떤 울타리를 쌓는 것밖에 없는 것 같군요."

"울타리라니요?" 아버지가 물었습니다.

"이런 식으로 한 번 생각해 보세요. 그러니까 빌은 자기 잔디밭에 절대로 물을 주지 않는 이웃이나 마찬가지입니다. 그런데 여러분이 스프링쿨러를 작동시킬 때마다 물이 그 이웃의 잔디밭에 떨어지는 거예요. 정작 여러분의 잔디는 말라 죽어 가고 있는데, 빌은 싱싱한 자기 잔디를 내려다보면서 이렇게 생각하지요. '정원이 아주 보기 좋군!' 여러분의 아드님이 바로 이런 삶을 살고 있는 거예요. 빌은 공부도 안하고, 계획도 안 세우고, 일도 안하지만 빌에게는 살 집이 있고, 용돈도 풍부하고, 가족으로서의 권리도 마음껏 누리고 있지요.

만일 여러분이 조금만 더 사유지 경계선을 분명히 긋고, 물이 빌의 잔디밭으로 떨어지지 않도록 스프링쿨러를 잘 맞춘다면, 빌이 자기 잔디밭에 물을 주지 않는 이상, 더러운 곳에서 살 수밖에 없을 것입니다. 물론 잠시 동안은 그걸 싫어하겠지요.

현재 상태로 보면, 빌은 무책임하면서도 행복한 데 비해 여러분은 책임을 다하면서도 불행한 처지에 놓여 있습니다. 울타리를 약간만 쌓아도 훨씬 나아질 겁니다. 빌의 문제가 여러분의 정원에 들어오지 못하고 원래 있어야 할 자리인 빌의 정원에 머물러 있도록 담장을 쌓아야 합니다.

"하지만 그렇게 갑자기 도움을 뚝 끊어 버린다는 것은 너무 잔인한 처사가 아닐까요?" 아버지가 물었습니다.

"지금까지 도와준 것이 과연 도움이 되었던가요?" 내가 되물었습니다.

그의 얼굴 표정을 보니, 이제는 서서히 이해가 가기 시작하는 모양이었습니다.

눈에 보이지 않는 사유지 경계선과 책임감

물질 세계에서는 쉽사리 울타리를 찾아볼 수가 있습니다. 담장·표지판·벽·악어를 풀어놓은 외호(外濠)·짧게 가지런히 깎아 놓은 잔디·산울타리 등은 모두 물질적인 울타리입니다. 겉으로 보기에는 다 다른 모양을 하고 있지만, 그것들이 전하는 메시지는 한결같습니다 : 여기서부터는 내 사유지야! 사유지의 주인은 자신의 사유지 안에서 일어나는 일들을 법적으로 책임져야 합니다. 하지만 주인이 아닌 사람들은 그 사유지에 대한 책임이 없습니다.

물질적인 울타리는 사람의 행동을 제약하는 가시적인 사유지 경계선이라 할 수 있습니다. 여러분은 군(郡) 법원에 가면 책임이 따르는 울타리가 어디 어디에 있는지, 그리고 그 곳에 볼 일이 있을 때에는 누구에게 전화를 해야 하는지 정확하게 알 수 있습니다.

영성 세계에도 물론 울타리가 있지만, 눈으로 보기 어려운 것들일 경우가 많습니다. 이 장의 목표는 여러분이 눈에 보이지 않는 자신의 울타리를 확인할 수 있도록 도와주고, 나아가 여러분이 자신의 사랑을 키워 주고 자신의 생명을 지켜 주는 영원한 실재로서 자기 울타리를 인정할 수 있도록 도와주는 것입니다. 사실 이 울타리는 여러분의 영혼을 경계짓고, 또 여러분이 자신의 영혼을 지키고 유지해 나갈 수 있도록 도와줍니다(잠언 4장 23절).

나와 남

울타리는 우리의 경계를 정해 줍니다. 울타리는 어떤 것이 나의 것이고 어떤 것이 남의 것인지를 경계짓습니다. 울타리는 어디에서 나의 것이 끝나고 어디에서부터 남의 것이 시작되는지를 알려 줌으로써, 나에게 소유권 의식을 심어 줍니다.

무엇이 나의 것이고 무엇이 내 책임인가를 알면 나는 자유를 누릴 수 있습니다. 내 정원이 어디에서 시작되고 어디에서 끝나는지를 알면, 나는 내가 하고 싶은 대로 그 정원을 사용할 수가 있습니다. 내 삶에 대한 책임을 진다는 것은 다양한 선택의 기회를 제공해 줍니다. 그렇지만 만일 내가 내 삶을 '소유'하지 않는다면 나의 선택 역시 무척 제한을 받게 될 것입니다.

만일 누군가가 여러분에게 이르기를, "이 사유지를 열심히 지키시오. 이곳에서 생기는 일들에 대한 책임을 모두 당신에게 맡기겠소."라고 해놓고는 정작 그 사유지의 울타리를 일러 주지 않았다고 한 번 가정해 보십시오. 얼마나 황당한 일이겠습니까? 또 그 사유지를 지킬 만한 도구를 전혀 주지 않았을 경우에는 어떨까요? 황당함을 넘어서 이건 위험스럽기까지 한 일일 것입니다.

그렇지만 우리에게 정서적으로, 영적으로 일어나고 있는 일이 바로 이런 식인 것을 어쩌겠습니까? 하나님께서는 우리 모두가 자기 '안에서' 살 수 있도록 세상을 지어 주셨습니다 ; 다시 말해서, 우리는 자기 자신의 영혼 속에 거하고 있으며, '우리'를 구성하고 있는 것들에 대하여 책임을 지고 있는 것입니다. "마음의 고통은 자기만 알고, 마음의 기쁨도 남이 나누어 가지지 못합니다."(잠언 14장 10절). 우리는 우리의 영혼 속에 들어 있는 것을 잘 다루어야 합니다. 그리고 울타리는 우리가 그것을 경계지을 수 있도록 도와줄 것입니다. 만일 우리 눈에 제한 범위가 보이지 않는다면, 혹 제한 범위를 잘못 알게 된다면, 우리는 상당히 큰 고통을 겪게 될 것입니다.

성경은 우리의 제한 범위가 어디인지, 그 제한 범위를 어떻게 보호할 것인지를 명확하게 일러주고 있습니다. 그런데 우리의 가족이, 아니면 과거의 관계들이 우리로 하여금 그 제한 범위를 혼동하게 만드는 경우가 많이 있습니다.

울타리는 무엇이 우리의 책임인가를 보여 줄 뿐만 아니라, 우리의 사유지가 아닌 곳, 우리의 책임이 아닌 것까지 잘 경계지을 수 있도록 도와줍니다. 예를 들면, 우리는 다른 사람에 대한 책임이 없습니다. 그 어느 곳에서도 '타인-통제'에 관한 명령을 찾아볼 수 없습니다. 그런데도 우리는 다른 사람을 통제하기 위하여 많은 시간과 정력을 쏟고 있지요!

'대하여'와 '위하여'

우리는 다른 사람에 대한(to) 책임과 우리 자신을 위한(for) 책임을 지고 있습니다. "너희가 짐을 서로 지라," 갈라디아서 6장 2절은 이렇게 가르치고 있습니다. "그리하여 그리스도의 법을 성취하라." 이 말씀은 곧 서로에 대한 우리의 책임을 일컫는 것입니다.

우리들 가운데에는 혼자서 지기에 너무나 무거운 '짐'(burdens)을 지고 가는 사람이 많이 있습니다. 그런 사람들은 그 짐을 나를 만한 힘이나 수단이나 지식도 충분히 지니고 있지 못합니다. 따라서 그들에게는 도움이 필요합니다. 그들 혼자서 할 수 없는 일을 그들을 위하여 해 주려고 우리 자신을 부인하는 것, 이것은 바로 그리스도의 희생적인 사랑을 실천하는 것입니다. 그리스도께서는 우리가 할 수 없는 일을 우리를 위하여 하셨습니다 ; 우리를 구원하신 것입니다. 이것이 바로 다른 사람에 '대한' 책임을 지는 것입니다.

한편 6장 5절에는 "각각 자기의 짐(load)을 질 것이니라"고 기록되어 있습니다. 우리는 누구나 다 자신이 지고 갈 수 있는 책임을 지니고 있습니다. 이것은 우리 자신의 특정한 '짐'으로서, 매일 책임을 지고 완수해야 하는 것입니다. 아무도 우리를 '위해' 대신 그 짐을 져줄 수는 없습니다. 우리는 자신의 '짐'인 삶의 측면에 대하여 우리의 소유권을 인정해야 합니다.

burden과 load를 뜻하는 각각의 그리스어를 찾아보면 이 본문의 의미를 잘 알 수 있습니다. burden은 그리스어로 '초과 화물'이나 또는 너무 무거워서 도저히 우리 혼자 힘으로는 들 수 없는 그런 짐을 의미합니다. 이 짐은 표석과도 같아서 우리를 짓뭉갤 수도 있습니다. 우리 혼자서 이 표석을 옮긴다는 것은 꿈도 꿀 수 없는 일입니다! 아마도 우리 등이 부서져 버릴 것입니다. 표석을 나를 때 우리는 서로 도와주어야 합니다── 우리 삶에 위험과 비극이 닥치는 순간에 말입니다.

이와 대조적으로, load를 뜻하는 그리스어는 '화물'이나 또는 '그날 그날의 수고로운 짐'이라는 의미를 갖고 있습니다. 이 단어는 우리 모두가 날마다 해야 하는 일을 가리킵니다. 이 짐은 배낭과도 같아서 지고 갈 수가 있습니다. 우리는 자신의 배낭을 지고 가게 되어 있습니다. 우리는 자신의 감정과 태도와 행동을 잘 다루게 되어 있으며, 또한 아무리 힘들다 할지라도 하나님께서 우리들 저마다에게 맡기신 책임을 지게 되어 있습니다.

울타리는 어떤 모양일까요?

그런데도 자신의 '표석'이 마치 날마다의 짐이라도 되는 것처럼 남의 도움을 거절한다거나, 반대로 자신의 '일상적인 짐'이 마치 표석이라도 되는 것처럼 혼자서 들고 가지 않으려 할 때에는 문제가 생기게 됩니다. 이 두 가지 경우에 빚어지는 결과는 영속적인 고통 아니면 무책임입니다.

우리가 고통 속에 머무르거나 무책임한 사람이 되지 않기 위해서는 '나의 것'이 무엇인지, 어디까지가 내 책임의 울타리이고 어디서부터가 다른 사람의 책임인지를 정해 놓아야 합니다. 우리는 지금부터 우리의 책임이 무엇인가를 정하게 될 것입니다. 그러면 먼저 울타리의 본질부터 자세히 살펴보기로 할까요?

좋은 것은 안쪽에, 나쁜 것은 바깥쪽에

울타리는 우리가 자기 사유지를 구별하고 그 사유지를 지킬 수 있도록 도와줍니다. 울타리는 우리가 '부지런히 우리 마음을 지킬' 수 있도록 도와줍니다. 우리는 우리에게 영양을 줄 만한 것들은 담장 안쪽에 두고, 우리에게 해를 미칠 만한 것들은 바깥쪽에 묶어 두어야 합니다. 다시 말해서, 울타리는 우리가 좋은 것들은 안쪽에 두고 나쁜 것들은 바깥쪽에 둘 수 있도록 도와주는 것입니다. 울타리는 사람들이 우리의 보물을 훔쳐 가지 못하도록 지켜 줍니다(마태복음 7장 6절). 울타리는 진주를 안쪽에, 돼지를 바깥쪽에 묶어 놓습니다.

때로 우리는 나쁜 것을 안쪽에 두고 좋은 것들을 바깥에 둘 수도 있습니다. 이런 경우에 우리는 우리 울타리를 열어서 좋은 것들이 안으로 들어오고 나쁜 것들은 바깥으로 나가도록 해야 합니다. 다시 말하면 우리 담장에는 안쪽에 문이 달려 있어야 하는 것입니다. 예를 들어서, 만일 어떤 고통이나 죄가 우리 안에 있는 것을 알았을 경우에는 울타리 문을 열고 그것에 관하여 하나님과 사람들에게 이야기해야 합니다. 그래야만 치유를 받을 수 있습니다. 고통과 죄를 고백하면 '그 고통과 죄가 바깥으로 나가게' 됩니다. 그러면 그 고통과 죄가 계속해서 나를 안쪽에 가두어 두지 못하게 되는 것이지요(요한1서 1장 9절 ; 야고보서 5장 16절 ; 마가복음 7장 21-23절). 또 만일 좋은 것이 바깥쪽에 있을 경우에는 우리 문을 열고 '그것을 안으로 들여보내야만' 합니다. 예수님께서는 이러한 현상을 가리켜 당신과 당신의 진리를 '받아들이는 것'이라고 말씀하셨습니다(요한계시록 3장 20절 ; 요한복음 1장 12절). 다른 사람들에게는 우리에게 줄 만한 좋은 것들이 많이 있습니다. 그러므로 우리는 '그들에게 문을 열어 주어야만' 합니다(고린도후서 6장 11-13절). 하지만 우리는 종종 다른 사람들이 우리에게 좋은 것들을 주지 못하도록 우리 울타리 문을 닫아걸고서 궁핍한 삶을 살기도 합니다.

간단히 말해서 울타리는 결코 벽이 아닙니다. 성경은 다른 사람에게 '벽을 쌓으라'고 가르치지 않습니다 ; 성경은 우리가 다른 사람과 '하나'가 되어야 한다고 가르칩니다(요한복음 17장 11절). 우리는 다른 사람과 공동체를 이루어야 합니다. 하지만 어떤 공동체이든지 그 곳에 소속된 개인들 저마다에겐 그들 자신만의 공간과 사유지가 주어져야 합니다. 이 때 중요한 것은 그 사유지의 경계선이 남이 통과할 수 있을 정도로 충분히 침투성이 있어야 하며, 위험에서 지켜낼 수 있도록 충분히 강해야 한다는 점입니다.

성장 과정에서 학대를 받은 사람들은 종종 울타리의 기능을 뒤집어 놓고서 나쁜 것들은 안쪽에, 좋은 것들은 바깥쪽에 두기도 합니다. 메리는 성장 과정에서 아버지로부터 학대를 당했던 여자입니다. 그녀에게는 튼튼한 울타리를 발달시킬 만한 용기가 없었습니다. 그래서 그녀는 자기 문을 굳게 닫아 걸어 버리고 고통을 안쪽에 묶어 두게 되었습니다; 그녀는 문을 열고서 자신의 상처를 표출시킨다든가 그것을 자기 영혼 밖으로 몰아내려 하지 않았습니다. 또한 그녀는 문을 열고서 자신의 상처를 치유해 줄 만한 도움이 외부로부터 들어오게도 하지 않았습니다. 게다가 그녀는 계속해서 다른 사람이 자신의 영혼 속에 더 많은 고통들을 '실어다 버리도록' 내버려 두었습니다. 결국 나에게 도움을 청하러 왔을 때 그녀는 이미 너무도 많은 고통을 지고 있었고, 여전히 학대를 당하고 있었으며, 외부로부터의 도움에 '벽을 쌓고' 있었습니다.

그녀는 울타리의 문을 반대쪽에 달아 두어야만 했습니다. 그녀에게는 나쁜 것들을 바깥쪽에 묶어 둘 만한 튼튼한 담장이 필요했고, 이미 자기 영혼 속에 들어와 있는 나쁜 것들은 바깥으로 내몰고 대신 자기에게 절대적으로 필요한 좋은 것들을 안으로 들여올 수 있도록 그 담장에 문을 달아야 했습니다.

하나님과 울타리

울타리라는 개념은 바로 하나님의 본질 그 자체에서 비롯된 것입니다. 하나님께서는 당신 자신을 특별한 존재, 분리된 존재로 경계지으시며, 당신 자신을 책임지십니다. 하나님께서는 당신이 생각하시는 것과 느끼고 계신 것, 계획하고 계신 것, 허락하시는 것, 허락치 않으시는 것, 좋아하시는 것, 싫어하시는 것을 우리에게 일러 주심으로써 당신의 인격에 대한 책임을 지십니다.

하나님께서는 또한 당신의 피조물과 우리 인간으로부터 당신 자신을 따로 경계지으십니다. 하나님께서는 다른 존재들로부터 당신 자신을 구별해내십니다. 하나님께서는 우리에게 당신이 누구인지, 당신이 어떤 존재인지를 일러 주십니다. 예를 들면, 하나님께서는 당신이 사랑이며 어두움이 아니라고 말씀하십니다(요한1서 4장 16절 ; 1장 6절).

또한 하나님께서는 삼위일체 내부에도 울타리를 갖고 계십니다. 성부·성자·성령은 하나이면서 동시에 저마다 울타리를 지니고 있는 독립된 인격체입니다. 성부·성자·성령은 저마다의 개인적 특질과 책임을 지니고 있을 뿐만 아니라 서로를 향한 사랑으로 연결되어 있습니다(요한복음 17장 24절).

하나님께서는 또한 당신의 정원에서 허락하실 일들에 대한 경계를 정해 두고 계십니다. 하나님께서는 죄와 대결하시고, 행동의 결과를 허락하십니다. 하나님께서는 당신의 집을 지키시고, 악한 것들이 그 안에 머무르지 못하도록 하십니다. 하나님께서는 당신을 사랑하는 자들을 초대하시고, 동시에 당신의 사랑이 그들에게 흘러나가도록 하십니다. 하나님의 울타리 '문'은 적절한 때에 열리고 닫힙니다.

하나님께서는 당신이 '보시기에 좋은 것들'을 우리에게 주셨던 것처럼(창세기 1장 26절), 경계선 내부의 개인적인 책임을 우리에게 맡기십니다. 하나님께서는 우리가 땅을 '다스리고 정복하길' 원하시며, 당신께서 우리에게 주신 삶에 대한 청지기적 사명을 우리가 책임지고 완수해내기를 바라십니다. 그러기 위하여 우리는 하나님처럼 울타리를 발달시켜야 합니다.

울타리의 예

울타리는 여러분 자신과 다른 사람을 구별할 수 있도록 도와주는 것, 여러분이 어디에서 시작하여 어디에서 끝나는가를 잘 보여 주는 것입니다. 다음은 그런 울타리의 예를 몇 가지 모은 것입니다.

피부

여러분의 경계를 정해 주는 가장 기본적인 울타리는 바로 여러분의 신체적 피부입니다. 사람들은 종종 자신의 개인적인 울타리가 침해당했다는 것을 뜻하는 하나의 상징으로서 이 울타리를 사용하기도 합니다 : "내가 이렇게 된 건 순전히 그 사람 때문이야." 여러분의 신체적 자기는 여러분이 다른 사람과 별개의 존재라는 사실을 가르쳐 주는 가장 확실한 수단입니다. 유아기 때부터 여러분은 자신을 껴안고 귀여워해 주는 엄마 아빠와 자기 자신이 서로 다르다는 사실을 서서히 배워 나가게 됩니다.

피부 울타리는 좋은 것들은 안쪽에, 나쁜 것들은 바깥쪽에 묶어 둡니다. 피부 울타리는 여러분의 피와 뼈들이 내부에서 서로 잘 엉켜 있도록 보호해 줍니다. 또한 피부 울타리는 세균들을 바깥쪽에 묶어 둠으로써 여러분이 병균에 감염되지 않도록 지켜 줍니다. 동시에 피부에는 음식과 같은 '좋은' 것들은 안쪽으로 들여오고, 배설물과 같은 '나쁜' 것들은 바깥으로 내보낼 수 있는 문이 달려 있습니다.

육체적 학대나 성적 학대의 피해자들은 종종 울타리 의식이 결여되어 있는 경우가 많습니다. 아주 어려서부터 그들은 자기 사유지가 정말은 자기 피부에서부터 시작되지 못한다고 배워 버린 셈입니다. 그렇기 때문에 누구든지 그들의 사유지에 침입하여 하고 싶은 대로 하게 내버려두는 것입니다. 결국 그들은 나중에도 울타리를 쌓기가 무척 힘이 들게 됩니다.

언어

물질 세계에서는 보통 담장이나 어떤 구조물 같은 것들이 울타리를 표시해 줍니다. 하지만 영성 세계에서는 담장을 눈으로 볼 수 없습니다. 그럼에도 불구하고 여러분은 언어를 통해서 튼튼한 담장을 쌓을 수가 있습니다.

가장 기본적인 울타리 언어는 바로 아니오입니다. 이 말은 여러분이 다른 사람과는 별개의 존재이며 여러분 자신이 여러분을 지배한다는 사실을 다른 사람에게 알려 주는 말입니다. 성경은 처음부터 끝까지 여러분에게 '아니오'와 '예'를 분명히 말하라고 가르칩니다(마태복음 5장 37절 ; 야고보서 5장 12절).

아니오는 대립의 언어입니다. 성경은 우리가 "아니야, 그런 행동은 좋지 않아. 난 그 일에 끼지 않겠어."라고 말함으로써 사랑하는 사람과도 대립해야 한다고 말합니다. 아니오라는 말은 또한 학대에 경계선을 긋는 데에도 매우 중요합니다. 성경에는 우리를 죄인 취급하는 사람에게 '아니오'라고 말할 것을 촉구하는 본문이 많이 들어 있습니다(마태복음 18장 15-20절).

성경은 또한 우리가 '인색함으로나 억지로' 남에게 주어서는 안 된다고 경고하고 있습니다(고린도후서 9장 7절). 울타리가 약한 사람들은 다른 사람의 지배와 압력, 요구, 때로는 다른 사람의 사실적인 욕구에도 '아니오'라는 말을 잘하지 못합니다. 그들은 자기가 누구에게 '아니오'라고 말할 경우 그 사람과의 관계가 위험에 처할 것이라고 여깁니다. 그래서 그들은 수동적으로 그 사람의 뜻을 따르면서 속으로는 그 사람을 원망하게 되는 것입니다. 때로는 어떤 사람이 여러분에게 무슨 일을 하라고 압력을 가할 수가 있습니다 ; 또 때로는 여러분 스스로가 그 일을 '해야' 한다고 생각하는 데에서 압력이 가해질 수도 있습니다. 만일 여러분이 이 외부적 압력이나 내부적 압력에 '아니오'라고 말하지 못한다면, 여러분은 자기 사유지에 대한 통제권을 잃게 될 것이며 따라서 '자기-통제'의 열매도 맛볼 수 없을 것입니다.

여러분의 언어는 또한 여러분이 자신의 감정이나 의도나 싫어하는 것들에 관해서 이야기를 나눌 수 있을 만한 다른 사람들에 대해서도 여러분의 사유지 경계를 정해 줍니다. 여러분이 말로써 자신의 사유지 경계를 정해 두지 않는 한 사람들은 여러분이 서있는 곳을 알 수가 없습니다. 하나님께서는 "나는 이것은 좋고 이것은 싫다."거나 또는 '나는 이 일을 할 것이고 저 일은 안할 것이다.'라고 말씀하심으로써 당신의 사유지 경계를 분명히 밝히셨습니다. 여러분의 언어는 사람들에게 여러분이 서있는 곳을 알려 주고, 따라서 여러분을 확인할 수 있을 만한 '테두리' 의식을 사람들에게 심어 줍니다. "네가 나에게 소리지를 땐 정말 싫어!" 이 말은 사람들에게 여러분이 어떤 식으로 관계를 맺어 나가는지 명확하게 알려 주는 것이며, 여러분의 정원에서는 어떤 '법칙'을 따라야 하는지 그들에게 가르쳐 주는 말입니다.

진실

하나님과 하나님의 사유지에 관한 진리는 여러분에게 경계를 정해 주며 하나님의 울타리를 보여 줍니다. 하나님의 변함없으신 실재의 진리를 깨닫게 될 때 여러분은 하나님과의 관계 속에서 자기의 경계를 정할 수가 있습니다. 예를 들어, 하나님께서 여러분에게 뿌린 대로 거두리라고 말씀하실 때(갈라디아서 6장 7절), 여러분은 그 실재와의 관계 속에서 자신의 경계를 정할 수도 있고, 아니면 그 실재에 계속 반항함으로써 여러분 자신에게 상처를 입힐 수도 있습니다. 하나님의 진리와 접촉하는 것은 곧 실재와 접촉하는 것이며, 그 실재와 일치된 삶을 사는 것은 곧 더 나은 삶을 향해 나아가는 것입니다(시편 119편 2절, 45절).

사탄은 실재를 한사코 왜곡하려드는 존재입니다. 에덴동산에서 사탄이 이브를 유혹하여 하나님의 울타리와 하나님의 진리에 대하여 문제를 제기하도록 만들었던 사건을 한 번 생각해 보십시오. 그 결과는 정말로 끔찍했습니다.

하나님의 진리를 아는 것이든지 여러분 자신에 관한 진리를 아는 것이든지, 진리 안에는 언제나 안전함이 있습니다. 사람들은 대체로 자기 존재의 진리를 인정하지도 표출하지도 않은 채, 자신의 울타리 바깥쪽에서 살아가기 위하여 애쓰면서, 산만하고 소란스러운 삶을 살아갑니다. 여러분의 존재에 대하여 정직해질 때 비로소 여러분은 통전성, 또는 통일성의 성서적 가치를 부여받을 수 있습니다.

지리적 거리

잠언 22장 3절을 보면 "슬기로운 자는 재앙을 보면 숨어 피한다."고 기록되어 있습니다. 때로는 어떤 상황으로부터 물리적으로 여러분 자신을 떼어 놓는 것이 울타리 유지에 도움이 될 수 있습니다. 여러분은 예수님께서 자주 그러셨던 것처럼, 여러분의 한계점까지 다 가본 후에 신체적으로, 정서적으로, 영적으로 자신을 다시 채우기 위하여 어떤 상황으로부터 물리적으로 자신을 격리시켜 놓을 수 있습니다.

아니면 위험에서 벗어나기 위하여, 악에 경계선을 긋기 위하여 자신을 격리시킬 수도 있습니다. 성경은 우리에게 끊임없이 상처를 주는 사람으로부터 떨어져서 안전한 장소를 물색하라고 권고합니다. 어떤 상황으로부터 여러분을 격리시키는 것은 또한 뒤에 남겨진 사람이 우정의 상실을 경험함으로써 변화된 행동을 취할 수 있도록 만들어 주기도 합니다(마태복음 18장 17-18절 ; 고린도전서 5장 11-13절).

학대를 당할 경우에는, 그 학대자가 문제를 기꺼이 해결할 준비를 갖출 때까지 어느 정도 거리를 유지하고 있는 것만이 여러분의 울타리가 실제적이라는 사실을 궁극적으로 보여줄 수 있는 유일한 방법일 때가 많습니다. 성경은 '악을 묶어 두기' 위하여 하나됨에도 한계를 정해 두어야 한다는 생각을 뒷받침해 줍니다.

시간

어떤 사람이나 계획으로부터 시간을 덜어 두는 것도 여러분의 삶에서 통제권을 빼앗긴 영역(울타리가 필요한 영역)에 대한 소유권을 되찾아오는 방법일 수 있습니다.

영적으로나 정서적으로 한 번도 자기 부모로부터 독립해 보지 못한 성인의 경우, 시간을 벌 필요가 있습니다. 그들은 껴안고 지키는 데 일생을 허비해 버렸으며(전도서 3장 5-6절), 포옹이 제지당할까봐, 그리고 자신의 관계 양식이 제거될까봐 두려워해 왔습니다. 그들에게는 고루한 방식에 대하여 울타리를 쌓고 새로운 관계 양식을 창출할 수 있을 만한 시간이 필요합니다. 그리고 이것은 한동안 부모를 따돌리는 것처럼 여겨질 수도 있습니다. 하지만 보통 이 시간에 그들과 부모의 관계가 개선됩니다.

정서적 거리

정서적 거리는 여러분의 마음이 안전해질 때까지 여유를 만들어 주는 일시적 울타리입니다 ; 정서적 거리는 결코 영속적인 생활 방식이 아닙니다. 학대를 당해 온 사람들의 경우에는, 정서적으로 '누그러지기' 시작할 때까지 안전한 장소를 마련해 둘 필요가 있습니다. 때로는 폭력적인 배우자로부터 학대를 당해 온 사람들도, 그 배우자가 자신의 문제를 직시하고 신실해질 때까지 정서적인 거리를 유지할 필요가 있습니다.

여러분은 절대로 자기 자신을 상처와 실망 가운데 계속 방치해 두지 말아야 합니다. 만일 여러분이 학대를 받아 왔다면 안전해질 때까지, 진정한 변화의 양태가 눈에 보일 때까지 절대로 돌아가서는 안 됩니다. 대부분의 사람들은 용서라는 미명 아래 너무도 빨리 어떤 사람을 믿어 버리며, 그 사람이 '회개에 합당한 열매'를 맺었는지 확인해 보지도 않습니다(누가복음 3장 8절). 진정한 변화를 확인해 보지도 않고서 여러분을 학대하는 사람이나 중독자에게 계속해서 정서적으로 여러분 자신을 개방한다는 것은 어리석기 짝이 없는 행동입니다. 용서하십시오, 그러나 지속적인 변화를 확인할 때까지는 여러분의 마음을 지키십시오.

다른 사람

여러분은 울타리를 쌓고 또 울타리를 지키기 위하여 다른 사람의 도움을 받을 필요가 있습니다. 다른 사람의 중독이나 지배나 학대를 받기 쉬운 사람들은 여러 해 동안을 '너무도 많은 사랑을 베푼' 다음에야 비로소 오직 후원 집단(support group : 알코올 중독자나 불치의 병을 앓고 있는 이들 또는 그들을 돌보고 있는 가족들이 한데 모여 서로간에 치료적 정보나 도움을 주고받는 공동체; 역자 주)을 통해서만 울타리를 쌓을 만한 능력을 발견할 수 있다는 사실을 깨닫게 됩니다. 이러한 후원 조직은 그들이 난생 처음으로 학대와 지배에 '아니오'라고 말할 수 있도록 힘을 부여해 줍니다.

여러분에게 여러분이 울타리를 쌓고 지키는 일을 도와 줄 수 있는 다른 사람들이 필요한 이유는 두 가지가 있습니다. 첫째는 여러분의 삶에서 가장 근본적으로 필요한 요소가 바로 관계이기 때문입니다. 사람들은 관계를 맺기 위하여 많은 괴로움들을 견디어 내며, 만일 자신이 상대방에게 맞설 경우 그 상대방이 자기를 떠나 버리고 자기는 홀로 남겨질까봐 두려워서 학대를 참아내기도 합니다. 혼자 남겨진다는 두려움 때문에 많은 사람들이 수년간 해로운 관계를 유지하게 됩니다. 그들은 자기가 울타리를 세울 경우 더 이상 삶 속에 사랑이 남아 있지 않을까봐 두려워하고 있습니다.

그렇지만 일단 다른 사람의 도움에 자신을 개방하고 나면 그들도 학대를 가하는 사람만이 이 세상에서 유일한 사랑의 원천이 아니라는 사실을 깨닫게 되며, 그 후원 조직을 통해서 자기에게 필요한 울타리를 쌓을 수 있는 힘을 발견하게 됩니다. 그들은 이제 더 이상 혼자가 아닙니다. 그리스도의 교회가 그들에게 닥쳐오는 재난들을 격퇴할 만한 힘을 제공해 주기 위하여 그들 곁에 있습니다.

우리에게 다른 사람들이 필요한 두 번째 이유는 우리가 새로운 정보와 가르침을 필요로 한다는 것입니다. 대부분의 사람들은 교회나 가정에서 울타리는 비성서적이고 인색하고 이기적인 것이라고 배워 왔습니다. 이런 사람들에게는 오래된 '테이프'가 만들어내는 죄책감과 그들이 맞설 수 있도록 도와줄 만한 좋은 성서적 후원 조직이 필요합니다. 이 테이프는 그들을 속박해 두기 위하여 거짓말을 둘러대고 있습니다. 그들에게는 오래된 메시지와 맞설 수 있도록, 그리고 변화에 연루된 죄책감과 맞설 수 있도록 후원해 줄 만한 사람이 필요합니다. 제2부에서 우리는 여러분의 삶에서 기초가 되는 모든 관계에 울타리를 세우기 위한 방법에 관하여 좀더 자세히 논의하게 될 것입니다. 지금 여기에서 중요한 것은 울타리가 결코 허공 속에 세워지는 것은 아니라는 사실입니다 ; 울타리를 세우는 일은 언제나 후원망과 연루되기 마련입니다.

결과

다른 사람의 사유지를 침범할 경우에는 늘 그 결과가 뒤따릅니다. '출입 금지' 표지판은 언제나 만일 누군가 이 울타리를 넘어 들어갈 경우에는 고소하겠다는 위협을 암시하고 있습니다. 성경은 우리가 만일 이 길로 가면 이런 일이 생기고 또 딴 길로 가면 그 밖의 다른 어떤 일이 생길 것이라고 말함으로써 이 원칙을 거듭 가르치고 있습니다.

성경이 어떤 행동의 결과를 명시해 두고 있는 바와 마찬가지로, 우리 역시 우리 울타리를 결과로써 수비할 필요가 있습니다. 만일 부부들 사이에서도 한쪽이 다른 한 쪽에게, '당신이 술을 그만 마시지 않는다면' (또는 '당신이 계속 한밤중에 귀가한다면,' 또는 '나를 때린다면,' 또는 '애들에게 소리를 지른다면'), '난 당신이 뭔가 대책을 세울 때까지 떠나 있겠어요!'라고 위협할 수만 있다면, 얼마나 많은 부부들이 이혼하는 일 없이 살아갈 수 있을까요? 또 만일 부모가 자녀에게

'또 다시 직장을 그만두고 일을 하지 않으면 용돈도 없을 줄 알아라.' 또는 '계속 이 집에서 마리화나를 피운다면 잠자리를 내줄 수 없다.'고 위협할 수만 있다면 얼마나 많은 청소년들의 삶이 변화를 맞이할 수 있을까요?

데살로니가후서 3장 10절에서 바울은 누구든지 일하기 싫어하거든 먹지도 말게 하라고 말하고 있습니다. 이것은 결코 우스갯소리가 아닙니다. 하나님께서는 절대로 무책임한 행동을 하시지 않는 분입니다. 굶주림은 게으름의 결과인 것입니다(잠언 16장 26절).

결과는 담장에 날카로운 '가시'를 달아줍니다. 결과는 사람들에게 침입의 심각성과 우리 자존감의 심각성을 가르쳐 줍니다. 결과는 유용한 가치관에 따라 살아가겠노라는 우리의 결단이 우리가 아주 소중히 여기는 것이며 이를 보호하고 지키기 위해서는 싸움까지도 불사할 것이라는 점을 사람들에게 가르쳐 줍니다.

나의 울타리 안에는 무엇이 들어 있을까요?

선한 사마리아인에 관한 이야기는 여러 가지 차원에서 올바른 행동의 모범이 되어 줍니다. 이 이야기는 울타리의 좋은 예입니다――울타리를 지켜야 할 때와 울타리를 무너뜨려야 할 때를 구별하기 위한 좋은 예입니다. 만일 사마리아인이 울타리가 없는 사람이었더라면 이 이야기가 과연 어떤 식으로 진행되었을까를 한 번 상상해 보십시오.

여러분은 이 이야기를 잘 알고 있을 것입니다. 한 남자가 예루살렘에서 여리고로 여행을 하던 중에 노상 강도를 만났습니다. 강도들은 이 사람의 옷을 벗겨내고 거의 죽을 정도로 흠씬 두들겨 팬 다음 가버렸습니다. 제사장도 레위인도 이 다친 사람을 못 본 척하고 맞은편 길

쪽으로 지나가 버렸습니다. 그런데 한 사마리아인이 그를 불쌍히 여겨서 상처를 싸매 주고 여인숙으로 데려가 치료해 주었습니다. 다음날 그 사마리아인은 여인숙 주인에게 돈을 주면서 말했습니다. "이 사람을 잘 돌봐 주십시오. 돈이 더 들면 돌아오는 길에 갚겠습니다."

자, 이 낯익은 이야기에서부터 한 번 시작해 보기로 하지요. 바로 이 시점에서 그 상처입은 남자가 깨어나 이렇게 말했다고 한 번 가정해 보십시오 :

"뭐라구요? 떠나신다구요?"

"예, 그렇습니다. 여리고에서 해야 할 일이 있거든요," 사마리아인이 이렇게 대답합니다.

"그건 정말 이기적이라고 생각하지 않으십니까? 난 지금 무척 상태가 나쁜 환자예요. 누군가 얘기할 사람이 필요해질 거라구요. 그러고도 어떻게 예수님이 당신을 사례로 들어 쓰시겠어요? 이건 그리스도인이 취해야 할 행동이 아닙니다. 이렇게 도움이 필요한 순간에 나를 버리다니요! 도대체 '자기를 부인하라'는 말이 무엇을 뜻하는 것 같은가요?"

"그래요, 당신 말이 옳은 것 같군요," 사마리아인이 말합니다. "당신 혼자 여기 남겨두고 떠나려니 나도 마음이 편치 않았답니다. 좀더 머물러 있겠어요. 여행을 며칠 미루기로 하죠."

그래서 그는 그 환자 곁에 사흘을 더 머무르게 됩니다. 자신은 지금 행복하고 만족스럽노라고 스스로에게 다짐을 하면서 말입니다. 그런데 사흘째 되는 날 오후에 갑자기 노크 소리가 들리더니 심부름꾼이 들어옵니다. 그리고 그 심부름꾼은 사마리아인에게 여리고에서 사업상 만나기로 약속했던 사람의 전갈을 전해 줍니다 :

"최대한 기다렸음. 낙타 떼를 다른 사람들에게 팔기로 결정했음. 다음 번 낙타 떼는 여섯 달이나 지나야 이곳에 옴."

"어떻게 당신이 내게 이럴 수 있단 말이오?" 사마리아인은 쪽지를 흔들어대면서 회복기에 접어든 사람을 향해 소릴 버럭 지릅니다. "당신이 벌여 놓은 일을 좀 보란 말이오! 당신 때문에 나는 내 사업에 꼭 필요한 낙타 떼를 잃고 말았소. 난 이제 물건들을 운반할 수가 없게 되었소. 이젠 사업을 할 수 없게 되었단 말이오! 어떻게 당신이 내게 이럴 수 있단 말이오?"

어떤 면에서 이 이야기는 우리 모두에게 아주 익숙한 것일 수도 있습니다. 우리 쪽에서 연민을 갖고서 도움이 필요한 어떤 사람에게 도움을 주었는데, 나중에는 도리어 그 사람이 우리가 의도했던 것보다 더 많은 것들을 주도록 조종하는 경우가 있습니다. 결국 우리는 정작 우리 자신의 삶에 필요한 것을 놓쳐 버린 다음에 그 사람을 원망하고 화를 내게 됩니다. 또는 우리 쪽에서 다른 사람들에게 더 많은 것을 바랄 수도 있고, 그들이 줄 때까지 압력을 가할 수도 있습니다. 그럴 경우 그들은 마음과 자유 의지에서 우러나와 주는 것이 아니라 마지못해서 주는 것입니다. 그리고 그들은 우리에게 준 것 때문에 우리를 원망하게 됩니다. 그 어느 쪽도 좋을 게 없습니다.

이런 시나리오를 피하려면 우리 울타리 안에서 무슨 일이 벌어지고 있는지, 우리의 책임이 무엇인지를 잘 알아야 합니다.

감정

감정은 그리스도인의 세계에서 줄곧 좋지 않은 비난을 받아 왔습니다. 감정은 중요하지 않다는 등 세속적이라는 등 별별 소리를 다 들어 왔습니다. 이와 동시에, 우리의 감정이 우리의 동기 유발과 행동에 얼마나 막대한 영향을 미치는지에 대해서도 수많은 증거들이 제시되어 왔습니다. 여러분은 상한 감정 때문에 서로에게 사악하게 대하는 사람들을 얼마나 많이 보았습니까? 또 여러분은 자살을 시도하게 될 때까지도 자신의 감정을 무시하기 위하여 여러 해 동안 무진 애를 쓰다가 결국은 우울증으로 입원하는 사람을 얼마나 많이 보았습니까?

감정은 무시해서도 안 되고 비난해서도 안 됩니다. 성경은 자기의 감정을 '인정하고' 받아들이라고 말하고 있습니다. 감정은 종종 우리가 훨씬 더 좋은 쪽으로 행동할 수 있도록 동기를 부여해 주기도 합니다. 선한 사마리아인의 애석함 역시 강도당한 이스라엘인에게로 다가가게 만들었던 동기라고 볼 수 있습니다(누가복음 10장 33절). 탕자의 아버지도 잃었던 아들에 대한 연민으로 가득 차서 그를 껴안았습니다(누가복음 15장 20절). 예수님 역시 당신이 말씀을 선포하던 백성을 '민망히 여기셨던' 적이 많았습니다(마태복음 9장 36절 ; 15장 32절).

감정은 여러분의 마음에서 우러나오는 것입니다. 감정은 여러분의 관계가 어떤 상태에 있는지를 여러분에게 가르쳐 줄 수도 있습니다. 감정은 일이 잘되어 가고 있는지, 아니면 무슨 문제가 있는지 알려 주기도 합니다. 만일 여러분이 친밀함과 애정을 느꼈다면 일이 잘 돌아가고 있다고 보아도 될 것입니다. 만일 여러분이 분노를 느꼈다면 뭔가 처리해야 할 문제가 있다고 보아야 합니다. 하지만 정말로 중요한 것은 여러분의 감정은 바로 여러분의 책임 아래 있으며, 감정이 지적해 주는 문제가 무엇이든지간에 여러분이 그 문제에 대한 해답을 찾는 일에 나설 수 있도록 여러분 자신의 감정을 인정하고 그것을 문제로 받아들이라는 것입니다.

태도와 신앙

태도는 어떤 것에 대한 여러분의 방침과 관련이 있으며, 다른 사람이나 하나님·삶·일·관계 등에 대한 여러분의 자세와 관계가 있습니다. 신앙은 여러분이 진리로 받아들이는 것입니다. 종종 우리는 태도나 신앙이 바로 우리의 삶을 불안하게 만드는 원인임을 알아채지 못합니다. 우리는 우리의 첫 부모인 아담과 이브가 그랬던 것처럼 다른 사람을 비난합니다. 우리는 자신의 태도와 확신을 인정해야 합니다. 그것이 바로 우리의 사유지 내부에서 일어나는 일이기 때문입니다. 우리는 자신의 태도와 확신이 미치는 영향을 그대로 느끼게 되는 당사자이며, 또한 그것을 변화시킬 수 있는 유일한 존재이기도 합니다.

태도의 곤란한 점은 우리가 생애 최초의 몇 년 동안에 이미 태도를 익힌다는 데 있습니다. 태도는 우리가 누구이며 우리가 어떻게 작동하는지를 표시해 놓은 지도에서 아주 큰 부분을 차지하고 있습니다. 자신의 태도나 신앙에 대하여 한번도 문제를 제기해 보지 않은 사람들은, 예수님께서 하나님의 계명은 버리고 '사람의 유전'을 지키는 사람들에 관하여 설명하면서 언급하셨던 바로 그 원동력의 희생양이 될 수가 있습니다(마가복음 7장 8절 ; 마태복음 15장 3절).

울타리에 문제가 있는 사람들은 보통 책임에 관한 태도를 왜곡시켜 버립니다. 그들은 자신의 감정과 선택, 행동에 관한 책임을 사람들에게 전가하는 것이 대수롭지 않다고 여깁니다. 그렇지만 잠언서는 경계를 정하고 책임을 인정하는 것만이 생명을 지키는 길이라고 거듭 이야기하고 있습니다(잠언 13장 18절, 24절).

행동

행동에는 반드시 결과가 뒤따릅니다. 바울은 "사람이 무엇으로 심든지 그대로 거두리라"(갈라디아서 6장 7-8절)고 말하고 있습니다. 만일 우리가 공부를 하면 좋은 성적을 거두게 될 것입니다. 만일 우리가 직장엘 나간다면 급료를 받게 될 것입니다. 만일 우리가 운동을 하면 좀더 건강한 몸을 얻게 될 것입니다. 만일 우리가 사랑을 가지고서 다른 사람을 대한다면 좀더 친밀한 관계를 맺게 될 것입니다. 또한 부정적인 측면에서 보면, 만일 우리가 게으름이나 무책임, 통제되지 않은 행동을 남발할 경우 가난과 실패, 그리고 느슨한 생활의 결과를 거두게 될 것입니다. 이것은 우리의 행동에서 빚어지는 당연한 결과들입니다.

어떤 사람이 다른 사람의 삶에 침입하여 뿌림과 거둠의 법칙을 방해할 경우에는 문제가 발생합니다. 한 사람의 음주나 학대는 그 음주자나 학대자 본인에게 결과를 가져다 주어야 합니다. "옳은 길을 저버리는 사람은 엄한 징계를 받을 것입니다"(잠언 15장 10절). 행동의 당연한 결과로부터 사람들을 도피시켜 주는 것은 그들을 무력한 상태로 몰아대는 것과도 같습니다.

부모와 자녀 사이에서는 이러한 일이 흔히 발생할 수 있습니다. 부모들은 종종 자녀가 행동의 당연한 결과를 거두도록 내버려두지 못하고 오히려 소리치며 잔소리를 합니다. 사랑과 경계, 온정과 결과로 자녀를 양육할 때 비로소 자녀들은 자신의 삶에 대하여 통제 의식을 지닌 자신 만만한 아이로 자라날 수가 있습니다.

선택

우리는 자신의 선택에 대하여 책임을 져야 합니다. 자신의 선택을 책임질 수 있을 때 우리는 '절제'의 열매를 맺게 됩니다(갈라디아서 5장 23절). 우리의 선택을 인정하지 않는 것, 우리의 선택에 대한 책임을 다른 사람에게 전가하려 드는 것은 흔히 볼 수 있는 울타리 문제입니다. 우리가 무슨 일을 하거나 하지 않았을 때 그 이유를 설명하기 위하여 '그래야만 했어!'라든가 '그 사람이 시켰어!'라는 말을 얼마나 자주 사용하는지 한 번 생각해 보십시오. 이런 말들은 사실 우리 자신이 우리의 수많은 태도들의 활동적인 인자가 아니라는 근본적인 착각을 무심코 드러내 주는 말들입니다. 우리는 다른 어떤 사람이 우리를 지배하고 있다고 생각함으로써 자기의 근본적인 책임으로부터 자신을 해방시키려 하고 있습니다.

우리는 자신이 어떤 식으로 생각하고 있든지간에 우리의 선택을 지배하는 것은 바로 우리 자신이라는 사실을 깨달아야 합니다. 그래야만 고린도후서 9장 7절에서 지적한 대로 '인색함으로나 억지로' 주는 쪽을 선택하지 않을 수 있습니다. 바울은 심지어 자기에게 주어졌다고 여겨지는 선물까지도 받지 않으려 했습니다. 그 선물을 주는 사람 쪽에서는 그것을 '주어야 한다'고 여겼을 수도 있다는 것입니다. 한번은 선물을 다시 되돌려보내기까지도 했습니다. 그것은 '너의 선한 일이 억지같이 되지 아니하고 자의로 되게 하려 함'이었습니다(빌레몬서 1장 14절). 여호수아 역시 저 유명한 '선택'절에서 똑같은 의사를 밝힌 바 있습니다 : "만일 여호와를 섬기는 것이 너희에게 좋지 않게 보이거든……너희 섬길 자를 오늘 택하라"(여호수아 24장 15절).

예수님께서도 한 번 품삯을 정해 놓고서 일을 하기로 약속했던 품꾼이 나중에 화를 내자 비슷한 말씀을 하셨습니다 : "친구여, 나는 그대를 부당하게 대한 것이 아니오. 그대는 나와 한 데나리온으로 합의하지 않았소?"(마태복음 20장 13절). 그 품꾼은 일정량의 품삯을 받고 일을 해주기로 자유로운 선택을 해놓고서는, 자기보다 몇 시간 덜 일한 사람이 똑같은 양의 품삯을 받게 되자 화를 냈었습니다.

또 하나의 예를 들면, 탕자의 형이 있습니다. 그는 집에 남아 섬기는 쪽을 선택해 놓고서는 나중에 가서 원망을 하였습니다. 자신의 선택이 아무리 만족스럽지 않았다 할지라도 그는 자신이 집에 남는 쪽을 선택했다는 사실을 기억해야 하는 것입니다.

성경을 쭉 훑어보면, 자신의 선택을 기억해내고 그것을 책임지라는 명령을 받은 사람들을 수없이 많이 찾아볼 수 있습니다. 바울의 말처럼, 우리가 육신대로 살면 반드시 죽을 것이로되 ; 영으로 몸의 행실을 죽이면 살 것입니다(로마서 8장 13절). 다른 사람의 승인이나 죄책감에 기초하여 결정을 내릴 경우, 우리는 죄인 된 본성의 산물인 원망을 낳을 수밖에 없습니다. 우리는 지금껏 다른 사람에 의하여 우리가 '해야' 하는 일들을 결정하도록 훈련받아 왔기 때문에 이제는 억지로 무슨 일을 해야 다른 사람으로부터 사랑을 받을 수 있다고 여기게까지 되었습니다.

울타리를 쌓는 일은 자기 선택에 대한 책임을 지는 일과 불가분의 관계에 있습니다. 여러분 자신이야말로 선택을 하는 주체입니다. 여러분 자신이야말로 그 선택의 결과를 겪어내야 할 주체입니다. 그리고 여러분 자신이야말로 여러분을 행복하게 해줄 선택으로부터 회피할 수 있는 주체입니다.

가치

우리가 가치있게 여기는 것은 곧 우리가 사랑하는 것, 우리가 중요하게 생각하는 것입니다. 종종 우리는 자신이 가치있게 여기는 것에 대하여 책임을 지지 않으려 합니다. 우리는 사람의 영광을 하나님의 영광보다 더 가치있게 여기는 쪽을 택합니다(요한복음 12장 43절) ; 이렇게 가치를 잘못 부여함으로써 우리는 삶에서 실패를 겪게 됩니다. 우리는 권력과 부와 쾌락이 우리의 가장 절실한 욕구를 채워 주리라고 여깁니다. 사실은 사랑이 그 욕구를 채워 줄 수 있는데 말입니다.

우리가 그릇된 것을 사랑하거나 또는 전혀 지속적인 가치가 없는 것에 가치를 부여함으로써 빚어지는 무절제한 행동에 대한 책임을 스스로 떠맡을 때, 또한 우리가 *전혀 채워 주지 않을* 것들에 가치를 부여하는 *마음을* 지녔다는 사실을 고백할 때, 그 때에 비로소 우리는 우리 안에 '새로운 마음을 만들어내기' 위하여 하나님과 하나님의 백성으로부터 도움을 받을 수가 있습니다. 울타리는 우리가 자신의 낡고 유해한 가치를 부인하는 것이 아니라 오히려 인정하도록 도와줌으로써, 하나님께서 그 가치를 변화시키실 수 있게 해줍니다.

경계

경계의 두 가지 측면은 좀더 튼튼한 울타리를 세우는 작업을 할 때에 한층 돋보이게 됩니다. 첫째는 바로 *다른 사람에 대한 경계를 정하는 것*입니다. 이것은 우리가 울타리에 관한 논의를 할 때면 으레껏 등장하는 구성 요소입니다. 실제로, 다른 사람에 대한 경계를 정한다는 것은 잘못된 명칭입니다. 우리는 결코 다른 사람에 대한 경계를 정할 수 없습니다. 우리가 할 수 있는 일이라고는 그저 우리가 졸렬하게 행동하는 사람들로부터 스스로를 드러내는 일에 경계를 정하는 것뿐입니다 ; 우리는 그들을 변화시킬 수도 없고 그들이 올바른 행동을 하도록 이끌 수도 없습니다.

우리의 모범은 바로 하나님이십니다. 하나님께서는 사실 백성들에 대한 '경계를 정하시고 그들이 행동을 취하도록 만드시는' 것이 아닙니다. 하나님께서는 표준을 정하시되, 백성들이 있는 그대로 행동하도록 허락하시고 다만 그들이 그릇된 행동을 취할 때에만 그들에게서 스스로를 분리하신 다음 '네가 정 그 길을 선택하겠다면 좋다. 하지만 내 집에 들어올 수는 없다'고 말씀하십니다.

그러나 하나님께서도 악하고 회개를 모르는 백성에게는 당신을 드러내는 일에 경계를 정하십니다. 성경은 멸망의 길로 다니는 사람들에게서 우리 자신을 구별해야 한다는 훈계로 가득 차 있습니다(마태복음 18장 15-17절 ; 고린도전서 5장 9-13절). 우리는 사랑받지 못하는 존재가 절대로 아닙니다. 우리 자신을 구별하는 것은 곧 사랑을 지키는 길입니다. 우리는 사랑을 파괴하는 것들과 대결을 해야 합니다.

울타리에 관한 논의에서 도움이 될 만한 경계의 두 번째 측면은 바로 우리 자신의 내부적인 경계를 정하는 것입니다. 우리는 행동으로 옮길 수 없는 어떤 감정이나 충동이나 욕망을 지니게 될 만한 장소에서는 우리 내부에 공간을 따로 마련해 둘 필요가 있습니다. 우리에게 필요한 것은 억압이 아니라 자기-통제입니다.

우리는 우리 스스로에게 '아니오'라고 말할 수 있어야 합니다. 이것은 우리의 파괴적인 욕망의 경우에도 그렇지만, 아무리 좋은 어떤 욕구일지라도 특정 시간에 추구하는 것이 그다지 현명한 처사가 못되는 경우에도 마찬가지입니다. 내부 구조는 소유권·책임감·자기-통제

못지 않게 울타리와 정체성에서 무척 중요한 요소입니다

재능

다음의 두 가지 반응을 대조해 보세요 :

"착하고 신실한 종아, 잘했다! 네가 적은 일에 신실하였으니, 이제 내가 많은 일을 네게 맡기겠다. 와서 주인과 함께 기쁨을 누려라!"

"악하고 게으른 종아! 너는 내가 심지 않은 데서 거두고 뿌리지 않은 데서 모으는 줄 알았다. 그렇다면, 너는 내 돈을 돈놀이하는 사람에게 맡겼어야 했다. 그랬더라면, 내가 와서, 내 돈에 이자를 붙여 받았을 것이다. 그에게서 그 한 달란트를 빼앗아서, 열 달란트 가진 사람에게 주어라."
(마태복음 25장 23절, 26-28절).

하나님께서 우리에게 맡기신 달란트의 소유와 사용에 대한 책임을 이 본문보다 더 잘 예시해 주는 곳은 없습니다. 이 예화는 돈에 관한 것이지만, 내면적인 재능이나 솜씨에 대해서도 마찬가지로 적용이 됩니다. 우리의 달란트는 분명히 우리의 울타리 내부에 있으며, 따라서 우리의 책임입니다. 달란트의 소유권을 인정한다는 것은 투쟁이 따르는 일이며 언제나 위험스러운 일입니다.

달란트의 비유는 우리가 자신의 재능을 발휘하여 생산적인 인물이 될 때에 더더욱 책임있는 사람이 될 수 있다고 말하고 있습니다—더더욱 행복한 사람이 될 수 있는 것은 물론이고요. '악하고 게으른 종'이 빠졌던 실패에 대한 두려움을 극복하기 위해서는 노력과 실천·학습·기도·수단, 그리고 은총이 필요합니다.

악하고 게으른 종은 두려움 때문에 질책을 당한 것이 아닙니다 ; 우리는 누구나 다 새롭고 힘든 일을 시작할 때에 두려움을 느끼게 되어 있습니다. 악하고 게으른 종은 자신의 두려움과 대결하여 최선을 다하지 않은 것 때문에 질책을 받았습니다. 우리의 두려움과 대결하지 않는 것은 곧 하나님의 은총을 거부하는 것이며, 하나님이 주신 재능과 우리가 배워 나갈 때에 우리를 격려해 주시는 하나님의 은총을 둘 다 모욕하는 것입니다.

생각

우리의 마음과 생각은 하나님의 형상을 그대로 담고 있는 중요한 요소입니다. 땅 위에 있는 그 어떤 피조물도 우리처럼 사고 능력을 지니고 있지는 못합니다. 우리는 온 마음을 다하여 하나님을 사랑하라고 부름받은 유일한 피조물입니다(마가복음 12장 30절). 그래서 바울은 '모든 생각을 사로잡아 그리스도에게 복종케' 되었다고 말하였습니다(고린도후서 10장 5절). 생각에 울타리를 쌓는 일은 다음의 세 가지 일과 연결됩니다.

1. 우리는 자기 자신의 생각을 인정해야 합니다. 대부분의 사람들은 자기 자신의 사고 과정에 대한 소유권을 인정하지 않습니다. 그들은 전혀 검토해 보지도 않고 다른 사람들의 생각을 그저 기계적으로 따르고 있을 뿐입니다. 그들은 아무런 문제도 제기해 보지 않고, '자신의 생각에 대해서는 전혀 생각해 보지도 않고' 그저 다른 사람들의 견해와 논리를 꿀꺽꿀꺽 삼켜 버립니다. 물론 우리는 다른 사람들의 생각을 주의깊게 들어보고 또 그것들의 무게를 가늠해보아야 합니다 ; 하지

만 절대로 '우리의 마음을 주어 버려서는' 안 됩니다. 우리는 관계의 맥락에서 스스로 무게를 재보아야 합니다. 서로 쇠처럼 '갈기도' 하고, 서로 개별적인 한 사람 한 사람이 저마다 생각하는 사람으로 남아 있기도 하면서 말입니다.

2. 우리는 지식 안에서 성장하고 우리의 마음을 넓혀 나가야 합니다. 우리가 우선적으로 성장해야 할 영역은 하나님과 하나님의 말씀에 관한 지식의 영역입니다. 다윗은 하나님의 말씀에 관하여 이같이 말했습니다. "내 영혼이 율례를 늘 사모하다가 쇠약해졌습니다. 주의 교훈이 나에게 기쁨을 줍니다. 주의 교훈이 나를 충고해 줍니다"(시편 119편 20절, 24절). 우리는 또한 하나님의 창조와 역사하심에 관해 연구함으로써 하나님에 대하여 더 많은 것들을 배워나가야 합니다. 우리는 하나님의 세상을 배워 나감으로써 땅과 그 안에 있는 모든 만물을 '다스리고 정복하라'신 하나님의 명령을 따를 수 있게 됩니다. 우리는 하나님께서 우리에게 주신 세상을 잘 알아야만 지혜로운 청지기가 될 수 있습니다. 뇌수술을 집도하든지, 회계 장부를 마감하든지, 자녀를 양육하든지, 우리는 무슨 일을 하든지 좀더 나은 삶을 위하여, 그리고 하나님께 영광을 돌리기 위하여 우리의 두뇌를 사용해야 합니다.

3. 우리는 왜곡된 사고를 바로잡아야 합니다. 우리는 누구나 다 사물을 올바르게 보지 않고 왜곡된 방식으로 생각하고 인식하려는 성향을 지니고 있습니다. 아마도 우리가 가장 쉽게 알아볼 수 있는 왜곡은 바로 인간 관계일 것입니다. 우리는 좀처럼 사람을 있는 그대로 바라보지 않으려 합니다; 우리의 인식은 과거의 관계에 따라 왜곡되어 있으며, 그 사람에 대한 선입견 때문에도 비틀어 곱새겨져 있습니다. 심지어는 우리가 가장 잘 알고 지내는 사람들의 경우에도 마찬가지입니다. 우리는 우리 눈의 '대들보' 때문에 제대로 보지를 못하고 있습니다(마

태복음 7장 3-5절).

  우리가 관계 속에서 자신의 생각을 지배할 수 있기 위해서는, 어디에서 잘못을 저지를 수 있는지 적극적으로 검토해 보아야 합니다. 새로운 정보를 받아들일 때 우리의 생각은 실재에 순응하고 좀더 가까이 다가설 수가 있습니다.

  또한 우리는 자신이 다른 사람에게 자기 생각을 전달하고 있다는 사실을 확실히 알아야 합니다. 대부분의 사람들은 다른 사람 쪽에서 자기 생각을 읽을 수 있어야 하며, 자기가 원하는 바를 알 수 있어야 한다고 생각합니다. 그래서 그들은 좌절할 수밖에 없는 것입니다. 바울은 이렇게 말합니다. "사람 속에 있는 사람의 영이 아니고서야, 누가 그 사람의 생각을 알 수 있겠습니까?"(고린도전서 2장 11절). 이 얼마나 울타리를 잘 설명해 놓은 말입니까! 우리는 자기 자신의 생각을 지니고 있어야 합니다. 그리고 다른 사람이 우리의 생각을 알기를 바란다면 우리 쪽에서 먼저 그것을 밝혀야 합니다.

욕구

  우리의 욕구 역시 우리의 울타리 내부에 들어 있습니다. 우리는 저마다 다른 욕구와 욕망, 꿈과 소망, 목표와 계획, 허기와 갈증을 지니고 있습니다. 우리는 누구나 다 '자신'을 만족시킬 수 있기를 바랍니다. 하지만 '자기'를 만족시키게 되는 사람이 그렇게도 적은 이유는 도대체 무엇일까요?

  문제의 일부는 우리의 인격 내부에 체계적인 울타리가 결여되어 있다는 데 있습니다. 우리는 '내가' 진정 누구이며 내가 진실로 바라는 것은 무엇인지를 알지 못하고 있습니다. 수많은 욕구들이 사실적인 것처럼 변장을 하고 있습니다. 그것들은 우리의 사실적인 욕구를 인정하지 못하는 데서 비롯된 욕망입니다. 예를 들면, 대부분의 성 중독자들은 경험을 추구하지만 그들이 진정 원하는 것은 바로 사랑과 애정입니다.

야고보는 순수한 동기를 가지고 우리가 실제적인 욕구를 인정하거나 추구하지 못하는 이 문제에 관하여 다음과 같이 말했습니다 : "여러분은 욕심을 부려도 얻지 못하면 살인을 하고, 탐내어도 가지지 못하면 다투고 싸웁니다. 여러분이 얻지 못하는 것은 구하지 않기 때문이요, 구하여도 얻지 못하는 것은 자기가 쾌락을 누리는 데다가 쓰려고 잘못 구하기 때문입니다"(야고보서 4장 2-3절).

우리는 종종 우리의 욕구를 하나님으로부터 적극적으로 구하지 않을 때가 있으며, 또 그 욕구들은 우리가 진정으로 필요로 하지 않는 것들과 섞여 있을 경우가 많습니다. 하나님께서는 진실로 우리의 욕구에 관심을 갖고 계십니다 ; 하나님께서 바로 그 욕구를 만드셨습니다. 다음 본문을 한번 숙고해 보십시오 : "왕이 마음으로 바라는 바를 주께서 들어 주시고, 왕이 입술로 청원하는 바를 주께서 물리치지 않으셨습니다. 온갖 좋은 것을 왕에게 내려 주시고, 왕의 머리에 순금 면류관을 씌워 주셨습니다"(시편 21편 2-3절). "기쁨은 오직 주님에게서 찾아라. 주께서 네 마음의 소원[욕구]을 들어 주신다"(시편 37편 4절). "주님은, 당신을 경외하는 사람의 소원[욕구]을 이루어 주신다"(시편 145편 19절).

하나님께서는 은사를 부어 주실 정도로 자녀를 사랑하십니다. 하지만 하나님은 현명한 부모이십니다. 하나님께서는 당신의 은사가 우리에게 적합하다는 사실을 확인하기 바라십니다. 하나님께 무엇을 구해야 할지 알려면 먼저 우리가 진정 누구인가와 우리의 실제적인 동기는 무엇인가를 알아야 합니다. 만일 우리가 자존심을 채우기 위해서나 또는 자아를 향상시키기 위하여 뭔가를 바란다면, 과연 하나님께서 그것을 우리에게 주시는 일에 관심을 가지실지 의문입니다. 그러나 그것이 만일 우리에게 좋은 것이라면 하나님께서도 분명히 관심을 가지실 것입니다.

우리는 또한 우리의 욕구를 추구하는 일에서 적극적인 역할을 수행하라는 명령을 받았습니다(빌립보서 2장 12-13절 ; 전도서 11장 9절 ; 마태복음 7장 7-11절). 우리가 삶에서 만족을 얻으려면 자신의 욕구를 인정하고 그것을 추구해야 합니다. '소원을 성취하면 마음에 달아도' (잠언 13장 19절), 그렇게 되기까지는 엄청난 노력이 필요한 법입니다.

사랑

사랑을 주고받을 수 있는 우리의 능력은 가장 멋진 재능입니다. 하나님께서 당신의 형상대로 만들어 주신 우리의 마음은 우리 존재의 중심입니다. 사랑을 들여보내 주고 또 사랑을 흘려 내보낼 수 있는 우리 마음의 능력은 우리 삶에서 매우 중요한 능력입니다.

대부분의 사람들은 상처와 두려움 때문에 사랑을 주고받는 일에 어려움을 겪고 있습니다. 그들은 다른 사람에게 마음 문을 닫아걸어 버린 채로 공허함과 무의미함을 느끼게 됩니다. 성경은 우리 마음의 두 가지 기능을 분명히 명시하고 있습니다 : 은혜와 사랑을 안으로 받아들이는 기능과 바깥으로 흘려보내는 기능을 말입니다.

우리가 어떻게 사랑해야 하는지에 대하여 성경은 뭐라고 말하고 있는지 한번 들어 보십시오 : "네 마음을 다하고 네 목숨을 다하고 네 뜻을 다하여, 주 너의 하나님을 사랑하여라……네 이웃을 네 몸 같이 사랑하여라"(마태복음 22장 37, 39절). 그리고 우리가 어떻게 사랑을 받아들여야 하는지에 대해서도 한번 들어 보세요 : "고린도의 성도 여러분, 우리는 여러분에게 숨김없이 말하였습니다. 우리의 마음을 넓게 열었습니다. 우리가 여러분을 옹색하게 대하는 것이 아니라, 여러분의 마음이 옹색한 것입니다. 나는 내 자녀들에게 이르듯이 말합니다. 보답하는 뜻으로 여러분도 마음을 넓히십시오"(고린도후서 6장 11-13절).

우리의 육체와 마찬가지로 우리의 사랑하는 마음 역시 생혈의 유입과 유출이 있어야 합니다. 우리 육체의 근육처럼 우리의 마음 역시 근육, 신뢰의 근육입니다. 이 신뢰의 근육은 자꾸자꾸 사용하고 단련해야 합니다 ; 만일 상처라도 입는 날에는 쇠해지고 연약해질 것입니다.

우리는 자기 자신의 사랑 능력에 관해 책임을 지고 그 사랑의 능력을 사용해야 합니다. 감추어진 사랑이나 거부당한 사랑은 우리를 죽음으로 몰고 갈 수도 있습니다.

대부분의 사람들은 자신이 얼마나 사랑을 거부하고 있는지에 대하여 책임지려 하지 않습니다. 그들 주변에는 사랑이 넘쳐흐르고 있지만, 정작 그들은 자신의 외로움이 자신의 반응 부족 때문이라는 사실을 깨닫지 못하고 있습니다. 그들은 툭하면 이렇게 말합니다. "다른 사람들의 사랑이 우리에게 '미치지' 못하는 거야." 이 말은 반응을 해야 하는 자기 의무를 부인하는 것입니다. 우리는 사랑의 책임을 회피하기 위하여 교묘한 방법을 동원합니다 ; 우리는 우리의 마음이 우리의 사유지임을 인정해야 하며, 그 영역에서 우리의 연약함을 점차로 개선해 나가야 합니다. 그러면 분명히 우리에게 생명의 문이 열릴 것입니다.

우리는 위에서 언급한 우리 영혼의 모든 영역들에 대하여 책임을 져야 합니다. 이것들은 모두 우리의 울타리 안에 들어 있습니다. 하지만 우리의 울타리 안에 있는 것들을 지키는 것은 그다지 쉬운 일이 아닙니다 ; 다른 사람이 그들의 울타리 안에 있는 것들을 지키도록 허용하는 것 역시 결코 쉬운 일이 아닙니다. 울타리를 세우고 그 울타리를 유지하는 것은 무척 힘든 일입니다. 그러나, 다음 장에서도 보게 되겠지만, 울타리 문제들은 다행히 한 눈에 알아보기 쉬운 형태들을 취하고 있습니다.

3
울타리 문제

한번은 하루 종일 계속되는 세미나에서 성서적 울타리에 관한 강연을 하고 있는데, 한 여인이 손을 들더니 이렇게 말했습니다. "제게 울타리 문제가 있다는 건 알겠어요. 하지만 쌀쌀한 제 남편은 외도를 한 데다가 우리 집 돈까지 몽땅 챙겨가 버렸는데요, 그에겐 울타리 문제가 없는 건가요?"

울타리는 오해하기가 쉽습니다. 언뜻 보기에는 경계를 정하기 어려운 사람에게만 울타리 문제가 있는 것처럼 보입니다; 하지만 다른 사람의 경계를 존중해 주지 않는 사람에게도 역시 울타리 문제는 있는 것입니다. 위의 여인은 경계를 정하는 일에 어려움을 겪고 있을 수도 있습니다. 하지만 그녀의 남편 역시 그녀의 경계를 존중해 주지 않았던 것입니다.

이 장에서 우리는 울타리 문제의 주요 형태들을 몇 가지 범주로 나누어 살펴보게 될 것입니다. 우리는 여러분의 생각을 걸어둘 수 있는 말뚝을 몇 개 제공해 드릴 것입니다. 이제 여러분은 울타리 갈등이 결코 "'아니오'라고 말하지 못하는" 사람들에게만 한정된 것이 아니라는 사실을 알게 될 것입니다.

순종 : 나쁜 일에도 '예'라고 말하는 것

"제가 황당한 얘기 하나 해드릴까요?" 로버트가 나에게 물었습니다. 새 내담자인 로버트는 왜 자신이 아내의 계속적인 요구를 거절하는 일에 그렇게도 큰 어려움을 겪어야 하는지 알아보려고 애쓰고 있는 중이었습니다. 그는 이웃 사람에게 지지 않으려고 허세를 부리다가 파산 지경까지 이른 사람이었습니다.

"전 우리 집에서 외아들로 자랐습니다. 네 남매 가운데 막내였죠. 그런데 우리 집에는 신체적인 싸움에 적용되는 아주 이상한 이중 표준이 있었습니다." 로버트는 말을 이으려고 애쓰면서 헛기침을 해댔습니다. "제 누님들은 저보다 세 살 내지 일곱 살이 더 많았어요. 누님들은 제가 여섯 살이 될 때까지 저를 두들겨 패곤 했지요. 그러니까 제 말은 정말로 저를 다치게 했다."는 것입니다.

"가장 이상한 것은 저희 부모님의 태도였습니다. 부모님은 제게 이렇게 말씀하셨죠. '로버트, 너는 남자란다. 남자는 여자를 때리는 게 아니야. 그건 나쁜 짓이야' 나쁜 짓이라니요! 제가 세 명의 누님들에게 두들겨 맞고서 맞서 싸운 게 뭐가 나쁜 짓이라는 겁니까?" 로버트는 여기에서 말을 멈췄습니다. 수치심 때문에 더 이상 말을 이을 수가 없었던 것입니다. 하지만 그 정도로도 사태를 파악하기에는 충분했습니다. 그와 아내와의 갈등에는 미처 발견하지 못한 원인이 있었던 것입니다.

부모가 자녀에게 울타리를 쌓는다거나 '아니오'라고 말하는 것은 나쁜 짓이라고 가르칠 경우, 그것은 곧 다른 사람이 자기 자녀에게 무엇이든지 마음대로 할 수 있다고 가르치는 것이나 다름없습니다. 그런 부모들은 자기 자녀를 아무런 방어책도 없이 이 악한 세상에 내보내고 있는 셈입니다. 악은 지배와 조종과 착취를 일삼는 사람들의 탈을 쓰고 있습니다. 악은 유혹의 형태로 다가옵니다.

그런 악한 세상에서 안전함을 느낄 수 있으려면 아이들은 다음과 같이 말할 수 있는 능력을 갖추어야 합니다 :

"아니오."
"난 반대예요."
"하지 않겠어요."
"그러지 않는 쪽을 택하겠어요."
"그만하세요."
"아파요."
"그건 잘못된 거예요."
"그런 건 나빠요."
"거길 만지는 건 싫어요."

'아니오'라고 말할 수 있는 아이의 능력을 억누르는 것은 아이의 삶에 커다란 장애를 불러일으킵니다. 로브트와 같은 장애를 지닌 성인들은 위에서 첫번째로 든 울타리가 손상된 경우입니다. 그들은 나쁜 일들에도 그만 '예'라고 말해 버립니다.

이러한 형태의 울타리 갈등을 가리켜 순종이라고 부릅니다. 순종적인 사람들은 분명하지 않고 흐릿한 울타리를 지니고 있습니다; 그들은 다른 사람의 요구와 필요에 '녹아 들어가' 버립니다. 그들은 그들에게서 뭔가를 바라기만 하는 사람들로부터 독립하여 혼자서 서지를 못합니다. 예를 들면, 고분고분한 사람들은 '그저 같이 다니기 위해서' 자기 친구들이 좋아하는 식당이나 영화를 자기도 좋아하는 척합니다. 그들은 문제가 생기지 않도록 될 수 있는 한 다른 사람과의 차이점을 극소화시킵니다. 고분고분한 사람들은 마치 카멜레온과도 같습니다. 시간이 지나면 그들과 주변 환경을 도저히 구별할 수가 없게 되는 것입니다.

나쁜 것들에도 '아니오'라고 말하지 못하는 것은 그 파급 효과가 큽니다. 이것은 우리 삶 속에 있는 악을 우리가 거부하지 못하게 할 뿐만 아니라 때로는 악을 인정하지조차 못하게 막는 수가 있습니다. 대체로 고분고분한 사람들은 너무 뒤늦게 자신이 위험한 관계, 학대적인 관계에 놓여 있다는 사실을 깨닫게 됩니다. 그들의 영성적·정서적 '전파탐지기'가 고장났기 때문입니다 ; 그들에게는 자기 마음을 지킬 만한 능력이 전혀 없습니다(잠언 4장 23절).

이러한 형태의 울타리 문제는 사람들의 근육을 마비시킵니다. '아니오'라고 말함으로써 자신을 보호해야 할 일이 생길 때마다 그들의 입은 떨어질 줄 모릅니다. 이런 일이 생기는 데에는 아주 여러 가지 이유가 있습니다 :

- 다른 사람의 감정을 상하게 할 것이라는 두려움
- 버림받음과 분리에 대한 두려움
- 전적으로 다른 사람에게 의지하고픈 바람
- 다른 사람의 분노에 대한 두려움
- 처벌에 대한 두려움
- 수치를 당하게 될 것이라는 두려움
- 이기적이고 나쁜 사람으로 비칠 것이라는 두려움

- 세속적인 사람이 될 것이라는 두려움
- 지나치게 엄격하고 비판적인 양심에 대한 두려움

  마지막 예로 든 두려움은 사실 우리가 죄책감으로 경험하게 되는 것입니다. 지나치게 엄격하고 비판적인 양심을 지닌 사람들은 하나님께서도 그들을 비난하신 바 없는 것들 때문에 쓸데없이 자신을 비난하게 됩니다. 바울이 말한 대로, '그들의 양심이 약하여지고 더러워지는' 것입니다(고린도전서 8장 7절). 비성서적이고 비판적인 내면의 부모와 대결하는 것이 두려워서 그들은 딱 맞는 울타리를 계속해서 팽팽하게 죄고 있는 것입니다.

  죄책감에 몸을 맡겨 버릴 경우 우리는 가혹한 양심의 요구에 응할 수밖에 없습니다. 가혹한 양심에 불순종하는 것에 대한 이 같은 두려움은 곧 다른 사람에게 대항하지 못하는 것으로—나쁜 일에도 '예'라고 말하는 것으로—나타나게 됩니다. 다른 사람에게 대항을 할 경우 더더욱 죄책감을 느끼게 되기 때문입니다.

  성서적인 순종과 이러한 종류의 순종은 반드시 구별해야 합니다. 마태복음 9장 13절을 보면, 하나님께서는 "긍휼을 원하고 제사를 원치 아니하신다"고 기록되어 있습니다. 다시 말하면 하나님께서는 내면(긍휼)으로부터 우러나오는 순종을 원하시는 것이지, 겉으로는 순종하면서 속으로는 원망하는 것(제사)을 원하시는 것이 아니라는 말입니다. 순종적인 사람들은 자유로운 선택이 아니라 두려움 때문에 너무 많은 책임을 떠맡은 나머지 울타리를 세우지 못하게 됩니다.

회피 : 좋은 일에도 '아니오'라고 말하는 것

거실이 갑자기 조용해졌습니다. 지난 여섯 달 동안 크레이그 부부의 가정에서 모임을 가져온 성경공부 집단이 갑자기 좀더 친밀해졌습니다. 오늘 밤 다섯 쌍의 부부는 그저 '사라 아줌마를 위한 기도'에 평상시처럼 만족하지 않고, 자기들의 삶 속에서 벌어지고 있는 실제적인 투쟁에 관하여 서로 이야기하기 시작하였습니다. 모두의 눈에서 눈물이 흘렀으며, 그저 듣기 좋은 충고가 아니라 진정 마음에서 우러나오는 도움의 말들을 서로 주고받았습니다. 집주인인 레이첼 핸더슨만 빼놓고 모두들 돌아가면서 자신의 마음을 털어놓았습니다.

레이첼은 성경공부 모임을 결성하는 일에 주도적인 역할을 담당했던 사람입니다. 남편 조와 레이첼은 그 모임의 틀을 잡았고, 다른 부부들을 초대하였으며, 자기들 집을 모임의 장소로 제공하였습니다. 그렇지만 레이첼은 자신의 지도자 역할에 너무 집착한 나머지 정작 자신의 투쟁에 관해서는 결코 마음을 터놓고 이야기한 적이 없었습니다. 레이첼은 그런 기회가 주어질 때마다 꽁무니를 뺐으며, 다른 사람들이 말문을 열 수 있도록 도와주는 쪽을 오히려 더 좋아하였습니다. 이제 오늘 밤 사람들은 모두 기다리고 있었습니다.

레이첼은 헛기침을 했습니다. 방안을 죽 둘러보더니 이윽고 말을 꺼냈습니다. "다른 분들의 이야기를 모두 듣고 나니 하나님께서 제게 이렇게 말씀하고 계시는 것 같군요. 여러분 모두가 겪고 있는 문제들에 비하면 제 문제는 아무 것도 아니라고 말이에요. 지금 제가 직면해 있는 사소한 투쟁들로 시간을 뺏는다는 것은 이기적인 행동이라고 봐요. 자 그러면……디저트 드시고 싶은 분 계신가요?"

아무도 말을 하지 않았습니다. 하지만 저마다의 얼굴에는 실망의 빛이 역력했습니다. 레이첼은 다시금 그녀의 사랑을 받은 사람들이 그 사랑을 그녀에게 돌려줄 수 있는 기회를 회피해 버렸던 것입니다.

이러한 울타리 문제를 가리켜 회피라고 부릅니다 : 다시 말해서 좋은 일에도 '아니오'라고 말하는 것입니다. 이것은 곧 도움을 요청하지 못하는 것, 자신의 필요를 인정하지 못하는 것, 다른 사람들을 안으로 들어오게 하지 못하는 것과도 같습니다. 회피하는 사람들은 자기에게 필요한 것이 있을 때 물러나게 됩니다 ; 그들은 다른 사람에게 결코 도움을 요청하지 않습니다.

그러면 이러한 회피가 왜 울타리 문제가 되는 것일까요? 투쟁의 중심부에는 울타리와 벽의 혼동이 자리잡고 있습니다. 울타리는 '숨을 쉴 수' 있게 되어 있습니다. 울타리는 마치 문이 달린 담장과도 같아서 좋은 것들은 안으로 들여보내고 나쁜 것들은 밖으로 내보낼 수가 있습니다. 하지만 울타리 대신 벽을 쌓고 지내는 사람들은 나쁜 것도 좋은 것도 전혀 들여보낼 수가 없습니다. 아무 것도 그들에게 접근할 수 없게 되어 있는 것입니다.

하나님께서는 우리의 개인적인 울타리에 문을 달아 두도록 하셨습니다. 우리는 안전한 관계를 즐길 만한 자유를 갖고 있으며, 파괴적인 관계는 회피할 수 있는 자유도 지니고 있습니다. 하나님께서는 또 우리가 하나님을 안으로 모실 수 있는 자유와 하나님 앞에서 문을 닫아 버릴 수도 있는 자유를 허락하셨습니다 :

"보아라, 내가 문 밖에 서서, 문을 두드리고 있다. 누구든지 내 음성을 듣고 문을 열면, 나는 그에게로 들어가서 그와 함께 먹고, 그도 나와 함께 먹을 것이다"(요한계시록 3장 20절).

하나님께서는 우리와 관계를 맺기 위하여 우리의 울타리를 부수고 들어오실 생각이 전혀 없으십니다. 하나님께서는 이 세상이 신뢰를 저버리지 않는다는 사실을 잘 알고 계십니다. 필요와 회개 가운데 하나님께 문을 열어 드리는 것은 바로 우리의 책임입니다. 하지만 회피하는 이들의 경우, 하나님과 사람들에게 문을 연다는 것은 거의 불가능한 일입니다.

회피하는 이들은 파고들 수 없는 울타리를 가지고 있으며, 하나님께서 주신 자신의 필요에 대해서까지도 완고함을 유지합니다. 그들은 자신의 문제와 합법적인 필요까지도 나쁜 것, 파괴적인 것, 수치스러운 것으로 받아들입니다.

어떤 사람들은 마티처럼 순종과 회피를 동시에 보여 주기도 합니다. 최근의 수업 시간에 마티는 후회스럽다는 듯 이렇게 자신을 비웃은 적이 있습니다. "이제 어떻게 된 속인지 알 것 같군요. 전 누군가가 제게 네 시간만 할애해 달라고 하면 절대로 '아니오'라고 말하지 못한답니다. 그런데도 정작 제 자신이 딱 십분만 다른 사람의 도움을 필요로 할 경우에는 말을 꺼내지 못하는 거예요. 제 머릿속에는 어쩌면 제가 만질 수 없는 트랜지스터가 있는 게 아닐까요?" 마티가 갖고 있는 딜레마는 대부분의 성인들이 지니고 있는 딜레마이기도 합니다. 마티는 나쁜 일들에도 '예'라고 말하고(순종), 좋은 일들에도 '아니오'라고 말해 버립니다(회피). 순종과 회피라는 두 가지 울타리 문제를 모두 갖고 있는 사람들은 악을 거절하지 못할 뿐만 아니라, 자신은 다른 사람에게 기꺼이 도움을 주면서도 정작 다른 사람의 도움은 받아들일 수가 없습니다. 그들은 말라빠져 버린 감정의 순환 속에 고착되어 있으며, 그 잃어버린 힘을 대신할 만한 것은 아무 것도 없습니다.

순종적인 회피자들은 이른바 '뒤바뀐 울타리' 때문에 괴로움을 겪고 있습니다. 그들은 정말로 필요한 곳에는 울타리를 쌓지 않고, 오히려 필요치 않은 곳에다 울타리를 치는 사람들입니다.

지배 : 다른 사람의 울타리를 존중하지 않는 것

"그러니까 지금 일을 그만두겠다는 말이요? 안돼, 지금 그만둘 순 없어!" 스티브는 책상 너머로 자기 비서를 노려보며 말했습니다. 프랭크는 여러 해 동안 스티브를 위하여 일해 왔지만, 이제는 정말 지쳐 버렸습니다. 그는 자기 일에 최선을 다했지만 스티브는 결코 만족할 줄 몰랐던 것입니다.

시간이 흐를수록 스티브는 더욱더 프랭크에게 많은 것을 요구했습니다. 프랭크는 중요한 계획안을 작성하느라고 아무런 보수 없이 시간외 근무까지도 해야 했습니다. 프랭크는 스티브의 지시로 휴가 일정까지 두 번이나 변경해야 했습니다. 하지만 무엇보다도 참을 수 없는 것은 마침내는 스티브가 프랭크의 집에까지 전화를 해대기 시작했다는 점이었습니다. 이따금 한 번씩 집으로 전화하는 것은 프랭크도 이해할 수가 있었습니다. 하지만 스티브는 거의 매일, 그것도 저녁 식사 시간에 전화를 했기 때문에, 프랭크가 직장 상사와 전화 통화를 하고 있는 동안 온 가족이 기다려야 할 때가 많았습니다.

프랭크는 벌써 몇 번씩이나 스티브에게 이 같은 폭력에 관하여 이야기하려고 시도해 보았습니다. 하지만 스티브는 프랭크가 얼마나 지쳐 있는지조차 결코 이해할 수 없는 그런 사람이었습니다. 무엇보다도 그에게는 프랭크가 필요했던 것입니다. 프랭크는 스티브를 성공한 사람으로 보이도록 해주었습니다. 그리고 프랭크가 좀더 열심히 일하도록 유도하는 것은 식은 죽 먹기나 다름없었습니다.

스티브는 다른 사람의 울타리에 귀를 기울이거나 그 울타리를 인정하는 데 문제가 있는 사람이었습니다. 스티브에게 '아니오'라는 말은 그저 다른 사람이 마음을 바꾸도록 유도해야 한다는 도전에 불과했습니다. 이러한 울타리 문제를 가리켜 지배라고 부릅니다. 지배적인 사람들은 다른 사람의 경계를 존중할 줄 모릅니다. 그들은 자기 자신의 삶에 대한 책임을 거부합니다. 그리고 그렇기 때문에 그들은 다른 사람을 지배해야 하는 것입니다.

지배적인 사람들은 일류 영업사원들을 훈련시키는 것에 관한 오래된 농담을 철썩같이 믿고 있는 사람들입니다 : '아니오'는 '어쩌면'을 의미하고, '어쩌면'은 '예'를 의미한다는 고루한 농담 말입니다. 이것은 상품 판매 방법을 배우는 데에는 도움이 될지 몰라도, 관계의 차원에서는 파괴적인 결과밖에 가져오지 못합니다. 지배적인 사람들은 남을 교묘히 조종하기 좋아하고 싸움하기를 좋아하는 깡패와도 같다고 할 수 있습니다.

'아니오'라는 말에 귀를 기울일 줄 모르는 사람의 근본적인 문제—이것은 '아니오'라고 말할 줄 모르는 사람의 문제와 별개의 것입니다—는 자기 자신의 삶에 대한 책임을 자꾸 다른 사람에게 투사하려 한다는 것입니다. 그들은 하나님께서 본래 그들 혼자 지고 가라고 주신 짐을 다른 사람이 지고 가게 만들기 위하여 지배의 온갖 방법을 다 동원합니다.

제2장에서 언급한 바 있는 '표석과 배낭'의 예를 기억하고 계십니까? 지배적인 사람들은 자기 표석(위기와 압도적인 짐들)뿐 아니라 자기 배낭(개인적인 책임)까지도 지고 가줄 사람을 찾아다닙니다. 만일 스티브가 자기 자신의 업무를 프랭크에게 맡기지 않고 스스로 근무를 자청했더라면, 프랭크도 아주 기쁜 마음으로 이따금씩 시간외 근무

를 자청했었을 것입니다. 그러나 스티브의 무책임까지 혼자서 도맡아야 한다는 중압감이 이 유능한 직업인에게 다른 일자리를 찾아보도록 만들었던 것입니다.

지배적인 사람들은 다음의 두 가지 유형으로 나눌 수 있습니다 :

1. **공격적인 지배자.** 이런 사람들은 결코 다른 사람의 울타리에 귀를 기울이지 않습니다. 그들은 마치 탱크처럼 다른 사람의 담장을 쳐부수고 넘어갑니다. 그들은 때로 말로써 사람을 학대하는가 하면 때로는 신체적으로 학대를 가하기도 합니다. 하지만 대개의 경우 그들은 다른 사람에게 울타리가 있다는 사실조차도 깨닫지 못하고 있을 때가 많습니다. 그들은 마치 '예'의 세상에서 살고 있는 것과도 같습니다. 그들에게는 다른 사람을 위한 '아니오'의 장소가 전혀 없습니다. 그들은 다른 사람을 변화시키려 들 뿐 아니라 세상을 자기 방식대로 자기 생각에 맞추려고까지 합니다. 그들은 다른 사람을 있는 그대로 받아들여야 하는 자신의 책임까지도 무시해 버립니다.

베드로는 공격적인 지배자의 좋은 예입니다. 예수님께서 곧 닥치게 될 당신의 수난과 죽음과 부활에 관하여 제자들에게 말씀하시고 계셨습니다. 그런데 베드로가 예수님 곁으로 오더니 예수님을 비난하기 시작했습니다. 그러자 예수님께서는 오히려 베드로를 꾸짖으시며 이같이 말씀하셨습니다. "사탄아, 내 뒤로 물러가라. 너는 하나님의 일을 생각하지 않고, 사람의 일만 생각하는구나!"(마가복음 8장 33절). 베드로는 주님의 울타리를 인정하고 싶지 않았던 것입니다. 그러나 예수님께서는 곧바로 베드로의 이 같은 울타리 침범과 대결하셨습니다.

2. **교묘하게 속이는 지배자.** 교묘하게 속이는 사람들은 공격적인 지배자들보다 덜 정직한 사람들입니다. 이들은 사람들을 구슬려서 그들의 울타리 밖으로 나오도록 유도합니다. 그들은 다른 사람을 설득하여

'예'라고 말하도록 만듭니다. 그들은 상황이 자기가 원하는 방향으로 흐르도록 간접적으로 조종을 합니다. 그들은 다른 사람이 자기 짐을 대신 지고 가도록 부추깁니다. 그들은 죄책감에 관한 메시지를 이용합니다.

여러분은 톰 소여가 소꿉 친구들을 속여서 자기 대신 담장을 하얗게 칠하도록 만들었던 바로 그 속임수를 기억하고 있습니까? 톰은 그 일이 마치 무슨 대단한 특권이라도 되는 것처럼 보이게 했습니다. 그러자 아이들이 서로 앞을 다투어 페인트칠을 하겠다고 줄을 섰던 것입니다!

이삭의 아들 야곱은 쌍둥이 형인 에서가 장자권을 포기하도록 교묘한 속임수를 썼습니다(창세기 25장 29-34절). 그리고 어머니의 도움을 얻어서 아버지가 에서의 축복을 자기에게 대신 내리도록 속이기까지 했습니다(창세기 27장 1-29절). 사실, 야곱의 이름은 '속이는 자'라는 의미를 담고 있습니다. 야곱은 다른 사람의 울타리를 무효로 만들기 위하여 수없이 여러 번 머리를 썼습니다.

야곱이 자신의 교묘한 울타리 침해로부터 벗어날 수 있도록 도와주었던 사건은 바로 인간의 형상을 하고 나타나신 하나님과의 대결이었습니다(창세기 32장 24-32절). 하나님께서는 밤새 야곱과 '씨름을 하신' 뒤에 그의 이름을 이스라엘이라고 바꿔 주셨습니다. 이스라엘이라는 말은 '하나님과 싸우는 사람'이라는 의미를 담고 있습니다. 하나님께서는 환도뼈가 탈골된 채로 야곱에게서 떠나셨습니다.

그리고 야곱은 변했습니다. 그는 사람을 덜 속이게 되었고 좀더 정직한 사람이 되었습니다. 새 이름이 명시하고 있는 바와 같이, 그의 호전성이 좀더 뚜렷해졌습니다. 그는 자신의 공격성을 인정하고 있었습니다. 조종적인 지배자의 경우, 자신의 부정직함과 대결을 할 때에야 비로소 그것에 대한 책임을 질 수 있으며, 그것을 후회하게 되고, 나아가 자신과 다른 사람의 경계를 인정할 수 있게 됩니다.

교묘하게 속이는 사람들은 다른 사람을 지배하고픈 자신의 욕망을 부인합니다 ; 그들은 자신의 자기-중심성은 가볍게 무시해 버립니다. 그들은 잠언에 나오는 음녀와도 같습니다 : "간음한 여자의 자취도 그러하니, 먹고도 안 먹었다고 입을 씻듯이 '나는 아무런 악행도 한 일이 없다'고 한다"(잠언 30장 20절).

믿든지 안 믿든지간에, 순종적인 사람들과 회피하는 사람들은 동시에 지배적인 사람일 수가 있습니다. 그리고 이 사람들은 호전적이라기보다는 차라리 교묘하게 속이는 쪽에 더 가깝습니다. 예를 들면, 순종적인 회피자들에게는 정서적인 도움이 필요합니다. 그들은 단지 친구를 만들기 위하여 호의를 베풀 수 있기 때문입니다. 그들은 자신이 사랑스러운 존재가 되어서 사랑을 받게 되기를 원합니다. 그래서 그들은 자신이 베풀었던 호의가 되돌아올 때까지 기다립니다. 때로는 몇 년씩 무작정 기다리기도 합니다. 특히 마음을 읽을 수 없는 사람들에게 호의를 베푼 경우에는 더더욱 오래 기다려야 할 것입니다.

여기에서 잘못된 것은 과연 무엇일까요? 이것은 결코 사랑이라고 할 수 없습니다. 하나님께서 말씀하신 사랑은 결코 베푼 대로 되돌려 받기를 바라는 것이 아닙니다 : "사랑은 자기의 이익을 구하지 않습니다"(고린도전서 13장 5절). 자기가 베푼 대로 그대로 되돌려 받기를 원하면서 다른 사람에게 뭔가를 베푸는 것은 그저 그 사람을 조종하기 위한 간접적인 수단에 지나지 않습니다. 만일 여러분이 그런 식의 교묘한 책략이 깃든 베풂을 '받아 본' 적이 있다면 무슨 말인지 금방 알 수 있을 것입니다. 한 순간 여러분은 순종이나 호의를 받아낼 수 있을 것입니다—하지만 다음 순간 여러분은 써 붙여진 가격표대로 값을 치르지 않음으로써 다른 사람의 감정을 상하게 만들 것입니다.

울타리 손상

이즈음에서 여러분은 스스로 이같이 자문해 볼 수 있을 것입니다. "아니, 잠깐만, 어떻게 해서 지배자들이 '손상을 입었다'고 할 수 있는 거지? 그들은 손상을 입히는 쪽이지, 손상을 입는 쪽은 아니잖아!" 사실, 지배자들은 다른 사람에게 엄청난 손상을 입힙니다. 하지만 그들 역시 울타리 문제를 지니고 있는 것은 마찬가지입니다. 그러므로 여기에서는 그 점을 한 번 살펴보기로 하겠습니다.

지배자들은 훈련을 받지 못한 사람들입니다. 그들에게는 자신의 충동이나 욕망을 다스릴 수 있을 만한 능력이 거의 없습니다. 겉으로 보기에는 그들이 '삶 속에서 자기가 바라는 대로 모든 것을 얻는' 것처럼 보이지만, 사실 그들은 자기 욕망의 노예에 불과합니다. 만족을 늦춘다는 것은 그들에게 무척 힘겨운 일입니다. 그들이 다른 사람으로부터 '아니오'라는 말을 듣기 싫어하는 것도 바로 그 때문입니다. 그들이 자기 자신을 스스로 지킬 수 있기 위해서는 반드시 다른 사람의 울타리에 귀기울이는 법을 배워야 할 것입니다.

지배적인 사람들은 또한 자기 삶을 소유하는 데 대하여 책임을 질 수 있는 능력도 부족합니다. 그들은 이제껏 남을 위협하는 쪽이나 정직하지 않은 방법에 의존해 왔기 때문에 결코 이 세상에서 자기 자신이 맡고 있는 역할을 다해낼 수가 없습니다. 해결책이 있다면 오직 하나, 이 지배자들이 자신의 무책임으로 인한 결과를 직접 경험하게 내버려두는 것뿐입니다.

마지막으로, 지배적인 사람들은 고립되어 있는 사람들입니다. 그들 곁에 남아 있는 사람들은 단지 두려움이나 죄책감, 또는 의존성 때문에 머물러 있는 것일 뿐입니다. 만일 그들까지 정직하게 행동한다면 지배자들은 거의 사랑받는다는 느낌을 가질 수 없을 것입니다. 왜일까요? 그들 역시 마음속으로는 사람들이 자기와 시간을 같이 보내는 이유는 오로지 자기가 줄을 잡아당기고 있기 때문이라는 사실을 잘 알고 있기 때문입니다. 그들이 더 이상 위협이나 교묘히 속이는 짓을 하지 않는다면 그들은 완전히 유기되어 버릴 것입니다. "사랑에는 두려움이 없습니다. 완전한 사랑은 두려움을 내쫓습니다"(요한1서 4장 18절). 우리는 결코 다른 사람에게 폭력을 휘두르거나 죄책감을 느끼도록 조장함으로써 그 사람에게서 사랑을 받을 수는 없습니다.

무반응 : 다른 사람의 필요에 귀기울이지 않는 것

말을 꺼내는 브랜다의 손이 부르르 떨렸습니다. "전 늘 마이크에 대하여 무척 둔감했었지요. 하지만 지난 두 주일 동안 겪었던 애들 문제나 직장 스트레스 때문에 무척 감정이 약해져 있었나봐요. 이번에는 마이크의 반응이 저를 화나게 만든게 아니라, 상처입게 만들었어요. 아주 깊은 상처를요."

브랜다는 최근에 있었던 부부 싸움에 관하여 차근차근 이야기하기 시작했습니다. 전체적으로 그녀는 마이크와 결혼한 것이 아주 잘한 일이라고 생각하고 있었습니다. 마이크는 좋은 가장이었고, 활동적인 그리스도인이었으며, 유능한 아버지였습니다. 하지만 그들 부부 사이에는 브랜다의 상처나 필요를 위한 공간이 전혀 없었습니다.

브랜다가 이야기하고 있는 사건은 아주 아무렇지도 않게 시작되었습니다. 브랜다와 마이크는 아이들을 재운 다음 침실에 앉아 이야길 나누고 있었습니다. 브랜다가 자녀 양육에 대한 두려움과 직업이 적성에 잘 안맞는 것 같다는 느낌에 대하여 마이크에게 털어 놓기 시작했습니다.

그런데 갑자기 마이크가 그녀에게로 고개를 돌리더니 이렇게 말하는 것이었습니다. "그런 식으로 느끼는 게 싫으면 당신 느낌을 한번 바꿔 보지 그래? 삶은 거친 거야. 그러니까 그저……그저 잘 조종해야 하는 거라구, 브랜다."

브랜다는 그만 할 말을 잃고 말았습니다. 그녀는 남편이 퇴짜놓을 것을 기대했어야 했다는 생각이 들었습니다. 처음으로 자신의 필요를 입밖에 꺼내는 것이 그리 쉽지는 않았습니다. 특히 마이크의 냉담함 앞에서는 더더욱 힘든 일이었습니다. 이제 브랜다는 마이크가 자기 감정을 갈기갈기 찢어 놓은 것 같은 느낌이 들었습니다. 도대체가 마이크는 브랜다의 투쟁에 대하여 전혀 이해하지 못하는 것처럼 보였습니다 — 알려고 하지도 않았지만 말입니다.

이것이 왜 울타리 문제가 되는 것일까요? 이것은 그저 기본적인 무신경에 관한 문제가 아닐까요? 부분적으로는 그렇습니다. 하지만 단순히 그런 문제에서 그치는 것은 결코 아닙니다. 울타리가 우리의 책임 영역을 알리기 위한 수단이라는 사실을 상기해 보십시오 : 무엇이 우리의 책임이고 무엇이 우리의 책임이 아닌지를 알려 주는 것이 바로 울타리인 것입니다. 우리는 다른 사람의 감정이나 태도, 행동에 대한 책임을 떠맡지 말아야 하지만, 서로에 대한 어느 정도의 책임은 져야 합니다.

마이크는 가장이나 자녀 양육 파트너로서뿐만 아니라 사랑하는 남편으로서도 브랜다와 관계를 맺어 나갈 책임이 있는 사람입니다. 정서적으로 브랜다와 관계를 맺는 것은 그녀를 자기 몸처럼 사랑하는 일의 일부이기도 합니다(에베소서 5장 28, 33절). 물론 브랜다의 정서적 행복을 위한(for) 책임이 그에게 있는 것은 아닙니다. 하지만 그는 브랜다에 대한(to) 책임을 져야 할 몸입니다. 그러므로 브랜다의 필요에 제대로 반응할 줄 모르는 것은 자신의 책임을 무시하는 것과도 같은 일입니다.

사랑의 의무에 관심이 부족해서 '반응'을 보이지 않는 사람들은 잠언 3장 27절의 권고를 완전히 거꾸로 따르는 사람입니다 : "너의 손에 선을 행할 힘이 있거든, 도움을 청하는 사람에게 주저하지 말고 선을 행하여라"(여기에서 '선을 행할 힘'은 우리의 자원이나 능력과 관계가 있는 말입니다). 이러한 상황에 적합한 또 하나의 성경 본문은 이것입니다 : "여러분 쪽에서 할 수 있는 대로 모든 사람과 더불어 화평하게 지내십시오"(로마서 12장 18절). 다시 한번 말하지만, "여러분 쪽에서"라는 조건에 주의를 기울여야 합니다 : 우리로서는 화평을 받아들이지 않는 사람에게 화평을 줄 수가 없는 것입니다!

위의 두 본문은 모두 동일한 생각을 표명하고 있습니다 : 우리는 어떤 경계 안에서, 하나님께서 우리 삶에 배치해 두신 사람들을 돌보고 도와야 할 책임을 지고 있습니다. 적절한 자원이 있는데도 이를 거부하는 것은 울타리 갈등을 불러일으킬 수가 있습니다.

반응이 없는 사람들은 다음의 두 가지 형태로 나누어집니다 :

1. 다른 사람의 요구에 대하여 비판적인 영혼을 지닌 사람들(우리가 다른 사람을 필요로 하는 것에 대한 우리 스스로의 혐오를 투사하는 것. 마태복음 7장 1-5절에서 예수님이 말씀하셨던 문제). 이들은 스스로가 불완전한 것을 혐오하는 사람들입니다. 그래서 결과적으로 이들은 다른 사람의 요구까지 무시하게 되는 것입니다.

2. 자기 자신의 욕구와 필요에 너무 몰두한 나머지 다른 사람의 욕

구와 필요는 무시해 버리는 사람들(자기 중심적인 유형).

이러한 자기 몰두와, 다른 사람을 사랑할 수 있도록 먼저 자기 자신의 필요를 채우라고 하나님께서 주신 책임감은 결코 혼동해서는 안 됩니다 : "또한 여러분은 자기 일만 돌보지 말고, 서로 다른 사람들의 일도 돌보아 주십시오"(빌립보서 2장 4절). 하나님께서는 우리가 자신을 궁지에 빠뜨리는 일 없이 다른 사람을 도울 수 있도록 먼저 우리 자신을 보호하기를 원하십니다.

지배적인 사람과 반응을 보이지 않는 사람

지배적이면서 반응도 보이지 않는 사람들은 자기 이외의 것들을 보는 데 어려움을 겪게 됩니다. 그들은 자기의 투쟁에 관한 책임이 다른 사람에게 있다고 보며, 언제나 자기를 대신 돌봐 줄 누군가를 찾아다닙니다. 그들은 자연히 분명치 않은 울타리를 갖고 있는 사람에게 끌리게 되어 있습니다. 그런 사람은 관계 속에서 너무도 많은 책임을 당연히 져줄 것이고, 그 일에 대하여 불평하지도 않을 것이기 때문입니다. 이것은 관계에 대한 옛 농담을 떠올리게 하는 것입니다 : 구제자, 권능을 부여하는 자가 지배자, 둔감한 자를 만나면 무슨 일이 벌어질까요? 정답 : 결혼한다!

사실 이것도 일리가 있는 말입니다. 순종적인 회피자들은 누군가 보상해 줄 사람을 구하게 됩니다. 그래서 그들은 쉽게 '예'라고 말하게 되는 것이며, 자기 자신의 필요에는 어두운 것입니다 : 이런 사람에게 지배적이고 반응 없는 사람보다 더 잘 맞는 사람이 어디 있겠습니까? 지배적이고 반응이 없는 사람도 역시 자신의 책임을 대신 져줄 사람을 찾고 있습니다. 그러니 순종적인 회피자보다 그들에게 더 잘 맞는 사람도 없겠죠?

다음은 네 가지 유형의 울타리 문제를 도표로 그린 것입니다.*1 이것은 여러분이 지금 투쟁하고 있을 문제의 유형들을 한 눈에 알아볼 수 있도록 도와줄 것입니다.

울타리 문제 요약

구분	말하지 못함	듣지 못함
아니오	순종적인 사람들. 죄책감을 느낌, 그리고/또는 다른 사람의 지배를 받음; 울타리를 쌓을 수 없음.	지배적인 사람들. 호전적으로 또는 교묘히 속임으로써 다른 사람의 울타리를 침해함.
예	반응이 없는 사람들. 사랑의 의무에 대하여 울타리를 쌓음.	회피하는 사람들. 다른 사람의 보호를 받는 데 대하여 울타리를 쌓음.

기능적인 울타리 쟁점들과 관계적인 울타리 쟁점들

마지막의 울타리 문제는 기능적인 울타리와 관계적인 울타리의 구별에 연루되어 있는 문제입니다. 기능적인 울타리라 함은 임무나 계획이나 일을 완수할 수 있는 개인의 능력을 말합니다. 기능적인 울타리는 실행·훈련·솔선, 그리고 계획과 관련이 있습니다. 한편 관계적인 울타리라 함은 우리가 관계를 맺고 있는 사람들에게 진실을 말할 수 있는 능력을 가리킵니다.

기능적인 울타리와 관계적인 울타리를 구분할 수 있는 방법은 한 가지가 더 있습니다. 기능적인 울타리는 '마르다' 쪽을, 관계적인 울타리는 '마리아 쪽'을 가리키는 것입니다(누가복음 10장 38-42절). 마리아와 마르다는 둘 다 예수님의 친구였습니다. 마르다가 저녁 식사를 준비하는 동안 마리아는 예수님의 발 밑에 앉아 있었습니다. 마르다가 와서 마리아가 자기를 도와주지 않는다고 불평하자 예수님께서는 이렇게 말씀하셨습니다 : "마리아는 이 좋은 편을 택하였으니"(42절). 이 말씀은 마르다의 분주함이 나쁘다는 의미가 결코 아닙니다 ; 다만 적합하지 않은 시간에 적합하지 않은 일을 하고 있었다는 말씀입니다.

대부분의 사람들은 기능적인 울타리는 튼튼하게 쌓고 있으면서도 관계적인 울타리는 약한 경우가 많습니다 ; 다시 말해서 그들은 자기 임무를 아주 유능하게 완수해낼 수는 있어도, 친구의 습관적인 지각이 맘에 안 든다고 직접 말할 수 있는 능력은 가지고 있지 않은 경우가 많은 것입니다. 이 반대의 경우도 역시 마찬가지입니다. 어떤 사람들은 자신의 불만이나 싫어하는 일에 대해서는 아주 솔직하게 다른 사람에게 이야기할 수 있으면서도, 출근을 위하여 아침 일찍 일어나는 일은 못해내는 때도 있습니다!

우리는 지금까지 다양한 범주의 울타리를 살펴보았습니다. 그렇지만 여러분이 어떻게 이 울타리를 발달시킬 수가 있을까요? 왜 어떤 사람들은 자연스런 울타리를 지니고 있는 반면, 또 어떤 사람들은 전혀 울타리를 가지고 있지 않은 걸까요? 다른 요인도 많이 있겠지만, 이것은 여러분이 성장해 온 가정 환경과 큰 연관이 있습니다.

4
울타리를 발달시키는 방법

    짐은 한번도 다른 사람에게 '아니오'라는 말을 해본 적이 없습니다. 특히 직장 상사에게는 더더욱 그렇습니다. 그는 커다란 회사에서 기획부장 자리까지 승진을 거듭해 왔습니다. 그는 신용 덕택에 '불도저'라는 평판까지 얻어 놓고 있었습니다.
  하지만 그의 아이들은 그에게 전혀 다른 이름을 지어 주었습니다 : '유령.' 짐은 집에 붙어 있는 적이 없었습니다. '불도저'가 된다는 것은 늦은 밤에도 사무실에 앉아 있다는 것을 의미했습니다. 그것은 1주일에도 몇 번씩 사업상 밖에서 저녁 식사를 한다는 것을 의미했습니다. 그것은 또 애들과 낚시 여행이나 동물원 구경을 약속한 다음에라도 주말 동안 여행을 떠나 있는 것을 의미했습니다.
  짐도 그렇게 자주 자리를 비우게 되는 것을 좋아하지 않았습니다. 하지만 그는 속으로 이렇게 정당화시키곤 하였습니다. 이건 다 애들을 위한 거야. 우리 애들에게 멋진 삶을 안겨 주기 위한 나만의 방법이라구. 그의 아내인 앨리스는 애들에게 (그리고 자기 자신에게) "이건 아빠가 우리를 사랑하신다는 것을 알려 주시기 위하여 택하신 방법이야."라고 말함으로써 '아빠가 없는 저녁 식탁'을 합리화하곤 하였습니다. 그리고 그녀는 거의 그렇게 믿고 있었습니다.

그러나 결국 앨리스는 지치고 말았습니다. 어느 날 밤 그녀는 거실 소파에 앉아 있는 짐 곁에 다가앉아 이렇게 말했습니다. "난 꼭 편모가 된 것 같아요, 짐. 얼마 동안은 당신이 그립기도 했지만 이제는 아무 것도 느낄 수가 없게 되어 버렸단 말이에요."

짐은 그녀의 눈을 피해 버렸습니다. "여보, 나도 알아, 안다구," 그는 대답했습니다. "나도 정말로 다른 사람들에게 더 이상은 안 된다고 말하고 싶어. 하지만 그건 정말이지 너무나도 힘든……"

"당신이 누구에게만 안 된다고 말할 수 있는지 나도 다 알아요," 앨리스가 그의 말을 가로챘습니다. "나와 애들이잖아요!"

그랬습니다. 짐의 내면 깊은 곳에서 뭔가가 폭발했습니다. 고통과 죄책감·수치감·무력감, 그리고 분노였습니다.

그의 입에서 말이 떨려 나왔습니다. "나도 이러고 싶어서 이런 줄 알아? 난들 뭐 좋아서 늘 남의 말에 따르는 줄 아냐구. 내 가족을 내팽개쳐 놓고 내가 기뻐하는 것같이 보이냔 말이야." 짐은 마음을 진정시키기 위하여 잠시 말을 멈췄습니다. "내 삶은 늘 그래 왔어, 앨리스. 난 언제나 사람들을 내버려두는 게 두려웠어. 나도 이런 면이 정말 싫어. 내 삶을 증오한다구. 어쩌다 내가 이렇게 되어 버렸을까?"

짐은 도대체 어쩌다 '이렇게 되어 버렸을까요?' 그는 자기 가족을 사랑했습니다. 그는 자기에게 가장 소중한 관계들을 결코 무시하고 싶지 않았습니다 : 그의 아내와 아이들을요. 짐의 문제는 결혼과 함께 시작된 것이 결코 아니었습니다. 그의 문제는 아주 어린 시절의 관계에서부터 시작된 것이었습니다. 그의 문제는 이미 그의 성격 구조의 일부가 되어 있었습니다.

어떻게 하면 울타리의 능력을 발달시킬 수 있을까요? 이것이 바로 이 장의 목적입니다. 우리는 여러분이 자신의 울타리가 어디서부터 무너지기 시작했는지, 또는 어디서부터 단단히 굳어지기 시작했는지— 그리고 어떻게 하면 그 울타리를 고칠 수 있는지—어느 정도 알 수 있게 되기를 바랍니다.

다윗이 자신의 삶과 발달에 관하여 하나님께 드렸던 기도를 한 번 상기해 보십시오 :

하나님, 나를 샅샅이 살펴보시고, 내 마음을 알아 주십시오. 나를 철저히 시험해 보시고, 내가 걱정하는 바를 알아 주십시오. 내가 고통받을 길을 가고 있지나 않은지 나를 살펴보시고, 영원한 길로 나를 인도하여 주십시오(시편 139편 23-24절).

하나님께서는 여러분이 자의로든 타의로든 어디에서 상처를 입게 되었고 또 어디에서 결함을 얻게 되었는지를 스스로 알기 원하십니다. 여러분 자신의 울타리 싸움에 큰 도움이 될 만한 힘과 중요한 관계에 빛을 비추어 주시라고 그분께 요청해 보세요. 과거는 여러분의 과거를 개선하고 더욱 나은 미래를 보장해 주는 여러분의 협력자입니다.

울타리 발달

"정신 이상은 유전병이다. 여러분은 아이들에게서(from) 그것을 물려받는다." 여러분은 이러한 옛 격언을 기억하고 있습니까? 글쎄요, 울타리는 결코 유전되는 것이 아닙니다. 울타리는 세워지는 것입니다. 하나님께서 우리에게 바라시는 대로 우리가 진실만을 이야기하는 사람, 책임 있는 사람, 자유로운 사람, 그리고 사랑을 베푸는 사람이 되기 위해서는 반드시 아동기에 경계를 정하는 방법을 배워야 합니다. 울타리 발달은 지속적인 과정이지만, 그래도 가장 중요한 시기가 있다면 바로 우리의 성격이 형성되는 생후 몇 년간이라고 할 수 있습니다.

성경은 부모에게 이같이 충고합니다. "마땅히 걸어야 할 그 길을 아이에게 가르쳐라. 그러면 늙어서도 그 길을 떠나지 않는다"(잠언 22장 6절). 하지만 대부분의 부모들은 그만 이 본문을 오해해 버리고 맙니다. 그들은 '마땅히 행할 길'이 '우리, 다시 말해서 부모가 보기에 아이가 마땅히 가야 할 길'을 의미한다고 생각해 버립니다. 여기에서 이미 울타리 갈등은 시작되고 있는 것입니다.

사실 이 본문은 '하나님께서 아이를 위하여 계획해 두신 길'을 가르치라는 말씀입니다. 다시 말해서, 올바른 자녀 교육이란 아이에게 어떤 로봇이나 완벽한 아이의 전형 같은 것을 정서적으로 강요하는 것이 아니라, 아이가 하나님께서 자기를 위하여 예비해 두신 것을 발견하도록 도와주고 또 아이가 그 목표에 이를 수 있도록 도와주는 파트너가 되는 것을 말하는 것입니다.

성경은 우리에게 단계별로 삶을 통과해 가라고 가르칩니다. 요한은 '아이들,' '청년들,' '아버지들'에게 편지를 씁니다. 이들에게는 각각 완수해야 할 임무가 주어집니다(요한1서 2장 12-13절).

울타리는 또한 여러분이 알아볼 수 있을 정도로 특별하고 독특한 단계들을 거쳐 발달합니다. 사실 아동 발달 전문가들도 유아나 어린이들이 초기에 부모와 상호 작용하는 모습을 지켜봄으로써 울타리 발달의 특수한 단계들을 구별해낼 수 있게 된 것입니다.[1]

긴밀한 유대 : 울타리 형성의 토대

웬디는 도무지 이해할 수가 없었습니다. 무언가가 매듭지어지지 않고 있었습니다. 그 많은 관계 중독(codependency : 한 쪽이 노름·술 등에 정신적·육체적으로 중독되었을 때 다른 쪽은 맨먼저 심리적으로 불건전하게 되는 종속적 관계나 그런 관계에 있는 사람, 역자 주)에 관한 서적들도, 그 많은 주장 훈련 테이프들도, 좀더 대결을 해보아야겠다는 그 많은 다짐들도 다 소용 없었습니다. 어머니와 전화 통화를 하기만 하면 온갖 충고와 온갖 자조(自助) 기술들이 모호하고 희미한 기억 속으로 사라져 버리는 것이었습니다.

웬디 아이들에 관한 전형적인 대화는 늘 웬디의 불완전한 자녀 양육 방법에 대한 웬디 엄마의 분석으로 끝이 났습니다. "난 너보다 훨씬 오랫동안 엄마 노릇을 했단다," 웬디 엄마는 늘 이렇게 말하곤 했습니다. "그러니 내 방식대로 따르려무나."

웬디는 엄마의 충고에 화가 났습니다. 그것은 그녀가 엄마의 지도에 마음 문을 닫고 있기 때문이 결코 아니었습니다── 주님께서는 그녀가 지도에 따를 수도 있다는 것을 알고 계십니다. 웬디가 화를 낸 이유는 바로 자기 방법만이 유일한 것이라고 생각하는 엄마에게 있었습니다. 웬디는 엄마와 새로운 관계를 맺고 싶었습니다. 그녀는 엄마의 지배와 자신의 공손한 반박, 그리고 강직함에 대하여 허심탄회하게 대화를 나누고 싶었습니다. 웬디는 엄마와 성인 대 성인으로서 친구가 되고 싶었습니다.

하지만 입이 떨어지지 않았습니다. 그녀는 편지를 써서 자기 심정을 털어 놓아도 보았습니다. 전화를 걸기 전에 미리 연습도 해보았습니다. 그러나 시간이 되면 어김없이 공황을 일으키게 되고, 그녀는 그만 침묵을 지키고 말았습니다. 그녀는 어떻게 하면 엄마에게 순종적이고 감사할 줄 아는, 어린애 같은 딸이 될 수 있는지 너무나도 잘 알고 있었습니다. 그녀가 자신이 또다시 임무를 떠맡게 되었다는 사실을 깨달았을 때는 이미 늦은 다음이었고, 그래서 그녀는 화가 났습니다. 그녀도 이제는 뭔가를 변화시킬 수 있다는 희망을 차츰 포기하게 되었습니다.

웬디의 투쟁은 우리 모두가 울타리 형성기에 겪게 되는 기본적인 필요를 잘 보여 주는 것입니다. 여러분이 제아무리 많은 것들을 다짐하고, 읽고, 연구하고, 실행하더라도 하나님과 다른 사람과의 도움 관계가 없이는 결코 울타리를 발달시키거나 세울 수가 없게 되어 있습니다. 여러분에게 무슨 일이 생긴다 할지라도 변함없이 여러분을 사랑해 줄 그런 사람과 깊고 지속적인 애착 관계를 맺을 수 있기 전에는 경계를 정하겠다는 꿈도 꾸지 마십시오.

우리에게 가장 절실히 필요한 것은 소속되는 것, 관계를 맺는 것, 그리고 영적이고 정서적인 '집'을 갖는 것입니다. 하나님의 본성은 바로 관계를 맺는 것입니다: 요한1서 4장 16절에는 "하나님은 사랑이시라"고 기록되어 있습니다. 사랑은 곧 관계를 의미합니다—한 사람이 다른 사람과 돌봄의 관계, 책임의 관계를 맺게 되는 것이 곧 사랑인 것입니다.

하나님과 마찬가지로 우리에게도 역시 관계를 맺는 것이 가장 중심적인 필요입니다. 하나님께서는 당신이 지으신 완벽한 새 세상을 보시고도 "남자가 혼자 있는 것이 좋지 않다"고 말씀하셨습니다(창세기 2장 18절). 이 말씀은 결혼에 관한 것이 결코 아닙니다. 하나님께서는 바로 관계를 이야기하고 계십니다—우리가 유대를 맺고, 신뢰하고, 도움을 청하러 갈 수 있을 만한 우리 외부의 사람들을 이야기하고 계신 것입니다.

우리는 관계를 맺기 위하여 지음받은 몸입니다. 애착은 곧 영혼의 실존을 위한 토대입니다. 이 토대가 갈라지거나 흠집이 생기게 되면 울타리 역시 발달시킬 수가 없게 됩니다. 왜 그럴까요? 우리에게 관계가 결여되어 있을 경우, 갈등에 휩싸인 채 찾아갈 만한 곳이 아무 데도 없기 때문입니다. 사랑받고 있다는 확신이 서지 않을 경우 우리는 다음의 두 가지 가운데 하나를 선택할 수밖에 없게 됩니다 :

1. 경계를 정하고, 관계를 상실할 수도 있는 위험에 처하게 됩니다. 웬디가 두려워하고 있는 것이 바로 이 점입니다. 웬디는 어머니가 자신을 거절할까봐, 그래서 자신이 홀로 고립될까봐 두려워하고 있습니다. 웬디에게는 아직도 안전감을 느낄 수 있는 엄마와의 관계가 필요한 것입니다.

2. 경계를 정하지 않고, 여전히 다른 사람의 바람들을 들어 주는 노예로 남을 수 있습니다. 웬디는 엄마에게 경계를 정해 두지 않음으로써 엄마의 바람들을 모두 들어 주어야 하는 노예 상태에 있었습니다.

따라서 유아의 첫 발달 임무는 엄마 아빠와 긴밀한 유대감을 형성하는 것이라고 할 수 있겠습니다. 유아는 자기가 이 세상에서 환영을 받고 있으며 안전한 상태에 놓여 있다는 사실을 알아야 합니다. 아기와 유대를 맺기 위하여 엄마 아빠는 아기에게 지속적이고, 따뜻하고, 사랑이 가득한, 그리고 예측 가능한 정서적 환경을 제공해 주어야 합니다. 이 단계에 있을 동안 엄마가 해야 할 일은 아이가 세상과 관계를 맺도록 설득하는 것입니다—엄마에 대한 애착을 통해서 말입니다 (대개의 경우 이것은 엄마 몫이지만, 아빠나 보모 역시 이 일을 할 수 있습니다.)

긴밀한 유대감은 어머니가 자녀의 필요, 그리고 친밀함과 껴안기와 음식과 변화에 대한 욕구에 반응을 보여 줄 때에 비로소 형성되는 것입니다. 아기가 욕구를 경험하고 그 욕구에 대한 어머니의 적극적인 반응을 경험하게 되면 사랑이 넘치는 지속적인 어머니에 대한 정서적인 심상을 내면화하거나 받아들일 수 있게 됩니다.

이 단계의 아기들은 아직 어머니와 별개인 자기 의식을 지니고 있지 못합니다. 이 아이들은 '엄마와 난 똑같다'고 생각합니다. 때로는 이것을 공생(symbiosis)이라고 부르기도 하는데, 이것은 어머니와의 '친밀함 속에서 헤엄치는' 것과도 같습니다. 이러한 공생적인 연합은 어머니가 주변에 없을 때 아기들이 공황을 일으키게 되는 원인이 됩니다. 어머니 외에는 그 누구도 아기를 위로해 줄 수가 없습니다.

아기들이 발달시키는 정서적 심상은 생후 몇 개월 동안의 다양한 경험으로부터 형성됩니다. 어머니가 '곁에 있어야만' 되는 궁극적인 목표는 정서적 대상 항구성이라고 불리는 상태입니다. 대상 항구성이라 함은 어머니가 곁에 없을 때라도 아이가 내면적인 소속감과 안전감을 갖게 되는 것을 의미합니다. 지속적인 사랑에 관한 온갖 경험들이 아이에게 내적인 안전감을 제공해 줍니다. 다시 말하면 아이의 내부에서 형성되는 것입니다. "사랑 속에 뿌리를 박고 터를 잡아서"(에베소서 3장 17절)라는 구절이나 "[그리스도] 안에 뿌리를 박고 세우심을 입어"(골로새서 2장 7절)라는 구절에서 볼 수 있듯이, 성경에서도 이 대상 항구성에 관하여 언급하고 있습니다. 이 본문들은 우리를 위한 하나님의 계획은 우리가 홀로 있을 때라도 고립감을 느끼지 않고 오히려 하나님과 사람으로부터 충분한 사랑을 받게 하려는 것이라는 원칙을 잘 보여 주고 있습니다.[*2]

긴밀한 유대감 형성은 서곡과도 같습니다. 아이들은 기본적인 관계를 통해 안전감과 편안함을 느낄 수 있게 될 때 비로소 울타리 발달과 함께 찾아올 분리와 갈등을 견디어 낼 수 있는 튼튼한 토대를 형성할 수가 있습니다.

분리와 개별화 : 영혼의 건설

"마치 스위치가 켜진 것 같다니까요," 밀리는 교회 엄마 모임을 구성한 친구들에게 이렇게 말했습니다. 엄마 모임은 젖먹이와 아장아장 걷는 아기의 엄마들에게 일도 제공해 주고 이야기 나눌 수 있는 장소도 마련해 주었습니다. "첫돌이 되자—딱 그날부터—우리 힐러리가 갑자기 여태껏 본 아이들 가운데 가장 다루기 힘든 아이가 되어 버렸지 뭐예요? 분명히 그저께는 꼭 마지막 식사라도 되는 것처럼 게걸스럽게 시금치를 먹어 치웠던 아이가, 글쎄 돌 다음날에는 마룻바닥에 다 뱉어 놓았더라구요!"

밀리의 격분에 모두들 고개를 끄덕이며 미소지었습니다. 엄마들은 다들 맞장구를 쳤습니다—자기 아이들도 딱 그맘때쯤 인격이 바뀐 것 같았다고 말입니다. 말을 잘 따르던 사랑스러운 젖먹이는 어디론가 사라져 버리고, 대신에 성미가 까다롭고 끊임없이 뭔가를 요구해 대는 아장아장 걷는 아이가 나타났다는 것이었습니다.

도대체 무슨 일이 있었던 것일까요? 유능한 소아과 의사나 아동 치료자라면 누구나 생후 1년 동안에 시작되어 3, 4년씩 지속되는 변화에 대하여 언급할 것입니다. 더러는 파괴적이고 혼란스럽게 나타날 수도 있지만, 이러한 변화는 지극히 정상적인 것입니다. 이것은 하나님께서 아이를 위하여 계획해 두신 일들 가운데 하나입니다.

아기들은 내면적인 안전과 애착에 관한 감정을 확보하고 나면 곧바로 두 번째 욕구를 느끼게 됩니다. 자율 또는 독립에 대한 욕구가 서서히 나타나게 되는 것입니다. 아동 전문가들은 이것을 분리와 개별화라고 부릅니다. '분리'(separation)는 자기 자신을 어머니와 독립된 존재로서 인식하고 싶어하는 아이의 욕구를 가리킵니다. 이것은 곧 '남'(not-me) 경험에 대한 욕구입니다. '개별화'(individuation)는 어머니와 분리되어 있는 동안 아이가 발달시키게 되는 정체성입니다. 이것은 곧 '나'(me) 경험입니다.

여러분은 먼저 '남'을 가진 다음에야 비로소 '나'를 가질 수 있습니다. '남'을 갖기도 전에 '나'를 가지려고 드는 것은, 마치 나무와 수풀이 빽빽이 우거진 땅 위에 집을 세우려고 하는 것과도 같습니다. 여러분은 먼저 나무와 수풀을 베어내고 어느 정도 공간을 확보한 다음에야 비로소 집을 짓는 일을 시작할 수 있습니다. 여러분은 하나님께서 주신 자기 정체성의 진실하고 확실한 측면을 발견하기 전에 먼저 자신이 어떤 존재가 아닌가를 결정해야 합니다.

예수님의 어린 시절에 관하여 유일하게 기록하고 있는 본문은 이러한 원칙을 잘 설명해 주고 있습니다. 예수님의 어머니와 아버지가 예수님을 예루살렘에 남겨 두고 집으로 돌아갔던 일을 기억하고 있겠지요? 되돌아온 그들은 성전에서 가르치고 있는 예수님을 발견하였습니다. 예수님의 어머니가 예수님을 나무랐습니다. 그러자 예수님은 이렇게 말했습니다. "어찌하여 나를 찾으셨습니까? 내가 내 아버지의 집에 있어야 할 줄을 알지 못하셨습니까?"(누가복음 2장 49절). 해석하자면 이렇습니다: 나는 어머니와 다른 가치・생각・견해를 가지고 있습니다. 예수님은 당신이 누구인지를 알고 계셨을 뿐 아니라, 당신이 어떤 존재가 아닌지도 잘 알고 계셨던 것입니다.

분리-개별화 과정은 결코 순탄한 전이(transition)가 못됩니다. 아동기에 건전한 울타리를 발달시키기 위해서는 다음의 세 단계가 아주

중요합니다 : 부화기 · 실습기 · 재접근기.

부화기 : "엄마와 난 같지 않아요"

"그건 공평치 못해요," 다섯 달된 아들을 둔 어머니가 내게 말했습니다. "우린 지난 넉 달 동안 더없이 행복하고 친밀했어요. 전 에릭이 힘없고 의존적이어서 사랑했어요. 에릭은 절 필요로 했고, 전 에릭만으로도 충분했어요.

그런데 갑자기 상황이 바뀌어 버렸어요. 에릭은——뭐라고 말해야 할지 모르겠지만요——가만히 있질 못하고 자꾸만 몸을 뒤틀어 빠져나가려고 해요. 에릭은 제가 안으려고 할 때마다 절 거부해요. 이제 에릭은 저보다 다른 사람에게 더 관심이 있어요. 심지어는 밝은 색상의 장난감까지도요!"

"저도 이젠 뭔가 알 것 같아요," 그 여자는 결론을 내렸습니다. "에릭은 지난 넉 달 동안만 제가 필요했던 거예요. 이제 앞으로 남은 십칠 년 반 동안은 그 애를 제게서 떠나 보내는 일에 모성애를 전부 발휘해야 되겠죠!"

여러 가지 면에서 이 어머니는 상황을 잘 파악하고 있었습니다. 생후 다섯 달 내지 열 달이 되면 아기들은 중요한 전환점을 맞이하게 됩니다 : '엄마와 난 똑같아'에서 '엄마와 난 같지 않아'로 전환하게 되는 것입니다. 이 시기에 아기들은 어머니와의 수동적인 연합에서 벗어나, 바깥 세상에 대하여 적극적인 관심을 갖게 됩니다. 이 아기들은 저 바깥에 커다랗고 흥미로운 세상이 있다는 것을 깨닫게 됩니다——그리고 자신이 그 세상의 일부가 되기를 바라게 되는 것입니다!

이 시기를 가리켜 아동 연구가들은 '부화기' 또는 '차별기'라고 부릅니다. 이 시기는 새로운 것들을 탐험하고 만지고 맛보고 느끼는 시기입니다. 물론 이 단계에 있는 아이들도 아직 어머니에게 의존적이기는 하지만, 그래도 이 아이들은 어머니와의 친밀함으로 꼭꼭 싸여 있지는 않습니다. 이제 몇 달간의 양육에 대한 결과가 나타나게 됩니다——아이들은 위험을 받아들이기 시작할 수 있을 정도로 충분히 안전감을 느끼고 있습니다. 전속력으로 기어다니는 아이들을 한 번 지켜보십시오. 그 아이들은 결코 놓치고 싶어하지 않습니다. 이것은 바로 동작의 지리적 울타리입니다——어머니로부터 벗어나는 동작 말이죠.

'부화' 단계에 있는 아기의 눈을 들여다보세요. 여러분은 아담이 주님께서 자기를 위하여 지어 주신 땅의 광대함과 식물들과 동물들을 바라볼 때처럼 경이에 찬 큰 눈을 그 아기에게서 찾아 볼 수 있을 것입니다. 여러분은 발견하고픈 욕망과 알고픈 충동을 그 아기의 눈에서 볼 수 있을 것입니다. 욥기 11장 7절이 암시해 주는 것처럼 말입니다 : "네가 하나님의 깊은 뜻을 다 알아낼 수 있느냐? 전능하신 분의 무한하심을 다 측량할 수 있느냐?" 물론 우리에게는 그런 능력이 없습니다. 그러나 우리는 창조물을 발견하고 경험하며 나아가 창조주를 알도록 지음받은 몸입니다.

첫아이를 키우는 어머니들에게 이 시기는 힘겨운 시기일 수 있습니다. 앞에서 이야기했던 엄마처럼 자칫 낙담할 수도 있습니다. 특히 자기 자신이 아직 진정으로 '부화하지' 못한 여자들의 경우 이 시기는 더더욱 힘들게 여겨질 것입니다. 그들은 아기에게서 오로지 친밀함과 궁핍함과 의존성만을 기대하게 됩니다. 이런 여자들은 종종 아이를 많이 임신한다든가, 또는 아주 어린 아이들에게 시간을 쏟으며 지낼 수 있는 다른 방법들을 모색하게 됩니다. 그들은 종종 엄마 노릇으로부터 '분리되는 것'을 즐거워하지 않을 수도 있습니다. 그들은 자신과 아기 사이에 거리가 생기는 것을 싫어합니다. 하지만 그것이 아무리 어머니에게는 고통스러운 울타리일지라도, 아기에게는 꼭 필요한 울타리입니다.

실습기 : "난 무엇이든 할 수 있어요!"

"하지만 재미있는 일을 바란다고 해서 뭐가 잘못이라는 말인가요? 꼭 삶이 따분해야 되는 것만은 아니잖아요?" 데렉이 항의했습니다. 사십대 후반인 데렉은 마치 대학생처럼 옷을 입고 있었습니다. 그의 얼굴은 도저히 중년 남자의 얼굴이라고는 볼 수 없을 정도로 주름살 하나 없고, 햇볕에 잘 그을린 얼굴이었습니다.

무언가가 잘못 돌아가고 있었습니다. 데렉은 교회 목사에게 35세 이상의 독신자 모임에서 이삼십대 모임으로 자기를 옮겨 달라고 이야기하고 있는 중이었습니다. "그 사람들은 저와 속도가 안 맞아요, 전 롤러코스터를 좋아하고, 늦은 밤에 외출하기 좋아하고, 직장을 옮겨 다니길 좋아하거든요, 절 좀 젊게 지켜 주세요, 예?"

데렉의 행동은 그가 아직까지도 분리-개별화의 두 번째 단계인 실습기에 고착되어 있음을 보여 주고 있었습니다. 이 시기에 아기들은 걷는 방법을 배우고 단어를 사용하기 시작하게 되는데, 이 실습기는 보통 열 달에서 열여덟 달까지 지속됩니다(그리고 그 후로는 다시 되돌아오지요).

부화기와 실습기의 차이는 무척 큽니다. 부화기의 아기는 이 새로운 세상에 압도된 채로 여전히 상당 부분을 어머니에게 기대고 있지만, 실습기의 아이는 어머니를 뒤에 남겨 두고 떠나려 합니다! 새롭게 발견된 걷기 능력이 아이에게 무엇이든지 할 수 있다는 의식을 심어 줍니다. 걸음마를 시작한 아기들은 흥분과 활력을 느끼게 됩니다. 그래서 그 아이들은 무엇이든지 해보고 싶어합니다. 가파른 계단도 내려가 보고, 포크로 전기 소켓을 찔러보기도 하고, 고양이 꼬리를 쫓아다녀 보기도 하고 말입니다.

데렉처럼 이 단계에 고착되어 있는 사람들은 생활이 무척 즐거울 수 있습니다. 물론 여러분이 그들의 비현실적인 당당함과 무책임에 대하여 김빠지는 소리를 하지 않는다면 말입니다. 그런 소리를 할 경우, 여러분은 '흥을 깨는 사람'이 되고 말 것입니다. 그것은 마치 실습기의 아이하고 결혼한 "흥을 깨는 사람"과 얘기를 나누는 것과도 같은 것이겠죠. 그리고 세상에 이보다 더 따분한 일은 없을 것입니다.

잠언 7장 7절은 실습기에 고착되어 있는 한 청년의 이야기를 싣고 있습니다 : "어수룩한 젊은이들 가운데, 지혜 없는 젊은이가 있는 것을 보았다."

이 청년은 힘이 넘쳐나지만, 충동을 억제할 줄도 모르고 자신의 열정에 울타리를 칠 줄도 모릅니다. 그는 이 단계에 고착되어 있는 성인들이 흔히들 그렇듯이 성적으로 문란한 생활을 하게 됩니다. 그리고 결국 그는 죽게 됩니다 : "마치 자기 목숨을 잃는 줄도 모르고 그물 속으로 쏜살같이 날아드는 새와 같으니, 마침내 화살이 그의 간을 꿰뚫을 것이다"(잠언 7장 23절).

실습기에 있는 사람들은 결코 자기가 잡히지 않을 것이라고 생각합니다. 그러나 삶은 여지없이 그들을 잡고 맙니다.

실습기의 유아들(뭐든지 할 수 있다는 생각이 딱 어울리는 대상!) 이 부모에게서 가장 필요로 하는 것은 자신의 기쁨에 같이 기뻐해 주고, 자신의 흥분에 같이 흥분해 주고, 실습을 위하여 어느 정도의 안전한 경계를 정해 주는 것입니다. 좋은 부모는 걸음마를 시작한 아이가 침대 위에서 뛰어놀 때 같이 즐길 수 있는 부모입니다. 나쁜 부모는 아이가 전혀 뛰어놀지 못하게 함으로써 자녀의 욕망을 꺾어 버리는 부모이거나, 또는 전혀 경계를 정해 두지 않음으로써 자녀가 엄마 아빠의 오렌지 쥬스 잔과 커피 잔까지도 뛰어넘게 내버려 두는 부모입니다 (데렉의 부모는 이 두 번째 유형에 속하는 부모였습니다.)

실습기의 아이들은 공격적인 행동을 하는 것과 주도권을 잡는 것이 좋다는 사실을 배우게 됩니다. 이 시기의 아이들에게 부모가 단단하게 지속적으로 현실적인 울타리를 쌓아 줄 경우, 이 아이들은 부모의 도움을 받아 전이를 거치게 됩니다.

여러분은 '아기의 첫걸음'을 담고 있는 포스터들을 본 적이 있습니까? 이것들은 대부분 그릇된 개념을 시사하고 있습니다. 이것들은 아이가 팔을 벌리고 기다리고 있는 어머니를 향해서 머뭇거리며 발걸음을 떼놓는 장면을 묘사하고 있습니다. 하지만 사실은 그렇지 않습니다. 대부분의 어머니들은 "우리 아기가 처음으로 걷는 것을 뒤에서 지켜봤어요!"라고 보고하고 있습니다. 실습기에 있는 아장아장 걷는 아이들은 안전함과 따뜻함으로부터 벗어나 흥미와 발견을 향해 나아갑니다. 이럴 때 신체적 울타리와 지리적 울타리는 아이가 위험하지 않은 행동들을 익혀 나가도록 도와줄 수 있습니다.

실습 단계는 아이에게 하나의 개인이 되기 위한 마지막 걸음을 떼고 싶은 충동과 힘을 제공해 줍니다. 하지만 이러한 정력적인 흥분 상태가 영원히 지속되는 것은 아닙니다. 아무리 자동차라 하더라도 언제나 전속력으로 달릴 수는 없는 법입니다. 단거리 경주용 차들은 몇 마일 동안 같은 속도를 유지할 수가 없습니다. 이제 실습기의 아이들은 다음 단계인 재접근기로 접어들어야 하는 것입니다.

재접근기 : "내가 모든 걸 다 할 수는 없어요"

열여덟 달에서 세 살 사이에 맞게 되는 재접근기는 '조화로운 관계의 회복'을 의미하는 프랑스어에서 비롯된 말입니다. 다시 말해서 이 시기가 되면 아이들은 현실로 되돌아오게 되는 것입니다. 지난 몇 달 동안의 당당함은 "내가 원한다고 해서 모든 걸 다 할 수는 없어!"라는 깨달음에 서서히 자리를 비켜 주게 됩니다. 이 시기의 아이들은 불안해하게 되고, 세상이 무서운 곳이라는 사실을 깨닫게 됩니다. 이 아이들은 자기에겐 여전히 어머니가 필요하다는 사실을 깨닫게 됩니다.

재접근 단계는 어머니와의 관계를 회복하는 시기이지만, 이번에는 전혀 다른 관계가 맺어집니다. 이번에는 아이가 좀더 개별적인 자기를 관계 속으로 끌어들이게 되는 것입니다. 이제는 서로 다른 생각과 느낌을 지닌 두 사람이 마주하게 됩니다. 그리고 아이는 자기 의식을 잃는 일없이 바깥 세상과 관계를 맺을 준비가 다 되어 있습니다.

전형적으로, 이 시기는 자녀와 부모에게 둘 다 힘든 시기입니다. 재접근기에 들어선 아장아장 걷는 아이들은 밉살스럽고, 반항적이고, 변덕스러운 데다가 금방금방 화를 내기도 잘합니다. 이 아이들은 여러분이 고질적인 치통을 앓고 있는 누군가를 떠올리게 해줍니다.

그러면 이 단계에서 울타리를 세우기 위하여 아장아장 걷는 아이들이 사용하는 도구들을 몇 가지 살펴보기로 하겠습니다.

분노. 분노는 친구와도 같습니다. 하나님께서 분노를 창조하신 이유는 우리에게 대결해야 할 문제가 있다는 사실을 알려 주시기 위함입니다. 분노는 아이가 자기 경험이 다른 사람의 경험과 다르다는 것을 알게 되는 방법입니다. 자기와 다른 사람을 구별하기 위하여 분노를 사용할 수 있는 능력은 하나의 울타리가 됩니다. 적절하게 분노를 표출할 줄 아는 아이들은 훗날 누군가가 자기를 지배하거나 자기에게 상처를 입히려고 할 때 쉽게 알아챌 수가 있습니다.

소유권. 때로는 단순히 '이기적인' 단계로 오해받기도 하는 이 재접근기는 청소년들이 사용하는 내것·나의·나 같은 단어들을 이끌어들입니다. 수지는 그 누구도 자기 인형을 껴안지 못하게 합니다. 빌리는 자기 집에 놀러온 다른 아장아장 걷는 아이들과 자기 트럭을 같이 가지고 놀지 않으려 합니다. 자기가 되어 가는 이 중요한 시기를 그리스도인 부모들은 종종 이해하기 힘들어하기도 합니다. "저런, 우리 어린 딸아이 속에서 저 못된 옛 죄의 본성이 더러운 머리를 치켜들다니," 부모들은 점잖을 빼면서 고개를 끄덕이고 있는 친구들에게 이렇게 말합니다. "우린 딸아이가 남을 사랑하고 나누어줄 수 있도록 도와주기 위하여 안간힘을 쓰고 있어요. 하지만 우리 딸은 우리 모두가 가지고 있는 저 이기심에 완전히 사로잡혀 있지 뭐예요?"

이것은 결코 옳은 일도 아니고 성서적인 일도 아닙니다. 새로이 발견된 아이의 '내것'에 대한 맹목적인 사랑은 우리의 내적인 자기 중심성에 뿌리를 두고 있습니다── 이것은 사탄이 "가장 높으신 분과 같아지겠다"(이사야 14장 14절)고 했던 것처럼, 우리 모두가 지니고 있는 죄악의 일면입니다. 그렇지만, 우리의 성격에 대하여 이같이 극단적으로 단순하게 이해하는 것은 진정 하나님의 형상대로 지음받은 존재의 완전한 모습을 전혀 고려하지 않은 처사입니다.

하나님의 형상대로 창조되었다는 것은 소유권 또는 청지기직을 맡고 있다는 말도 됩니다. 아담과 이브가 땅을 다스리고 정복하라는 명령을 받았던 것처럼, 우리 역시 우리의 시간과 정력과 재능과 가치와 느낌과 행동과 돈과 그리고, 제2장에서 언급했던 다른 모든 것에 대한 청지기직을 임명받았습니다. '내것'이 없이는 이 자원들을 발달시키고,

양육하고, 보호해야겠다는 책임 의식도 있을 수 없습니다. '내것'이 없이는 하나님과 하나님의 왕국에 내줄 자기도 있을 수 없습니다.

아이들은 내것·나의·나가 욕이 아니라는 사실을 알아야 합니다. 올바른 성서적 자녀 양육을 통해서 아이들은 희생을 배우고 주는 마음, 사랑하는 마음을 발달시키게 됩니다. 하지만 그 전에 먼저 아이들은 자신이 사랑을 베풀 수 있을 정도로 충분한 사랑을 받았다는 인격을 가져야 합니다 : "우리가 하나님을 사랑함은, 하나님께서 우리를 먼저 사랑하여 주셨기 때문입니다."(요한1서 4장 19절).

아니오 : 한 마디의 울타리. 아장아장 걸어다니는 아이들은 재접근기를 거치는 동안 인간의 언어 중 가장 중요한 단어들 가운데 하나인 아니오(no!)라는 말을 자주 사용하게 됩니다. 아니오라는 말은 부화기에도 나타날 수 있지만, 재접근기에 완전히 드러나는 것이 보통입니다. 이것은 어린아이가 배우게 되는 최초의 언어적 울타리입니다.

아니오라는 단어는 아이들이 자기가 좋아하지 않는 것들로부터 분리될 수 있도록 도와줍니다. 이 말은 아이들에게 선택 능력을 부여해 줍니다. 이 말은 아이들을 보호해 줍니다. '아니오'라는 말을 다룰 수 있는 능력은 아동 발달에 무척 중요한 요소입니다. 어떤 음식을 유난히 먹지 않으려는 아이의 행동에 주의를 기울이지 않던 어떤 부부는 훗날 아이가 그 음식에 알레르기 반응을 보인다는 사실을 알게 되었다고 합니다!

이맘때의 아이들은 종종 '아니오' 중독자가 되기도 합니다. 이 아이들은 야채와 낮잠을 거부할 뿐만 아니라 아이스캔디나 제일 좋아하는 장난감까지도 마다 합니다! 그만큼 이 아이들에게는 '아니오!'라는 말이 가치가 있는 것입니다. 이 말은 아이들을 완전한 무력감으로부터 지켜 줍니다.

부모에게는 '아니오'와 관련된 임무 두 가지가 주어집니다. 첫째, 부모는 자녀가 '아니오'라는 말을 할 수 있을 정도로 충분히 안전감을 느끼도록 도와주어야 합니다. 그리하여 *자녀가 자신의 울타리를 세우도록 격려해 주는 것이 바로 부모의 임무입니다.* 물론 어린 자녀가 무엇이든 원하는 대로 선택할 수는 없겠지만, 그래도 자녀에게는 부모가 귀기울여 줄 만한 '아니오'라는 언어가 필요합니다. 훌륭한 부모라면 결코 자녀의 저항 때문에 모욕감이나 분노심을 느끼지 않을 것입니다. 그들은 오히려 자녀가 자신의 '아니오'라는 말 역시 '예'라는 말만큼이나 사랑받고 있다고 느낄 수 있도록 도와줄 것입니다. 그들은 '아니오'라고 말하는 자녀에게서 정서적으로 물러서는 것이 아니라 오히려 지속적인 관계를 유지할 것입니다. 부모들은 아기의 '아니오'라는 말 때문에 상심해 있는 다른 부모들을 종종 도와줄 수 있어야 합니다. 이 과정에는 엄청난 노력이 필요하니까요!

어떤 부부는 큰고모가 방문할 때마다 뽀뽀와 포옹을 거절하는 딸아이 때문에 마음이 상한 큰고모의 모습을 지켜볼 수밖에 없었습니다. 그 아이는 어느 때는 친밀해지길 원하다가도, 또 어떤 때는 뒤에 서서 그냥 지켜보기만을 원하기도 하였습니다. 이 부부는 큰고모의 불평에 이같이 대답하였습니다. "저희는 캐시가 반드시 사람들에게 애정을 표해야 한다고 생각하지 않았으면 좋겠어요. 그저 그 애가 자기 삶을 책임질 수 있기만을 바랄 뿐이죠." 이 부모는 딸아이가 '예'라고 말해야 할 때에는 '예'라고 말하고 '아니오'라고 말해야 할 때에는 '아니오'라고 말할 수 있게 되기를 바랐습니다(마태복음 5장 37절). 그들은 딸아이가 '아니오'라고 말할 수 있는 능력을 키워서 훗날 악에 대해서도 '아니오'라고 말할 수 있게 되기를 바랐습니다.

재접근기에 들어선 자녀와 관련하여 부모가 맡아야 할 두 번째 임무는 자녀가 다른 사람의 울타리를 존중할 수 있도록 도와주는 것입니다. 아이들은 '아니오'라고 말할 수 있어야 할뿐만 아니라 '아니오'라는 말을 받아들일 수도 있어야 합니다.

부모는 아이들의 연령에 걸맞은 울타리를 세우고 또 그 울타리를 지켜 줄 수 있어야 합니다. 하지만 이것은 장난감 가게에서 아이의 울화통을 받아 주라는 말이 결코 아닙니다. 어쩌면 차라리 그 가게의 상품을 절반 정도 사주고 아이를 조용히 시키는 것이 덜 창피스러운 일일 수도 있지만 말입니다. 아이들의 나이에 알맞은 울타리를 세우고 지켜 주라는 말은 곧 필요할 경우에는 일시적으로 아이와 적절하게 대결도 하고 회초리도 사용하라는 말입니다. "네 아들을 훈계하여라. 그래야 희망이 있다. 그러나 그를 죽일 생각은 품지 말아야 한다"(잠언 19장 18절). 다시 말해서 이것은 너무 늦기 전에 아이에게 경계를 정하는 방법을 가르치라는 말입니다.

울타리 쌓기는 세 살 무렵에 가장 두드러지게 나타나는 현상입니다. 이때까지 아이들은 다음의 세 가지 임무를 모두 완수해야 합니다 :

1. 자기 의식을 포기하거나 또는 독립할 수 있는 자유를 포기하는 일 없이 정서적으로 다른 사람에게 매일 수 있는 능력.
2. 사랑을 잃을지도 모른다는 두려움 없이 적절하게 '아니오'라는 말을 사용할 수 있는 능력.
3. 정서적으로 물러서는 일 없이 다른 사람으로부터 '아니오'라는 말을 적절하게 받아들일 수 있는 능력.

한 친구가 이 임무들을 주의깊게 들여다보더니 반농담조로 이런 말을 했습니다. "세 살까지 이것들을 배워야 한다고? 마흔세 살 아냐?"

그렇습니다. 이것들은 터무니없이 어려운 임무입니다. 하지만 울타리 발달은 생후 몇 년 동안에 가장 완전하게 이루어질 수 있습니다.

인생의 다른 두 단계도 울타리에 초점을 맞추게 되는데, 그 가운데 하나는 바로 청소년기입니다. 청소년기는 생후 몇 년 동안을 되풀이하는 것이라고 볼 수 있습니다. 물론 청소년기에는 성적 관심이나 성(性) 정체감, 경쟁, 성인 정체감 등 좀더 성숙한 문제에 연루됩니다. 하지만 이 혼동의 시기에 언제 누구에게 '예'와 '아니오'라고 말할 것인가를 아는 것이 가장 중요한 일임은 둘 다 마찬가지입니다.

두 번째 시기는 성인기 전반입니다. 이 시기에 아이들은 집을 떠나거나 대학을 졸업하여 직장에 다니기 시작하거나 결혼을 하게 됩니다. 성인기 전반에는 구조의 상실로 인해 괴로움을 겪게 됩니다. 이제 더 이상 수업종도 울리지 않고, 다른 사람이 계획해 놓은 일정표도 없습니다. 이제는 너무나도 무서운 자유와 책임이 넘쳐날 뿐만 아니라 친교와 참여에 대한 요구도 끊이질 않게 됩니다. 이 시기는 종종 튼튼한 울타리를 세우는 일에 관하여 좀더 배울 수 있는 열띤 시간이 될 수도 있습니다.

아이들은 튼튼한 울타리를 일찍 배우면 배울수록 훗날 혼란을 덜 겪게 됩니다. 생후 3년을 성공적으로 보낸다는 것은 곧 좀더 평탄한(완벽하게 평탄할 수는 없습니다!) 청소년기가 보장된다는 것을 의미하며, 또한 좀더 매끄러운 성인기로의 전이를 의미하는 것입니다. 물론 문제투성이인 아동기도 청소년기에 가서 가족이 많은 노력을 기울일 경우 상당히 호전될 수 있습니다. 그러나 아동기와 청소년기에 심각한 울타리 문제를 겪게 될 경우에는 성인기에 가서도 파괴적인 결과를 낳을 수가 있습니다.

"내가 뭣했어야 하는지를 아는 것도 물론 도움은 되겠지요." 아동 발달 강연에 참석한 한 여인이 이렇게 말했습니다. "그렇지만 정말로 도움이 되는 것은 내가 뭘 잘못했는가를 아는 걸 거예요." 그렇습니다. 이제 우리는 우리의 울타리 발달이 어디에서 잘못되었는가를 살펴보기로 하겠습니다.

울타리 손상 : 무엇이 잘못되었을까요?

울타리 문제는 수천 번의 다양한 만남에서 비롯될 뿐만 아니라 우리 자신의 본성과 인격에서 비롯되기도 합니다. 그렇지만 가장 중요한 울타리 갈등은 생후 몇 년 동안에 생겨납니다. 울타리 갈등은 분리-개별화의 세 단계인 부화기, 실습기, 재접근기 가운데 한 시기라든가 아니면 세 시기 전부에 걸쳐서 발생할 수가 있습니다. 일반적으로, 좀 더 이른 시기에 좀 더 심각한 손상을 입을수록 울타리 문제는 더욱 더 심각해지게 되어 있습니다.

울타리로부터의 철회

"왜 이런 일이 생겼는지는 모르겠지만, 어쨌든 이렇게 돼 버렸어." 잉그리드는 커피 잔 너머로 친구 앨리스를 바라보았습니다. "아주 사소한 일까지도 엄마의 말에 따르지 않으면 꼭 이렇게 엄마가 더 이상 내 곁에 계시지 않을 것 같은 끔찍한 생각이 든다니까. 엄마가 상처를 입고 물러서 버리면 다시는 엄마에게 되돌아갈 수 없을 것 같은 느낌이 들어. 네가 사랑하는 사람을 잃었다고 한번 생각해 봐. 얼마나 끔찍한 일이니?"

솔직히 말해서, 우리 가운데 '아니오'라는 말을 듣기 좋아하는 사람은 아무도 없습니다. 도와주겠다고 하는데, 친해지자고 하는데, 용서해 주겠다고 하는데 다른 사람이 그것을 거부할 경우 우리는 그 사실을 받아들이기가 무척 어렵습니다. 하지만 좋은 관계는 자유로운 거절과 대결을 토대로 해서 세워집니다 : "쇠붙이는 쇠붙이로 쳐야 날이 날카롭게 서듯이, 사람도 이웃과 부딪쳐야 지혜가 예리해진다"(잠언 27장 17절).

좋은 관계뿐만 아니라 성숙한 인격 역시 적절하게 '아니오'라는 말을 사용하고 받아들일 줄 알 때 비로소 가능한 것입니다. 발달기에 있는 아동은 자기 울타리가 존중받을 것이라는 점을 알아야 합니다. 자신의 거부나 실습이나 실험 때문에 사랑이 멀어지는 일은 결코 없으리라는 사실을 배우는 것이 그들에게는 무척 중요합니다.

부디 이 말을 오해하지는 마십시오. 부모 측의 경계 역시 매우 중요합니다. 아이들은 넘어서는 안될 행동의 경계선을 알아야 합니다. 그들은 자신의 행동 때문에 빚어진 성서적 결과, 나이에 적합한 결과를 견뎌낼 수 있어야 합니다(사실, 부모가 자녀에게 튼튼한 울타리를 세워 주지도 않고 지켜 주지도 않을 경우 아이는 다른 형태의 울타리 손상을 입게 됩니다. 이것에 관해서는 나중에 간단히 논의하게 될 것입니다). 그렇다고 해서 자녀가 저 좋을 대로 행동하게 내버려두라는 말은 결코 아닙니다. 부모는 자녀가 자기의 말에 따르지 않을 경우에라도 여전히 자녀에게 애정을 갖고서 관계를 맺어야 합니다. 물론 절대로 화를 내지 말라는 말이 아닙니다. 다만 자녀에게서 물러서서는 안 된다는 말이지요.

"하나님께서는 죄는 미워하되 사람은 미워하지 않으신다"는 말을 여러분은 얼마나 자주 들어 보았습니까? 그것은 맞는 말입니다. 하나님의 사랑은 변치 않는 사랑이어서 "언제까지든지 없어지지 않습니다"(고린도전서 13장 8절). 아이가 잘못을 저질렀을 때 부모가 여전히 자녀와 관계를 맺고 있으면서 문제를 해결해 나가는 것이 아니라 오히려 자녀에게서 떨어져 나가 버린다면, 그것은 하나님의 변치 않는 사랑을 잘못 해석한 것입니다. 만일 부모가 상처와 실망과 수동적인 분노로 물러서 버린다면, 아이는 그런 부모로부터 이 같은 메시지를 받게 될 것입니다 : 네가 예절바르게 행동할 때에는 사랑스럽지만, 예절바르게 행동하지 않을 때에는 사랑스럽지가 않아.

그리고 아이는 그 메시지를 다음과 같이 해석하게 될 것입니다 : 내가 착할 때에는 사랑을 받게 되지만, 나쁠 때에는 차단당하게 되는구나.

아이의 눈높이에서 한 번 생각해 보십시오. 여러분이라면 어떻게 하겠습니까? 이것은 그리 어려운 결정이 아닙니다. 하나님께서는 사람을 지으실 때 애착과 관계에 대한 욕구도 함께 심어 주셨습니다. 자녀로부터 물러서는 부모는 영적으로나 정서적으로 자녀를 등치는 것과도 같습니다. 그러면 아이는 겉으로만 반대를 하지 않는 척하면서 관계를 지속시킨다거나, 아니면 계속해서 분리됨으로써 세상에서 가장 중요한 관계를 상실하게 됩니다. 그리고 아예 입을 다물어 버리는 경우가 많습니다.

자녀가 경계를 정하기 시작하는 순간에 부모가 물러서 버릴 경우 그 자녀는 자신의 순종적이고, 사랑스럽고, 민감한 부분만 강조하여 발달시키게 됩니다. 동시에 이 아이는 자신의 호전적이고, 진실을 잘 말하고, 분리되어 있는 부분은 두려워하고, 불신하고, 증오하게 됩니다. 자기가 화를 내거나 심술을 부리거나 실험을 할 때에 자기가 사랑하는 사람들이 물러서 버릴 경우, 아이들은 자신의 이러한 면들을 감추는 방법을 터득하게 됩니다.

자녀에게 "네가 화를 내면 우리가 상처를 입는단다."고 말하는 부모는 자녀가 부모의 정서적인 건강까지 책임지게 만드는 것과 다름없습니다. 결국 이 아이는 부모의 부모가 되어 버리는 셈입니다 ─ 더러는 두세 살 무렵에 벌써 그렇게 되기도 합니다. "네가 화나 있다는 것은 나도 잘 안단다. 하지만 그렇다고 해서 저 장난감을 가질 수는 없어!"라고 이야기하는 쪽이 훨씬, 훨씬 낫습니다. 그런 다음엔 여러분의 상한 마음을 배우자나 친구나 주님께 털어 놓으세요.

천성적으로 아동은 뭐든지 할 수가 있는 존재입니다. 그들은 자기가 착하기 때문에 태양이 빛나는 세상, 자기가 버릇없기 때문에 비가 내리는 세상 속에서 살고 있습니다. 아이들은 시간이 지나면서 차츰 이 뭐든지 할 수 있는 능력을 포기하게 됩니다. 그러면서 자기 주변의 필요나 사건도 중요하다는 사실을 배우게 됩니다. 하지만 생후 몇 년 동안에는 뭐든지 할 수 있는 이 능력이 울타리 손상에 지대한 영향을 미칩니다. 아이들은 부모가 물러나고 있다고 여겨질 경우, 엄마 아빠의 감정까지도 자신의 책임이라고 쉽사리 믿어 버리게 됩니다. 뭐든지 할 수 있는 능력은 곧 다음과 같은 의미를 지니고 있습니다 : "난 엄마 아빠가 내게서 멀어지게 할 수 있는 힘도 가지고 있어. 그걸 지켜보는 것도 괜찮겠지."

부모의 정서적 철수는 희미하게 나타날 수도 있습니다 : 상처입은 목소리, 아무 이유도 없이 오랫동안 침묵을 지킴. 또 부모의 정서적 철수는 명백하게 드러날 수도 있습니다 : 우는 소리, 병듦, 소리 지름. 이런 부모 밑에서 자라난 아이들은 커서도 자신이 울타리를 세울 경우 심각한 고립과 버림을 당하게 될까봐 두려워하게 됩니다.

울타리에 대한 적개심

"내가 왜 '아니오'라고 말할 수 없는가를 나는 과연 알고 있는 걸까요?" 래리는 낄낄 웃으며 말했습니다. "왜 선생님은 제게 어려운 일을 요구하지 않으십니까? 전 군대에서 자랐습니다. 아버지의 말씀은 곧 법이었죠. 불순종은 반역이나 마찬가지였습니다. 한번은 아홉 살 때 아버지께 반항을 한 적이 있었습니다. 지금 기억나는 일이라고는 방 저쪽에서 머리에 심한 통증을 느끼면서 정신이 들었다는 것뿐입니다. 제 마음의 상처가 이만저만이 아니었지요."

두 번째의 울타리 손상은 좀더 손쉽게 알아챌 수 있는 것으로, 울타리에 대한 부모의 적개심을 들 수 있습니다. 부모들은 자녀가 자기에게서 분리되려고 들 때 화를 내기가 쉽습니다. 그리고 이 적개심은 분노에 찬 말이나 체벌이나 부적절한 결과의 형태로 나타날 수 있습니다.

어떤 부모들은 자녀에게 이런 식으로 이야기하기도 합니다. "내가 말한 대로 하는 거야." 여기까지는 지극히 공평한 말입니다. 하나님께서는 부모가 자녀를 책임지도록 하셨기 때문입니다. 하지만 이 말에다가 "너도 그 일을 좋아하게 될 거다."라고 덧붙이는 것은 아이를 미치게 하는 짓입니다. 그 말은 아이의 분리된 영혼을 부인하는 말이기 때문입니다. '아이가 그것을 좋아하게 만드는 것'은 곧 아이가 '하나님을 더 기쁘게' 하는 것이 아니라 '사람을 더 기쁘게' 하도록 억압하는 것입니다(갈라디아서 1장 10절).

어떤 부모들은 다음과 같이 자녀의 울타리를 비판하기도 합니다 :

"내 말에 따르지 않으면······할 거야."
"내 식대로 하게 될 거야, 안 그러면······"

"엄마에게 이의를 제기하지 말아라."
"넌 태도를 조정할 필요가 있어."
"네가 기분 나쁠 이유가 전혀 없잖니?"

아이들은 부모의 권위와 지배 아래 있어야 합니다. 그러나 자녀가 독립성을 길러 간다고 해서 부모가 벌을 가한다면, 아이는 십중팔구 상처와 원망 속으로 물러서 버릴 것입니다.

이러한 적개심은 하나님의 훈육, 학습 프로그램을 어설프게 모방한 것입니다. 훈육은 결과를 이용하여 아이에게 자기-통제를 가르치는 기술입니다. 무책임한 행동은 자칫 우리가 좀더 책임있는 사람이 되게 만드는 불안감을 조성할 수도 있습니다.

"내 식대로 하지 않으면"이라는 접근법은 최소한 부모가 곁에 있을 때만은 아이가 부모에게 복종하는 척하도록 가르칩니다. 반대로 "너에게 선택권이 있어."라는 접근법은 아이가 자기 자신의 행동에 대한 책임을 지도록 가르칩니다. "잠자리를 펴지 않으면 한 달간 외출 금지인 줄 알아!"라고 말하는 대신 "너에게 선택권이 있어 : 잠자리를 펴면 너에게 닌텐도 게임을 하게 해주마 ; 잠자리를 펴지 않으면 오늘은 더 이상 닌텐도 게임을 할 수 없는 거야."라고 말해 보세요. 그러면 아이는 부모의 말을 따르지 않는 대신 얼마나 많은 고통을 참아내야 할 것인지 스스로 가늠해 보게 될 것입니다.

하나님의 훈육은 가르치시는 것이지 결코 벌하시는 게 아닙니다 :

하나님께서는 우리를 당신의 거룩하심에 참여하게 하시려고, 우리에게 유익이 되도록 훈련하십니다. 모든 훈련은 그 당시에는 즐거움이 아니라 괴로움으로 생각되지만, 나중에는 이것으로 연단받은 사람들에게 의로움이 깃든 평화로운 열매를 맺게 합니다(히브리서 12장 10-11절).

부모가 자녀의 반대나 불순종, 실습 등을 순전히 적개심만 가지고 대한다면 자녀는 훈련받는 일의 유익성을 부인하게 될 것입니다. 그 아이는 만족을 늦추고 책임있는 행동을 하는 것이 유익하다는 사실을 터득하는 것이 아니라, 오히려 어떻게 하면 다른 사람의 분노를 면할 수 있는가만 배우게 될 것입니다. 일부 그리스도인들이 하나님의 사랑에 관한 본문을 그렇게 많이 읽었으면서도 분노하시는 하나님에 대한 두려움을 지니고 있다는 것은 정말이지 너무나도 이상한 일 아닙니까?

이러한 적개심이 가져오는 결과는 쉽게 눈에 띄지 않습니다. 이 아이들은 순종적인 미소 뒤에 숨어 버리는 방법을 재빨리 터득하게 되기 때문입니다. 이런 아이들은 자라서도 우울증이나 불안·관계 갈등·약물 남용 등의 문제로 괴로움을 겪게 됩니다. 울타리가 손상된 사람들의 경우 대개 이 때가 되어서야 비로소 자기에겐 문제가 있다는 사실을 생애 최초로 깨닫게 됩니다.

적개심은 '아니오'라는 말을 하는 데에도, 그리고 '아니오'라는 말을 듣는 데에도 지장을 미칠 수 있습니다. 어떤 아동들은 고분고분하게 다른 사람의 지시만 따를 수도 있습니다. 또 어떤 아동들은 눈에 띄게 지배적인 사람이 될 수도 있습니다── 마치 적대적인 자기 부모처럼 말입니다.

성경은 부모의 적개심에 대한 자녀의 이 두 가지 반응에 관하여 다음과 같이 말하고 있습니다 : "아버지가 되신 여러분, 여러분의 자녀들을 격분하게 하지 마십시오. 그들의 기를 꺾지 말아야 합니다"(골로새서 3장 21절). 아이들은 가혹함에 대하여 순종과 우울증으로 반응을 할 수도 있습니다. 또 아버지들은 "[자기] 자녀를 노엽게 하지" 말아야 합니다(에베소서 6장 4절). 아이들은 적개심에 대하여 분노로 반응할 수도 있습니다. 이런 아이들은 십중팔구 자라나서 자기에게 상처를 입혔던 그 적대적인 부모와 똑같은 사람이 되고 맙니다.

지나친 통제

사랑을 베푼다고 하면서 부모가 너무 엄격한 규칙과 경계로 아이의 실수를 방지할 경우에는 지나친 통제 현상이 빚어집니다. 예를 들면, 자녀가 상처를 입거나 나쁜 습관을 배울지도 모르는 위험을 방지하기 위하여 부모가 자녀를 다른 아이들과 놀지 못하도록 막을 수도 있으며, 아이가 감기에 걸릴까봐 너무 조심한 나머지 흐린 날만 되면 덧신을 신기는 일도 있을 수 있습니다.

지나친 통제로 인해 생기는 문제는 다음과 같습니다 : 아이를 통제하고 보호하는 것도 물론 올바른 부모가 책임져야 할 중요한 임무이지만, 한편으론 아이들이 실수를 저지를 수 있는 조금의 여유도 마련해 주어야 합니다. "세련된 지각을 통하여"(히브리서 5장 14절) 성숙해지는 방법을 배운다는 사실을 꼭 명심하십시오. 지나치게 통제를 당한 아이들은 의존적이고 갈등에 빠지기 쉬우며, 튼튼한 울타리를 쌓아서 지켜내는 일에도 어려움을 겪게 되기가 쉽습니다. 그런 아이들은 또한 위험을 견뎌내는 일이나 창조적인 인물이 되는 데에도 문제가 있을 수 있습니다.

경계 결핍

에일린은 한숨을 내쉬었습니다. 에일린의 남편 브루스는 1주일에 두 번씩 그녀가 '공을 떨어뜨릴' 때마다 발작을 일으키곤 하였습니다. 이번에도 그는 빌링스 부부와 밤에 외출하기로 했던 일정을 취소해야 하게 된 것에 대하여 고래고래 소리를 질러댔습니다. 에일린이 아이를 돌봐 줄 사람에게 오후 4시까지 전화를 했어야 했는데 그만 깜빡 잊어버린 것입니다.

에일린은 왜 브루스가 이렇게 사소한 일들에까지도 저토록 정신적인 타격을 입어야 하는지 도무지 이해할 수 없었습니다. 아마도 브루스는 얼마간 휴식을 취해야 할 것 같았습니다. *바로 그거야!* 에일린의 얼굴이 밝아졌습니다. *우리에겐 휴가가 필요하다구!* 그녀는 바로 한 달 전에 그들이 휴가를 보내고 왔다는 사실마저 깜빡 잊고 있었습니다.

에일린은 아주 사랑이 많은, 하지만 너무나도 바쁜 부모 밑에서 자라났습니다. 에일린의 부모는 그녀가 무슨 일을 하도록 지켜보지도 못했고, 휴식이나 결과나 체벌로 그녀를 훈육하지도 못했습니다. 그녀의 가족은 그녀를 많이 사랑해 주고 많이 용서해 주는 것이 그녀가 성인이 되는 과정을 돕는 길이라고 생각하였습니다.

그렇기 때문에, 그녀가 깨끗이 정돈을 하지 않을 때에도 그녀의 어머니는 그녀를 마냥 감싸 주기만 했습니다. 에일린이 세 차례나 온 가족이 이용하는 자동차를 엉망으로 만들어 버렸어도 그녀의 아버지는 그녀에게 혼자만의 차를 사주기까지 했습니다. 그리고 에일린이 당좌어음을 너무 많이 발행했을 때에도 그녀의 부모는 그저 조용히 통장에 돈을 더 넣어 주기만 했습니다. *사랑은 무엇보다도 참아내는 것 아니겠어?* 그들은 이렇게 말하곤 했습니다.

에일린에 대한 부모의 경계 부족은 그녀의 성격 발달에 해로운 영향을 미쳤습니다. 그녀는 사랑이 많은 아내이자 어머니인 동시에 직장인이었지만, 훈련이 부족하고 부주의한 그녀의 생활 방식 때문에 주변 사람들은 끊임없이 좌절을 겪어야만 했던 것입니다. 그녀와 관계를 맺기 위하여 그들이 치러야 하는 대가는 너무나도 컸습니다. 하지만 그녀가 너무나도 사랑스러웠기에 친구들은 모두 그녀와 대결을 함으로써 그녀의 감정을 상하게 하고 싶지 않았습니다. 그래서 지금도 여전히 문제는 그대로 남아 있는 것입니다.

부모의 울타리 결핍은 적개심과 정반대되는 경우입니다. 다시 말해서, 성서적인 훈육은 에일린이 자기 성격을 발달시키는 데 꼭 필요한 체계를 제공해 줄 수 있었을 것입니다.

관계의 결핍이 따르는 이러한 부모의 경계 결핍은 때로 공격적인 지배자를 배출하기도 합니다. 우리는 누구나 한번쯤 슈퍼마켓에 갔다가 엄마를 완전히 장악하고 있는 네 살박이 아이를 지켜본 경험을 갖고 있을 것입니다. 엄마는 아이가 생떼부리는 것을 멈추게 하려고 간청도 해보고, 애원도 해보고, 협박도 해봅니다. 마침내 어찌할 바를 모르게 된 그 엄마는 아이가 그토록 소리지르며 사달라고 조르던 막대사탕을 쥐어 줍니다. 그러면서 그 엄마는 어느 정도의 통제를 가하기 위하여 이렇게 말합니다. "하지만 이게 마지막이야." 그러나 그런 상황에서 통제란 환상에 지나지 않습니다.

자, 그럼 그 네 살박이 아이가 마흔 살 먹은 어른이 되었다고 한 번 가정해 봅시다. 시나리오는 바뀌었지만 원본은 똑같습니다. 그 사람이 지나가고 있는데, 아니면 누군가가 그에게 경계를 정하고 있는데, 똑같은 생떼부리기가 시작됩니다. 그리고 그 때까지 그 사람은 삼십육년이 넘도록 자기에게 만족만 가져다주는 세상을 살아왔습니다. 이제 그 사람은 아주 강력하고 자신에게 지속적인 도움을 줄 수 있는 회복 프로그램을 시작해야 합니다. 이 회복은 때로 입원이라는 형태로 찾아올 수도 있고, 또 때로는 이혼이나 투옥, 질병 등으로 나타날 수도 있습니다. 하지만 삶의 규율로부터 정말로 도망칠 수 있는 사람은 아무도 없습니다. 그쪽이 늘 승리하게 되어 있습니다. 우리는 언제나 우리가 뿌린 것을 그대로 거두게 되어 있습니다. 그리고 늦으면 늦을수록 위험성도 커지기 때문에 슬픈 결과가 나올 수밖에 없습니다.

우리는 지금 분명히 다른 사람의 경계, 또는 필요에 귀기울이지 못하고 어려움을 겪고 있는 사람의 이야기를 하고 있습니다. 이런 사람들은 너무 엄격한 울타리로 인해 상처를 입은 사람들과 똑같이 울타리의 결핍 때문에 상처를 입은 사람들입니다.

모순된 경계

때로 어떤 부모들은 자녀 양육으로 인한 혼란이나 자기 자신의 상처 때문에 엄격한 경계와 느슨한 경계를 동시에 지니고 있음으로써 자녀에게 일치되지 않은 메시지를 전달하기도 합니다. 이럴 경우 아이들은 가족과 삶의 법칙이 무엇인가를 전혀 알 수 없습니다.

알코올 중독자 가족들은 종종 모순된 경계를 보여 주기도 합니다. 오늘은 사랑이 넘치고 친절한 부모였다가, 내일은 또 터무니없이 사나운 부모가 되는 것입니다. 이것은 특히 음주로 인한 행동의 변화일 경우 더더욱 심합니다.

알코올 중독은 아이에게 크나큰 울타리 혼동을 가져옵니다. 알코올 중독자 밑에서 자라난 성인들은 결코 관계 속에서 안전감을 느끼지 못합니다. 그들은 언제나 다른 사람이 자신을 억압하거나 불시에 자기를 공격하기만을 기다립니다. 그들은 끊임없이 경계 태세를 취합니다.

경계를 정한다는 것은 알코올 중독자 밑에서 자라난 성인들의 경우 정신적 외상을 불러일으키는 일과도 같습니다. '아니오'라고 말할 경우 존중을 받을 수도 있고 분노를 살 수도 있습니다. 그들은 야고보서 1장 6절에 나오는 것처럼 두 마음을 품은 사람으로서, "마치 바람에 밀려서 출렁이는 바다 물결과 같습니다." 그들은 자기에게 책임이 있는 일과 없는 일에 대하여 아무런 확신도 갖지 못하고 있습니다.

정신적 외상

지금까지 우리는 가족 관계의 특징들을 살펴보았습니다. 철수·적개심 그리고 부적절한 경계는 부모 쪽에서 자녀에게 행하는 것입니다. 시간이 지나면서 이것들은 자녀의 영혼 속에 깊이 스며들게 됩니다.

이외에도 특수한 정신적 외상 역시 울타리 발달을 저해할 수 있습니다. 정신적 외상이란, 성격 유형이라기보다는 차라리 매우 고통스러운 정서적 경험이라고 할 수 있습니다. 정서적·육체적·성적 학대도 정신적 외상을 불러일으킬 수 있습니다. 사고나 사람 몸을 쇠약하게 만드는 질병도 정신적 외상을 불러일으킬 수 있습니다. 부모의 죽음이나 이혼 같은 심각한 상실도, 그리고 아주 심각한 재정적 위기도 마찬가지로 정신적 외상을 불러일으킬 수 있습니다.

철수나 적개심 같은 성격 관련 유형과 정신적 외상을 구별하기 위한 좋은 방법은, 숲에서 자라는 나무가 어떻게 상처를 입게 되는가를 살펴보는 것입니다. 이 나무는 흙 속에 있는 나쁜 성분들 때문에 잘못 자라날 수도 있고, 태양이나 수분을 너무 많이 또는 너무 적게 공급받을 수도 있습니다. 이것들은 성격 유형의 문제들입니다. 한편, 정신적 외상은 이 나무에 마치 번개가 치는 것과도 같습니다.

정신적 외상은 아동의 성장 과정에 꼭 필요한 다음의 두 가지 토대를 뒤흔들어 놓기 때문에, 울타리 발달에 해로운 영향을 미칠 수 있습

니다 :

1. 세상은 꽤 안전하다.
2. 아동 스스로가 자기 삶을 지배한다.

정신적 외상을 입은 아이들은 이러한 토대가 뒤흔들리는 것을 느끼게 됩니다. 이들은 자기가 이 세상에서 안전하게 보호를 받고 있는지조차도 확신할 수 없게 되며, 자기에게 닥쳐오는 온갖 위험에 대하여 아무런 결정권도 갖지 못할 정도로 겁을 내게 됩니다.

제리는 여러 해 동안 어머니와 아버지로부터 육체적으로 학대를 받고 자라났습니다. 그는 일찍 집을 떠나 해병대에 들어갔고, 여러 차례 결혼에 실패했습니다. 이제 삼십대가 되어 버린 성인으로서 치료를 받던 차에, 그는 왜 그토록 거친 외모를 지닌 자기가 지배적인 여자들만 찾아 헤맸는지를 서서히 깨닫게 되었습니다. 그는 그 여자들이 자기를 '조종할' 수 있다는 사실 그 자체에 대하여 광적인 매력을 느끼고 있었던 것입니다. 그렇기 때문에 그는 그 여자들에게 순종할 수밖에 없었고, 그런 그가 이길 가망성은 전혀 없었습니다.

어느 날인가는 치료를 받던 중에 제리가 무슨 사소한 잘못 때문에 어머니에게 뺨을 맞았던 일을 기억해냈습니다. 그는 "제발요, 엄마— 죄송해요. 무슨 말이든 다 들을께요. 제발요, 엄마!"하고 애원하며 자기를 보호하려고 헛되이 애쓰던 일을 생생하게 기억해냈습니다. 아무런 이의도 제기하지 않고 복종하겠다고 약속하자 매질이 그쳤습니다. 그 기억은 아내와 여자친구에 대한 제리의 능력 부족, 자제력 부족으로 이어졌습니다. 아내와 여자친구들의 분노는 언제나 그를 공포로 몰아넣었고, 그래서 그는 언제까지고 순종할 수밖에 없었습니다. 결국 제리의 울타리 발달은 어머니의 학대로 인해 심각한 손상을 입고 말았던 것입니다.

하나님의 마음은 정신적 외상의 희생양에게 특별히 더 와닿게 느껴질 수 있습니다: "주께서 나를 보내셔서, 상한 마음을 싸매 주게 하셨다"(이사야 61장 1절). 하나님께서는 정신적 외상을 입은 환자들이 사랑하는 사람들로 인해 고침받기를 원하십니다.

가족 내부에서 정신적 외상을 입은 희생자들은 거의 언제나 빈약하고 죄스러운 성격 관련 유형의 수용자가 되고 맙니다. 우리의 울타리로부터 물러서는 것과 우리의 울타리에 대하여 적개심을 느끼는 것은 정신적 외상을 불러일으키게 되는 주된 원인인 것입니다.

우리 자신의 성격 특성

여러분은 사람들이 누군가를 가리켜 '엄마 뱃속에서부터' 그런 식이었다고들 하는 말을 들어본 적이 있습니까? 어쩌면 여러분은 끊임없이 새로운 수평선을 탐험하는, 언제나 활동적이고 대항적인 삶을 살아왔을 수도 있습니다. 또 어쩌면 여러분은 '언제까지라도' 조용히 사색하는 쪽을 더 좋아하는 사람이었을 수도 있습니다.

우리는 우리 자신의 개인적인 성격 유형 때문에 울타리 문제에 공헌할 수도 있습니다. 예를 들면, 체질상 공격성을 더 많이 갖고 있는 사람들은 울타리 문제를 좀더 대항적으로 다룹니다. 그리고 공격성이 덜한 사람들은 울타리로부터 좀더 뒷걸음을 칩니다.

우리 자신의 죄성

또한 우리는 우리 자신의 악행 때문에 울타리 발달 문제에 기여할 수도 있습니다. 악행은 우리가 아담과 이브로부터 물려받은 것입니다. 악행은 하나님의 지배를 받는 피조물이 되는 데 대한 우리의 저항이며, 결손에 대한 우리의 저항입니다. 악행은 우리의 위치를 인정하지 않으려 하는 것이며, 그 누구의 도움도 필요로 하지 않고 그 누구에 대해서도 책임을 지지 않으면서, 자신이 모든 것을 다할 수 있기를 갈망하고 자신이 '지배하게' 되기를 갈망하는 것입니다. 우리의 악행은 우리를 죄와 사망의 법에 매이게 하며, 오직 그리스도만이 우리를 죄와 사망의 법으로부터 구원하실 수 있습니다(로마서 8장 2절).

이제 여러분은 울타리 문제와 울타리 발달에 관하여 확실하게 이해할 수 있게 되었을 것입니다. 다음은 울타리를 우리 삶에서 작동시키는 방법과——우리의 온 생애에 걸쳐서——울타리를 발달시킬 수 있는 방법에 관하여 성경이 어떻게 말하고 있는지를 들여다보기로 하겠습니다.

5
울타리의 열 가지 법칙

잠시 동안 여러분이 전혀 다른 원칙에 따라 작동하는 또 하나의 행성에 살고 있다고 한 번 상상해 보십시오. 그리고 여러분의 행성에는 중력도 없고 돈 같은 교환 수단도 없다고 가정해 보십시오. 여러분은 먹고 마시는 대신 삼투(滲透)를 통해서 에너지와 연료를 공급받습니다. 그런데 그런 여러분이 갑자기 아무런 경고도 없이 지구로 옮겨진 자신을 발견하게 됩니다.

여행에서 정신이 든 여러분이 상공에 떠 있는 우주선을 나와 발을 내딛으니 갑자기 땅으로 떨어집니다. "어이쿠!" 여러분은 왜 떨어졌는지도 잘 모르면서 비명을 지릅니다. 정신을 가다듬고 나서 여러분은 주변을 조금 둘러보기로 마음먹습니다. 하지만 중력이라고 하는 새로운 현상 때문에 날 수가 없습니다. 그래서 여러분은 걷기 시작합니다.

잠시 후에 여러분은 이상하게도 배가 고프고 목이 마르다는 느낌을 갖게 됩니다. 왜 그런지 여러분은 궁금하기만 합니다. 여러분이 살던 곳에서는 은하 체계가 여러분의 신체를 자동적으로 회복시켜 주었기 때문입니다. 다행히도 여러분은 여러분의 문제를 분석해 줄 지구인을 한 명 만나게 됩니다. 그 지구인은 여러분에게 음식물이 필요하다고 말해 줍니다. 더욱 다행스럽게도 그는 여러분이 음식물을 취할 수 있는 장소인 잭 간이 식당을 추천해 줍니다.

여러분은 그 지구인의 안내대로 그 식당에 가서 여러분에게 필요한 모든 영양소를 포함하고 있는 지구 음식을 조금 주문합니다. 여러분은 금방 기분이 나아질 것입니다. 그런데 이번에는 여러분에게 음식을 준 사람이 그 음식에 대한 대가로 '7달러'를 요구합니다. 여러분은 그가 무슨 말을 하고 있는 건지 도대체 알 수 없습니다. 한참 실랑이를 하고 있는데 유니폼을 입은 사람들이 들어와서 여러분을 창살이 있는 작은 방으로 데려가 가둡니다. 도대체 어떻게 된 영문인지 여러분은 의아할 따름입니다.

여러분은 누구에게도 해를 끼치고 싶지 않았습니다. 그런데도 여러분은 지금 '감옥'에 갇혀 있습니다. 여러분은 더 이상 가고 싶은 곳에 갈 수가 없고, 그런 현실에 분개하게 됩니다. 여러분은 자신의 일을 하려고 시도해 보지만 그것은 헛된 노력일 뿐입니다. 지금 여러분은 오랫동안 걸어서 다리도 쑤시고 피곤하며, 너무 많이 먹어서 위도 아픕니다. 여러분에게 이곳 지구는 참으로 지독한 곳입니다.

이것이 억지소리처럼 들리는가요? 역기능 가정에서 양육된 사람, 또는 하나님의 울타리 법칙을 준행하지 않는 가족에게서 양육된 사람은 이 우주인과 비슷한 경험을 하게 됩니다. 그들은 이제까지 한 번도 들어 보지 못했던 정신적 원칙들이 관계와 행복을 통치하는 성인의 삶으로 갑자기 옮겨진 자신을 발견하게 됩니다. 그들은 상처를 입고, 굶주리고, 끝내는 감옥에 갇힐 수도 있습니다. 그러나 그들은 현실과 대치하지 않고 조화롭게 살아가는 데 도움이 될 만한 원칙들을 전혀 모르고 있습니다. 그래서 그들은 자기 자신의 무지 속에 갇혀 살게 되는 것입니다.

하나님의 세상은 법과 원칙들이 정해져 있는 세상입니다. 영적 실재는 중력만큼이나 사실적인 것이어서, 만일 여러분이 그것을 모를 경우 그것이 미치는 영향을 고스란히 겪게 될 것입니다. 우리가 이러한 삶의 원칙들과 관계의 원칙들에 관하여 배운 적이 없다고 해서 그 원칙들이 적용되지 않는 것은 결코 아닙니다. 우리는 하나님께서 우리의 삶 속에 짜넣어 주신 이 원칙들을 알고 있어야 하며, 또한 이 원칙들에 맞추어서 살아나가야 합니다. 다음은 여러분에게 삶을 전혀 다르게 경험하게 되는 방법을 가르쳐 줄 수 있는 울타리의 열 가지 법칙입니다.

법칙 1 : 뿌림과 거둠의 법칙

인과 법칙은 삶의 기본적인 법칙입니다. 성경은 그것을 뿌림과 거둠의 법칙이라 부르고 있습니다. "사람은 무엇을 심든지, 심은 대로 거둘 것입니다. 자기 육체의 욕망을 따라 심는 사람은 육체로부터 썩을 것을 거두고, 성령의 뜻을 따라 심는 사람은 성령으로부터 영생을 거둘 것입니다"(갈라디아서 6장 7-8절).

우리가 심은 대로 거두리라고 하신 하나님의 말씀은 우리를 처벌하시겠다는 것이 아닙니다 : 하나님께서는 사태가 어찌될 것인가를 우리에게 말씀하시고 있습니다. 만일 여러분이 담배를 피운다면 마른기침을 자주 하게 될 가능성이 크며, 또 폐암에 걸릴 가능성도 커지게 됩니다. 만일 여러분이 돈을 지나치게 쓸 경우 채권자들로부터 빚 독촉을 받게 될 가능성이 크며, 심지어는 음식을 사먹을 돈도 없어서 굶주리게 될 수도 있습니다. 반면에 여러분이 만일 적당히 먹고 규칙적으로 운동을 한다면 감기나 독감으로 고생하는 일이 줄어들 것입니다. 만일 여러분이 현명하게 예산을 세운다면 외상 수금원이나 식품점에 돈을 줄 수 있을 것입니다.

그렇지만 더러는 뿌린 대로 거두지 않는 사람들도 있습니다. 다른 누군가가 간섭하여 그들 대신 결과를 거두기 때문입니다. 만일 여러분이 돈을 너무 많이 쓸 때마다 어머니가 초과 인출 전표를 메울 돈을 보내 준다거나 신용 카드의 잔액을 높게 유지시켜 준다면 여러분은 자신의 방탕한 생활 방식의 결과를 거두지 못할 것입니다. 여러분의 어머니가 당연한 결과——채권자들의 추적이나 굶주림——로부터 여러분을 보호해 줄 것이기 때문입니다.

위의 예에서 어머니가 그랬던 것처럼, 뿌림과 거둠의 법칙을 방해하는 사람이 있을 수 있습니다. 그리고 그렇게 방해를 하는 사람은 대개 울타리가 전혀 없는 사람일 가능성이 큽니다. 우리가 탁자에서 굴러 떨어지는 컵을 붙잡아 중력의 법칙을 방해하는 것과 똑같이, 사람들도 역시 무책임한 사람들의 일에 간섭하여 그들을 구해 줌으로써 인과 법칙을 방해할 수가 있습니다. 행동의 당연한 결과로부터 누군가를 구해 준다는 것은 곧 그 사람이 계속해서 무책임한 행동을 하도록 만들어 주는 것과도 같습니다. 그렇다고 해서 뿌림과 거둠의 법칙이 폐지된 것은 결코 아닙니다. 뿌림과 거둠의 법칙은 여전히 적용되고 있습니다. 다만 씨를 뿌린 사람이 그 결과로 인한 괴로움을 겪지 않고 있을 뿐입니다 ; 다른 누군가가 대신 그 결과를 짊어지고 있는 것이지요.

계속해서 다른 사람들을 구제해 주는 사람을 가리켜 우리는 관계 중독에 빠져 있는 사람이라고 부릅니다. 결과적으로, 울타리가 없는 종속적 관계에 빠져 있는 사람들은 무책임한 사람을 위하여 자기 생명까지 담보로 내걸고 있는 셈입니다. 그리고, 마침내는 그들이 모든 책임을 떠맡게 된 순간에도——육체적으로, 정서적으로, 영적으로——정작 낭비가는 아무런 결과도 겪지 않고 계속해서 무절제하게 소비를 일삼게 됩니다. 그 낭비가는 계속적으로 사랑을 받고, 제멋대로 행동하고, 친절한 대우를 받게 될 것입니다.

울타리를 세우는 일은, 관계 중독에 빠져 있는 사람들이 자기가 사랑하는 사람의 삶 속에 들어가 뿌림과 거둠의 법칙을 방해하지 않도록 도와줄 수 있습니다. 울타리는 씨를 뿌린 장본인이 거두는 일도 직접 할 수 있도록 만들어 줍니다.

무책임한 사람과 대면을 하는 것은 별로 도움이 되지 못합니다. 한 내담자는 나에게 종종 이런 말을 합니다. "하지만 전 잭에게 대항하고 있어요. 전 잭의 행동에 대하여 제가 어떻게 생각하고 있는지, 또 잭에게는 변화가 필요하다는 사실을 알려 주려고 여러 차례 시도해 보았지요." 그러나 사실 나의 내담자는 잭에게 잔소리만 늘어 놓고 있을 뿐입니다. 잭은 자기 행동이 아무런 고통도 가져다 주지 않기 때문에 전혀 변화의 필요성을 느끼지 못하고 있습니다. 무책임한 사람과 대면하는 것은 그 사람에게 전혀 고통을 주지 못합니다 : 오직 결과만이 고통을 안겨 줄 수 있는 것입니다.

만일 잭이 현명한 사람이라면 대결도 행동의 변화를 일으킬 수 있을 것입니다. 그러나 파괴적인 양식에 사로잡혀 있는 사람들은 대체로 현명하지 못한 것이 현실입니다. 그들은 행동의 변화를 일으키기 전에 우선 결과를 감당해야 합니다. 성경은 어리석은 사람과 대면하는 것이 전혀 무가치한 일이라고 우리에게 가르치고 있습니다 : "거만한 사람을 책망하지 말아라. 그가 너를 미워할까 두렵다. 지혜로운 사람은 꾸짖어라. 그가 너를 사랑할 것이다"(잠언 9장 8절).

관계 중독에 빠져 있는 사람들은 무책임한 사람들과 대면을 한다 할지라도 도리어 자신이 모욕과 고통을 당하게 됩니다. 그들에게 정말로 필요한 것은, 누군가의 삶에 끼어 들어 뿌림과 거둠의 법칙을 방해하는 행동을 그만두는 일입니다.

법칙 2 : 책임의 법칙

사람들은 울타리나 자기 자신의 삶에 대한 책임을 지는 일에 관하여 들을 때마다 매번 이런 식으로 말합니다. "그건 너무 자기 중심적인 것 같은데요. 우린 서로 사랑하고 자기를 부인해야 하는 거잖아요?" 아니면, 아예 이기적이고 자기 중심적인 사람이 되어 버리는 수도 있고, 또 누군가의 부탁을 들어 줄 때마다 '죄책감'을 느끼게 되는 수도 있습니다. 이런 것들은 책임에 관한 전혀 비성서적인 견해입니다.

책임의 법칙에는 다른 사람을 사랑하는 일도 포함됩니다. 그리스도인들에게서 사랑하라는 명령은 완전한 법칙입니다(갈라디아서 5장 13-14절). 예수님께서는 "내가 너희를 사랑한 것같이 너희도 서로 사랑하라"는 것이 곧 '내' 계명이라고 말씀하십니다(요한복음 15장 12절). 여러분이 다른 사람을 사랑하지 않는다면 그것은 곧 여러분의 책임을 완수해 내지 못한 것과도 같습니다 ; 다시 말해서 여러분의 마음을 책임지지 못한 것이나 마찬가지입니다.

책임의 울타리가 혼란스러워지면 여러 가지 문제가 발생하게 됩니다. 우리는 서로를 대신할 것이 아니라 서로 사랑해야 합니다. 나는 여러분의 감정을 대신 느낄 수 없습니다. 나는 여러분 대신 생각할 수 없습니다. 나는 여러분 대신 행동할 수 없습니다. 나는 여러분 대신 낙심할 수 없습니다. 간단히 말하자면 내가 여러분을 대신해서 성장할 수 없다는 것입니다 ; 오직 여러분만이 할 수 있습니다. 마찬가지로 여러분 역시 나를 대신해서 성장할 수 없습니다. 우리 자신의 개인적 성장에 관한 성서적 명령은 이렇습니다. "두렵고 떨리는 마음으로 자기의 구원을 이루어 나가십시오. 하나님께서는 여러분 안에서 활동하셔서, 여러분으로 하여금 하나님을 기쁘시게 할 것을 염원하고, 실천하게 하시는 분입니다"(빌립보서 2장 12-13절). 여러분은 여러분 자신을 책임져야 합니다. 그리고 나는 나 자신을 책임져야 합니다.

성경은 또한 우리가 대접받고 싶은 대로 남에게 대접하라고 말합니다. 만일 우리가 호되게 얻어맞고 아무런 희망도 없이 절망에 빠져 있다면 분명히 도움과 양식을 필요로 하게 될 것입니다. 이것이 '무엇에 대해(to)' 책임을 지는 일의 매우 중요한 한 가지 측면입니다.

'무엇에 대해(to)' 책임을 지는 일의 또 다른 측면은 베푸는 것뿐만 아니라 다른 사람의 파괴적이고 무책임한 행동에 경계를 정하는 것입니다. 다른 사람을 그의 죄에서 구출해 주는 것은 좋은 일이 아닙니다. 그래봤자 그 사람은 또다시 죄를 범하고 여러분도 또다시 그를 구출해 주어야 할 것이기 때문입니다. 결국 여러분은 그 사람이 죄를 짓도록 기운을 불어넣어 주는 셈입니다(잠언 19장 19절). 이것은 자녀를 양육하는 일에도 똑같이 적용되는 원칙입니다; 다른 사람에게 경계를 정해두지 않는 것은 해로운 일입니다. 그것은 다른 사람을 파멸로 이끄는 것일 뿐입니다(잠언 23장 13절).

성경은 처음부터 끝까지 한 가지 일을 강력하게 강조하고 있는데, 그것은 곧 필요한 사람들에게는 베풀어 주되 죄에 대해서는 *경계를 정하라는* 것입니다. 울타리는 여러분이 그 일을 해낼 수 있도록 도와 줄 수 있습니다.

법칙 3 : 힘의 법칙

교회 안에서 '열두 단계 운동'(the Twelve Step movement)이 널리 퍼지면서부터, 치료와 회복의 단계에 있는 그리스도인들이 다들 혼란스러워하고 있습니다. 나는 내 행동을 다스릴 힘이 없는가? 그렇다면 어떻게 나를 책임질 수 있을 것인가? 나는 어떤 일을 할 수 있는 힘을 가지고 있기나 한 걸까?

열두 단계 운동과 성경은 사람들에게 자신의 도덕적 결핍을 인정하라고 가르칩니다. 알코올 중독자들은 자기에게 알코올에 대한 통제력이 없다는 사실을 스스로 인정하고 있는 셈입니다 ; 그들은 절제의 열매를 얻지 못합니다. 그들은 마치 바울이 그랬던 것처럼 자신의 중독 상태에 대한 통제력이 전혀 없습니다 : "나는 내가 하는 일을 도무지 알 수가 없습니다. 내가 해야겠다고 생각하는 일은 하지 않고, 도리어 해서는 안 되겠다고 생각하는 일을 하고 있으니 말입니다······나는 내가 원하는 선한 일은 하지 않고, 도리어 원하지 않는 악한 일을 합니다 ······내 지체 속에는 다른 법이 있어서 내 마음의 법과 맞서서 싸우고, 내 지체 속에 있는 죄의 법에다 나를 사로잡는 것을 봅니다"(로마서 7장 15, 19, 23절). 이것은 곧 무력함입니다. 요한은 우리 모두가 무력한 상태에 빠져 있다고 말하고, 그것을 부인하는 이는 누구든지 거짓말을 하고 있는 것이라고 말합니다(요한1서 1장 8절).

비록 여러분이 이 유형들을 극복할 만한 힘은 가지고 있지 않다 하더라도, 나중에 승리의 열매를 가져다 줄 만한 것들을 행할 수 있는 힘은 지니고 있습니다 :

1. 여러분은 자신의 문제를 있는 그대로 인정할 수 있는 힘을 지니고 있습니다. 성경에서는 이것을 가리켜 '고백'이라고 부릅니다. 고백한다

는 것은 곧 '사실을 인정한다'는 뜻입니다. 여러분에게는 최소한 "문제는 내게 있어!"라고 얘기할 수 있는 힘이 있습니다. 여러분은 그것을 변화시킬 수는 없는지 몰라도 고백할 수는 있습니다.

2. 여러분은 하나님께 자신의 무능력을 공손히 아뢸 수 있는 힘을 지니고 있습니다. 여러분은 언제라도 도움을 요청하고 내맡길 수 있는 힘을 갖고 있습니다. 여러분에게는 자신을 낮추고 자신의 삶을 하나님께 맡길 수 있는 힘이 있습니다. 여러분이 자신을 치료할 수 없는지는 몰라도, 의사를 부를 수는 있습니다! 성경은 여러분 자신을 낮추라는 명령과 함께 언제나 위대한 약속을 싣고 있습니다. 만일 여러분이 자기가 할 수 있는 일을 한다면——고백하고, 믿고, 도움을 요청한다면——하나님께서 여러분이 할 수 없는 일들을 해주시리라는——변화를 일으키시리라는——것입니다(요한1서 1장 9절 ; 야고보서 4장 7-10절 ; 마태복음 5장 3, 6절).

3. 여러분은 자신의 울타리 안에 있는 것들을 점차적으로 밝혀 나가기 위하여 하나님과 사람에게 도움을 청할 수 있는 힘을 지니고 있습니다.

4. 여러분은 자신의 내부에서 발견된 악으로부터 돌아설 수 있는 힘을 지니고 있습니다. 이것을 가리켜 회개라고 부릅니다. 회개는 여러분이 완전해진다는 의미가 결코 아닙니다 ; 회개는 여러분이 자신의 죄스런 부분을 변화되길 바라는 측면으로서 볼 수 있다는 의미입니다.

5. 여러분은 자신을 낮추고 하나님과 사람에게 여러분 자신의 발달 손상과 아동기의 잔존 욕구들에 관하여 도움을 청할 수 있는 힘을 지니고 있습니다. 여러분의 문제 영역들 가운데 많은 것들이 공허함으로부터 여러분의 내부로 들어올 것이며, 여러분은 그 욕구들을 채울 수 있도록 하나님과 사람에게 도움을 청해야 할 것입니다.

6. 여러분은 자신이 상처입혔던 사람들을 찾아가 그 사람들을 고쳐줄 수

있는 힘을 지니고 있습니다. 여러분은 자기 자신과 자신의 죄를 책임지기 위하여, 그리고 여러분이 상처입혔던 사람들을 책임지기 위하여 꼭 그렇게 해야 합니다. 마태복음 5장 23-24절을 들여다보세요:"그러므로 네가 제물을 제단 앞에 놓아 두고, 먼저 가서 네 형제나 자매와 화해하여라. 그런 다음에, 돌아와서 제물을 드려라."

정반대로, 여러분의 울타리는 여러분 자신에게 어떤 힘이 없는가를 정확하게 알 수 있도록 도와주기도 합니다 : 울타리 바깥쪽에 있는 것에 대해서는 그 어느 것 하나도 손을 쓸 수 없다는 것을 말입니다! 평온함을 맛보게 하는 한 경건 기도에서 거기에 대하여 무어라 말하는지 한 번 들어보십시오(아마도 이것은 지금까지 기록된 기도문들 가운데 가장 훌륭한 울타리 기도일 것입니다) :

하나님, 제가 바꿀 수 없는 것들에 대해서는 인정할 수 있도록 평온을 주시고, 제가 바꿀 수 있는 것들에 대해서는 바꿀 수 있도록 용기를 주시되, 더더욱 제가 바꿀 수 있는 것과 없는 것을 구별할 수 있도록 지혜를 주십시오.

다시 말해서, 이것은 '하나님, 내 울타리를 분명하게 정해 주십시오' 하는 기도입니다! 여러분은 그 과정에 복종할 수도 있고 하나님을 도와 자신을 변화시킬 수도 있습니다. 하지만 여러분은 아무 것도 변화시킬 수 없습니다 : 날씨도, 과거도, 경제도——특히 다른 사람은 더더욱 변화시킬 수 없습니다. 여러분은 다른 사람을 변화시킬 수 없습니다. 다른 사람을 변화시키려고 애쓰는 사람들은 다른 어떤 질병으로 인한 괴로움보다 훨씬 더 많은 괴로움을 겪게 됩니다. 그리고 다른 사람을 변화시킨다는 것은 불가능한 일입니다.

여러분이 할 수 있는 일은 다만 다른 사람에게 영향을 미치는 것입니다. 거기에는 어떠한 속임수도 있을 수 없습니다. 여러분은 다른 사람을 변화시킬 수 없기 때문에, 다른 사람의 파괴적인 행동이 더 이상 여러분에게 영향을 미칠 수 없도록 여러분 자신을 변화시켜야 합니다. 여러분 쪽에서 다른 사람을 다루는 방식을 한 번 바꾸어 보십시오 ; 그래서 더 이상 옛 방식이 효과가 없을 경우 다른 사람도 변화를 시도할 수밖에 없을 것입니다.

여러분이 다른 사람을 놓아 줄 때 얻어지는 또 한 가지 원동력은 여러분 자신이 건강해질 수 있다는 것, 그리고 다른 사람도 여러분의 건강을 알아채고 그것을 시기할 수 있다는 것입니다. 다른 사람은 여러분이 지니고 있는 것들 가운데서 일부를 원할 수도 있습니다.

여기에 한 가지를 더 보탠다면, 여러분은 어떤 것이 여러분의 것이고 또 어떤 것이 여러분의 것이 아닌지를 알 수 있는 지혜가 필요합니다. 여러분이 변화시킬 수 있는 것과 변화시킬 수 없는 것을 구별할 수 있도록 지혜를 주시라고 기도해 보세요.

법칙 4 : 존중의 법칙

사람들은 자신의 울타리 문제를 설명할 때 유난히도 한 단어를 되풀이하는 경향이 있습니다 : 바로 그들이라는 단어이지요. "하지만 내가 '아니오'라고 말하면 그들이 나를 받아주지 않을걸요." "하지만 내가 경계를 정하면 그들이 화를 낼 텐데요." "하지만 내가 정말로 어떻게 느끼고 있는지를 얘기한다면, 그들은 1주일 동안 나와 말도 하지 않으려 할 거예요."

우리는 다른 사람이 우리의 울타리를 존중해 주지 않을까봐 두려워하고 있습니다. 우리는 다른 사람에게 초점을 맞춘 나머지 정작 자신에 관해서는 명확성을 상실하고 맙니다. 때로는 우리 쪽에서 다른 사람의 울타리를 판단하려 드는 것도 문제가 됩니다. 우리는 이런 식으로 말하거나 생각하는 경우가 많이 있습니다:

"내가 좀 들러서 태워 달라고 했는데 어떻게 그가 거절을 할 수 있단 말이야? 바로 지나가는 길인데! '혼자만의 시간'이 갖고 싶다면 다른 시간도 많이 있잖아?"

"오찬에 나오지 않다니 그 여자는 정말 이기적이구나. 결국 여기 있는 나머지 사람들이 모두 희생을 한 셈이잖아?"

"그러니까 '안 되겠다'는 말이야? 정말 잠깐 동안만 돈을 빌려 주면 될 텐데도?"

"나는 널 위하여 그 모든 일을 해주었는데, 넌 기껏해야 이렇게 작은 호의밖에 보여 줄 수 없는 모양이구나."

우리는 마치 다른 사람이 어떻게 베풀어야 하는지를 가장 잘 아는 사람처럼 다른 사람의 울타리 결정을 판단하려 합니다 : "내가 그들에게 해주고 싶어하는 그대로 그들도 나에게 해줘야만 돼!"
하지만, 성경은 우리가 판단을 할 경우 반드시 판단을 받게 될 것이라고 말하고 있습니다(마태복음 7장 1-2절). 우리가 다른 사람의 울타리를 판단할 때 우리의 울타리 역시 다른 사람의 판단을 받게 될 것입니다.

만일 우리가 다른 사람의 울타리를 저주한다면 그들 역시 우리의 울타리를 저주하게 될 것입니다. 바로 이러한 내면적 두려움의 순환 고리 때문에 우리는 정작 울타리를 세워야 하는 곳에도 울타리를 쌓지 못하고 두려워하게 됩니다. 그리고 결국은 순종하게 되고, 또 그로 인해 원망하게 되며, 우리가 '베푼 사랑'마저 못 쓰게 되고 마는 것입니다.

그래서 바로 존중의 법칙이 필요한 것입니다. 예수님께서는 이렇게 말씀하셨습니다. "그러므로 너희는 무엇이든지, 남에게 대접을 받고자 하는 대로, 너희도 남을 대접하여라"(마태복음 7장 12절). 우리는 다른 사람의 울타리를 존중해 주어야 합니다. 우리 자신의 울타리를 존중해 달라고 요구할 수 있으려면, 우선 우리가 다른 사람의 울타리를 아껴 주어야 합니다. 다른 사람이 우리에게 해주었으면 좋겠다고 생각하는 대로, 우리 또한 다른 사람의 울타리를 존대해 주어야 합니다.

만일 우리가 우리에게 '아니오'라고 말하는 사람들을 사랑하고 존중해 준다면, 그 사람들 역시 우리가 '아니오'라고 말하는 것을 사랑하고 존중해 줄 것입니다. 자유는 자유를 낳습니다. 만일 우리가 성령 안에서 살아가고 있다면, 사람들이 그들 뜻대로 행동할 수 있도록 자유를 줄 것입니다. "주님은 영이십니다. 주님의 영이 계신 곳에는, 자유함이 있습니다"(고린도후서 3장 17절). 만일 우리가 계속해서 판단하기만 하는 사람이라면, 이제부터라도 "자유하게 하는 온전한 율법"에 따라 살아갈 필요가 있습니다(야고보서 1장 25절).

다른 사람에 대한 우리의 진정한 관심은 '내가 하고 싶은 일, 또는 내가 그들에게 바라고 있는 일을 과연 그들이 하고 있는가?'입니다. 우리가 다른 사람의 자유를 인정해 줄 경우, 다른 사람이 우리에게 울타리를 쌓는다고 해서 화를 내거나, 죄책감을 느끼거나, 우리의 사랑을 거두어들이거나 하는 일은 없을 것입니다. 다른 사람의 자유를 인정해 줄 때 우리는 자기 자신에 대해서도 훨씬 더 낫게 느낄 수 있을 것입니다.

법칙 5 : 동기 유발의 법칙

스탠은 무척 혼란스러웠습니다. 그는 성경을 통해서도 교회를 통해서도 받는 것보다는 주는 것이 더 복된 일이라고 배웠습니다. 그런데 이것이 종종 사실이 아닐 수도 있다는 것을 그는 알게 되었습니다. 그는 자주 '자기가 하고 있는 일 전부'가 진가를 인정받지 못하고 있다는 느낌을 받았습니다. 그는 사람들이 좀더 자기의 시간과 정력을 고려해 주었으면 좋겠다고 생각했습니다. 하지만 누군가가 그에게 뭔가를 바랄 경우 그는 어김없이 그 일을 했습니다. 그는 이것이 사랑을 베푸는 일이라고 여겼고, 또한 자기는 사랑이 넘치는 사람이 되길 원했습니다.

결국, 너무도 지친 나머지 우울증에 걸려 버린 그가 나를 찾아왔습니다.

내가 그에게 무엇이 문제냐고 묻자, 스탠은 '너무도 사랑을 많이 베푸는 것'이 문제라고 대답했습니다.

"어떻게 하면 '사랑을 너무 많이 베풀' 수 있나요?" 내가 물었습니다. "전 아직, 그런 말을 들어본 적이 없는데요."

"아, 그건 아주 간단합니다," 스탠이 대답했습니다. "사람들을 위하여 내가 해야 할 일보다 훨씬 더 많은 일들을 하는 겁니다. 그리고 그로 인해 무척 우울해지는 것이죠."

"지금 당신이 무엇을 하고 있는지 잘은 모르겠지만요," 내가 말했습니다. "어쨌든 그건 사랑이 아닌 게 분명합니다. 성경에는 진정한 사랑이란 복된 상태, 격려의 상태로 이끈다고 나와 있습니다. 사랑은 우울증이 아니라 행복을 가져다 주지요. 만일 당신의 사랑이 당신을 우울하게 만든다면, 그건 아마도 사랑이 아닐 겁니다."

"어떻게 그런 말씀을 하실 수 있는지 모르겠군요. 전 모든 사람을 위하여 무척 많은 일들을 한단 말입니다. 전 주고 또 주고 또 주는 사람입니다. 그런데 어떻게 제가 사랑하는 게 아니라고 말씀하실 수 있습니까?"

"당신의 행동이 맺는 열매를 보고서 그렇게 말씀드릴 수 있는 것이지요. 당신은 지금 우울증이 아니라 행복한 느낌을 가져야만 해요. 그럼 당신이 사람들을 위하여 하고 있는 일들을 제게 말씀해 주시겠어요?"

우리는 좀더 오랜 시간을 같이 이야기하였습니다. 마침내 스탠은 자신이 '하고 있는' 많은 일과 자신의 희생이 사랑으로 인한 것이 아니라 두려움 때문이라는 사실을 깨닫게 되었습니다. 스탠은 어렸을 적에, 어머니가 원하는 일을 하지 않으면 어머니가 자신으로부터 사랑을 거두어 버릴 것이라는 점을 배웠습니다. 그래서 그 결과 스탠은 마지못해 베푸는 것을 배우게 되었던 것입니다. 그가 베푸는 동기는 사랑이 아니라 사랑을 잃게 될 수도 있다는 두려움에서 나온 것이었습니다.

스탠은 또한 다른 사람의 분노를 두려워하고 있었습니다. 그의 아버지는 그가 어렸을 때 자주 그에게 소리를 지르곤 했습니다. 그래서 그는 분노를 일으킬 만한 대결을 두려워하게 되었던 것입니다. 이러한 두려움 때문에 그는 다른 사람에게 '아니오'라는 말을 할 수가 없게 되었습니다. 자기 중심적인 사람들은 누군가 자기에게 '아니오'라고 말할 경우 종종 화를 내곤 합니다.

스탠은 사랑을 잃게 되리라는 두려움, 다른 사람이 자기에게 화를 내리라는 두려움 때문에 무조건 '예'라고 말을 해왔습니다. 다음과 같은 거짓된 동기들은 우리가 울타리를 세우지 못하도록 방해합니다 :

  1. 사랑의 상실, 또는 버림받는 것에 대한 두려움. '예'라고 말해 놓고서 그렇게 말한 것을 분개해하는 사람들은, 누군가의 사랑을 잃게 될까봐 두려워하고 있는 사람들입니다. 이것이 바로 희생의 주된 동기입니다. 이 사람들은 사랑을 얻기 위하여 베풉니다. 그렇기 때문에 사랑을 얻지 못할 경우 버림받은 듯한 느낌을 갖게 되는 것입니다.

  2. 다른 사람의 분노에 대한 두려움. 오래된 상처와 빈약한 울타리 때문에 어떤 이들은 다른 사람을 화나게 하는 일을 하지 못합니다.

  3. 외로움에 대한 두려움. 어떤 사람들은 사랑을 '확보'할 수 있을 것 같은 느낌, 자신의 외로움에 종지부를 찍을 수 있을 것 같은 느낌 때문에 다른 사람에게 양보를 하기도 합니다.

  4. '내 안에 있는 좋은 것들'을 상실하게 될 것이라는 두려움. 우리는 사랑을 하도록 지음받았습니다. 따라서, 사랑을 하지 않을 경우 우리는 고통을 받게 됩니다. 대부분의 사람들은 "난 너를 사랑해, 그런데 그 일은 하고 싶지 않아!"라는 말을 하지 못합니다. 그런 말은 그들이 이해할 수 없는 것입니다. 그들은 사랑이란 곧 언제까지나 '예'라고 말하는 것이라고 생각하고 있습니다.

  5. 죄책감. 죄책감 때문에 베푸는 사람들도 많이 있습니다. 그들은 자기 내면의 죄책감을 극복하고 자신에 관하여 좋은 느낌을 유지하기 위해서는 좋은 일들을 충분히 해야 한다고 생각합니다. 그들은 '아니오'라고 말할 때 기분이 나빠집니다. 그래서 그들은 좋은 느낌을 얻기 위하여 계속 노력하게 되는 것입니다.

  6. 보답. 대부분의 사람들은 죄책감이라는 메시지가 붙어 있는 것들을 다른 사람에게서 받게 됩니다. 예컨대, 부모가 "난 너처럼 그것을

가져보지 못했단다," "넌 네가 가진 모든 것에 대하여 부끄러운 줄 알아야 해."라고 말할 경우, 그들은 자기가 받은 모든 것에 대하여 보답해야 한다는 부담을 느끼게 됩니다.

7. 허락. 어떤 사람들은 마치 아직도 어린아이인양 부모의 허락을 받아야 한다고 생각하기도 합니다. 그래서 그들은 누군가가 자기에게 무엇을 원할 경우, 이 상징적 부모가 '기뻐할 수 있도록' 하기 위하여 베풀어 주고 마는 것입니다.

8. 다른 사람의 상실에 대한 지나친 동일시. 사람들은 자기 자신의 온갖 실망과 상실에 잘 대처하지 못하는 경우가 허다합니다. 그래서 그들은 누군가에게 '아니오'라는 말로 거절해야 할 경우에도 그 사람의 슬픔을 극도로 '공감'하게 됩니다. 그리고 그들은 결국 악랄하게 누군가를 상처입힐 수가 없어서 그만 순종해 버립니다.

여기에서 말하고자 하는 것은 바로 이것입니다 : 우리는 자유로운 존재로 지음받았습니다. 그리고 이 자유는 감사와 충만한 마음과 다른 사람에 대한 사랑을 가져다 줍니다. 아낌없이 주는 것이 더 복된 일임은 틀림없습니다. 하지만 여러분의 베풂이 기운을 불어넣어 주지 못할 경우에는, 동기 유발의 법칙을 한 번 검토해 볼 필요가 있습니다.

동기 유발의 법칙이란 곧 자유가 우선, 봉사는 나중이라는 법칙입니다. 만일 여러분이 두려움에서 해방되기 위하여 봉사하고 있다면, 그것은 결국 실패로 끝나고 말 것입니다. 두려움을 모두 하나님께 맡기세요. 두려움을 없애 버리세요. 그리고 여러분에게 주어진 자유를 지킬 수 있을 만한 튼튼한 울타리를 세우십시오.

법칙 6 : 평가의 법칙

"하지만, 제가 그에게 그렇게 하고 싶다고 얘기하면 그가 상처를 받지 않을까요?" 제이슨이 물었습니다. 제이슨은 임무를 제대로 수행하지 않는 동업자에게 그 일에 대한 책임을 떠맡기고 싶어했습니다. 나는 동업자에게 그렇게 얘기하라고 그를 격려했습니다.

"물론 상처를 입겠지요," 제이슨의 물음에 내가 대답했습니다. "그런데 그게 무슨 상관입니까?"

"글쎄요, 그에게 상처를 주고 싶진 않은데요," 제이슨은 내가 당연히 알아들어야 한다는 것처럼 나를 바라보며 말했습니다.

"물론 그에게 상처를 주고 싶지 않겠지요," 내가 말했습니다. "하지만 그것과 당신이 내린 결정이 무슨 상관이 있다는 말인가요?"

"저는요, 그의 감정을 참작하지 않고서는 아무런 결정도 내릴 수 없어요. 그건 너무 잔인하니까요."

"제 생각도 같아요. 그건 잔인한 일이겠지요. 하지만, 언제 그에게 말할 생각입니까?"

"선생님께서도 금방 그에게 말하면 상처를 받게 될 거고, 또 그것은 잔인한 일이라고 말씀하시지 않았습니까?" 제이슨은 난처해하며 이렇게 말했습니다.

"아니오, 난 안 그랬는데요," 내가 대답했습니다. "내 말은 그의 감정을 고려하지 않고 그에게 말하는 것이 잔인하다는 뜻이었지요. 그것과 당신이 꼭 해야 할 일을 하지 못하는 것은 전혀 다른 겁니다."

"전 그 둘의 차이를 모르겠군요. 어쨌든 그에게 상처를 입히는 건 마찬가지인 걸요."

"그렇지만 그를 해치는 것은 아닙니다. 이건 아주 큰 차이점이지요.

오히려 이 상처는 그에게 도움이 될 겁니다."

"갈수록 정말 뭐가 뭔지 모르겠군요. 어떻게 그에게 상처를 입히는 것이 도움을 주게 된단 말입니까?"

"저기요, 치과에 가 보신 적이 있지요?" 내가 물었습니다.

"물론입니다."

"치과 의사가 충치를 뽑기 위하여 이에 구멍을 뚫으면 아프던가요?"

"예."

"의사가 당신을 해치던가요?"

"아니오, 오히려 더 낫게 해주었지요."

"상처 입히는 것과 해치는 것은 그렇게 다른 겁니다," 내가 그 차이점을 지적했습니다. "그럼 당신에게 충치를 가져다 준 그 설탕을 먹었을 때 아프던가요?"

"아니오, 맛이 아주 좋았지요," 그가 이제야 알아들었다는 듯이 미소띤 얼굴로 말했습니다.

"그게 당신을 해치던가요?"

"예."

"제 말이 바로 그거예요. 어떤 것은 우리에게 상처를 입히기는 하지만 전혀 해롭지 않을 수도 있답니다. 사실 그것들은 우리에게 오히려 유익할 수가 있지요. 반면에 또 어떤 것들은 기분좋게 여겨지지만 우리에게 아주 해로운 것일 수가 있는 겁니다."

여러분은 경계를 정하는 일의 결과를 평가하고, 다른 사람에 대하여 책임을 져야 합니다. 하지만 그렇다고 해서 누군가가 상처를 입거나 화를 낼 것이기 때문에 여러분의 경계 정하는 일을 회피해서는 안 됩니다. 울타리를 세운다는 것은——제이슨의 경우에는 동업자에게 '아니오'라고 말하는 것——목적이 있는 삶을 사는 것입니다.

예수님께서는 그것을 '좁은 문'에 비유하여 말씀하셨습니다. '파멸의 넓은 문'으로 들어가 우리에게 필요한 울타리를 끝끝내 세우지 않고 사는 것은 아주 쉬운 일입니다. 하지만 그 결과는 언제나 파멸뿐입니다. 정직하고 목적있는 삶만이 좋은 열매를 맺게 해줍니다. 울타리를 세우기로 작정하는 것은 어렵습니다. 울타리를 세우려면 결정도 내려야 하고 대결도 해야 하는데, 이것 때문에 여러분이 사랑하는 누군가가 고통을 겪을 수도 있기 때문입니다.

우리는 자신의 선택 때문에 빚어지는 고통을 평가해야 하며, 그 고통을 공감할 줄 알아야 합니다. 예를 들어서 샌디의 경우를 살펴보기로 합시다. 샌디는 크리스마스 휴가 때 집에 내려가는 대신 친구들과 스키를 타러 가기로 하였습니다. 샌디의 어머니는 무척 슬퍼하고 실망하긴 하였지만 전혀 해를 입지는 않았습니다. 샌디의 결정은 어머니에게 슬픔을 안겨 주었지만, 어머니가 슬퍼한다고 해서 샌디가 마음을 바꿔야 할 필요는 없었습니다. 어머니의 상처에 대하여 샌디는 사랑을 가득 담은 목소리로 이렇게 말했습니다. "아이, 엄마. 우리가 함께 지낼 수 없게 되어서 저도 슬퍼요. 다음 번 여름 휴가를 고대하고 있을께요."

만일 샌디의 어머니가 딸아이의 선택의 자유를 존중할 줄 아는 사람이라면 이렇게 말할 것입니다 : "네가 크리스마스에 집에 안 오겠다니 무척 실망스럽구나. 하지만 너희 모두 즐거운 시간 되길 바란다." 어머니는 실망을 인정함과 동시에, 샌디가 친구들과 시간을 함께 보내기로 한 선택을 존중해 줄 것입니다.

우리는 다른 사람이 좋아하지 않을 선택을 함으로써 그 사람에게 고통을 안겨 줄 수 있습니다. 또한 다른 사람의 옳지 않은 선택과 대결을 할 때에도 고통을 안겨 줄 수 있습니다. 하지만 우리의 분노를 다른 사람과 나누지 않을 경우에는 괴로움과 증오가 밀려들게 됩니다. 우리는 자신이 얼마나 상처입었는지를 상대방에게 정직하게 알려 주어야 합니다. "그러므로 여러분은 거짓을 버리고, 각각 자기 이웃과 더불어 참된 말을 하십시오. 그것은 우리가 서로 한 몸의 지체들이기 때문입니다"(에베소서 4장 25절).

쇠가 쇠를 날카롭게 만드는 것처럼, 우리 역시 성장하기 위해서는 서로가 진실하게 대면할 수도 있어야 합니다. 물론 누구라도 자신에 관하여 부정적인 말을 들으면 좋아하지 않을 것입니다. 하지만 긴 안목으로 보면, 그렇게 하는 것이 오히려 우리에게 좋은 일일 수가 있습니다. 성경은 만일 우리가 현명하다면 그것으로부터 배울 수 있을 것이라고 말하고 있습니다. 친구의 훈계는 상처를 안겨 줄 수도 있지만, 결국에는 도움을 줄 수 있을 것입니다.

우리는 우리의 정직한 대면이 다른 사람에게 안겨 줄 고통을 평가해야 합니다. 동시에 우리는 이 상처가 그 사람에게 얼마나 도움이 될 수 있는지도 알아야 합니다. 때로는 이것이야말로 우리가 그 사람과의 관계를 위하여 할 수 있는 최선의 행동일 수 있습니다. 그러므로 우리는 긍정적인 면에서 그 상처를 평가해야 합니다.

법칙 7 : 순행의 법칙

모든 행동에는 그와 똑같은 또는 정반대의 반응이 따르기 마련입니다. 바울은 진노와 정욕이 율법의 가혹함에 대한 직접적인 반응이라고 말합니다(로마서 4장 15절 ; 5장 20절 ; 7장 5절). 또한 에베소서와 골로새서에서 바울은 격노와 환멸이 부모의 부정에 대한 반작용일 수 있다고 말합니다(에베소서 6장 4절 ; 골로새서 3장 21절).

  우리는 여러 해 동안 수동적이고 순종적인 삶을 살아오다가 갑자기 울컥하고 대드는 사람들을 보면서, 도대체 무슨 일이 있었는지 의아하게 생각할 때가 있습니다. 그럴 경우, 흔히 우리는 그 사람들이 만나고 다니는 상담가를 비난하거나 또는 그 사람들이 다니는 회사를 비난하게 됩니다.

  그들이 여러 해 동안 순종적인 삶을 살아온 것은 사실입니다. 그리고 마침내는 그들의 울분이 폭발한 것입니다. 울타리 건설의 이러한 반응 단계는 특히 희생자들에게 도움을 줄 수 있습니다. 그 희생자들은 이제까지 육체적 학대나 성적 학대, 정서적 공갈이나 조종을 당해 왔던 무력하고 고통스러운 장소로부터 벗어나야 합니다. 우리는 그들의 해방을 알려야 합니다.

  하지만 이것만으로 충분할까요? 반응 단계는 울타리 건설에 꼭 필요한 단계이지만 그것만으로 충분한 것은 아닙니다. 어머니에게 완두콩을 던지는 것이 두 살 박이 아이에게는 무척 중요한 일이지만, 마흔세 살이 되도록 그런 행동을 계속한다는 것은 너무 지나치다고 할 수 있습니다. 이와 마찬가지로 무력하다는 것에 대하여 격노와 증오를 느끼는 것이 학대의 희생자들에게는 무척 중요한 일이겠지만, 남은 생애 동안 계속해서 '희생자의 권리'만 외치는 것은 곧 '희생자 정신' 속에 빠져 버리는 것입니다.

  정서적으로, 반응 자세는 수확 체감의 법칙을 따르게 되어 있습니다. 여러분은 자기 자신의 울타리를 발견하기 위하여 반응해야 합니다. 그러나 일단 울타리를 찾고 나면, "여러분은 그 자유를 육체의 욕망을 만족시키는 구실로 삼지 마십시오……여러분이 서로 물고 먹으면, 양쪽 다 멸망하고 말 것이니, 조심하십시오"(갈라디아서 5장 13,

15절). 결국 여러분은 여러분과 상호 작용해 온 인류와 재결합해야 하며, 여러분의 이웃을 여러분 자신처럼 사랑함으로써 동등한 관계를 정립해야 합니다.

이것은 반작용적인 울타리 대신에 순행적(順行的)인 울타리를 건설하는 과정의 시작입니다. 이것은 여러분이 다른 사람을 사랑하고, 즐기고, 섬김으로써 자기가 받은 자유를 사용할 수 있는 터전입니다. 순행적인 사람들은 자기가 사랑하는 것, 자기가 원하는 것, 자기가 목적하고 있는 것, 그리고 자기가 찬성하는 것을 여러분에게 알려 줍니다. 이 사람들은 자신이 혐오하는 것, 자신이 싫어하는 것, 자신이 반대하는 것, 자신이 하지 않을 것들만 알려 주는 사람들과는 무척 다릅니다.

반작용적인 희생자들은 근본적으로 '반대하는' 자세를 취하지만, 순행적인 사람들은 권리를 요구하는 것이 아니라 권리를 실생활로 실현합니다. 힘은 여러분이 요구하거나 받을 만한 가치가 있는 것이 아니라 바로 여러분이 표출하는 것입니다. 궁극적인 힘의 표출은 곧 사랑입니다 ; 사랑은 힘을 표출할 수 있는 능력이 아니라 힘을 억제할 수 있는 능력입니다. 순행적인 사람들은 '다른 사람을 자기 자신처럼 사랑'할 수 있습니다. 그들은 서로가 서로를 존중해 줍니다. 그들은 '자기를 버릴' 수 있으며, '악을 악으로 갚지' 않습니다. 그들은 율법에 대한 반작용적 자세를 과거 속에 묻어 버렸으며, 이제는 반작용을 하는 것이 아니라 사랑할 수 있습니다.

여전히 율법과 다른 사람의 지배를 받는 반작용적인 사람과 자유로운 사람을 다음과 같이 비교하시는 예수님의 말씀에 귀기울여 보십시오 : "'눈은 눈으로, 이는 이로 갚아라' 하고 이른 것을, 너희가 들었다. 그러나 나는 너희에게 말한다. 악한 사람에게 맞서지 말아라. 누가 네 오른쪽 뺨을 치거든, 왼쪽 뺨마저 돌려 대어라"(마태복음 5장 38-39절).

자신의 반작용적인 시기와 감정을 인정하지 않고서 자유를 얻을 생각일랑 꿈에라도 하지 마십시오. 이것을 행동으로 옮길 필요는 없다 하더라도, 감정을 표출할 필요는 있습니다. 여러분은 자신의 주장을 실행하고 쟁취해야 합니다. 여러분은 더 이상 침범을 당하지 않도록 자신의 사유지에 담장을 쌓기 위하여 학대자로부터 충분한 거리를 유지해야 합니다. 그런 다음 여러분은 자신의 영혼 속에서 발견한 보물들을 소유해야 합니다.

그러나 거기에 머물러 있어서는 안 됩니다. 영성적인 차원에서 성인이라면 '자기를 발견하는 것'보다 더 높은 목표를 지닌 사람을 가리킵니다. 반작용의 단계는 그야말로 하나의 단계이지, 그 자체가 무슨 정체성 있는 것은 아닙니다. 반작용의 단계는 꼭 필요한 것이지만 그것만으로 충분한 것은 아닙니다.

법칙 8 : 질투의 법칙

신약성서는 질투심에 대하여 강력하게 제지하고 나섭니다. 야고보서의 본문을 한 번 깊이 생각해 보십시오 : "여러분은 욕심을 부려도 얻지 못하면 살인을 하고, 탐내어도 가지지 못하면 다투고 싸웁니다"(야고보서 4장 2절).

그런데, 질투심과 울타리가 무슨 상관이 있느냐고요? 질투심은 어쩌면 우리가 지니고 있는 정서 가운데 가장 기본적인 것일 수 있습니다. 타락의 직접적인 결과, 그것은 곧 사탄의 죄였습니다. 성경은 사탄이 '지극히 높으신 분같이 되고' 싶어했다고 말하고 있습니다. 사탄은 하나님을 시기하였습니다. 그래서 사탄은 아담과 이브에게 하나님처럼 될 수 있다고 말함으로써 자기와 똑같은 마음을 지니도록 유혹하였습니다. 사탄과 우리의 부모, 아담과 이브는 있는 그대로의 자신에 만족하지 않았습니다. 그들은 자기에게 없는 것을 원했고, 그 때문에 멸망하였습니다.

질투심은 '내가 가지지 못한 것'을 '좋은 것'이라 여기고, 정작 자기에게 있는 좋은 것들은 혐오하는 마음입니다. 여러분은 다른 사람의 성취를 교묘하게 깎아내리고, 어떻게 해서든지 다른 사람이 획득한 미덕을 훔쳐내려 애쓰는 사람들에 관한 이야기를 얼마나 자주 들어왔습니까? 우리에게는 누구나 성격의 한 편에 질투심을 불러일으키는 요소가 깃들어 있습니다. 하지만 이 특수한 죄가 그렇게도 파괴적인 이유는 바로 이것이 우리가 원하는 것을 얻지 못하리라고 장담함으로써 우리를 영원히 탐욕적이고 만족할 줄 모르는 사람으로 만든다는 데 있습니다.

그렇다고 해서, 우리가 가지고 있지 않은 것들을 원하는 것이 잘못된 일이라는 말은 아닙니다. 하나님께서는 우리 마음의 소원들을 이루어 주시겠다고 말씀하셨습니다. 질투가 문제시되는 것은, 그것이 우리의 울타리 밖에 있는 다른 사람의 소유물에 초점을 두고 있기 때문입니다. 만일 우리가 다른 사람이 가지고 있는 것들이나 다른 사람이 성취한 것들에 눈독을 들인다면, 그것은 우리 자신의 책임을 무시하는 것이며 궁극적으로는 공허한 마음을 지니게 되는 지름길입니다. 갈라디아서 6장 4절의 말씀을 눈여겨보십시오 : 각 사람은 자기 행실을 살펴보십시오. 그러면 자기에게는 자랑거리가 있더라도, 남에게까지 자랑할 것은 없을 것입니다."

질투는 언제까지라도 계속될 수 있는 순환 고리입니다. 울타리가 없는 사람들은 공허하고 뭔가 채워지지 않은 느낌을 갖게 됩니다. 그래서 그들은 다른 사람이 만족스러워하는 모습을 내보이는 순간 질투심을 느끼게 됩니다. 질투심을 느낄 시간과 정력이 있다면 차라리 자신의 부족함에 대한 책임을 지고 그 부족함에 관하여 뭔가 조처를 취하는 일에 그 시간과 정력을 쏟아 부으십시오. 행동에 옮기는 것만이 유일한 해결책입니다. "여러분이 얻지 못하는 이유는 구하지 않기 때문입니다." 여기에다 성경은 이렇게 덧붙입니다. "또한 여러분이 행하지 않기 때문입니다." 소유와 성취만이 우리가 질투심을 느끼는 대상은 아닙니다. 우리는 정작 하나님께서 우리에게 주신 은사는 발달시키지 않고, 도리어 한 사람의 성격과 인격에 대하여 질투심을 느낄 수가 있습니다(로마서 12장 6절).

다음과 같은 상황을 한 번 생각해 보십시오 :

어떤 외로운 사람이 고립된 상태에 머물러 있으면서, 다른 사람이 지니고 있는 친밀한 관계만 질투하고 있습니다.

한 독신 여성이 친구들의 결혼과 가정을 시기하면서, 사회 생활로부터는 멀찍이 물러나 있습니다.

한 중년 여성이 자기가 일에만 파묻혀 있다고 여기고는, 뭔가 시기할 만한 일을 추구해 보고 싶어합니다. 그렇지만 그녀는 언제나 "그렇기는 하지만……"이라고 하면서, 자기가 할 수 없는 이유를 둘러대기만 합니다. 그리고는 '최선을 다해 노력한' 사람들을 원망하고 질투하는 것입니다.

어떤 사람이 정의로운 삶을 선택해 놓고서는, '온갖 재미를 누리고 있는' 것 같은 사람들을 시기하고 원망합니다.

이런 사람들은 모두 자기 자신의 행동을 무효로 만들고 있으며(갈라디아서 6장 4절), 자신과 다른 사람을 비교하면서 가만히 앉아 화만 내고 있는 셈입니다. 이번에는 정반대의 경우를 한 번 생각해 봅시다 :

그 외로운 사람이 관계의 결핍을 인정하고 자신과 하나님께 이같이 묻습니다. "난 왜 늘 사람들에게서 움츠러드는 건지 모르겠어. 이러한 현상에 관하여 최소한 상담가를 찾아가 대화를 나누어 볼 수는 있을 거야. 난 비록 사회적 상황을 두려워하는 편이긴 하지만, 뭔가 도움을 찾을 수 있을 거야. 그 누구도 이런 식으로 살아갈 순 없어. 그래, 당장 찾아가는 거야."

그 독신 여성이 이렇게 묻습니다. "도대체 왜 나는 한번도 외식에 초대받지 못하는 걸까? 왜 나는 데이트를 신청할 때마다 거절당하는 걸까? 내가 뭘 잘못하고 있거나 의사 소통 방법이 잘못된 것일까? 사람들을 만나려면 어디로 가야 할까? 어떻게 하면 좀더 따뜻하고 웃음을 줄 수 있는 사람이 될 수 있을까? 어쩌면 그 이유를 알아내기 위하여 치료 집단에 참가할 수 있을 거야. 아니면 나와 비슷한 관심을 갖고 있는 사람들을 찾아내기 위하여 독신 남녀 소개소에 신청서를 낼 수도 있겠지."

그 중년 여성이 스스로에게 묻습니다. "왜 나는 내 이익을 추구하는 일에 망설이는 걸까? 왜 내가 좋아하는 일을 하기 위하여 직장을 그만두고자 할 때 이기적이라는 생각이 드는 걸까? 난 무얼 두려워하고 있는 것일까? 내가 정말로 정직하다면, 지금 자기가 좋아하는 일을 하고 있는 사람들이 온갖 위험을 감수했다는 점과, 때로는 직업을 바꾸기 위하여 학교를 더 다니기도 했다는 점에 유의했을 텐데. 아마도 내가 기꺼이 할 수 있는 것보다 더 많은 노력이 필요할 거야."

그 정의로운 사람은 스스로에게 물었습니다. "만일 내가 정말로 하나님을 사랑하고 섬기기로 작정했다면, 왜 이다지도 노예가 된 것 같은 느낌이 드는 걸까? 내 영성 생활에 뭐가 잘못되어 있는 것일까? 무엇 때문에 내가 음란한 일에 마음을 빼앗겨서 살아가는 저 사람들을 시기하는 걸까?"

이런 사람들은 다른 사람을 시기하는 대신 자기 자신에게 질문을 던지고 있습니다. 여러분의 질투심은 언제나 여러분에게 뭔가가 결여되어 있다는 사실을 알려 주는 신호가 될 것입니다. 그 순간 여러분은 자신이 무엇을 원망하고 있는지, 자기가 질투하고 있는 그 대상을 왜 자기는 가지고 있지 않은지, 그리고 정말로 자기가 그것을 원하고 있는지 아닌지를 알 수 있도록 도와주시라고 하나님께 기도해야 합니다. 그곳에 다다르려면 여러분에게 무엇이 필요한지, 또 그 욕망을 버리려면 무엇이 필요한지를 알려 주시라고 하나님께 기도해 보세요.

법칙 9 : 활동의 법칙

인간은 반응하는 존재이자 반응을 촉발시키는 존재이기도 합니다. 우리는 기선적으로 반응을 촉발시킬 힘——우리 자신을 생생한 삶의 현장 속으로 몰아댈 수 있도록 하나님께서 주신 능력——이 부족하기 때문에 울타리 문제를 겪게 되는 경우가 많습니다. 우리는 초대에 응하는 동시에 자신을 삶 속으로 밀어 넣기도 합니다.
가장 튼튼한 울타리는 아이가 자연스럽게 세상을 헤치고 나아갈 때, 그리고 바깥 세상이 그 아이에게 경계를 정할 때 세워지는 것입니다. 이렇게 해서 그 진취적인 아이는 자신의 영혼을 잃어버리는 일없이 경계를 배우게 됩니다. 우리의 영적 행복과 정서적 행복은 우리가 이 영혼을 가지고 있느냐 없느냐에 달려 있습니다.

달란트의 비유를 한 번 생각해 보십시오. 성공을 거둔 사람들은 적극적이고 단언적인 사람들입니다. 그들은 창의력이 있고 추진력도 있습니다. 반면에 모든 것을 빼앗겨 버린 사람은 소극적이고 게으른 사람이었습니다.

참으로 슬픈 일이지만, 소극적인 사람이라고 해서 천성적으로 악하거나 나쁜 사람은 아닙니다. 다만 악이란 게 너무 적극적인 힘을 지니고 있어서, 소극적인 사람들은 그 악을 밀쳐 버리지 못하고 그만 악과 동맹을 맺게 되는 것뿐입니다. 수동성은 결코 이익을 가져오지 않습니다. 하나님께서는 우리의 노력에 걸맞은 결과를 주시는 분이지, 결코 우리를 대신해서 일해 주시는 분은 아닙니다. 우리 대신 우리의 일을 하신다면 그것은 곧 우리의 울타리를 침범하시는 것이나 마찬가지일 것입니다. 하나님께서는 우리가 단언적이고 적극적인 사람이 되어 삶의 문을 힘차게 두드리길 원하십니다.

우리는 하나님께서 두려움이 많은 이들에게 결코 인색하신 분이 아니라는 사실을 잘 알고 있습니다; 성경은 하나님의 동정심을 계속해서 보여 주고 있습니다. 하지만 하나님께서는 수동적인 사람에게까지 힘을 주시지는 않습니다. '사악하고 게으른' 좋은 수동적인 사람이었습니다. 그는 전혀 노력을 기울이지 않았던 사람입니다. 하나님의 은총은 모든 실패를 덮어 주시지만, 수동성까지 수습해 주시지는 않습니다. 우리의 일은 우리가 해야 하는 것입니다.

하나님께서 꾸짖으신 죄는 노력했는데도 실패한 것이 아니라, 아예 노력조차 하지 않은 것입니다. 노력하고, 실패하고, 또다시 노력하는 것이 곧 학습입니다. 노력조차 하지 않을 경우에는 전혀 좋은 결과를 얻을 수가 없습니다 ; 악이 승리하고 말 것이기 때문입니다. 하나님께서는 히브리서 10장 38-39절에서 수동성에 관한 당신의 견해를 이같이 피력하고 계십니다 : "'나의 의인은 믿음으로 살 것이다. 그가 뒤로 물러서면, 나의 마음이 그를 기뻐하지 않을 것이다.' 우리는 뒤로 물러나서 멸망할 사람들이 아니라, 믿음을 가져서 생명을 얻을 사람들입니다." 하나님께서는 수동적으로 '뒤로 물러나는' 것을 절대로 용납하시지 않습니다. 뒤로 물러나는 것이 영혼에 얼마나 파괴적인 영향을 미치는지 우리가 안다면, 왜 하나님께서 뒤로 물러나는 것을 그토록 용납하시지 않는지도 알 수 있을 것입니다. 하나님께서는 우리가 '우리 영혼을 보호하길' 원하십니다. 그리고 그것이 바로 울타리의 역할입니다 : 울타리는 우리의 사유지, 우리의 영혼을 경계짓고 보호하는 일을 합니다.

　아기새가 알을 깨고 나올 준비를 하고 있는데, 만일 여러분이 그 새 알을 깨버린다면 새 역시 죽어 버릴 것입니다. 그 새는 알에서 세상 밖으로 나오는 길을 스스로 쪼아서 파내야 합니다. 바로 이 공격적인 '연습'이 그 새가 바깥 세상에서 자기 기능을 수행할 수 있을 정도로 강하게 만들어 주기 때문입니다. 그런데 이 책임을 그 새에게서 빼앗아 버릴 경우 그 새는 죽게 될 것이 뻔합니다.

　하나님께서 우리를 만들어 내신 방법도 이와 똑같습니다. 하나님께서 만일 우리 대신 '알을 까주시고,' 우리의 일을 대신해 주시고, 우리의 울타리를 침범하신다면, 우리는 필경 죽고 말 것입니다. 우리는 수동적으로 '뒤로 물러나서는' 결코 안됩니다. 우리의 울타리는 우리가 적극적이고 진취적인 사람이 되어 두드리고, 찾고, 구할 때에 비로소 세워질 수 있습니다 (마태복음 7장 7-8절).

법칙 10 : 노출의 법칙

울타리는 사유지 경계선입니다. 울타리는 여러분의 사유지가 어디에서 시작되어 어디에서 끝나는지를 정해 주는 것입니다. 왜 그런 경계선이 필요한가에 대하여 우리는 지금까지 논의해 왔습니다. 여러 가지 이유 가운데서 가장 으뜸인 것은 바로 여러분이 허공 속에 존재하는 것이 아니라는 사실입니다. 여러분은 하나님과의 관계, 그리고 사람과의 관계 속에서 존재하고 있습니다. 여러분의 울타리는 다른 사람과의 관계 속에서 여러분의 경계를 정해 주는 것입니다.

울타리의 총체적인 개념은 우리가 관계 속에 존재한다는 사실과 관련이 있습니다. 그러므로 울타리는 진정 관계에 관한 울타리이며, 궁극적으로는 사랑에 관한 울타리입니다. 그리고 바로 그런 이유 때문에 노출의 법칙이 매우 중요한 것입니다.

노출의 법칙은 여러분의 울타리가 다른 사람의 눈에 보이는 것이어야 하고 또 다른 사람과의 관계 속에서 의사 소통을 할 수 있는 것이어야 한다는 사실을 내포하고 있습니다. 우리는 관계에 대한 두려움 때문에 여러 가지 울타리 문제를 지니고 있습니다. 우리는 죄책감, 호감을 사지 못하는 것, 사랑의 상실, 관계의 상실, 승인의 상실, 분노를 사는 것, 알려지는 것 등에 대한 온갖 두려움 때문에 시달림을 받고 있습니다. 이런 것들은 모두 사랑에 실패하는 것입니다. 하나님의 계획은 우리가 사랑하는 방법을 알게 하시는 것입니다. 이러한 관계의 문제들은 오로지 관계 속에서만 해결될 수 있습니다. 관계가 바로 그 문제들의 배경이며 영적 실존의 배경이기 때문입니다.

이런 두려움 때문에 우리는 비밀스런 울타리를 갖고자 노력하게 됩니다. 우리는 우리가 사랑하는 사람에게 정직하게 '아니오'라고 말하지 못하고 수동적으로 조용히 물러나게 됩니다. 우리는 누군가가 우리에게 상처를 입혔을 경우, 솔직하게 우리의 분노를 표출하지 못하고 대신 비밀스럽게 분개해합니다. 종종 우리는 누군가의 무책임한 행동이 우리와 다른 사랑하는 사람들에게 미친 영향을 솔직하게 이야기하는 대신, 그 사람의 무책임으로 인한 고통을 혼자서 참아내려 합니다. 오히려 그 정보가 그 무책임한 사람들의 영혼에도 도움이 될 수 있을 텐데 말입니다.

또 이런 경우도 생각해 볼 수 있습니다. 어떤 사람이 20년 동안이나 자기 감정과 생각을 밝히지 않고 비밀스럽게 배우자에게 순종만 해오다가 갑자기 이혼 신청을 제기함으로써 자기 울타리를 '표출'하는 것입니다. 아니면 어떤 부모가 아주 여러 해 동안 자녀에게 아무런 경계도 정해 주지 않고 베풀기만 하는 '사랑'을 하면서, 자신이 베푸는 사랑 때문에 분노를 터뜨린다고 가정해 보십시오. 그 자녀는 정직성의 결여 때문에 한번도 사랑 받는다는 느낌을 가져 보지 못하고 자라났는데, 부모는 '뭐니뭐니해도 우리는 할 수 있는 일을 다했다'고 생각하면서 어리둥절해하고 있습니다.

이런 경우에는, 표출되지 않은 울타리 때문에 관계가 병들어 있는 상태라고 말할 수 있습니다. 울타리에 관하여 우리가 반드시 염두에 두어야 할 중요한 사실은, 우리가 울타리를 통보하든 안하든간에 울타리는 존재한다는 것, 그리고 그 울타리가 우리에게 영향을 미치리라는 것입니다. 외계인이 지구의 법칙을 알지 못하여 괴로움을 겪었던 것과 같이, 우리 또한 우리 울타리의 실재를 통보하지 않아 괴로움을 겪을 수가 있습니다. 우리의 울타리는 직접적으로 전달하고 드러내지 않을 경우, 간접적으로 또는 조종을 통해서 전달될 것입니다.

성경을 들여다보면 곳곳에서 이 문제와 관련된 말씀들을 찾아 볼 수 있습니다. 바울의 말씀에 귀기울여 보십시오 : "그러므로 여러분은 거짓을 버리고, 각각 자기 이웃과 더불어 참된 말을 하십시오. 그것은 우리가 한 몸의 지체들이기 때문입니다. 화를 내더라도 죄는 짓지 마십시오. 해가 지도록 노여움을 품고 있지 마십시오"(에베소서 4장 25-26절). 성서적 명령은 정직해지라는 것과 빛 가운데 있으라는 것입니다. 또한 다음 말씀도 읽어 보십시오. "빛으로 말미암아 폭로되는 모든 것은, 드러나게 됩니다. 드러나는 것은 다 빛입니다. 그러므로 '잠자는 사람아, 일어나라. 죽은 사람 가운데서 일어나라. 그리스도께서 너를 환히 비추실 것이다.' 하는 말씀이 있습니다"(에베소서 5장 13-14절).

성경은 계속해서 우리의 존재가 빛 가운데 있다고 말하고 있습니다. 그리고 오직 빛이 있는 곳만이 우리가 하나님과 사람에게 가까이 접근할 수 있는 곳이라고 계속해서 말합니다. 그렇지만 우리는 두려움 때문에 우리의 생각을 어둠 속에 감추어 버립니다. 그곳에서 악마는 기회를 포착하게 됩니다. 우리의 울타리가 빛 가운데 있을 때, 다시 말해서 우리의 울타리가 개방적으로 알려질 때, 우리 인격들은 처음으로 완전해집니다. 그러면 바울의 말대로 우리의 울타리가 '나타나게' 될 것이고, 또한 빛이 될 것입니다. 울타리는 변형되기도 하고 변화되기도 합니다. 치유는 언제나 빛 가운데서 이루어집니다.

다윗은 그것에 관하여 이같이 말합니다 : "마음속의 성실과 진실을 기뻐하시는 주님, 제 마음을 주의 지혜로 가득 채워 주십시오"(시편 51편 6절). 하나님께서는 우리와 진실한 관계를 맺기 원하시며, 우리가 서로 진실한 관계를 맺기를 원하십니다. 진정한 관계란 내가 나의 울타리를, 그리고 전달하기 힘든 나만의 모습을 빛 가운데로 가져가는 것입니다. 우리의 울타리는 죄의 영향을 받습니다 ; 우리의 울타리는 '실패'할 수가 있습니다. 그러므로, 우리는 하나님께서 우리의 울타리를 고치시고 또 사람들이 우리의 울타리를 통해서 유익을 얻을 수 있도록, 우리 울타리를 빛 가운데로 가져가야 합니다. 이것이 곧 진정한 사랑으로 가는 길입니다 : 여러분의 울타리를 개방적으로 드러내십시오.

외계인에 관한 이야기를 한번 더 되새겨 보세요. 복된 소식은 하나님께서 우리를 외계로부터 이끌어내실 때 결코 아무런 교육도 없이 내버려두시지는 않는다는 것입니다. 하나님께서는 당신의 백성을 이집트에서 구원해내신 다음에도 당신의 원칙과 길을 백성에게 가르치셨습니다. 그리고 이 원칙과 길은 그 백성에게 생명인 것으로 입증되었습니다. 하지만 그들은 이 원칙과 길을 배우고 실행해야 했으며, 이 신앙의 원칙들을 내면화하기 위하여 수많은 전쟁을 치러야만 했습니다.

하나님께서는 여러분 역시 포로된 상태에서 구출하셨습니다. 그것이 역기능 가정이든지, 세상이든지, 여러분 자신의 종교적 독선이든지, 상실로 인한 흩어짐이든지, 어쨌든 하나님께서는 여러분을 해방하시는 주님이 되셨습니다. 하지만, 하나님께서 안전하게 지키신 것을 여러분은 소유해야 합니다. 하나님께서 여러분에게 주신 땅은 어떤 실재와 원칙들을 지니고 있습니다. 하나님의 말씀 속에 깃들어 있는 이 실재와 원칙들을 익히십시오. 그러면 여러분은 그야말로 살기 좋은 하나님의 나라를 발견하게 될 것입니다.

6
일반적인 울타리 신화

신화의 정의 가운데 한 가지는 사실처럼 보이는 허구라는 표현입니다. 때로는 신화가 너무 사실처럼 보여서 그리스도인들이 자동적으로 그 신화를 믿게 되는 수도 있습니다. 이런 신화들 가운데 몇몇은 우리의 가정 환경에서 비롯된 것들도 있습니다. 또 몇 가지는 우리 자신의 오해에서 비롯된 것들이기도 합니다. 어디에서 비롯된 것이든간에, 다음에서 논의하고자 하는 '사실처럼 들리는' 신화들을 신앙심 깊은 마음으로 한 번 검토해 보시기 바랍니다.

신화 1 : 내가 울타리를 세운다면, 이기적인 사람이 되고 말 거야

"아니 잠깐만요," 테레사가 고개를 흔들며 말했습니다. "나를 필요로 하는 사람들에게 어떻게 경계를 정할 수 있겠어요? 그건 하나님을 위하여 사는 게 아니라 나만을 위하여 사는 것 아닌가요?"

테레사는 그리스도인들이 울타리 쌓기에 대하여 반대하는 이유들 가운데 가장 주된 이유 하나를 말하고 있었습니다 : 그것은 바로 다른 사람이 아니라 자기 자신이 관심하고 있는 것에만 정신을 쏟음으로써 자기 중심적인 사람이 되어 버릴 것이라는 뿌리깊은 두려움이었습니다.

우리가 사랑을 베풀 줄 아는 사람이 되어야 한다는 것은 절대적으로 맞는 말입니다. 우리는 다른 사람의 복지에 관심을 쏟아야 합니다. 사실 그리스도인의 가장 뚜렷한 특징은 바로 남을 사랑한다는 것입니다(요한복음 13장 35절).

그렇다면 울타리를 쌓는다고 해서 우리가 갑자기 타인 중심적인 사람으로부터 자기 중심적인 사람으로 돌변해 버리는 것일까요? 결코 아닙니다. 오히려 적절한 울타리는 다른 사람을 돌볼 수 있는 우리의 능력을 더더욱 향상시켜 줍니다. 경계를 가장 잘 정하는 사람이 다른 사람도 가장 잘 돌볼 수 있습니다. 어떻게 그런 일이 가능할까요?

먼저 *이기적인 것*과 *청지기직*을 한 번 비교해 보십시오. 이기적인 것은 우리 자신의 소원과 욕망에 집착하는 것이며, 다른 사람을 사랑해야 하는 우리의 책임을 거부하는 것입니다. 아무리 소원과 욕망이 하나님께서 주신 특성이라 해도(잠언 13장 4절), 우리는 건전한 목표와 책임감을 가지고 그것들을 제어해야 합니다.

한 가지 이유는, 우리가 필요로 하는 것을 모두 *바랄* 수가 없다는 것입니다. 둔감함은 남의 말을 경청하는 데 문제가 있는 것이기에 절대적으로 도움이 필요합니다. 하지만 그렇다고 해서 둔감함이 도움을 바랄 수는 없는 노릇입니다. 하나님께서는 우리의 모든 소망을 들어 주시는 일보다 우리의 필요를 채워 주시는 일에 훨씬 더 많은 관심을 갖고 계십니다. 예를 들면, 하나님께서는 '육체의 가시'를 빼달라는 바울의 소망을 거절하셨습니다(고린도후서 12장 7-10절). 동시에 하나님께서는 바울이 만족스럽다고 느낄 때까지 바울의 필요를 채워 주셨습니다:

나는 비천하게 살 줄도 알고, 풍족하게 살 줄도 압니다. 배부르거나 굶주리거나, 풍족하거나 궁핍하거나, 그 어떤 경우에도 적응할 수 있는 비결을 배웠습니다. 나에게 능력을 주시는 분 안에서, 나는 모든 것을 할 수 있습니다(빌립보서 4장 12-13절).

하나님께서 우리의 필요를 채워 주신다는 사실을 아는 것은 울타리 쌓기를 두려워하고 있는 그리스도인들에게 도움이 됩니다. "나의 하나님께서 그리스도 예수 안에 있는 영광 가운데서, 그분의 풍성하심을 따라 여러분에게 필요한 것을 모두 채워 주실 것입니다"(빌립보서 4장 19절). 동시에 하나님께서는 우리의 소망과 욕망을 '모두 다 나쁜 것으로' 만들지는 않으십니다. 하나님께서는 우리의 소원과 욕망도 최대한 들어 주실 것입니다.

우리의 필요는 우리의 책임입니다

그렇지만 아무리 하나님께서 도와주신다 할지라도, 우리 자신의 필요를 충족시키는 것은 기본적으로 우리의 일임을 이해하는 것이 중요합니다. 우리는 다른 사람이 우리를 돌봐 줄 때까지 수동적으로 기다리고 있을 수만은 없습니다. 예수님께서는 우리에게 "구하라……찾으라……두드리라"고 말씀하셨습니다(마태복음 7장 7절). 우리는 "두렵고 떨리는 마음으로 [우리의] 구원을 이루어 나가야" 합니다(빌립보서 2장 12절). 우리는 비록 "[우리] 안에서 활동하시는 이는 하나님"이시라는 사실을 잘 알고 있지만(빌립보서 2장 13절), 그래도 우리는 우리 자신이 책임져야 합니다.

그런데 실상은 전혀 그렇지가 못합니다. 어떤 사람들은 자기의 필요가 악하고, 이기적이고, 심지어는 사치스러운 것이라고까지 생각합니다. 또 어떤 사람들은 자기의 필요를 하나님이나 다른 사람이 대신 채워 주어야 한다고 생각하기도 합니다. 그러나 성경이 말하고 있는 것은 분명합니다 : 우리의 삶은 바로 우리의 책임입니다.

우리의 삶이 끝날 때 이 사실은 분명하게 드러날 것입니다. 우리는 모두 "그리스도의 심판대 앞에 나타나야 합니다. 그래서 각 사람은, 선한 일이든지 악한 일이든지, 몸으로 행한 모든 일에 따라, 마땅한 보응을 받아야" 할 것입니다(고린도후서 5장 10절). 정말 진지하게 생각해 보아야 할 일입니다.

청지기직

우리의 삶이 하나님께서 주신 선물이라는 사실은 우리가 경계 정하기를 이해하는 데 도움이 될 것입니다. 마치 가게 지배인이 주인 대신 가게를 잘 관리하는 것과 마찬가지로, 우리 역시 우리의 영혼을 잘 관리해야 합니다. 그런데 만일 울타리가 없다면 우리는 가게를 잘 관리할 수 없게 될 것이고, 당연히 주인은 우리에게 화를 낼 것입니다.

우리는 우리의 삶과 능력과 감정과 생각과 행동을 발달시켜야 합니다. 우리의 영적 성장과 정서적 성장은 우리에게 맡기신 것에 대한 하나님의 '관심'입니다. 우리에게 상처를 입히는 사람이나 행동에 대하여 '아니오!'라고 말할 때, 우리는 곧 하나님께서 맡기신 것을 지키는 것이 됩니다. 여러분도 이제 잘 알겠지만, 이기적인 것과 청지기직 사이에는 엄청난 차이점이 있습니다.

신화 2 : 울타리는 불순종의 표시야

그리스도인들은 대개 경계를 쌓고 유지하는 것이 반역 또는 불순종의 표시가 될까봐 두려워하고 있습니다. 여러분은 종교 모임에서 이런 말들을 자주 들어 보았을 것입니다. "우리 프로그램에 기꺼이 따르지 않는 것은 여러분이 얼마나 답답하고 둔한 사람인지를 여실히 드러내 주는 것입니다." 이런 신화 때문에 그토록 많은 사람들이 영적으로나 정서적으로 아무런 가치도 없는 활동들에 끝도 없이 덜미를 잡히고 마는 것입니다.

하지만 사실은 그와 정반대입니다 : 울타리의 결핍이 종종 불순종의 표시로 나타나는 것입니다. 불안정한 경계를 지니고 있는 사람들은 겉으로는 순종하는 척하면서 속으로는 반항하거나 분개해하는 경우가 많습니다. 그런 사람들은 '아니오'라고 말할 수 있게 되기를 무척 바라고 있지만 두려움 때문에 그러질 못합니다. 따라서 그들은 별로 내키지도 않으면서 '예'라고 대답함으로써 그 두려움을 감추게 되는 것입니다. 마치 배리처럼 말입니다.

배리가 예배를 마치고 막 차에 오르려고 하는데 뒤에서 켄이 그를 불렀습니다. 그냥 가자, 배리는 생각했습니다. 아직은 이 사람에게서 벗어날 수 있을 거야.

"배리!" 켄이 소리를 질러댔습니다. "자넬 놓치지 않아서 기쁘군!"

성경공부 모임을 관장하고 있는 독신자반의 책임자 켄은 자기가 관장하고 있는 성경공부 모임을 위하여 무척 헌신적으로 새 회원들을 모집하고 있었습니다 ; 하지만 켄은 모든 사람이 다 그 모임에 참석하고 싶어하는 것은 아니라는 사실을 전혀 눈치채지 못한 듯했습니다.

"그럼, 자네는 어떤 모임에 적어 넣을까, 배리? 예언서반, 복음주의반, 아니면 마가반?"

배리는 필사적으로 생각에 매달렸습니다. "그 어떤 모임에도 난 관심이 없으니까 나에게 전화하지 말아요──내가 하겠어요." 이렇게 말할 수도 있겠지. 하지만 그는 독신자반 간부야. 독신자반에서 나와 다른 사람들의 관계를 위험에 빠뜨릴 수도 있는 인물이지. 그러면 어떤 모임이 가장 짧게 끝날까?

"예언서반이 어때요?" 배리는 추측해 보았습니다. 그러나 그가 틀렸습니다.

"멋진데! 우린 앞으로 18개월 동안 후기 예언자들을 공부할 거야! 그럼 월요일에 보자구," 켄은 당당하게 걸어가 버렸습니다.

여기에서 잠깐 무슨 일이 벌어졌는지 한번 들여다보기로 할까요? 배리는 켄에게 '아니오'라고 말하기를 회피했습니다. 처음에는 그가 복종을 선택한 것처럼 보이겠지요. 그는 자신을 성경 공부에 바쳤습니다. 그것이 옳은 일일까요? 물론 그렇고말고요.

하지만 다시 한번 들여다보십시오. 배리가 켄에게 '아니오'라고 말하지 않은 동기가 무엇이었을까요? 그것이 "마음의 생각과 뜻"(히브리서 4장 12절)이었을까요? 아니, 그것은 바로 두려움 때문이었습니다. 배리는 켄이 독신자 모임에서 지니고 있는 정치적 영향력을 두려워했던 것입니다. 켄을 실망시킬 경우 다른 사람들과의 관계가 끊어질까봐 두려웠던 거지요.

이것이 중요한 이유는 무엇일까요? 그것은 바로 이것이 성서적 원칙 한 가지를 구체적으로 설명해 주고 있기 때문입니다 : 내면적인 '아니오'는 외면적인 '예'를 무가치하게 만든다는 원칙 말입니다. 하나님께서는 우리의 외면적인 순종보다도 우리의 마음에 더 관심을 갖고 계십니다. "내가 바라는 것은 변함없는 사랑이지, 제사가 아니다. 불살라 바치는 제사보다는 너희가 나 하나님을 알기를 더 바란다"(호세아 6장 6절).

다시 말해서, 만일 우리가 마음속으로는 '아니오'라고 말하면서 겉으로만 하나님이나 사람에게 '예'라고 말할 경우, 우리는 순종의 자리에 빠지고 마는 것입니다. 그리고 그것은 거짓말을 하는 것과도 같습니다. 우리의 입술은 '예'라고 말하지만, 우리의 마음은(그리고 종종 마지못해 하는 우리의 행동도) '아니오'라고 말하고 있는 것입니다. 여러분은 배리가 진심으로 앞으로 1년 반 동안을 켄의 성경공부 모임에 참석하게 되리라고 생각합니까? 배리의 결단을 방해하는 긴급한 일들이 이따금씩 생길 것입니다. 그리고 결국 그는 탈퇴하게 될 것입니다— 진정한 이유에 대해서는 켄에게 말하지 않고 말입니다.

울타리가 불순종의 표시라고 하는 이 같은 신화에 해당되는 좋은 말이 있습니다 : "만일 우리가 '아니오'라고 말할 수 없다면, '예'라고 말할 수도 없다."는 것이 바로 그것입니다. 왜 그럴까요? 그것은 우리가 복종하는 동기, 사랑하는 동기, 책임을 지게 되는 동기와 관련이 있습니다. 우리는 언제나 사랑하는 마음에서 '예'라고 말해야 합니다. 우리의 동기가 두려움일 경우에는 결코 사랑할 수가 없습니다.

성경은 우리에게 어떻게 복종할 것인지를 가르쳐 주고 있습니다 : "저마다 그 마음에 정한 대로 해야 하고, 아까워하면서 내거나, 마지못해서 하는 일은 없어야 합니다. 하나님께서는 기쁜 마음으로 내는 사람을 사랑하십니다"(고린도후서 9장 7절).

"아까워하거나 마지못해서" 주는 것에 대하여 한 번 생각해 봅시다. 이것은—실제적 인물이나 죄책감에 대한—두려움과 연루되어 있습니다. 이러한 동기는 사랑과 나란히 있을 수 없습니다. "사랑에는 두려움이 없고, 완전한 사랑이 두려움을 내쫓기" 때문입니다(요한1서 4장 18절). 우리는 저마다 마음에 합당한 대로 주어야 합니다. '아니오'라고 말하기를 두려워할 경우, 우리의 '예'까지 더럽혀질 것입니다.

하나님께서는 두려움 때문에 복종하는 것을 즐거워하지 않으십니다.

"두려움은 형벌과 맞물려 있습니다. 두려워하는 사람은 아직 사랑을 완성하지 못한 것입니다"(요한1서 4장 18절). 하나님께서는 사랑의 응답을 원하십니다.

울타리가 불순종의 표시라구요? 그럴 수도 있겠지요. 우리는 그릇된 이유 때문에 좋은 것들에도 '아니오'라고 말할 수 있습니다. 하지만 "아니오"라고 말하는 것은 우리가 우리의 동기에 대하여 정직하고 분명하게 진실을 말할 수 있도록 도와줍니다 ; 그렇게 되면 우리는 하나님께서 우리 안에 역사하실 수 있도록 할 수가 있습니다. 이 과정은 두려운 마음으로는 결코 이루어질 수 없는 것입니다.

신화 3 : 울타리를 쌓기 시작할 경우, 난 다른 사람한테서 상처를 받게 될 거야

보통 때는 여성 성경공부 모임에서 그냥 조용히 앉아 있던 데비가 그날 저녁은 거리낌없이 이야기를 하기 시작했습니다. 그날 저녁의 주제는 '성서적 갈등 해소'였는데, 데비가 제일 먼저 입을 열었습니다. "저는 어떻게 하면 제 견해에 관한 사실과 논거를 주의깊게 제기할 수 있는지 잘 알고 있어요. 하지만 제가 만일 반대하기 시작한다면 제 남편은 저를 버리려 할 거예요! 이제 전 어떻게 해야 하지요?"

데비의 문제를 여럿이 함께 생각해 보았습니다. 데비는 순전히 울타리를 신뢰하고 있습니다. 하지만 그녀는 그 울타리의 결과를 두려워하고 있는 것입니다.

우리의 울타리에 대하여 다른 사람이 화를 내거나, 우리의 울타리 때문에 우리를 공격하거나 우리로부터 멀어지는 것이 가능한 일일까요? 물론 가능하고말고요. 하나님께서는 우리가 '아니오'라고 말할 경우 다른 사람이 어떻게 반응할는지를 통제할 수 있는 힘이나 권리를 결코 우리에게 부여해 주시지 않았습니다. 어떤 이들은 우리가 '아니오'라고 말할 때 환영해 줄 것이고, 또 어떤 이들은 혐오할 것입니다.

예수님께서는 부유한 청년 관리에게 영원한 삶으로 들어가는 것이 얼마나 힘든 일인가에 관하여 말씀하셨습니다. 예수님께서는 그 청년이 돈을 숭배하고 있음을 알고 계셨습니다. 그래서 예수님은 그에게 돈을 모두 버리라고—— 그의 마음속에 하나님을 위한 장소를 마련하라고—— 말씀하셨습니다. 그 결과는 결코 희망적이지 않았습니다 : "그러나 그 젊은이는 이 말씀을 듣고, 근심하면서 떠나갔다. 그에게는 재산이 많았기 때문이다"(마태복음 19장 22절).

예수님께서는 그 청년이 좀 덜 어려워하면서 그냥저냥 그 제안을 받아들일 수 있도록 상황을 교묘하게 다룰 수도 있으셨을 것입니다. 예수님은 "그래, 90퍼센트는 어떻겠느냐?"고 말씀하셨을 수도 있습니다. 결국 예수님이 하나님이시니, 예수님께서도 법칙을 정하실 수 있으셨을 것입니다! 하지만 예수님은 그러시지 않았습니다. 예수님께서는 그 청년이 누구를 경배해야 하는지 깨달아야 한다는 사실을 아셨습니다. 그래서 예수님께서는 그 청년이 그냥 가도록 내버려 두셨던 것입니다.

우리라고 별반 다를 바가 없습니다. 우리는 우리의 울타리를 구미에 당기게 함으로써 사람들이 그 울타리를 곧이곧대로 받아들이도록 교묘하게 처리할 수가 없습니다. 울타리는 우리의 관계의 질을 평가하는 '리트머스 시험'입니다. 우리의 울타리를 존중해 줄 수 있는 사람이라면, 우리의 의지와 우리의 견해와 우리의 분리도 사랑해 줄 것입니다. 또 우리의 울타리를 사랑할 수 없는 사람이라면, 우리가 '아니오'라고 말하는 것이 싫다고 이야기할 것입니다. 그런 사람은 오로지 우리가

'예'라는 대답만, 다시 말해서 우리의 순종만 사랑하는 사람입니다.

예수님께서는 이렇게 말씀하셨습니다. "모든 사람이 너희를 좋게 말할 때에, 너희는 화가 있다. 그들의 조상이 거짓 예언자들에게 그와 같이 행하였다"(누가복음 6장 26절). 이 말씀은 곧 "아첨을 즐겨 듣는 자가 되지 말아라. 상습적인 평화론자가 되지 말아라." 하는 말씀입니다. 만일 여러분의 말이 모든 사람에게 사랑을 받는다면, 여러분은 진실을 비틀어 곱새기고 있음이 틀림없습니다.

경계를 정하는 것은 진실을 이야기하는 것과 관련되어 있습니다. 성경은 진실을 이야기하는 사람과 그렇지 않은 사람을 분명하게 구분짓고 있습니다. 첫번째 부류는 여러분의 울타리를 환영해 주는 사람입니다. 여러분의 울타리에 귀기울여 주는 사람입니다. "당신이 독립적인 견해를 지니고 있다니 기쁘군요. 그 때문에 제가 더 좋은 사람이 되는 거랍니다."라고 말해 주는 사람입니다. 이런 사람은 현명한 사람, 또는 정의로운 사람이라고 일컬어집니다.

두 번째 부류는 경계를 증오하는 사람입니다. 여러분의 차이점을 분개해하는 사람입니다. 여러분이 자기 보물을 포기하도록 조종하는 사람입니다. 여러분의 중요한 관계를 우리의 '리트머스 시험'으로 실험해 보십시오. 특정 영역에서는 그들에게 '아니오'라고 말하십시오. 여러분은 더욱 더 친밀한 관계를 맺게 되든지——아니면 시작할 것도 거의 없다는 사실을 깨닫게 될 것입니다.

자, 데비의 남편은 공공연한 '울타리 파괴자'입니다. 데비는 어떻게 해야 할까요? 데비의 남편은 데비를 버리겠다는 협박을 과연 행동에 옮기려 할까요? 그러고도 남을 것입니다. 우리는 다른 사람을 지배할 수 없습니다. 하지만 만일 데비의 남편을 집에 묶어 놓을 수 있는 유일한 방법이 데비의 전적인 순종이라고 한다면, 이것이 과연 부부 생활이라고 할 수 있을까요? 그리고 데비와 그녀의 남편이 이 문제를 회피해 버린다면 과연 어떻게 이 문제들이 다루어질 수 있을까요?

데비의 울타리가 그녀에게 고립된 삶을 운명 지우고 있나요? 절대로 그렇지 않습니다. 만일 진실을 말했다고 해서 누군가가 여러분을 버린다면, 이 때야말로 교회가 그 버림받은 사람을 도와주고 영적이면서도 정서적인 '집'을 제공해 줄 수 있는 기회를 부여받는 순간입니다.

그렇다고 해서, 우리가 이혼을 권장하고 있는 것은 결코 아닙니다. 중요한 것은 여러분이 어떤 사람을 머무르게 하거나 여러분을 사랑하게 만들 수 없다는 것입니다. 그것은 궁극적으로 여러분의 파트너에게 달려 있습니다. 때로는 울타리를 쌓음으로 여러분이 아주 오랫동안, 어쩌면 육체적인 영역만 빼놓고 거의 모든 영역에서 버림받은 것처럼 보일 수 있습니다. 이 같은 위기가 닥쳤을 경우, 오히려 이 위기 때문에 싸움을 하던 부부가 화해를 하고 좀더 성서적인 부부 관계를 맺게 될 수도 있습니다. 문제가 제기되었으므로, 이제는 그 문제를 다룰 수가 있습니다.

경고: 울타리가 없는 배우자 쪽에서 경계를 발달시킬 때에는 부부 관계에 서서히 변화가 일기 시작합니다. 의견이 일치하지 않는 경우가 좀더 많이 생깁니다. 가치관과 일정과 돈과 아이와 성에 관한 갈등이 좀더 많이 발생합니다. 그렇지만 대개의 경우, 경계는 통제 불능의 배우자가 좀더 부부 생활에 책임을 질 수 있도록 동기를 부여받는 데 꼭 필요한 고통을 경험하게 도와줍니다. 울타리가 세워지고 나면 대부분의 부부 관계는 더더욱 돈독해집니다. 배우자가 관계를 그리워하기 시작하게 되기 때문입니다.

우리가 울타리를 갖고 있다고 해서 우리를 버리거나 공격하려 드는 사람들도 있을까요? 그렇습니다. 그러므로 그들의 특성을 이해하고 문제를 해결하기 위한 단계를 밟아 나가는 것이 전혀 모르는 것보다는 훨씬 더 낫다고 할 수 있습니다.

긴밀한 유대가 먼저, 울타리는 나중

지나는 상담가가 자신의 울타리 문제를 제기하는 동안 상담가의 말을 경청하고 있었습니다. "이제는 모든 걸 이해할 수 있을 것 같군요," 지나는 그 상담 회기가 끝날 때 이렇게 말했습니다. "전 이제 제가 어떻게 변화되어야 하는지 잘 알게 되었어요."

그러나 다음 시간은 사뭇 달랐습니다. 지나는 좌절과 상처를 겪은 얼굴로 사무실에 들어왔습니다. "이 울타리도 평판만큼은 못되나 봐요," 그녀가 슬프게 말했습니다. "이번 주에 저는 남편과 애들과 부모님과 친구들이 제 울타리를 얼마나 존중해 주지 않고 있는가에 대하여 맞대결을 펼쳤지요. 그런데 이제 아무도 제게 말을 걸려고 하지 않는단 말이에요!"

무엇이 잘못된 것일까요? 지나는 확실히 단호하게 울타리 작업에 뛰어들었습니다— 하지만 그녀는 울타리를 쌓을 만한 안전한 장소를 찾아내야 한다는 것을 무시하고 말았습니다. 여러분에게 중요한 사람들 모두로부터 직접적으로 자신을 소외시키는 것은 결코 현명한 처사가 못됩니다. 여러분은 관계를 맺기 위하여 지음받았다는 사실을 명심하십시오. 여러분에게는 다른 사람들이 필요합니다. 여러분에게는 관계를 맺을 수 있는 장소, 무조건적인 사랑을 받을 수 있는 장소가 있어야 합니다. 여러분이 안전하게 진실을 이야기하는 법을 배우기 시작할 수 있는 장소가 있다면, 그곳이 바로 "사랑 속에 뿌리를 박고 터를 잡을" 수 있는 장소입니다(에베소서 3장 17절). 이렇게 함으로써 여러분은 여러분이 성서적 울타리를 쌓는 것에 대한 다른 사람의 저항을 미리미리 준비할 수 있습니다.

신화 4 : 만일 내가 울타리를 쌓는다면,
　　　　다른 사람이 상처를 입게 될 거야

"어머니께 '아니오'라고 말할 수 없는 가장 큰 이유는 바로 '상처로 인한 침묵'이에요," 바바라가 말했습니다. "그 상처의 침묵은 45초 가량 지속되지요. 그리고 제가 어머니를 방문할 수 없다고 말할 때면 언제나 찾아든답니다. 그 침묵은 제가 이기적이었다고 사과하고 방문할 시간을 정한 다음에야 비로소 끝이 나지요. 그런 다음에는 어머니도 괜찮아요. 전 그 침묵을 피할 수만 있다면 무슨 일이라도 할 거예요."

여러분은 울타리를 쌓으면서 혹시라도 여러분의 경계가 다른 어떤 사람——정말로 행복하고 만족스러워하는 모습을 보고 싶은 사람——에게 상처를 입히게 될까봐 두려워하게 됩니다 :

- 여러분에게 꼭 차가 필요한 순간에 차 좀 빌려 달라고 하는 친구
- 만성적인 재정적 어려움을 겪고 있으면서 절박하게 차용을 부탁하는 친척
- 여러분 자신의 몸도 좋지 않은데 여러분에게 도움을 청하는 사람

문제는 때때로 여러분이 울타리를 하나의 공격 무기로 본다는 데 있습니다. 그것은 영락없는 사실입니다. 하지만 울타리는 방어 도구입니다. 적절한 울타리는 다른 사람을 지배하거나 공격하거나 상처 입히지 않습니다. 적절한 울타리는 그저 여러분의 보물을 좋지 않은 때에 가

져가지 못하도록 막아 줄 뿐입니다. 자기 자신의 필요를 충족시켜야 할 책임이 있는 성인에게 '아니오'라고 말하는 것은 어느 정도의 곤란을 야기할 수도 있습니다. 어쩌면 그들은 다른 곳을 찾아보아야 할지도 모릅니다. 하지만 그렇다고 해서 그들이 상처를 입는 것은 절대로 아닙니다.

이 같은 원칙은 비단 우리를 지배하거나 조종하기 좋아하는 사람들에게만 적용되는 것이 아닙니다. 이것은 또한 다른 사람의 합법적인 요구에도 똑같이 적용되는 원칙입니다. 아무리 어떤 사람이 모호한 문제를 갖고 있을 때라도 우리가 이런저런 이유 때문에 희생할 수 없는 경우가 있는 법입니다. 예를 들면, 예수님께서도 무리를 버려 두고 혼자서 성부 하나님과 함께 지낸 적이 있습니다(마태복음 14장 22절-23절). 이런 경우에 우리는 다른 사람이 각각 자기 몫의 '짐'에 대한 책임을 지도록 해주어야 하며(갈라디아서 6장 5절), 또 다른 곳에서 자기 필요를 채울 수 있도록 해주어야 합니다.

이것은 아주 중요한 요소입니다. 우리 모두에게는 하나님이나 가장 절친한 친구 이외에도 더 많은 관계가 필요합니다. 우리는 도움을 주고받는 관계의 모임을 필요로 합니다. 그 이유는 단순합니다 : 우리가 한 사람보다는 더 많은 사람들과 관계를 맺을 때 우리 친구들이 인간다운 삶을 살 수 있기 때문입니다. 바쁘게 살 수 있기 때문입니다. 시도 때도 없이 이용당하지 않을 수 있기 때문입니다. 상처를 입고 자신의 문제를 가질 수 있기 때문입니다. 혼자 있는 시간을 가질 수 있기 때문입니다.

그리고 이 사람이 우리를 위하여 곁에 있어 줄 수 없을 때, 다른 사람에게 전화를 걸 수 있기 때문입니다. 그 사람은 우리에게 줄 만한 것을 가지고 있을 수 있습니다. 그렇게 되면 우리는 단 한 사람의 일정에만 매여 있지 않아도 되는 것입니다.

이것이 바로 그리스도의 몸이신 교회에 대한 성서적 가르침의 절묘한 대목입니다. 우리는 너나 할 것 없이 모두가 미련하고 울퉁불퉁하고 세련되지 못한 죄인들입니다. 우리는 도움을 청하고 도움을 받으며, 또다시 도움을 청하고 받게 됩니다. 따라서 우리의 후원망이 충분히 강력한 것일 때에는 우리 모두 하나님께서 의도하신 대로 서로가 성숙해지도록 도와줄 수가 있습니다 : "언제나 겸손함과 온유함을 지니십시오. 사랑으로 서로 용납하면서, 오래 참으십시오. 여러분은, 성령이 여러분을 평화의 띠로 묶어서 하나가 되게 해주신 것을, 힘써 지키십시오"(에베소서 4장 2-3절).

이러한 성서적 형태로 어느 정도의 후원 관계를 발달시켜야 한다는 책임을 이행할 때 비로소 우리는 다른 사람으로부터 '아니오'라는 말을 들을 수가 있게 됩니다. 왜냐구요? 또 다른 곳으로 갈 만한 데가 있기 때문이죠.

하나님께서 아무런 거리낌도 없이 바울에게 그의 가시를 뽑아 주지 않겠다고 말씀하셨던 것을 명심하십시오. 하나님께서는 우리 모두에게도 상당히 자주 '아니오'라는 말씀을 하고 계십니다! 하나님께서는 당신의 울타리가 우리에게 상처를 입히리라는 걱정은 전혀 하지 않으십니다. 하나님께서는 우리가 우리의 삶을 책임져야 한다는 사실──그리고 때로는 '아니오'라는 말이 우리가 우리 삶을 책임지도록 도와 줄 수 있다는 사실──을 잘 알고 계십니다.

신화 5 : 울타리는 내가 화났다는 증거야

브랜다는 더 이상 주말에 아무런 보수도 없이 일하지 않겠노라고 사장에게 말하기 위하여 마지막으로 한껏 용기를 냈습니다. 브랜다는 면담을 신청했고, 그 면담은 잘 진행되었습니다. 사장은 브랜다의 말을 잘 이해하였으며, 갈등 상황은 완전히 해결되었습니다. 모든 일이 잘 풀렸습니다. 브랜다의 속마음만 빼고요.

그것은 전혀 모르는 사이에 시작되었습니다. 브랜다는 작업 환경에 관한 자신의 논지를 조목조목 쓰고, 자신의 견해와 제안 사항들을 기록하였습니다. 하지만 그것을 기록하는 도중에 브랜다는 내면으로부터 솟구치는 분노 때문에 깜짝 놀라고 말았습니다. 그녀는 분노와 부당하다는 느낌을 도저히 감출 수가 없었습니다. 그러한 느낌들이 사장의 '금요 골프'에 관한 신랄한 비판들을 통해서 무심코 발산되었습니다. 이 금요 골프에 대한 비판은 브랜다가 전혀 의도하지 않았던 것이었습니다.

브랜다는 탁자 앞에 앉아 당혹스러워했습니다. 도대체 어디에서 이런 분노가 솟아오른 것일까요? 그녀는 '그런 부류의 사람'이었을까요? 어쩌면 그녀가 세운 이 울타리가 바로 범인인지도 모릅니다.

사람들이 진실을 이야기하고, 경계를 정하고, 책임을 이행하는 등의 일을 시작할 때에는 대체로 '분노의 먹구름'이 그들 주변에 잠시 동안 머무르게 됩니다. 이것은 전혀 비밀이 아닙니다. 그들은 과민해지고 섭사리 화를 내게 됩니다. 그리고 그들은 자기로 하여금 싸움질을 하게 만드는, 금방 불끈하는 성질을 발견하게 됩니다. 이럴 때 친구들은 다음과 같은 비판을 할 것입니다. "지금 네 모습은, 그 동안 내가 알고 있었던 친절하고 사랑 많은 사람의 모습이 아니야." 이런 지적 때문에 생겨난 죄책감과 수치심은 이제 막 울타리를 세운 사람들을 더욱 혼란에 빠뜨리고 맙니다.

그렇다면 울타리가 우리 안에 분노를 불러일으키는 것일까요? 절대로 그렇지 않습니다. 이 같은 신화는 일반적인 정서, 특히 분노에 대한 오해에서 비롯된 것입니다. 정서 또는 감정 속에는 하나의 기능이 자리하고 있습니다. 다시 말해서 정서나 감정은 우리에게 뭔가를 알려 주는 것입니다. 정서나 감정은 하나의 신호입니다.

우리의 '부정적인' 정서가 알려 주는 것들 가운데 몇 가지를 예로 들어 볼까요? 두려움은 우리에게 위험에서 멀리 떨어지라고, 조심하라고 말해 줍니다. 슬픔은 우리에게 뭔가를── 관계나 기회나 생각을── 잃어버렸다고 말해 줍니다. 분노 역시 하나의 신호입니다. 두려움과 마찬가지로 분노 또한 위험을 알려 줍니다. 그렇지만 분노는 우리가 뒤로 물러서게 하는 것이 아니라 그 위협과 맞서 싸우기 위하여 앞으로 전진하게 만듭니다. 예수님께서 성전 모독에 격노하셨던 것도 이 감정의 기능을 잘 보여 주는 예라고 할 수 있습니다(요한복음 2장 13-17절).

분노는 우리의 울타리가 침범당했다는 사실을 우리에게 가르쳐 줍니다. 분노라는 감정은 마치 한 나라의 데이터 방위 체계처럼, 우리가 상처를 입거나 지배를 당할지도 모르는 위험에 처해 있음을 알려 주는 '조기 경보 시스템'의 역할을 수행합니다.

"바로 그것 때문에 제가 뻔뻔스런 외판원들에게 적대적인 사람이라는 점을 깨닫게 된 것이라구요!" 칼이 소리를 질렀습니다. 그는 왜 자신의 '아니오' 소리를 받아들이지 못하는 어느 충실한 외판원들 때문에 힘든 시간을 보내야만 했는가를 도저히 이해할 수가 없었습니다. 그 외판원들이 칼의 재정적 울타리를 밀고 들어오려 하자, 칼의 분노는 그저 자기 역할을 수행했었던 것뿐인데 말입니다.

분노는 또한 우리에게 문제 해결 능력을 제공해 줍니다. 분노는 우리가 자신을 보호하고, 사랑하는 사람들을 보호하고, 우리의 원칙을 보호하도록 힘을 불어넣어 줍니다. 사실, 화가 난 사람에 관한 구약성서의 일반적인 예화는 "씩씩거리며 숨을 몰아쉬는 코"를 가진 사람에 관한 이야기입니다.[*1] 둥글게 원을 그리면서, 콧김을 내뿜으면서, 앞발로 차면서, 화가 나서 공격을 가하려 하고 있는 황소를 한 번 상상해 보십시오. 그러면 그 사람에 관한 이야기가 쉽게 이해가 갈 것입니다.

그렇지만, 다른 정서들과 마찬가지로 분노 역시 시간 관념을 안 가지고 있습니다. 분노는 2분 전에 생겼다고 해서 자동적으로 사라지는 것이 결코 아닙니다—— 20년 전에 생겼던 분노라 하더라도 마찬가지입니다! 분노는 적절하게 풀어야 합니다. 그렇지 않을 경우 분노는 그대로 우리 마음속에 살아 있게 됩니다.

울타리에 손상을 입은 사람들이 경계를 정하기 시작할 때 종종 자기 내면의 격분 때문에 충격을 입게 되는 것도 바로 이러한 이유에서입니다. 이것은 대체로 '새로운 분노'가 아닙니다—— '예전의 분노'입니다. 이것은 이제까지 한번도 귀기울여 들어 준 사람이 없었던, 여러 해 동안의 '아니오'일 경우가 많습니다. 우리 영혼의 침해와 온갖 악에 대한 항의가 진실을 말할 수 있는 날이 오기만을 기다리면서 우리 내면에 쌓여 있었던 것입니다.

성경은 '종이 임금 된' 때에 세상이 진동한다고 말하고 있습니다(잠언 30장 22절). 종과 임금의 차이점이 있다면, 그것은 한쪽은 선택권이 전혀 없는 데 비하여 다른 한쪽은 자기에게 유리한 선택권은 뭐든지 지니고 있다는 것입니다. 평생토록 감옥에 갇혀 있었던 사람들에게 갑자기 엄청난 권력을 쥐여 준다고 가정해 봅시다. 그 결과는 보나마나 분노의 압제자로 나타날 것입니다. 여러 해 동안 끊임없이 울타리를 침범당해 온 사람들은 대개가 엄청난 분노를 품고 있기 마련입니다.

울타리를 침범당한 사람들이 분노를 어느 정도 '해소'하려고 덤벼드는 것은 너무나도 당연한 일입니다. 그들은 있는지 없는지조차도 전혀 모르고 있었던 과거의 울타리 침해를 어느 순간 깨닫게 될 수도 있습니다.

네이선의 가족은 조그마한 읍내에서 아주 이상적인 가족으로 평판이 나 있었습니다. 친구들은 네이선의 성장 환경을 시기하여 이런 식의 말을 던졌습니다. "네 부모님은 너와 그렇게 친밀하게 지내신다니 넌 참 좋겠다. 우리 부모님은 나에 대하여 거의 신경도 안 쓰시는데 말야." 네이선은 친밀한 자기 가족에 대한 끝없는 감사 때문에, 자기 가족이 아주 신중을 기해서 차이와 분리를 통제하고 있다는 사실을 전혀 눈치채지 못했습니다. 아무도 가치관이나 감정에 관하여 진심으로 반대를 하거나 대드는 일이 없었습니다. 네이선은 늘 이렇게 말하곤 하였습니다. "갈등이란 곧 사랑을 잃는 것이라고 난 늘 생각해요."

그러던 그가 자신의 과거에 대하여 문제를 제기하기 시작하게 된 것은 결혼 생활이 파국으로 치닫기 시작하면서부터였습니다. 그는 순진하게도 자기를 조종하고 지배하는 여자와 결혼을 했습니다. 결혼을 하고서 몇 년이 흐르는 동안 그는 뭔가 아주 심각한 문제가 있다는 것을 깨달았습니다. 네이선은 자기가 이런 실수를 저지른 데 대하여 화가 나 있을 뿐만 아니라, 자기 부모가 자기에게 삶을 좀더 잘 헤쳐 나갈 수 있는 준비를 갖춰 주지 않았다는 데 대해서도 화가 나있다는 사실을 깨닫고 놀라지 않을 수 없었습니다.

그렇지만 네이선은 자기가 성장해 온 온화한 가정을 정말로 사랑했기에, 부모로부터의 독립을 시도했던 일과 자기 자신의 경계가 계속적으로 충성스럽게 좌절되어 온 일을 떠올리고는 죄책감과 불충함을 느꼈습니다. 어머니는 그와의 논쟁 때문에 울음을 터뜨렸고, 아버지는 그에게 엄마를 당황케 하지 말라고 했었습니다. 그리고 결국 네이선의 울타리는 미숙하고 기능을 발휘하지 못한 채로 남아 있었습니다. 그는 이 일 때문에 자기가 희생한 것을 차츰 깨닫게 되자, 생각하면 할수록 화가 났습니다. "난 내 삶을 스스로 선택했어요," 그가 말했습니다. "하지만 부모님이 내가 사람들에게 '아니오'라고 말할 수 있는 방법을 배우도록 조금만 도와 주셨더라도 이것보다는 훨씬 더 나은 삶을 살고 있을 텐데 말이죠."

그러면 부모에 대한 네이선의 분노가 영원히 남아 있었을까요? 아닙니다. 여러분도 결코 그러지 말아야 합니다. 적대감이 표면으로 드러나거든 관계 속으로 밀어넣으십시오. 그 적대감을 고백하십시오. 성경은 우리가 상처를 치유받으려면 부족한 점들을 서로에게 솔직히 이야기해야 한다고 말하고 있습니다(야고보서 5장 16절). 여러분이 화를 내고 있는 동안에도 여러분을 사랑해 주는 사람들을 통하여 하나님의 은총을 경험해 보세요. 이것이 바로 과거의 분노를 해소하기 위한 첫 번째 단계입니다.

두 번째 단계는 여러분의 영혼 가운데서 손상된 부분을 재건하는 것입니다. 침해당할 수도 있는 '보물들'을 책임지고 수리하십시오. 네이선의 경우에는, 개인적인 자율성과 안전감이 깊은 상처를 입었습니다. 네이선은 기초적인 관계 속에서 이 자율성과 안전감을 되찾기 위하여 아주 오랜 시간을 노력해야 했습니다. 치유되면 될수록 분노도 줄어들었습니다.

마지막으로, 성서적 울타리 의식을 발달시킬 때에는 지금 이 순간의 안전감을 더욱 발달시켜야 합니다. 신뢰감을 발달시키면 시킬수록 여러분이 다른 사람에 대한 두려움의 노예가 되는 일도 줄어들 것입니다. 네이선의 경우, 그는 자기 아내에 대한 경계를 더욱 강화시키는 동시에 부부 관계를 개선하였습니다. 울타리를 잘 발달시키면 시킬수록 여러분은 화를 낼 필요가 없어집니다. 이것은 분노가 지금껏 여러분이 지니고 있던 유일한 울타리였기 때문입니다. 그러나 일단 여러분이 '아니오'를 완전하게 구사할 수 있게 되면 '격노의 신호'가 더 이상 필요치 않게 됩니다. 여러분은 자기 앞에 닥쳐오는 악을 꿰뚫어 볼 수 있게 되며, 여러분의 울타리로 그 악이 여러분을 해치지 못하도록 막을 수 있습니다.

그러므로 최초로 울타리 발달을 시도하는 순간에 여러분의 격분을 발견하게 되더라도 부디 놀라지 마십시오. 격분은 여러분의 영혼이 지금껏 던져 온 항의입니다. 그것은 하나님과 사람 앞에 숨김없이 드러나고, 이해받고, 사랑받아야 합니다. 그런 다음 여러분은 그것을 치유하고 좀더 튼튼한 울타리를 발달시켜야 하는 자신의 책임을 이행해야 합니다.

울타리는 분노를 줄여 준다

이제 우리는 분노에 관한 중요한 사실에 직면하게 되었습니다 : 우리의 울타리가 성서적인 것일수록 분노를 덜 경험하게 된다는 것입니다! 성숙한 울타리를 지닌 사람들은 세상에서 가장 화를 내지 않는 사람들입니다. 울타리 작업을 이제 막 시작한 사람들의 눈에는 자신의 분노가 증가하는 것처럼 보이겠지만, 울타리가 성장과 발달을 거듭함에 따라 이 분노도 사라지게 됩니다.

왜 그럴까요? 분노의 '조기 경보 시스템'을 다시 한번 떠올려 보십시오. 우리는 침해를 당하게 될 때 분노를 느낍니다. 만일 여러분이 단번에 울타리 침해를 막을 수 있다면 분노가 필요없을 것입니다. 여러분은 자신의 삶과 가치를 좀더 잘 통제할 수 있을 것입니다.

티나는 매일 밤 남편이 저녁 식사에 45분씩 늦게 귀가하는 것 때문에 화가 났습니다. 그녀는 음식을 따뜻하게 보관하느라고 안간힘을 써야 했습니다; 애들은 굶주린 데다가 심통이 났으며, 매일 저녁 공부 일정도 어긋나 버렸습니다. 그런데 티나가 남편이 있든없든 정각에 저녁 식탁을 차리기 시작하면서부터 상황은 돌변하였습니다. 남편은 차가워진 음식 부스러기를 혼자 데워서 먹어야 했습니다. 이렇게 서너 번의 상담 '회기'를 마치고 나자, 티나의 남편도 마침내는 직장 일을 일찌감치 뿌리치고 퇴근하게 되었습니다!

티나의 울타리(애들과 함께 정시에 식사를 하는 것)는 침해당한 듯한 느낌, 희생당한 듯한 느낌을 없애 주었습니다. 티나도 필요를 충족시켰고, 애들도 필요를 충족시켰습니다. 이제 더 이상 티나는 화가 나지 않았습니다. "화내지 말아라. 그저 대갚음해라." 이것은 결코 옳은 말이 아닙니다. 그것보다는 이게 낫겠지요. "화내지 말아라. 경계를 정해라!"

신화 6 : 다른 사람이 울타리를 세우면 내가 상처입게 돼

"랜디, 미안하지만 돈을 빌려 줄 수가 없겠는데," 피트가 말했습니다. "지금 당장은 나도 좀 어렵거든."

내 가장 친한 친구라는 애가, 랜디는 마음속으로 이렇게 생각했습니다. 내가 돈이 필요해서 찾아왔는데 거절하다니. 어쩌면 이럴 수가! 우리가 정말로 얼마나 우정어린 친구인가를 확인할 수 있으리라 생각했었는데.

랜디는 다른 사람과의 사이에 울타리가 없는 삶을 살 각오가 되어 있었습니다. 왜냐구요? '공격의 표적이 된다는 것'은 그에게 너무도 뼈아픈 일이었기 때문입니다. 랜디는 경험을 통해서 절대로 다른 어떤 사람에게도 울타리를 쌓지 않겠노라는 감정적인 서약을 했습니다.

우리들 가운데에는 랜디 같은 사람이 많이 있습니다. 누군가에게 도움을 청했다가 거절당하게 될 경우 쓸쓸한 경험을 하게 됩니다. 상처 입은 것 같은, 거절당한 것 같은, 차가운 느낌을 받게 됩니다. 그리고, 결국은 경계를 정하는 일이 도움이 된다거나 좋은 것이라는 생각을 전혀 하기 어렵게 됩니다.

다른 사람의 울타리에 가로막힌다는 것은 확실히 유쾌한 일이 아닙니다. '아니오'라는 말을 듣고서 즐거워할 사람은 아무도 없습니다. 그러면 다른 사람의 울타리를 인정하는 것이 왜 그렇게 어려운 일인가를 한번 생각해 봅시다.

첫째, 부적절한 울타리에 가로막혔을 경우 우리는 상처를 입을 수 있습니다. 아동기에는 특히 더 그렇지요. 부모가 자녀에게 적절한 시간에 적당한 정서적 관계를 제공해 주지 않을 경우 그 자녀는 상처를 입게 됩니다. 아동의 정서적 욕구와 심리적 욕구는 주로 부모의 책임입니다. 자녀가 어리면 어릴수록 그 자녀가 자기 욕구를 충족시키기 위하여 도움을 청할 수 있는 곳은 더 적습니다. 자기 중심적이거나, 덜 성숙했거나, 의존적인 부모는 좋지 않은 시기에 '아니오'라고 말함으로써 자녀에게 상처를 입힐 수가 있습니다.

로버트는 아주 어렸을 적에 몇 시간씩 홀로 집에 있었던 기억을 가지고 있습니다. 그의 부모는 그가 울지만 않으면 괜찮다고 생각하고 그를 집에 혼자 남겨 두곤 했습니다. 그러나 사실 로버트는 이미 우는 것을 뛰어넘어 유아 우울증으로 치닫고 있었습니다. 부모님의 '아니오'라는 말이 그에게 쓸모없는 존재라는 인식을 깊이 심어 주었으며, 그러한 인식은 그가 성인이 되어서도 끝까지 따라다녔습니다.

둘째, 우리는 자기 자신의 상처를 다른 사람에게 투사합니다. 우리는 고통을 느끼게 될 경우, 일단 그 나쁜 감정이 '자기 것임을 부인하고' 다른 사람에게 팽개쳐 버립니다. 이것을 가리켜 우리는 투사라고 부릅니다. 실제로, 아동기에 부적절한 울타리 때문에 상처를 입은 적이 있는 사람들은 거의 대부분이 자신의 허약함을 다른 사람에게 내팽개쳐 버리려고 하는 경향이 있습니다. 그들은 자신의 고통을 다른 사람에게서 감지함으로써, 다른 사람에 대하여 경계를 정하는 것을 회피합니다. 그런 짓이 다른 사람에게 얼마나 파괴적인 영향을 미칠 것인가를 너무나도 잘 알고 있기 때문입니다.

로버트는 세 살짜리 딸아이인 애비에게 밤 시간대의 경계를 정하지 못해 극심한 어려움을 겪고 있었습니다. 애비가 잠자리에 들지 않겠다고 울 때마다 로버트는 내적으로 공황을 일으켰으며, 내가 지금 딸을 유기하고 있구나—이 아인 내가 필요한데, 난 아이 곁에 있지 않으려 하다니 하고 생각했습니다. 그러나 사실 로버트는 아주 훌륭한 아버지였습니다. 그는 밤이 되면 어린 딸아이와 함께 책도 읽고, 기도도 하고, 노래도 불렀습니다. 그런데도 그는 딸아이의 눈물 속에서 자기 자신의 고통을 읽었습니다. 로버트는 자신의 상처 때문에 애비가 날이 새도록 자기와 함께 노래부르며 놀고 싶어하는 것에도 적절한 경계를 정할 수가 없었습니다.

셋째, 누군가의 울타리를 받아들일 수 없다는 것은 맹목적인 숭배의 관계가 있다는 말일 수도 있습니다. 캐시는 밤중에 남편이 자기와 이야기하고 싶어하지 않는다는 사실 때문에 상처를 입었으며 고립되어 있다는 느낌을 가졌습니다. 남편의 침묵은 극심한 소외감을 가져다 주었습니다. 그녀는 자신이 남편의 울타리 때문에 상처를 입은 게 아닌가 궁금해지기 시작했습니다.

하지만, 사실 문제는 남편에게 의존하려는 캐시에게 있었습니다. 캐시의 정서적 행복은 언제나 남편이 자기를 위하여 곁에 있어 주는 것에 달려 있었습니다. 남편은 알코올 중독자였던 캐시의 부모가 캐시에게 주지 못한 것들을 모두 주어야만 했습니다. 그렇기 때문에 남편이 하루 일진이 안 좋아 물러서 버리는 날에는 캐시의 하루 역시 비참할 수밖에 없었습니다.

우리는 분명히 서로를 필요로 하고 있습니다. 하지만 하나님 외에는 그 누구도 불가결의 사람일 수 없습니다. 어떤 소중한 사람과의 갈등 때문에 우리가 절망에 빠지게 될 것 같은 경우, 우리는 그 사람을 오직 하나님만이 앉으실 수 있는 왕좌에 앉혀 버릴 수가 있습니다. 우리는 결코 어떤 사람을 세상에서 오직 하나뿐인 선의 원천이라고 여겨서는 안됩니다. 그것은 우리의 영성적 자유와 정서적 자유를 해치고, 나아가 우리의 발달까지도 저해하는 요인입니다.

스스로에게 물어 보십시오 : "내가 '아니오'라는 말을 들을 수 없는 그 사람이 바로 오늘 밤 죽게 된다면, 도대체 나는 누구에게 가게 될 것인가?" 여러 사람과 깊이있고 소중한 관계를 발달시키는 것은 무척 중요한 일입니다. 그래야만 우리는 우리의 삶 속에 있는 사람들이 아무런 죄책감도 없이 우리에게 '아니오'라고 말할 수 있는 자유를 누리게 해줄 수 있습니다. 그들이 '아니오'라고 말하더라도 우리에겐 또 가볼 데가 있기 때문입니다.

우리가 '아니오'라는 말을 들을 수 없는 단 한 사람만을 알고 지낼 경우, 결과적으로 우리는 우리의 삶에 대한 통제권을 그 사람에게 양도해 버리는 셈이 됩니다. 그 사람은 물러서겠다는 위협만 하게 될 것이고, 우리는 또 순종할 수밖에 없을 것입니다. 이런 일은 떠나버리겠다는 한 쪽의 협박 때문에 다른 한 쪽이 정서적인 갈취를 당하는 그런 부부 관계에서 아주 흔히 찾아볼 수 있습니다. 이런 식으로는 살아갈 수 없습니다── 이것으로는 문제를 해결할 수 없습니다. 지배자는 계속해서 조금만 기분이 나빠도 물러나게 될 것이고, 울타리가 없는 사람은 계속해서 그 사람의 행복을 지키기 위하여 미친 듯이 노력하게 될 것입니다. 제임스 돕슨 박사의 책(Love Must Be Tough)은 이런 종류의 울타리 문제에 대한 전형적인 연구서입니다.*2

넷째, 다른 사람의 울타리를 인정하지 못한다는 것은 곧 책임을 이행하는 데 문제가 있다는 사실을 가리키는 것일 수도 있습니다. 가장 절친한 친구로부터 빚을 얻으려 했던 랜디도 바로 이 문제의 본보기라고 할 수 있습니다. 랜디는 피트가 자기의 재정적 재난을 책임지도록 만들려고 하였습니다. 어떤 사람들은 다른 사람이 자신을 구출해 주는 일에 너무도 익숙해진 나머지, 자기의 행복은 다른 누군가의 문제라고 굳게 믿어 버리는 경우도 있습니다. 그런 사람들은 자신이 구제받지 못할 경우 의기소침해지거나 사랑받지 못한다는 느낌을 받게 됩니다. 그들은 자기 자신의 삶에 대한 책임을 인정하지 못합니다.

여태껏 우리가 주목하지 못했던 서신서의 성경 구절이 있는데, 거기서 바울은 고린도인들의 반역에 경계를 정합니다. 그리고 고맙게도 고린도인들은 바울의 말을 잘 들어 줍니다 :

내가 그 편지로 여러분을 슬프게 했더라도, 나는 그것을 후회하지 않습니다. 그 편지가 잠시나마 여러분을 슬프게 했다는 것을 알고서, 내가 곧 후회하기는 했지만, 지금은 오히려 기뻐합니다. 그것은 여러분이 슬픔을 당했기 때문이 아니라, 슬픔을 당함으로써 회개를 하게 되었기 때문입니다(고린도후서 7장 8-9절).

고린도인들은 바울의 울타리가 어떤 것이든지간에 잘 받아들이고,

잘 인정하고, 잘 반응했습니다. 그것이 바로 책임 완수의 표시입니다.

여기에서 예수님의 황금률을 상기해 보는 것도 많은 도움이 될 것입니다 : "그러므로 너희는 무엇이든지, 남에게 대접을 받고자 하는 대로, 너희도 남을 대접하여라"(마태복음 7장 12절). 이 황금률을 경계 정하기에 한 번 적용시켜 보십시오. 여러분은 자신의 울타리가 다른 사람에게 존중받길 원하십니까? 그렇다면, 여러분이 먼저 다른 사람의 울타리를 기꺼이 존중해 주어야 합니다.

신화 7 : 울타리는 죄책감을 안겨 주지

에드워드는 고개를 가로 저었습니다. "이 모든 것이 나한테 뭔가 불공평하게 돌아가고 있어요," 그가 말했습니다. "우리 가족은 언제나 나를 굉장히 아껴 주고 걱정해 주었거든요. 아주 멋진 관계였어요. 그리고는……" 그는 할 말을 찾는 듯 잠깐 멈추었습니다.

"그리고 저는 주디를 만나 결혼을 했어요. 멋진 일이었죠. 우린 매주 가족을 만났고, 어쩔 땐 더 자주 만나기도 했어요. 나중엔 애들도 함께 말이죠. 모든 게 정말 좋았어요. 제가 해외 근무를 제의받기 전까지는요. 그 일은 제가 늘 꿈꾸던 것이었고——주디도 여간 관심이 많은 것 같지 않았어요.

그런데 부모님께 그 제의에 관해 말씀드린 바로 그 순간부터 모든 게 변해 버렸어요. 전 아빠의 건강에 관한 이야기부터 들어야 했지요——아빠의 건강이 나쁘다는 사실을 전 까맣게 모르고 있었어요. 그리고 엄마의 외로움에 관해서도 들었어요——부모님의 삶에서 오직 우리만이 유일한 낙이요 희망이요 모든 것이라는 말씀이었죠. 그리고 그분들이 저를 위하여 희생한 것들 모두에 대해서도 들었어요.

전 어떻게 해야 하지요? 부모님 말씀이 옳아요……그분들은 저에게 삶을 바치셨지요. 그런데 어떻게 그분들만 남겨 두고 제가 떠날 수 있겠어요?"

비단 에드워드만이 이런 딜레마에 빠져 있는 것은 결코 아닙니다. 우리가 살아가면서 다른 사람에게 울타리를 쌓고자 할 때 가장 부딪히기 쉬운 장애물들 가운데 하나는 바로 신세진 것에 대한 책무를 느끼는 것입니다. 우리는 부모님과 우리를 사랑해 준 다른 사람에게 어떤 빚을 지고 있는 것일까요? 무엇이 올바르고 성서적인 것이며, 무엇이 그렇지 못한 것일까요?

대부분의 사람들은 자기가 책무를 느끼고 있는 사람들에게 울타리를 쌓지 않음으로써 이런 딜레마를 해결하려 합니다. 그들은 자기에게 친절하게 대해 주었던 어떤 사람에게 '아니오'라는 말을 할 때마다 느끼게 되는 죄책감을 회피합니다. 그들은 학교나 교회를 절대로 옮기지 않으며, 직장이나 친구도 결코 바꾸지 않습니다. 그 반대쪽이 더 성숙한 행동일 경우에도 마찬가지입니다.

우리가 뭔가를 받았기 때문에 뭔가를 빚지고 있다는 생각은 막연한 환상입니다. 문제는 있지도 않은 빚입니다. 우리가 받은 사랑이나 돈이나 시간——또는 책무를 느끼도록 만드는 어떤 것——은 선물로 받아들여야 합니다.

'선물'에는 아무런 조건도 달려 있지 않습니다. 선물을 받은 쪽에서 정말로 해야 할 것은 감사입니다. 주는 사람은 그 선물을 주고서 뭘 받으려는 속셈을 전혀 가지고 있지 않습니다. 선물이란 누가 누구를 사랑하기 때문에 그저 그 사람에게 뭔가를 해주고 싶어서 주는 것일 뿐입니다. 더 말할 것도 없습니다.

하나님께서는 당신이 우리에게 주신 구원의 은사도 이런 식으로 보고 계십니다. 하나님께서는 그 대가로 당신의 아들을 내주셨습니다. 순전히 우리를 사랑하시기 때문이었습니다. 그리고 우리의 응답은 그 선물을 받아들이는 것, 감사하는 것입니다. 감사가 그리도 중요한 까닭은 무엇일까요? 하나님께서는 당신이 우리를 위하여 해주신 일에 대한 감사가 우리로 하여금 다른 사람을 사랑하게 만든다는 사실을 잘 알고 계시기 때문입니다 : "가르침을 받은 대로 믿음을 굳게 하여, 감사의 마음이 넘치게 하십시오"(골로새서 2장 7절).

우리에게 친절히 대하여 주는 사람, 우리를 진정으로 보살펴 주는 사람에게 우리가 빚지고 있는 것은 무엇입니까? 우리는 그들에게 감사를 빚지고 있습니다. 그리고 우리는 그들에게 감사하는 마음을 갖고서 다른 사람에게 다가가 도움을 주어야 합니다.

여기에서 우리는 '받기 위하여 주는' 사람과 진정으로 사심없이 베푸는 사람을 구별해야 합니다. 그 차이점을 입으로 말하기는 여간 쉽지 않습니다. 만일 주는 쪽에서 진심어린 감사에 상처를 입거나 화를 낸다면 그 선물은 빚이 될 확률이 큽니다. 또 만일 감사만으로 충분하다면, 여러분은 전혀 죄책감을 느끼지 않아도 되는 합법적인 선물을 받은 셈입니다.

하나님께서는 감사와 울타리의 문제를 구분짓는 것에 관하여 유익한 말씀을 해주고 계십니다. 하나님께서는 일곱 교회에 보내는 요한계시록의 서신에서 세 교회(에베소교회, 버가모교회, 두아디라교회)를 따로 뽑아냅니다 :

1. 하나님께서는 이 교회들의 성취를 칭찬하십니다(감사).
2. 그런 다음 하나님께서는 이 교회들에게, 비록 그렇다 하더라도 '책망할 것'이 있다고 말씀하십니다(2장 4, 14, 20절).

3. 마지막으로 하나님께서는 이 교회들의 무책임을 꾸짖으십니다 (울타리).

하나님께서는 이 두 가지 문제를 결코 혼동하지 못하게 하셨습니다. 우리도 그러지 말아야 하겠습니다.

신화 8 : 울타리는 영속적인 것이야, 난 퇴로가 차단될까봐 두려워

"하지만 제가 마음을 바꾼다 한들 그게 뭐 대단한 일이겠어요?" 칼라가 이렇게 물었습니다. "전 저와 가장 절친한 친구에게 울타리를 쌓을 경우 그 친구가 제 곁을 떠나 저를 잊어버릴까봐 무서워요."

여러분의 '아니오'라는 말이 언제나 여러분에게 종속되어 있다는 사실은 아주 중요합니다. 여러분이 자신의 울타리를 소유하고 있습니다. 울타리가 여러분을 소유하는 것이 결코 아닙니다. 만일 여러분이 누군가에게 경계를 정한다면, 그 사람은 성숙하고 충실하게 그것에 반응할 것이고, 그렇게 되면 여러분은 울타리를 재조정할 수 있습니다. 게다가 여러분이 더 안전한 장소에 있게 될 경우 울타리를 변경할 수도 있습니다.

울타리를 재조정하고 변경하는 일은 성경에서도 그 선례를 많이 찾아 볼 수 있습니다 : 예를 들어, 하나님께서는 니느웨가 회개하자 그 도시를 멸망시키지 않는 쪽을 택하셨습니다(요나서 3장 10절). 또한 바울은 마가라는 요한이 바울을 버린 적이 있다고 하여 그 청년을 선교 여행에 데리고 가지 않겠다고 했다가(사도행전 15장 37-39절), 다시 몇 년 후에 요한 마가에게 동행해 줄 것을 요청했습니다(디모데후서 4장 11절). 그의 울타리를 변경시킬 기회가 무르익었던 것입니다.

여러분도 아마 눈치를 챘겠지만, 이 신화들 가운데 몇 가지는 여러분이 왜곡된 교육을 통해서 익혔을 수도 있는 순전한 오해입니다. 하지만 나머지는 그게 비성서적인 책임에 대항하고 '아니오'라고 말하지 못하는 두려움 때문에 생겨난 것입니다. 간절히 바라건대, 여러분은 지금까지 자신을 함정에 휩쓸리게 만들고 유혹해 온 신화들을 다시 한 번 들여다보십시오. 이 장에서 언급한 성경 본문들을 곰곰이 생각해 보십시오. 그리고 하나님께 요청해 보십시오. 여러분보다는 하나님께서 튼튼한 울타리를 더 신뢰하고 계신다는 확신을 여러분에게 주시라고 말입니다.

제 2 부
울타리 갈등

7
울타리와 여러분의 가족

수지는 전에도 내가 수없이 보아 온 문제를 안고 있었습니다. 서른 살의 이 여자는 부모님 댁을 방문하고 돌아온 다음에는 으레 심각한 우울증을 겪곤 하였습니다.

수지가 자신의 문제를 다 털어놓자, 나는 그녀가 자신이 부모님 댁에 갔다오기만 하면 늘 극도로 우울해져 있다는 사실을 알고 있는지 물어 보았습니다.

"이 얼마나 우스운 일이에요?" 그녀가 말했습니다. "전 이제 더 이상 그 곳에 살지 않는데, 어떻게 해서 그 여행이 이런 식으로 제게 영향을 미칠 수 있는 걸까요?"

내가 그 여행에 관해서 설명해 달라고 하자, 수지는 옛친구들과의 사교 모임과 저녁 식사 때쯤의 가족 시간에 관하여 이야기해 주었습니다. 그녀는 이런 시간이 아주 즐겁다고 말했습니다. 특히 가족끼리만 모일 때는 더더욱 재미있다고도 했습니다.

"아니, '가족끼리만'이라니 무슨 뜻인가요?" 내가 물었습니다.

"있잖아요, 다른 땐 보통 저희 부모님이 제 친구들을 저녁 식사에 초대하시거든요. 전 그런 경우엔 별로 기분이 좋지 않아요."

"왜 그럴까요?"

수지는 잠깐 동안 생각해 보더니 이렇게 대답했습니다. "아마도 제가 죄책감을 느끼게 되기 때문일 거예요." 그녀는 부모님이 자기 친구들과 자기의 삶을 비교하면서 내뱉는 교묘한 말들을 다시 한번 떠올려 보았습니다. 그녀의 부모는 할머니 할아버지가 손자들의 양육에 '실제로 뛰어들어' 역할을 수행하는 것이 얼마나 멋진 일인가에 대하여 말하곤 하였습니다. 그들은 수지 친구들이 하고 있는 사회적 활동에 대해서도 말하고, 수지가 그곳에서 살기만 한다면 그 활동들에 참여할 수 있으니 얼마나 좋겠느냐고 말하기도 했습니다. 그런 식의 목록은 끝도 없이 길었습니다.

머지않아 수지는 집에 돌아갈 때마다 자기가 다른 곳에서 생활하고 있다는 것이 무슨 죄라도 되는 것처럼 여기게 되었습니다. 그녀는 부모가 자기에게 바라고 있는 일들을 정말로 해야 한다는 초조한 마음을 갖게 되었습니다.

수지의 문제는 아주 평범한 것이었습니다. 그녀는 겉으로는 스스로 선택을 하였습니다. 수지는 가족에게서 멀리 떨어져 나와 자신의 일을 추구하면서 성장했습니다. 수지는 자기 힘으로 돈을 벌어 생활하였습니다. 수지는 결혼도 하고 아이도 낳았습니다. 하지만 내면으로는 사정이 전혀 달랐습니다. 수지는 자기가 자기 삶을 자유로이 선택할 수 있는, 부모님이 자기에게 원하는 일을 하지 않더라도 죄책감을 느낄 필요가 전혀 없는, 독립적인 인간이라는 사실을 정서적으로 인정하지 못하고 있었습니다. 그녀는 여전히 외부의 압력에 굴복하기 쉬운 사람이었습니다.

정말로 문제가 심각한 것은 수지의 내면입니다. 울타리란 누군가의 사유지 경계를 정해 주는 것이라고 하는 사실을 다시금 떠올려 보십시오. 수지는 실제로는 자기 자신을 '소유하지' 못했습니다. 수지를 좋아하는 다른 사람들도 마찬가지였습니다. 자기 삶을 소유하고 있는 사람들은 자기가 어디를 가겠다고 선택하더라도 전혀 죄책감을 느끼지 않습니다. 그들은 물론 다른 사람을 고려하긴 하지만, 다른 사람의 희망에 따라 선택을 할 때에는 죄책감이 아니라 사랑에서 우러나오는 선택을 합니다 ; 좋은 것은 추진시키고 나쁜 것은 피해 가는 것이죠.

울타리 결핍의 신호

자, 그러면 우리가 성장해 온 가정에 대한 울타리 결핍의 일반적인 신호에 대하여 살펴보기로 할까요?

바이러스에 감염됨

일반적인 시나리오는 다음과 같이 진행됩니다 : 한 가정의 가장이 자신이 성장해 온 가정에 대하여——자신의 원가족(family of origin)에 대하여——튼튼한 정서적 울타리를 갖고 있지 못합니다. 그래서 가족과 전화 통화를 하거나 직접 만나기라도 한 날이면 언제나 우울해지고, 까다로워지고, 자기 비판적이고 완전주의적인 사람이 되는가 하면, 화를 잘 내고, 걸핏하면 싸움을 하고, 그것도 아니면 뒤로 물러나게 되는 것입니다. 마치 그가 자기 원가족으로부터 뭔가가 '감염되어' 와서는 현가족에게 전염시키는 것과도 같습니다.

그의 원가족은 그의 새 가족에게 연쇄적인 파급 효과를 안겨줄 수 있는 힘을 지니고 있습니다. 만일 여러분과 어떤 사람의 관계가 여러분과 다른 사람들의 관계에 영향을 미칠 정도로 강하다면, 그것은 틀림없이 울타리에 문제가 있다는 신호입니다. 여러분은 자신의 삶 속에서 오직 한 사람에게만 너무 많은 능력을 부여해 주고 있는 것입니다.

나는 한 젊은 여자와의 만남을 결코 잊을 수가 없습니다. 그 여자는 자기 어머니에게 터놓고 말할 수 있을 정도로 치료 과정을 통해서 굉장한 소득을 얻었습니다. 그 당시 그녀는 3주 동안 뒤로 물러서 있었습니다. 그녀는 이런 식의 말을 하곤 했었습니다. "전 결코 바뀌지 않을 거예요. 전 절대로 좋아질 수가 없어요." 그녀는 자신에 관한 어머니의 수없이 많은 의견들 속으로 완전히 녹아들어 버려서, 결코 독립적인 위치에 설 수가 없었습니다. 그녀가 이렇게 어머니의 의견 속으로 녹아들자, 이것은 다른 사람들과의 관계에도 영향을 미쳤습니다. 사실 그녀는 어머니와의 상호 작용 이후로 그 누구도 자신의 삶 속에 들여보내 주지 않고 있었습니다. 그녀는 이미 그녀 자신의 것이 아니었던 것입니다.

제2 바이올린

"그녀가 그에게 어떤 식으로 대하는지 말씀드려도 선생님은 안 믿으실 겁니다," 댄이 말했습니다. "그녀는 그가 바라는 일에만 온통 정신을 쏟고 살아요. 그가 자기를 비판이라도 할 경우에는 더욱더 노력하고 말이죠. 그러면서 실질적으로 그녀는 나를 싹 무시하고 있어요. 난 이제 그녀의 삶에서 '두 번째의 남자'가 되는 데 질렸어요."

댄이 지금 말하고 있는 사람은 제인의 애인이 아니었습니다. 그는 제인의 아버지에 관하여 말하고 있었습니다. 댄은 자기보다 장인에게 더 신경을 쏟는 것처럼 보이는 제인에게 이제 지칠 대로 지쳐 버렸습니다.

이것은 원가족에 대한 울타리 결핍의 일반적인 신호입니다 : 이 남편은 자기가 찬밥 신세인 것처럼 여기고 있습니다. 이 남편은 자기 짝이 실질적으로는 장인 장모에게 더 충실하고 있다고 생각하고 있습니다. '결합하기 이전에 먼저 떠나야' 하는데 이 아내는 그 과정을 아직 완수하지 못했습니다 ; 이 아내는 울타리 문제를 지니고 있습니다. 하나님께서는 "남자가 부모를 떠나 그 아내와 연합하여 둘이 한 몸을 이루도록"(창세기 2장 24절) 이 과정을 만들어 놓으셨습니다. '떠나다'라는 의미의 히브리어는 '풀다, 포기하다, 또는 버리다'의 뜻을 지닌 어원에서 비롯된 말입니다. 결혼 생활을 하기 위해서는 먼저 이 아내가 자기 친정과의 연결 고리를 풀고 이 결혼을 통해 자신이 이룩해낸 새 가정과 새로운 관계를 서서히 맺어가야 합니다.

이것은 남편과 아내가 자신의 확대 가족과 관계를 맺으면 안 된다는 말이 결코 아닙니다. 그렇지만 남편도 아내도 자신의 원가족에 대해서는 철저하게 울타리를 세워야 합니다. 한 쪽이 자기 원가족에 대하여 분명하게 울타리를 세우지 못할 경우, 그래서 배우자와 자녀들을 찬밥 신세로 만들 경우, 이 결혼 관계는 십중팔구 무너지게 되어 있습니다.

용돈 좀 주시겠어요?

테리와 쉐리는 무척 매력적인 부부였습니다. 그들은 큰 집을 갖고 있었으며, 아주 오랫동안 휴가 여행을 다녀오기도 했습니다 ; 그들의 자녀는 피아노와 발레 강습을 받았고, 저마다 스키와 롤러 블레이드와 빙상 스케이트 구두와 윈드서퍼를 소유하고 있었습니다. 테리와 쉐리는 성공의 지표가 되는 온갖 장식물들을 다 지니고 있었습니다. 그러나, 그런 그들에게도 한 가지 문제가 있었습니다. 이와 같은 생활 양식이 테리의 봉급으로 유지되는 게 아니었던 것입니다. 테리와 쉐리는 테리 가족으로부터 엄청난 재정적 지원을 받고 있었습니다.

테리의 가족은 언제나 테리가 최고이기를 바랬고, 또 그렇게 될 수 있도록 모든 면에서 지원을 아끼지 않았습니다. 집도 사주고, 휴가도 보내 주고, 자녀의 취미 생활도 지원해 주었습니다. 덕택에 테리와 쉐리는 자기들 힘으로는 도저히 살 수 없는 것들을 지니고 있었지만, 그 대가 또한 엄청난 것이었습니다.

부모의 정기적인 구제 조처는 테리의 자존감을 집어삼켜 버렸습니다. 쉐리 역시 시부모님에게 조언을 구하지 않고서는 단 한 푼도 쓸 수 없을 것처럼 여겨졌습니다. 시부모님이 자기들을 구제하기 위하여 돈을 기부하고 있었기 때문입니다.

테리가 겪고 있는 이와 같은 울타리 문제는 성인기 전반에 속해 있는 사람들이 요즘 누구나 보편적으로 경험하고 있는 문제입니다. 결혼을 했든지 안 했든지 상관없이 말입니다 : 테리는 아직 재정적으로 성인이 아닙니다. 테리와 쉐리는 "우리가 갖고 있는 것들 모두를 너희에게 주고 싶다."는 테리 부모님의 욕구에 대하여 아직 울타리를 쌓지 못하고 있습니다. 테리는 자기가 부모님의 성공 관념에 완전히 녹아들어 버린 나머지 자기 내부에 있는 욕구들에 대해서도 '아니오'라고 말할 수 없음을 깨달았습니다. 그는 자기가 정녕 이 선물들과 기부금을 포기하고 좀더 독립심을 쟁취하고자 하는지에 대해서까지도 확신이 서지 않습니다.

테리 이야기는 재정적인 울타리 문제의 '절정' 부분입니다. 이밖에도 '난 지금 곤경에 처해 있어요' 측면도 있습니다. 수많은 성인들이 무책임, 마약 중독이나 알코올 중독, 무절제한 소비, 또는 현대의 '난 아직 내 분야를 찾지 못했어요' 신드롬 때문에 영원히 재정적인 궁지에 몰리게 됩니다. 그리고 그들의 부모는 계속해서 이 실패와 무책임의 행진에 자금을 조달해 줍니다. '이번에는 잘해낼 수 있을 거야!'라고 생각하면서 말입니다. 그렇지만 그 부모들은 사실상 자녀가 독립을 쟁취하지 못하도록 가로막음으로써 자녀의 삶을 절름발이로 만들고 있을 뿐입니다.

재정적으로 독립을 하지 못한 성인은 여전히 어린애일 수밖에 없습니다. 성인이 되기 위하여 여러분은 자기 나름대로 삶을 꾸려 나갈 수 있어야 하며, 자기 자신의 실패에 대해서도 책임질 수 있어야 합니다.

엄마, 내 양말 어디 있어요?

만년 아동 신드롬에 걸린 사람은 재정적인 독립을 한다 할지라도, 혈육으로 이루어진 가족이 자신의 삶을 대신 관리하도록 내맡겨 버리기가 쉽습니다.

이런 성인아이들은 종종 엄마 아빠의 집에 묵으면서, 엄마 아빠와 함께 휴가를 떠나고, 세탁물을 아무데나 떨어뜨려 놓고, 여러 끼니를 엄마 아빠 집에서 먹기도 합니다. 그런 사람들은 엄마나 아빠와 '모든 것'을 공유하는, 엄마나 아빠의 가장 막역한 친구일 경우도 많습니다. 서른 살이 넘도록 그런 사람은 자기의 직업 분야를 찾아내지 못하고, 저축해 놓은 것도 전혀 없으며, 개인 퇴직금 적립 계획도 세우지 않은 데다가, 건강 보험도 전혀 들어 놓은 것이 없습니다. 겉으로 보기에는 이것들이 별로 심각한 문제로 여겨지지 않을 수도 있습니다. 하지만 상징적으로는 엄마와 아빠 쪽에서 다 큰 아이들이 정서적으로 집을 떠나지 못하도록 묶어 놓고 있는 경우가 많습니다.

이런 일은 우애가 깊고 사랑이 넘치는 가정에서 흔히 찾아볼 수 있는 문제입니다. 가정이 너무 화목하여 떠나기가 힘든 것이지요(심리학자들은 종종 이러한 가정을 '그물 가족'이라고 부릅니다. 이런 가정에서 자라난 아이들은 분명한 울타리를 가지고 독립하지 못합니다.) 이것은 전혀 문제가 아닌 것처럼 보입니다. 모든 일이 너무나도 순조롭게 잘 돌아가기 때문입니다. 그런 가족은 서로가 매우 행복해합니다.

그렇지만, 이런 성인아이들이 다른 성인들과 맺는 관계는 역기능적인 관계일 수가 있습니다. 그들은 '골칫거리'(black sheep)를 친구나 애인으로 삼을 수 있습니다. 그들은 하루하루 벌어먹고 살 수는 있을 망정, 미래에 대해서는 결코 생각해 보지 않습니다. 이것은 본질적으로 풋내기들의 재정적 삶입니다. 젊은이들은 파도타기 보트나 스테레오, 옷가지 등을 살 수 있는 돈은 충분히 벌고 있으면서도, 지금 이 순간을 뛰어넘어 미래를 생각하지는 못합니다. 내가 이번 주말에 즐길 만한 돈을 충분히 벌었나? 젊은이들——그리고 아직 부모로부터 독립하지 못한 성인들——은 여전히 부모의 보호막 안에 있습니다. 미래에 관하여 생각하는 것도 순전히 부모의 몫입니다.

셋은 너무 많습니다

역기능적인 가족은 삼각망이라고 하는 일정한 형태의 울타리 문제로 널리 알려져 있습니다. 이 삼각망이라는 것은 이를테면 다음과 같은 것입니다 : A라는 사람이 B라는 사람에게 화를 냅니다. A는 B에게 말을 하지 않습니다. A는 C라는 사람에게 전화를 걸어 B에 관하여 불평을 해댑니다. C는 A가 자기를 신뢰해 주는 게 기뻐서 A가 이런 식의 삼각형 게임을 원할 때마다 기꺼이 들어 줍니다.

그런데, 이번에는 외롭다고 느낀 B가 C에게 전화를 걸어서 지나가는 말처럼 A와의 갈등을 털어 놓습니다. C는 이제 A뿐만 아니라 B와도 막역한 친구가 됩니다. A와 B는 아직 갈등을 해결하지 못했지만, C는 두 명의 '친구'를 사귀게 되었습니다.

이와 같이, 삼각망은 두 사람 사이의 갈등을 해결하는 데 실패하여 제삼자를 끌어들이는 것입니다. 이것이 울타리 문제입니다. 제삼자는 갈등과 아무런 상관도 없으면서, 서로 맞대결하기를 두려워하고 있는 두 사람의 위안과 정당성 확인을 위하여 이용당하고 있기 때문입니다. 바로 이런 것 때문에 갈등이 지속되고, 사람들은 변화하지 않으며, 불필요한 적이 만들어지는 것입니다.

삼각형 속에서는 사람들이 친절한 말과 수다로 자신의 증오를 숨기고 거짓을 말하게 됩니다. 평상시 A는 B에게 매우 따뜻하고 친절하고 상보적인 인물인데, A가 C에게 이야기를 할 때면 분노가 툭 튀어나오게 됩니다.

이것은 명백한 울타리 결핍 현상입니다. A가 자신의 분노를 '인정하지' 않고 있기 때문입니다. A가 지금 화를 내고 있는 대상은 A로부터 직접적으로 그 사실을 들을 자격이 있습니다. 여러분은 "존이 너에 대하여 뭐라고 한 줄 아니?" 같은 말로 상처를 받아 본 적이 몇 번이나 있습니까? 바로 전까지만 해도 여러분은 존에게 모든 일이 잘되어 가고 있다고 말을 했는데 말입니다.

게다가, C는 뜻하지도 않게 갈등에 휘말리게 되고, 그는 A와 B의 갈등을 알고 있기 때문에 B와의 관계가 왠지 서먹서먹해집니다. 사람들 사이에는 언제나 험담과 뒷소문이 따르기 마련입니다. 이러한 험담과 뒷소문은 본인에게 변명의 기회도 주지 않은 채, 그 사람에 대한 우리의 견해에 영향을 미치게 됩니다. 그러나 우리가 제삼자로부터 듣는 이야기는 거의 대부분이 부정확한 것들뿐입니다. 그래서 성경은 우리에게 딱 한 사람의 말만 곧이듣지 말고 적어도 두세 사람의 증인에게 귀를 기울여야 한다고 명하고 있는 것입니다.

삼각망은 혈육으로 이루어진 가족들 사이에서 흔히 찾아볼 수 있는 울타리 문제입니다. 부모와 자녀, 또는 부부 사이의 오랜 갈등 때문에,

가족 가운데 한 사람이 다른 가족 구성원에게 찾아가 제3가족 구성원에 관한 이야기를 하게 되는 것입니다. 이런 형태의 오래된 갈등은 사람들이 기능 장애를 일으키도록 만드는 파괴적인 양태입니다.

성경은 여러분이 화를 내고 있는 그 사람과 직접적으로 갈등을 해소하라고 매우 진지하게 이르고 있습니다 :

아첨하는 사람보다는 바르게 꾸짖는 사람이, 나중에 고맙다는 말을 듣는다(잠언 28장 23절).

너는 친척을 미워하는 마음을 품어서는 안된다. 이웃이 잘못을 하면, 너는 반드시 그를 타일러야 한다. 그래야만 너는 그 잘못 때문에 질 책임을 벗을 수 있다(레위기 19장 17절).

그러므로 네가 제단에 제물을 드리려고 하다가, 네 형제나 자매가 네게 어떤 원한을 품고 있다는 생각이 나거든, 너는 그 제물을 제단 앞에 놓아두고, 먼저 가서 네 형제나 자매와 화해하여라. 그런 다음에, 돌아와서 제물을 드려라(마태복음 5장 23-24절).

신도가 너에게 죄를 짓거든, 가서, 단 둘이 있는 자리에서 그에게 충고하여라(마태복음 18장 15절).

이 본문들은 삼각망을 피할 수 있는 가장 간단한 방법은 바로 여러분이 갈등을 느끼고 있는 그 대상에게 먼저 가서 대화를 나누는 것뿐이라는 사실을 분명히 보여 주고 있습니다. 그 사람과 먼저 문제를 해결해 보세요. 만일 그 사람이 문제를 부인한다면 다른 어떤 사람에게 이야기해서 어떻게 그 문제를 해결해야 할지 알아 보세요. 하지만 절대로 험담을 하거나 분노를 터뜨려서는 안 됩니다. 그런 다음에는 둘이서 함께 그 사람을 찾아가 문제를 해결하도록 힘써 보세요.

그 사람에게 직접 이야기할 작정이 아니라면 절대로 다른 사람들에게 그 사람에 관한 이야기를 꺼내지 마세요.

여하튼, 여기 있는 아이는 누구인가요?

"자식이 부모를 위하여 재산을 모아 두는 것이 아니라, 부모가 자식을 위하여 재산을 모아 두는 것이 마땅한 것입니다"(고린도후서 12장 14절).

어떤 사람들은 부모를 돌보기 위하여 태어난 것처럼 보이기도 합니다. 하지만 그들은 이 임무를 자원한 것이 결코 아닙니다 ; 그저 물려받았을 뿐입니다. 오늘 우리는 이들을 가리켜 '관계 중독에 빠져 있는' (codependent) 사람들이라고 부릅니다. 그들은 생애 초기에 이미 자신이 부모를 책임져야 한다고 배웠습니다. 그들의 부모는 무책임이라고 하는 이기적 형태에 빠져 있었습니다. 그들은 어른이 되어서도 이 무책임한 부모와 자기 사이에 울타리를 쌓지 못하고 힘든 시간을 보냈습니다. 그들은 독립적인 삶을 살아 보려고 노력할 때마다 자신이 이기적이라는 생각을 안할 수가 없었습니다.

물론 성경도 성인아이들에게 나이든 부모를 돌보라고 가르치고 있습니다. "참 과부인 과부를 존대하십시오. 어떤 과부에게 자녀나 손자손녀가 있으면, 그들로 하여금 먼저 자기네 가정에서 종교상의 의무를 행하는 것을 배우게 하고, 어버이에게 보답하는 것을 배우게 해야 합니다. 이것이 바로 하나님께서 기쁨으로 받으시는 일입니다"(디모데전서 5장 3-4절). 우리가 부모님께 감사한 마음을 갖고서 부모님이 우리에게 해준 것들을 보답해 드리는 것은 좋은 일입니다.

하지만, 여기에는 짚고 넘어가야 할 문제가 두 가지 있습니다. 첫째로는 여러분의 부모가 '정말로 도움이 필요하지' 않을 수도 있다는 것입니다. 여러분의 부모는 무책임하고 요구만 해대는 사람이거나 마치 순교자처럼 행동하는 사람일 수도 있습니다. 여러분의 부모는 자기 자신의 배낭짐을 지고 가야 할 책임을 완수할 필요가 있는 사람일 수도 있습니다.

둘째로, 여러분의 부모가 '정말로 도움이 필요하다' 할지라도 여러분이 줄 수 있는 것과 줄 수 없는 것을 제대로 결정할 수 있는 분명한 울타리가 여러분에게 없을 수도 있습니다. 여러분은 자신의 도움에 경계를 정하지 못할 수도 있으며, 예를 들어 여러분의 부모가 늙은 나이에 적응하지 못한다면 그것이 여러분 자신의 가족을 지배할 수도 있습니다. 그러한 지배는 부부 관계를 황폐하게 만들고 자녀들에게 상처를 줄 수도 있습니다. 가족은 그들이 주고 싶은 것과 주고 싶지 않은 것을 결정할 필요가 있습니다. 그래야만 원망하는 일없이 계속해서 부모에게 사랑과 감사를 베풀 수 있습니다.

튼튼한 울타리는 원망을 막아 줍니다. 물론 베푸는 것은 좋은 일입니다. 그렇지만, 여러분의 상황이나 자원에 따라 알맞게 베풀어야 한다는 것을 꼭 명심하십시오.

그렇지만, 난 네 형제잖니?

이밖에도 울타리 결핍의 신호가 흔히 나타나는 곳은 다 큰 형제자매들간의 관계입니다. 무책임한 성인아이들은 성장을 하고 가족을 떠나는 등의 과정을 회피하기 위하여, 책임감있는 다른 성인 형제자매에게 의존을 하게 됩니다. (지금 말하는 무책임한 형제자매는 물론 정신적으로나 육체적으로 손상을 입어서 정말로 도움이 필요한 형제자매를 가리키는 것이 아닙니다.) 어려서부터 무책임한 아이는 성인이 되어서까지도 계속해서 옛가족 게임을 하려고 듭니다.

여기에서 다루기 힘든 문제가 있다면 그것은 바로 그 사람이 여러분의 형제자매이기 때문에 느끼게 되는 죄책감과 압박감입니다. 나는 지금껏 가장 절친한 친구라 할지라도, 그렇게까지는 차마 못하겠다고 말할 정도로 자기 형제자매에게 완전히 미쳐 버린 나머지, 전혀 도움도 되지 않는 일들을 하는 사람들을 많이 보아 왔습니다. 가족은 그들이 '가족'이기에, 가장 튼튼하게 쌓아 놓은 우리의 울타리까지도 허물어 버릴 수 있습니다.

그런데 왜 그런 걸까요?

도대체 왜 우리가 계속해서 이런 식의 삶을 선택하는 걸까요? 뭐가 잘못되었을까요?

한 가지는 우리가 원가족에게서 울타리 법칙을 배우지 않았다는 것, 그래서 우리가 성인이 된 이후의 울타리 문제들도 사실은 아동기부터 죽 존재해 왔던 오래된 울타리 문제라는 것입니다.

또 한 가지는 우리가 성서적인 전통을 성인기까지 끌고 나가지 못한다는 것, 그리고 하나님의 가족에 영적으로 입양될 수 없다는 것입니다. 그러면 이 두 가지에 관하여 좀더 자세히 살펴보기로 할까요?

오래된 울타리 문제의 지속

외계인에 관한 이야기를 기억하고 있겠지요? 그 외계인은 다른 행성에서 자랐기 때문에 중력이라든가 교환 수단인 돈이라든가 하는 지구의 법칙에 대해서는 전혀 모르고 있었습니다.

여러분이 자라나면서 집에서 익힌 양식들은 성인기까지도 똑같은 배우들과 더불어 지속됩니다 : 무책임한 행동에 대해서도 통 양심의 가책을 받지 않는다거나, 대항을 하지 못한다거나, 경계를 정하지 못한다거나, 자기 자신이 아닌 다른 사람을 책임진다거나, 지칠 때까지 순종과 원망·시기·무저항·비밀 엄수로만 일관한다거나 하는 습성이 그대로 지속되는 것입니다. 이러한 양식은 결코 새로운 것이 아닙니다. 그저 지금까지 한번도 대항이나 유감의 대상이 된 적이 없을 뿐입니다.

이러한 행동 양식은 깊숙이 파고듭니다. 여러분의 가족 구성원들은 여러분에게 삶을 체계화하는 방법을 가르쳐 준 사람들이기 때문에, 그들의 존재 자체만으로도 여러분을 예전의 양식으로 되돌려 보낼 수가 있습니다. 여러분은 성장이 아닌 기억에 입각하여 자동적으로 행동을 하게 됩니다.

변화를 이룩하기 위해서는, 여러분이 이 '가족의 죄'를 분명히 깨닫고 그 죄로부터 돌아서야 합니다. 여러분은 그것이 죄임을 고백하고, 그 죄를 회개하고, 그것을 다루는 방법을 변화시켜야 합니다. 울타리를 쌓기 위한 첫걸음은 바로 여러분이 지금 이 순간까지도 여전히 지속시키고 있는 예전의 가족 유형을 깨닫는 것입니다.

여러분이 원가족에 대하여 울타리를 쌓는 과정에서 겪고 있는 투쟁을 들여다보고, 파기된 법칙들을 명확히 하고, 그런 다음에는 여러분의 삶에 열린 부정적인 열매들을 찾아내 보십시오.

입양

이 책은 영성 발달에 관한 책이 아니지만, 그래도 울타리가 성장의 본질적 측면임을 부인할 수는 없습니다. 성장을 위한 첫걸음은 부모의 권위로부터 벗어나 자기 자신을 하나님의 권위 아래 속하게 만드는 것입니다.

성경은 자녀들더러 성인이 될 때까지는 부모의 권위 아래에 있어야 한다고 말하고 있습니다(갈라디아서 4장 1-7절). 실제적인 의미에서 부모는 자녀들에 대한 책임을 떠맡고 있습니다. 하지만 자녀가 성인이 되어 '책임질 수 있는 나이'가 되면 지도자와 관리자에게서 벗어나 스스로를 책임지게 됩니다. 그리스도인들은 이 때 하나님 아버지와 또 다른 부모자식 관계를 맺게 됩니다. 하나님께서는 우리를 고아처럼 내버리지 않으시고 오히려 당신의 가족으로 받아 주십니다.

신약성서는 우리에게 원가족과의 결합을 떨쳐 버리고 하나님께 입양되라고 거듭 가르치고 있습니다(마태복음 23장 9절). 하나님께서는 당신을 우리의 아버지로 여기고 부모라는 중개자를 두지 말라고 명하십니다. 언제까지나 지상의 부모와 결합되어 있는 성인들은 자신의 새로운 양자 지위를 깨달을 수 없습니다.

우리는 수도 없이 여러 번 하나님의 말씀을 어겨 왔습니다. 아직 영적으로 집을 떠나지 않고 있기 때문입니다. 우리는 여전히 우리 부모를 기쁘게 해드려야 한다고 생각하고 있으며, 우리의 새 아버지에게 복종하기 보다는 부모의 전통적인 행동 방식을 더 따르고 있습니다(마태복음 15장 1-6절).

우리가 하나님의 가족에 속하게 되면, 하나님의 방식에 복종하는 것이 때로는 우리 가족과의 갈등을 일으킬 수도 있고 또 때로는 우리를 분리시킬 수도 있습니다(마태복음 10장 35-37절). 예수님께서는 우리의 영적 유대가 가장 긴밀하고 가장 중요하다고 말씀하십니다(마태복음 12장 46-50절). 우리의 진정한 가족은 바로 하나님의 가족입니다.

우리가 가장 긴밀한 유대를 맺어야 할 이 가족에게는 일정한 법칙이 있습니다. 우리는 진실을 말해야 하고, 경계를 정해야 하고, 책임을 인정하는 동시에 요구해야 하고, 서로 대결을 해야 하고, 서로 용서해야 합니다. 강력한 표준과 가치가 이 가족을 유지시켜 줍니다. 그리고 하나님께서는 당신의 가족이 다른 법칙에 따르는 것을 결코 허락하시지 않을 것입니다.

그렇다고 해서 우리가 다른 유대 관계들을 모두 청산해야 한다는 뜻은 아닙니다. 우리는 하나님의 가족 이외에도 친구들이 있어야 하고, 우리의 원가족과도 긴밀한 유대를 형성해야 합니다. 그렇지만 우리는 먼저 두 가지 질문을 던져야 합니다. 이 유대 관계 때문에 우리가 어떠한 상황에서 올바른 행동을 하지 못할 우려는 없는가요? 또 우리는 원가족과의 관계 측면에서 정말로 성인이 되어 가고 있는가요?

만일 우리의 유대 관계가 진정 사랑의 관계라고 한다면, 우리는 분리되어 자유를 얻고 사랑과 마음에 '정한 대로' 베풀어야 합니다. 우리는 원망으로부터 멀리 떨어지게 될 것이고, 경계를 정해 놓고 사랑을 베풀게 될 것이며, 악한 행동일랑은 전혀 할 수 없게 될 것입니다.

만일 우리가 성인이 되어 '지도자와 관리자'의 품을 벗어나게 된다면, 우리 자신의 의지를 다스림으로써(고린도전서 7장 37절) 진실한 우리 아버지에게 속하는 참으로 성숙한 결정을 진정으로 내릴 수 있을 것입니다.

가족과의 울타리 문제 해결

원가족에 대하여 울타리를 쌓는 것은 매우 힘든 작업입니다. 하지만 그만한 보상이 꼭 따르는 일이기도 하지요. 원가족에 대하여 울타리를 쌓는 일은 몇 가지의 뚜렷한 단계를 거쳐야 하는 과정입니다.

증상을 밝혀내기

여러분 자신의 생활 환경을 둘러보고 과연 어디에 부모님이나 형제자매와의 울타리 문제가 존재하고 있는지를 살펴보십시오. 근본적인 문제는 바로 이것입니다 : 여러분은 어디에서 자기 소유지에 대한 지배권을 상실하셨습니까? 그 영역을 밝혀낸 다음에는 여러분이 성장해 온 가족과 그것의 관계, 그리고 여러분 본인의 행동 양식과 그것의 관계를 따져 보세요.

갈등을 밝혀내기

어떠한 원동력이 작용하고 있는가를 살펴보십시오. 예를 들어서, 여러분이 범하고 있는 것은 어떤 '울타리 법칙'인가요? 여러분은 삼각망을 갖고 계신가요? 여러분은 형제자매나 부모에 대한(to) 책임을 지는 대신에 그들을 위한(for) 책임을 떠맡고 있나요? 여러분은 결과를 부각시키고 그들로 하여금 자신의 행동으로 인한 결과를 책임지게 하는 데 실패했나요? 여러분은 그들이나 갈등에 대하여 소극적이고 반동적인 자세를 취하고 있나요?

자신이 무슨 짓을 저지르고 있는지 깨닫기 전에는 결코 이러한 원동력에서 벗어날 수 없습니다. 자기 자신의 눈에서 '대들보'를 빼십시오. 그렇게 하면 가족 구성원들을 어떻게 다루어야 할지 분명히 알 수 있을 것입니다. 자기 자신이 문제라고 여기고, 자신의 울타리가 침해당한 곳을 찾아내 보십시오.

갈등을 일으키는 필요를 밝혀내기

여러분은 아무런 이유도 없이 부적절한 행동을 취하는 것이 결코 아닙니다. 여러분은 종종 자신의 원가족이 채우지 못한 기본적인 필요들을 대신 채워 주려고 애쓰게 됩니다. 어쩌면 우리는 사랑받고 싶고, 인정받고 싶고, 수용받고 싶다는 필요들 때문에 아직도 뒤얽혀 있는지 모릅니다. 여러분은 이러한 결손 부분을 직시하고, 그것이 새로운 하나님의 가족 안에서만 채워질 수 있다는 사실을 인정해야 합니다. 하나님의 가족은 이제 여러분의 진정한 '어머니·아버지·형제·자매'가 되었습니다. 하나님의 가족은 하나님의 뜻을 행하고, 하나님께서 의도하신 바대로 여러분을 사랑해 줄 것입니다.

좋은 것들은 눈여겨 받아들이기

여러분의 필요를 이해하는 것만으로는 충분치 않습니다. 여러분은 그 필요를 충족시켜야 합니다. 하나님께서는 당신의 백성을 통하여 여러분의 필요를 기꺼이 채워 주실 것입니다. 하지만 여러분 자신도 겸손하게 좋은 후원 조직에 가담하기 위한 노력을 기울이고, 좋은 것들을 받아들여야 합니다. 여러분의 달란트를 계속해서 땅 속에 묻어 놓고 있으면서 좀더 나아지기를 기대하진 마십시오. 비록 처음에는 어색하게 느껴지겠지만, 그래도 사랑에 응답하고 그 사랑을 받아들이는 법을 배우십시오.

울타리 기술을 연마하기

여러분의 울타리 기술은 무너지기 쉽고 새로운 것입니다. 그래서 여러분은 그 울타리 기술을 힘겨운 상황에 직접 적용할 수가 없습니다. 울타리 기술이 존경과 영광을 차지할 수 있는 상황에서 먼저 연습을 해보십시오. 여러분의 울타리를 사랑하고 존중해 줄 후원 집단의 구성원들에게 먼저 '아니오'라는 말을 해보십시오.

신체적 손상에서 회복된 순간에는 무턱대고 가장 무거운 것부터 집어들 수가 없습니다. 먼저 건강을 증진시켜야 합니다. 울타리 기술을 연마하는 것도 이러한 신체적 치료 과정과 똑같은 것입니다.

나쁜 것들에는 '아니오'라고 말하기

일단 안전한 상황에서 새로운 기술을 연마하는 것 외에도, 해로운 상황을 회피하는 것 역시 중요합니다. 회복의 초기 단계에 있는 동안에는, 과거에 여러분을 학대하고 지배했던 사람들을 피하십시오.

마침내 여러분이 과거에 자기를 학대하고 지배했던 사람과의 관계를 재정립할 만한 준비가 갖추어졌다고 생각될 때, 그 때에는 친구나 후원 집단을 데리고 가십시오. 아직은 여러분이 자기를 해치는 상황과 관계에 끌려들기 쉽다는 사실을 명심하십시오. 지금 여러분이 회복되어 가고 있기는 하지만 워낙 상처가 심각했기 때문에, 적절한 도구를 취하기까지는 관계를 재정립할 수가 없습니다. 화해하고픈 소망이 너무 강한 나머지 다시 지배당하는 상황에 빠지지 않도록 조심하십시오.

공격자를 용서하기

용서보다 더 울타리를 분명히 해주는 것은 없습니다. 누군가를 용서한다는 것은 곧 그 사람의 책임을 면제해 주는 것, 또는 그 사람이 여러분에게 빚진 것을 탕감해 주는 것입니다. 여러분이 누군가를 용서해 주지 않으려 한다는 것은, 다시 말해서 여러분이 아직도 그 사람으로부터 뭔가를 바라고 있다는 의미입니다. 그러므로 여러분이 비록 보복을 원하고 있다고 할지라도, 그 때문에 여러분은 영원히 그 사람에게 매이게 되는 것입니다.

가족 가운데 한 명을 용서하지 않으려 하는 것은, 역기능 가정으로부터 분화되지 못한 채 여러 해 동안을 매여 살게 되는 주된 원인들 가운데 하나입니다. 그런 사람들은 그 가족 구성원으로부터 여전히 무언가를 바라고 있습니다. 그러나, 이보다는 하나님의 은총을 받아들이는 것이 훨씬 더 좋습니다. 하나님께서는 우리에게 줄 수 있는 것들을 가지고 계시며, 빚을 갚을 돈이 없는 사람들도 용서하시는 분이십니다. 하나님의 은총을 받아들일 때 여러분의 고난은 끝이 납니다. 하나님의 은총은 보상받고 싶은 욕구를 없애 주기 때문입니다. 보상받고 싶은 욕구는 아무 짝에도 쓸모가 없는 것이며, 여러분의 소망을 보류시킴으로써 마음만 아프게 만드는 것입니다(잠언 13장 12절).

만일 용서를 하지 않는다면, 여러분은 여러분의 적이 절대로 줄 리가 만무한 무언가를 요구하고 있는 셈입니다. 비록 그것이 그 사람이 여러분에게 한 행동을 고백하는 것에 불과하다 할지라도 말입니다. 이러한 요구는 여러분과 그 사람을 '잡아매는' 것이며, 울타리를 무너뜨리는 것입니다. 여러분이 성장해 온 그 역기능 가정을 떠나 보내십시오. 그 역기능 가정을 풀어 주십시오. 그러면 여러분도 자유를 얻을 수 있을 것입니다.

역반응이 아니라 반응을 하기

어떤 사람의 말이나 행동에 여러분이 역반응을 나타낼 경우, 여러분의 울타리에는 문제가 생길 수도 있습니다. 만일 어떤 사람이 무슨 말이나 행동을 가지고 여러분을 혼란시킬 수 있다면, 그 사람은 그 순간 여러분을 지배하게 될 것이고, 여러분의 울타리는 무너져 버릴 것입니다. 그렇지만 여러분이 그 사람의 말이나 행동에 반응한다면, 여러분은 여전히 자신에 대한 통제권을 쥐고 있을 수 있으며, 선택을 할 수도 있을 것입니다.

만일 지금 자신이 역반응을 하고 있다고 여겨지면, 잠시 떨어져서 자신에 대한 통제권을 다시 쥐도록 하십시오. 그러면 가족 구성원들도 여러분이 원하지 않는 말이나 행동을 강요할 수 없으며, 여러분의 분리를 침해할 수 없을 것입니다. 여러분은 자신의 울타리를 지키고 있을 때 가장 좋은 쪽을 선택할 수 있습니다. 반응과 역반응의 차이는 바로 선택입니다. 여러분이 역반응을 한다면 그들이 지배권을 장악하게 될 것입니다. 반면에 여러분이 반응을 한다면 여러분이 지배하게 될 것입니다.

죄책감이 아니라 자유와 책임 가운데 사랑하는 법 익히기

가장 좋은 울타리는 사랑이 넘치는 울타리입니다. 방어적인 형태에 영원토록 머물러 있는 사람은 사랑과 자유를 놓치고 말 것입니다. 울타리는 결코 사랑을 그만두는 것이 아닙니다. 울타리는 정반대의 것입니다 : 여러분은 울타리를 통해서 사랑할 수 있는 자유를 얻게 됩니다. 물론 다른 사람을 위하여 자기 자신을 부인하고 희생하는 것도 좋은 일입니다. 하지만 그 쪽을 선택하도록 만들어 줄 울타리가 여러분에게는 꼭 필요합니다.

여러분의 자유를 증대시키려면 목적을 가지고 베푸는 일을 연습해 보십시오. 때때로 울타리를 쌓는 과정에 있는 사람들은 누군가에게 호의를 베푸는 것이 종속적 관계라고 여기기도 합니다. 그렇지만 이것은 전혀 사실이 아닙니다. 여러분이 자유롭게 선택해서 누군가에게 호의를 베푸는 것은 울타리를 더더욱 강화시켜 주는 것입니다. 종속적 관계에 있는 사람들은 결코 호의를 베푸는 것이 아닙니다 ; 그들은 그저 두려움 때문에 악을 허용하고 있을 뿐입니다.

8
울타리와 여러분의 친구

마샤는 텔레비전을 켰지만 어떤 쇼가 방송되고 있는가를 전혀 깨닫지 못했습니다. 그녀는 가장 절친한 친구인 태미와의 통화 내용을 되새겨보고 있었습니다. 그녀는 태미에게 같이 영화보러 가자고 부탁했었습니다. 이번에도 마샤 쪽에서 먼저 전화를 걸었던 것입니다. 그리고, 다시 한 번 그녀는 실망을 하였습니다. 태미는 결코 그녀에게 전화를 하지 않는 사람이었습니다. 이런 것이 우정이라고 할 수 있는 것일까요?

우정. 이 우정이라는 단어는 두 사람 사이의 친밀감·유대감, 그리고 두 사람이 서로 상대방에게 끌리게 된다는 이미지를 담고 있습니다. 친구란 우리 삶이 과연 어느 정도 의미를 지니고 있느냐를 보여 주는 상징입니다. 이 세상에서 가장 슬픈 사람은, 진정으로 알고 지내면서 진정으로 사랑을 주고받는 관계에 있는 사람을 단 한 사람도 만들지 못하고 생애를 마감하는 사람입니다.

우정은 하나의 광범위한 범주일 수 있습니다 ; 이 책에서 언급한 관계들은 대개가 이 우정의 요소를 지니고 있습니다. 하지만 우리의 목적을 이루기 위해서는 우정을 기능에 기초하지 않고 애정에 기초한 비낭만적인 관계라고 정의를 내려둘 필요가 있습니다. 다시 말해서, 직업이나 봉사처럼 일반적인 임무에 기초한 관계는 배제시키자는 것입니다. 그저 그 사람을 위하여 곁에 있어 주고 싶은 것만 우정이라 부르기로 합시다.

친구와의 울타리 갈등은 그 크기와 형태가 천태만상입니다. 그러면 이렇게 다양한 문제들을 이해하기 위하여 지금부터 몇 가지 갈등을 살펴보고, 어떻게 하면 울타리 안에서 그 갈등들을 해소할 수 있는지 알아보기로 할까요?

갈등 1 : 순종적인 사람/순종적인 사람

어떤 측면에서 보면 이것이 가장 위대한 우정일 수도 있지만, 또 어떤 측면에서 보면 이것은 무시무시한 우정일 수도 있습니다. 숀과 팀은 즐기는 스포츠와 활동, 오락이 똑같았습니다. 그 두 사람은 교회도 같은 곳엘 다녔고, 식당도 똑같이 즐겨 찾는 데가 있었습니다. 하지만 그들은 서로에게 너무 친절해서 문제였습니다. 둘 다 서로에게 '아니오'라고 말하기가 너무나도 힘들었던 것입니다.

그들이 이 문제를 깨닫게 된 것은, 급류타기 여행과 60년대 히피풍 연주회의 일정이 같은 날로 잡아진 어느 주말이었습니다. 숀과 팀은 이것들 둘 다를 좋아했습니다. 하지만 두 가지를 한꺼번에 할 수는 없었습니다. 숀은 팀에게 전화를 걸어서 급류타기에 가자고 제의했습니다. "물론이지!"라고 친구는 대답했습니다. 그렇지만 서로가 눈치채지 못한 사실은 숀도 팀도 진심으로 급류타기 여행을 원치 않고 있다는 것이었습니다. 그들은 사실 연주회에 가게 될 것을 마음속으로 기대하고 있었던 것입니다.

강을 반쯤 내려가던 도중에 손과 팀은 서로에게 정직해지기로 했습니다. 지칠 대로 지친 데다가 온몸이 다 젖은 상태에서 팀이 불쑥 말을 꺼냈습니다. "그래, 이런 여행을 오자고 하다니, 참 대단한 생각이었어."

"팀," 손이 놀라서 말했습니다. "난 네가 급류타기를 하고 싶어하는 줄로 알았는데."

"오, 아냐! 네가 먼저 전화를 했기 때문에 난 네가 원하는 줄로 알았다고, 이 친구야!" 그는 슬픈 듯이 말을 이어갔습니다. "이제 우리도 서로를 도자기 인형처럼 다루지 말아야 될 때가 온 것 같군."

이렇게 순종적인 두 사람이 상호 작용을 해서 빚어지는 결과는 어느 쪽도 진정으로 원하는 것을 할 수 없다는 것입니다. 둘 다 상대방에게 진실을 이야기하는 것을 두려워하고 있기 때문에 그들은 결코 그럴 수가 없습니다.

그러면, 울타리 점검 목록을 이러한 갈등 상황에 한 번 적용시켜 볼까요? 다음의 문제 점검 목록은 여러분이 울타리 쌓는 일을 어느 정도 진척시키고 있는지도 알려 주고, 나아가 여러분이 가고자 하는 곳에 도달하는 방법도 알려 줄 것입니다.

1. 증상이 무엇입니까? 순종적인 사람과 순종적인 사람 사이의 갈등 때문에 나타나는 증상 한 가지는 바로 불만족입니다—뭔가 여러분이 해서는 안될 일을 허락해 버린 것 같은 그런 기분이지요.

2. 근원지가 어디입니까? 순종적인 사람들은 다른 사람을 행복하게 해주기 위하여 '아니오'라는 말을 피해야 했던 그런 환경에서 자라난 사람들입니다. 다들 근원지가 비슷하기 때문에 순종적인 사람 두 명이 서로 돕기란 무척 힘든 일입니다.

3. 울타리 갈등은 무엇입니까? 순종적인 사람들은 평화를 유지하기 위하여 자신의 울타리 따위는 공손히 거절해 버리고 맙니다.

4. 누가 책임을 져야 하는 걸까요? 순종적인 사람은 매사에 다른 사람에게 양보하고 다른 사람을 기쁘게 해주려고만 하는 자신의 태도에 대하여 책임을 져야 합니다. 숀과 팀은 둘 다 서로가 친절하게 대해 줌으로써 다른 사람을 지배하고 있다는 사실을 깨달아야 합니다.

5. 그들은 무슨 일을 해야 합니까? 순종적인 사람들에게는 그들이 낄 만한 후원 관계가 필요합니다. 후원 집단이나, 소그룹 성경공부반이나, 상담가와 관계를 맺어야 합니다. 자신이 다른 사람에게 상처를 줄지도 모른다는 두려움 때문에 그들 혼자서는 울타리를 쌓을 수 없기 때문입니다.

6. 어디서부터 어떻게 시작해야 할까요? 순종적인 두 사람 모두 사소한 일들에 대한 울타리 쌓기부터 연습해야 합니다. 그들은 식당의 음식 맛이나 교회의 예배나 음악 같은 것들에 관하여 정직하게 이야기하는 데서부터 시작할 수가 있습니다.

7. 그들이 어떻게 서로에게 울타리를 쌓을 수 있을까요? 숀과 팀은 서로의 얼굴을 맞대고 이야기를 나누다가, 결국에는 진실을 이야기하게 되었으며, 서로가 경계를 정하고 싶다는 욕구를 드러내게 되었습니다. 그들은 서로에게 튼튼한 울타리를 쌓을 의무가 있습니다.

8. 그런 다음에는 무슨 일이 일어날까요? 숀과 팀은 생각했던 것보다 자신들의 관심사가 그리 비슷하지 않다는 사실을 인정하게 될 것입니다. 그리고 그들은 서로에게서 좀더 분리될 필요가 있는지도 모릅니다. 상이한 활동을 즐기는 상이한 친구들을 가지고 있다고 해서 관계가 손상되는 것은 결코 아닙니다 ; 긴 안목에서 보면, 오히려 그것이 우정에 도움이 될 수도 있습니다.

갈등 2 : 순종적인 사람/공격적인 지배자

우정의 갈등 가운데서 가장 구별하기 쉬운 갈등, 곧 순종적인 사람과 공격적인 지배자 사이에 생겨나는 갈등에는 전형적인 증상이 몇 가지 있습니다. 순종적인 사람은 두 사람의 관계에서 자기가 더 열등하고 협박당하는 쪽이라고 생각합니다 ; 한편, 공격적인 지배자는 순종적인 사람의 잔소리에 자신이 염증을 일으키고 있다고 생각합니다.

"그래, 네가 정 그렇다면 좋아." 이것은 순종적인 사람이 입에 달고 다니는 소리입니다. 보통 공격적인 지배자는 순종적인 사람의 시간이나 재능이나 보물을 조금 사용하겠노라고 주장하는 편입니다. 공격적인 지배자는 전혀 거리낌없이 자신이 원하는 바를 요구합니다. 때로는 청하지도 않고서 마음대로 자기가 원하는 것을 얻어내기도 합니다. "그게 필요한데." 공격적인 지배자는 이 말만으로도 얼마든지 순종적인 사람의 것을 쓸 수 있습니다. 자동차 열쇠나, 설탕 한 컵이나, 세 시간의 할애나 전혀 문제될 게 없습니다.

이런 관계에서 불행을 겪는 것은 보통 순종적인 사람 쪽이기 때문에, 먼저 행동을 취해야 하는 것도 바로 순종적인 사람 쪽입니다. 그럼 울타리 점검 목록과 대조시켜 가면서 이 관계를 한 번 살펴보기로 하지요.

1. **증상이 무엇입니까?** 순종적인 사람은 지배당한 듯한 느낌과 분개심을 갖게 됩니다 ; 공격적인 지배자는 순종적인 사람이 잔소리해댈 때를 제외하면 아주 기분이 좋습니다.

2. **근원지가 어디입니까?** 순종적인 사람은 아마도 갈등을 떠 안지 말고 회피하라고 가르쳐 준 가정에서 자라났을 것입니다. 그리고 공격적인 지배자는 만족을 늦춘다거나 자신을 책임지는 것에 대하여 한 번

도 훈련을 받아 본 적이 없을 것입니다.

3. 울타리 갈등은 무엇입니까? 두 가지의 독특한 울타리 갈등이 나타나는데, 하나는 순종적인 사람이 자기 친구에 대하여 명확한 경계를 정하지 못한다는 것이고, 또 하나는 공격적인 지배자가 순종적인 사람의 경계를 존중할 줄 모른다는 것입니다.

4. 누가 책임을 져야 하는 걸까요? 순종적인 사람은 자신이 공격적인 지배자의 희생양이 아니라는 사실을 직시해야 할 필요가 있습니다; 그는 지금 아주 손쉽게 자신의 능력을 자청하여 친구에게 제공하고 있는 것입니다. 자신의 능력을 포기함으로써 그는 나름대로 자기 친구를 지배하고 있는 셈입니다. 순종적인 사람은 공격적인 지배자를 기쁘게 만들어 주고서, 그 일로 공격적인 지배자의 환심을 사고 또 그 공격적인 지배자의 행동이 변화되기를 기대함으로써, 결국은 공격적인 지배자를 지배하게 됩니다. 한편, 공격적인 지배자는 자신이 다른 사람의 경계를 인정하는 것과 '아니오'라는 말을 귀담아 듣는 것에 어려움을 겪고 있다는 사실을 시인할 필요가 있습니다. 공격적인 지배자는 친구를 지배하고픈 자신의 욕구에 대하여 책임을 질 필요가 있습니다.

5. 그들은 무슨 일을 해야 합니까? 이러한 우정 관계에서 더 불행한 쪽은 순종적인 사람입니다. 그러므로 순종적인 사람은 이 같은 울타리 갈등을 해결하는 데 도움이 될 만한 후원 집단과 접촉을 해야 합니다.

6. 어디서부터 어떻게 시작해야 할까요? 순종적인 사람은 자기 친구와의 대결을 준비하는 과정에서 먼저 후원 집단을 상대로 경계 정하기 연습을 할 필요가 있습니다. 공격적인 지배자는 자신이 어떤 식으로 다른 사람을 해치고 있는지, 또 어떻게 하면 다른 사람의 경계를 존중하는 법을 배울 수 있는지에 관해서 가까운 친구들로부터 정직한 피드백만 얻어낸다 하더라도 정말로 큰 이득을 볼 수 있을 것입니다.

7. 그들이 어떻게 서로에게 울타리를 쌓을 수 있을까요? 순종적인 사람은 자신의 우정에 성서적 원칙을 적용합니다(마태복음 18장을 보세요). 그는 친구의 지배와 협박에 대항합니다. 그는 친구에게 다시 한 번 자기를 지배하려 들 경우 떠나 버리겠다고 말합니다.

그는 친구를 지배하려고 하지 않습니다. 대결은 자신에게서 선택권을 강탈해 가는 것에 대한 최후의 통첩입니다. 그가 경계를 정하는 것은 친구의 지배가 자신에게 상처를 입히고, 나아가 자신들의 우정까지도 파괴시킨다는 사실을 친구에게 알리기 위함입니다. 그러한 경계는 순종적인 사람이 더 이상 상처를 입지 않도록 막아 줍니다. 이에 대하여 공격적인 지배자는 화를 낼 수도 있고, 자신이 원하는 대로 협박할 수도 있습니다. 하지만, 순종적인 사람은 더 이상 그의 곁에 남아 상처 받는 일이 없을 것입니다. 이제 순종적인 사람은 방이나, 집이나, 우정으로부터 떠나 있게 될 것입니다——돌아와도 안전하다고 생각될 때까지는 말이죠.

공격적인 지배자는 자기 행동의 결과를 체험합니다. 친구가 곁에 없음으로 공격적인 지배자는 어쩔 수 없이 애정을 그리워하게 될 것이고, 친구를 떠나게 만든 자신의 지배적인 태도에 관하여 책임을 질 수 있게 될 것입니다.

8. 이제 무슨 일이 벌어질까요? 이 시점에서, 만일 두 친구가 모두 개방적인 인물이라면 관계를 재조정할 수 있습니다. 그들은 "네가 비판을 멈춘다면 나도 잔소리를 안 할게!"와 같은 기본 규칙들을 새롭게 정할 수도 있고, 새로운 우정을 쌓을 수도 있습니다.

갈등 3 : 순종적인 사람/남을 교묘히 조종하는 지배자

"캐시, 정말 곤란한 일이 생겼어. 지금 날 도와주러 올 사람은 너밖에 없다구. 애들 봐줄 사람을 못 구했지 뭐야, 꼭 이번 교회 모임에 가 봐야 되는데······."

캐시는 친구 샤론의 어려운 입장을 경청하였습니다. 이것은 너무나도 판에 박힌 이야기였습니다. 샤론은 먼저 애들을 돌봐 줄 사람을 구해 보지도 않고서 무작정 일을 계획하곤 하였습니다. 그리고는 캐시에게 전화를 걸어서는 자기가 자초한 이 긴급한 사태로부터 구해 달라고 요청하곤 하였습니다.

캐시는 이런 입장에 처하는 게 정말 싫었습니다. 물론 샤론이 의도적으로 그런 건 아니었습니다. 샤론은 좋은 뜻에서 캐시를 필요로 했습니다. 하지만, 캐시는 여전히 이용당하고 착취당하는 듯한 느낌을 지울 수가 없었습니다. 캐시는 과연 어떻게 해야 할까요?

순종적인 사람과 남을 교묘히 조종하는 지배자 사이의 우정은 이런 상호 작용 속에 빠질 가능성이 짙습니다. 그러면 우리는 왜 샤론을 지배자라고 부르는 걸까요? 물론 그녀가 의식적으로 친구를 조종하려 했던 것은 아닙니다; 하지만 그녀의 의도가 아무리 좋은 것이었다 할지라도, 그녀가 난감한 상황에서 친구들을 이용한 건 틀림없는 사실입니다. 샤론은 친구들이 기꺼이 자기에게 호의를 베풀어 주어야 한다는 생각에서 당연하게 친구들을 이용했습니다. 그녀의 친구들은 "그래, 그렇게 안 나오면 샤론이 아니지!"라고 말하면서 그녀의 요청을 들어주었습니다. 그렇지만 사실 그 친구들은 자기의 분노를 억누르고 있었던 것입니다.

그러면 이러한 갈등을 우리의 울타리 점검 목록에 비추어 살펴보기로 할까요?

1. 증상이 무엇입니까? 순종적인 사람(캐시)은 남을 교묘히 조종하는 지배자(샤론)의 급박한 요청에 대하여 분개해합니다. 캐시는 마치 자신의 우정이 당연시되고 있다는 느낌을 갖게 됩니다. 캐시는 점점 그 친구를 멀리하게 됩니다.

2. 근원지가 어디입니까? 샤론의 부모는 새벽 3시에 학기말 리포트를 끝마치는 일에서부터 샤론이 서른 살은 족히 먹었을 때까지도 돈을 빌려주는 일까지, 온갖 곤경으로부터 샤론을 언제나 구출해 주었습니다. 샤론은 아주 너그러운 세계에서 자라났습니다. 그 세계에서는 언제나 친절한 사람들이 나타나 그녀를 도와주곤 했습니다. 그녀는 자신의 무책임이나 훈련 부족, 계획 결여 같은 문제에 한 번도 직면해 본 적이 없었습니다.

캐시는 어렸을 적부터 자기가 '아니오'라고 말함으로써 엄마가 상처 입게 되는 것을 보고 싶지 않았습니다. 캐시는 성장해서도 자기가 울타리를 쌓음으로 다른 사람에게 상처를 주게 될까봐 두려워하게 되었습니다. 캐시는 친구들——특히 샤론——과의 갈등을 피하기 위해선 무슨 일이라도 할 사람이었습니다.

3. 울타리 갈등은 무엇일까요? 샤론은 미리 계획을 세운다거나 자기 일정에 대한 책임을 진다거나 하는 일이 없습니다. 책임이 '자신에게서 벗어날' 경우, 그녀는 가장 가까이에 있는 순종적인 사람에게 전화를 걸어 도움을 청합니다. 그러면 캐시가 당장 달려옵니다.

4. 누가 책임을 져야 할까요? 이 갈등 상황에서 동기를 부여받는 쪽은 캐시입니다. 캐시는 끊임없는 자신의 '예'가 샤론에게 먼저 계획을 세울 필요가 전혀 없다는 환상을 심어 준 경로를 직시하고 있습니다. 이제 그녀는 자신이 희생자라는 생각을 그만두고, '아니오'라고 말해야

할 책임을 완수해야 합니다.

5. 캐시는 무슨 일을 해야 할까요? 캐시는 자신과 친구 사이의 울타리 문제를 들여다볼 수 있도록 도와 줄 만한 사람들과 관계를 맺을 필요가 있습니다.

6. 캐시는 어디에서부터 시작해야 할까요? 캐시는 후원 집단의 친구들에게 먼저 '아니오'라고 말하는 연습을 해야 합니다. 자기를 도와주는 분위기 속에서 캐시는 반대하는 방법, 자신의 견해를 주장하는 방법, 대결하는 방법을 배우게 됩니다. 후원 집단의 친구들은 하나같이 캐시가 이 관계 속에서 힘과 지침을 얻을 수 있기를 기원하고 있습니다.

7. 캐시는 어떻게 울타리를 세울 수 있을까요? 다음 번 점심 식사 때, 캐시는 샤론에게 자신이 이용당하고 착취당하는 것 같은 느낌을 갖고 있다고 이야기합니다. 캐시는 좀더 상호적인 관계를 맺고 싶다고 말합니다. 그런 다음 그녀는 더 이상 '급박한' 애보기 일을 해주지 않겠노라고 친구에게 알립니다.

친구에게 자신이 얼마나 상처를 입혔는지도 모르고 있던 샤론은 이 문제를 정말 유감스럽게 생각합니다. 샤론은 자신의 일정에 대하여 좀더 책임을 지게 됩니다. 마지막 순간에 캐시에게 애보는 일을 부탁했다가 거절당하고, 그래서 중요한 모임을 여러 번 놓치게 되면서부터, 샤론은 한두 주일 미리 일을 계획하는 습관을 들이게 됩니다.

8. 그 다음에는 무슨 일이 벌어질까요? 우정은 더더욱 깊어지고 성장해 갑니다. 시간이 지난 뒤에 캐시와 샤론은 이 갈등 때문에 자신들이 더더욱 친밀해졌다는 사실을 깨닫고 웃게 될 것입니다.

갈등 4 : 순종적인 사람/반응이 없는 사람

이 장의 첫부분에서 다루었던 마샤와 태미의 우정을 기억하고 있습니까? 한 쪽은 온갖 노력을 기울이는 반면 다른 한 쪽은 아무런 노력도 없이 순조로이 나가는 것, 이것은 순종적인 사람과 반응이 없는 사람 사이의 갈등을 그대로 대변해 주고 있습니다. 한 쪽은 좌절감과 분개심을 느끼고 있습니다; 다른 한 쪽은 문제가 무엇인지도 잘 모르고 있습니다. 마샤는 태미가 자기만큼 우정을 중요하게 여기지 않는다고 생각하고 있습니다.

이 상황을 한 번 분석해 보기로 하지요:

1. 증상은 무엇입니까? 마샤는 우울해하고 분개하고 있으며, 자신이 별로 중요하지 않다는 느낌을 받고 있습니다; 그렇지만, 태미는 오히려 자기가 친구의 필요나 요구에 짓눌린 것 같다고 느끼거나 죄책감을 갖고 있을지도 모르는 일입니다.

2. 근원지가 어디입니까? 마샤는 자신이 온갖 노력을 기울임으로써 중요한 관계를 지배하지 않으면 버림받고 말 것이라는 두려움을 가지고 죽 살아왔습니다. 그래서 그녀는 다른 사람이 모두 마리아가 될 수 있도록, 자신은 마르다가 되었습니다. 다시 말해서 사랑을 받는 사람이 되는 대신에 일하는 사람이 된 것입니다(누가복음 10장 38-42절).

태미는 우정을 위하여 열심히 노력을 기울여야 할 필요가 전혀 없었습니다. 그녀는 언제나 인기를 독차지했고 잘 팔렸기 때문에 중요한 우정 관계로부터 그저 수동적으로 받기만 했던 것입니다. 태미는 응답 안 한다고 해서 누군가를 잃어 본 적이 한 번도 없었습니다. 친구들 쪽에서 그녀 곁에 머무르기 위하여 더더욱 노력을 기울일 뿐이었죠.

3. 울타리 갈등은 무엇입니까? 여기에는 두 가지의 울타리 갈등이 있을 수 있습니다. 첫째, 마샤는 우정에 대하여 너무도 지나치게 책임을 지고 있습니다. 그녀는 친구가 스스로 짐을 지고 가지 못하도록 막고 있습니다(갈라디아서 6장 5절). 둘째, 태미는 우정에 대하여 충분히 책임을 지고 있지 않습니다. 그녀는 자신이 고르고 선택한 대로 무슨 일이든지 마샤가 따라해 주리라고 생각하고 있습니다. 다른 누군가가 기꺼이 해줄 일들을 왜 그녀가 직접 하겠습니까?

4. 누가 책임을 져야 할까요? 마샤는 태미가 너무 쉽사리 아무 일도 하지 않도록 만든 책임을 질 필요가 있습니다. 마샤는 자신이 계획을 세우고, 전화를 걸고, 온갖 노력을 기울이는 것 등이 실은 사람을 지배하려는 속마음을 감추고 있는 시도라는 것을 깨달을 필요가 있습니다.

5. 그들은 무슨 일을 해야 합니까? 두 쪽 다 다른 친구들의 도움을 받을 필요가 있습니다. 그들 주변에서 무조건적인 사랑을 지닌 한두 사람의 도움을 받지 않고서는 도저히 이 문제를 객관적으로 볼 수가 없기 때문입니다.

6. 그들은 어디서부터 시작해야 할까요? 마샤는 후원 집단의 친구들을 상대로 먼저 경계 쌓기 연습을 합니다. 그녀는 태미와의 우정이 끊어지더라도, 저마다 자기 짐을 지고 가는 그런 우정을 나눌 수 있는 친구가 얼마든지 있다는 사실을 깨닫게 됩니다.

7. 그들은 어떻게 울타리를 쌓을 수 있을까요? 마샤는 태미에게 자신의 감정을 솔직히 털어놓고, 앞으로는 자신들의 우정에 대한 책임을 똑같이 나누어 져야 할 것이라고 알립니다. 다시 말해서, 마샤는 이제 전화를 한 번 한 다음엔 태미가 할 때까지 결코 전화를 먼저 하지 않을 것입니다. 마샤는 태미가 자기를 그리워하면서 전화해 주기를 바라고 있습니다.

최악의 경우, 태미의 무반응 때문에 그들의 우정이 깨진다 할지라도 마샤는 얻을 게 많습니다. 우선 마샤는 그들의 우정이 상호적인 관계가 아니었음을 깨닫게 될 것입니다. 이제 그녀는 몹시 슬퍼할 수도 있고, 그 슬픔을 딛고 일어서서 진정한 친구들을 찾기 위하여 나아갈 수도 있습니다.

8. 그 다음에는 무슨 일이 벌어질까요? 아주 하찮은 위기가 우정의 특성을 영원히 바꾸어 놓습니다. 잠깐 동안의 위기 때문에 우정의 관계가 완전히 끊어져 버릴 수도 있습니다─ 또한 잠깐 동안의 위기 때문에 좀더 나은 우정을 다시 쌓을 수 있는 토양이 생성될 수도 있습니다.

우정의 울타리 갈등에 관한 질문들

우정과 관련된 울타리 갈등은 다루기가 무척 어렵습니다. 그 관계를 묶어 주는 끈이 있다면 그것은 오직 애정 그 자체일 뿐이기에 더욱 그렇습니다. 결혼 반지도 없습니다. 관련된 일도 없습니다. 오로지 우정만이 있을 뿐입니다─ 그리고 이 우정이란 것은 종종 너무나도 덧없는 것처럼 보이기도 하고 아주 심각한 위기에 처하기도 합니다.

우정과 관련된 울타리 갈등을 겪고 있는 사람들은 우정에 관한 울타리를 쌓고자 할 때 대체로 다음과 같은 질문들을 하기 쉽습니다.

질문 1 : 우정이 너무 빨리 깨지는 게 아닐까요?

결혼이나 직장이나 교회와는 달리, 우정이란 대개가 친구들을 서로 지켜 주어야 된다는 외부적인 책임이 전혀 부과되지 않는 관계입니다. 전화벨 소리가 뚝 끊어질 수 있는 것과 마찬가지로, 우정이라는 관계는 관여자들의 삶 속에 아무런 파문도 일으키지 않고 그저 뚝 끊어져 버릴 수 있습니다. 그렇다면, 우정은 울타리 갈등이 생겼을 때 쉽사리 깨져 버리는 게 아닐까요?

　이런 식의 생각에는 두 가지 문제점이 있습니다. 첫째로, 이런 식의 생각은 결혼이나 직장이나 교회 같은 외면적인 제도들만이 관계들을 한데 엮어 주는 접착제라는 가정을 담고 있습니다. 다시 말해서, 애정이 아니라 책임이 우리를 한데 엮어 주는 것이라는 가정을 담지하고 있는 것입니다. 하지만 성서적으로 보나 실제적으로 보나, 이것은 사실과 전혀 무관한 것입니다.

　우리는 여러 가지의 그리스도교 서클에서 이런 생각을 발견할 수 있습니다 : "만일 어떤 사람이 싫거든 당신 좋을 대로 하세요," 또는 "누군가를 사랑하는 일에 책임을 지세요," 또는 "누군가를 선택해서 사랑해 보세요. 그러면 느낌이 올 거예요."

　선택과 책임은 둘 다 좋은 우정의 구성 요소입니다. 우리에게는 다급할 때에 믿을 수 있는 친구, 그런 친구가 필요합니다. 그렇지만 성경은 우리가 책임이나 순전한 의지력에만 의존할 수는 없다고 가르칩니다. 책임이나 순전한 의지력에 기댔다가는 언제나 실망하게 되기 때문입니다. 바울은 자기가 하고 싶지 않았던 일을 했는가 하면, 정작 하고 싶었던 일은 하지 못했노라고 외쳤습니다(로마서 7장 19절). 바울은 어쩔 수가 없었습니다. 우리 역시도 모두들 그런 갈등을 겪고 있습니다. 우리는 사랑이 넘치는 우정을 나누는 동안에도 나쁜 일들을 겪게 됩니다. 우리는 친구들을 의기소침하게 만듭니다. 불쾌한 느낌을 갖게 됩니다. 그렇지만 이런 식의 태도는 그저 공포만 일으킬 뿐이지, 결코 관계를 재정립해 주지는 못합니다.

　우리는 바울의 모범을 그대로 따름으로써 우리의 딜레마를 풀 수 있

습니다 : "그러므로 그리스도 예수 안에 있는 사람들은 정죄를 받지 않습니다"(로마서 8장 1절). 해결책은 바로 '그리스도 예수 안에' 있는 것입니다—다시 말하면 그리스도와 수직적인 관계 및 수평적인 관계를 맺는 것입니다. 우리는 하나님과 우리 친구들, 그리고 후원 집단들과의 관계를 여전히 지속시키고 있을 때라야만, 혹 울타리 문제가 발생하더라도 그 문제들을 견뎌내고 또 그 문제들과 부딪혀 싸울 수 있는 은총을 차고 넘치도록 받을 수 있습니다. 관계라고 하는 이러한 외적인 원천이 없다면, 우리는 결국 실패하거나 또는 우리가 무엇이든 할 수 있는 절대적인 인물이라고 생각하게 만드는 그런 공허한 의지력에 기댈 수밖에 없을 것입니다.

다시 한번 강조하건대, 성경은 모든 책임이 사랑의 관계에 토대를 둔 것이라고 가르치고 있습니다. 우리는 사랑을 받을 때 비로소 책임과 계획적인 의사 결정으로 나아갈 수 있습니다. 절대로 책임과 계획적인 의사 결정이 사랑을 받게 만들어 주지는 못합니다.

이것을 우정에 적용시키면 어떻게 될까요? 이런 식으로 한 번 생각해 보십시오. 만일 여러분의 가장 절친한 친구가 다가와서 이렇게 말한다면 과연 여러분의 심정이 어떨까요? "우리가 친구로 남아 있는 것은 오로지 내가 우리의 우정에 대하여 책임을 지고 있기 때문이야. 그저 이 사실을 말해 주고 싶었어. 너에겐 나를 잡아끌 만한 게 아무것도 없어. 특히 네 동료들은 정말 싫어. 하지만 난 앞으로도 네 친구가 되는 쪽을 선택할 거야."

여러분은 아마도 이런 관계에 대하여 무척 불안해하거나 아니면 이 말을 깊이 묻어 두게 될 것입니다. 여러분은 사랑이 아니라 의리 때문에 친구가 된 게 아닌가 의심을 품게 될 것입니다. 하지만 웃기지 말라고 하십시오. 우정이란 모름지기 애정에 토대를 둔 것이어야 합니다.

그렇지 않을 경우, 그 우정은 흔들거리는 기반 위에 서있게 될 것입니다.

우정이 결혼이나 교회나 직장처럼 제도화된 관계보다 더 깨지기 쉬운 것이라는 생각이 갖고 있는 두 번째 문제는, 그것이 결혼과 교회와 직장은 애정에 기초한 관계가 아니라고 하는 가정을 담고 있다는 것입니다. 하지만 이것은 결코 사실이 아닙니다. 만일 그게 사실이라면 결혼 서약은 곧 0퍼센트의 이혼율을 보장해 주는 것이어야 할 것입니다. 만일 그게 사실이라면 신앙 고백은 곧 신실한 교회 출석을 보장해 주는 것이어야 할 것입니다. 만일 그게 사실이라면 고용은 곧 100퍼센트의 출근을 보장해 주는 것이어야 할 것입니다. 그렇지만 실제로 우리의 삶에서 너무도 중요한 의미를 갖고 있는 이 세 가지의 중요한 제도도 상당 부분이 애정에 기초한 것이라고 할 수 있습니다.

우리의 친구들을 우리와 묶어 주는 유일한 끈이 우리의 선행이나, 우리의 매력이나, 친구들의 죄책감이나, 친구들의 책임감이 아니라고 하는 사실을 깨닫게 되면 무척 두려워질 수 있습니다. 사실 우리의 친구들이 계속해서 우리에게 전화를 하고, 우리와 함께 시간을 보내고, 우리의 잘못을 참고 견뎌낼 수 있게 해주는 유일한 원동력은 바로 사랑입니다. 그리고 그 사랑이야말로 우리가 결코 지배할 수 없는 유일한 대상입니다.

어느 순간 어떤 사람이 우정에서 멀어져 갈 수도 있습니다. 그렇지만, 애정에 기초한 삶 속으로 깊이 들어가면 들어갈수록 우리는 진실한 사랑이 무엇인가를 깨닫게 됩니다. 우리는 진실한 우정의 유대감은 쉽사리 깨질 수 없다는 사실을 알게 됩니다. 그리고 우리는 진실한 우정이라면 관계를 해치는 것이 아니라 오히려 돈독하게 만들어 줄 그런 경계를 우리가 정할 수 있도록 도와준다는 사실을 깨닫게 됩니다.

질문 2 : 연인 사이에 어찌 울타리를 세울 수 있단 말입니까?

독신자 그리스도인들은 현재 사귀고 있는 연인에게 진실을 말하는 방법이나 경계를 정하는 방법을 익히는 일에 굉장히 애를 먹습니다. 대부분의 갈등은 관계가 끊어질지도 모른다는 두려움으로부터 생겨나는 것들입니다. 어떤 내담자가 이렇게 말해올 수도 있습니다 : "제가 무척 좋아하는 사람이 있는데요——그 사람에게 '아니오'라고 말할 경우 다시는 그를 못 보게 될 것 같아 두려워요."

연인들 사이에 적용되는 고유한 원칙이 두 가지 있습니다 :

1. 연인들 사이는 **본질적으로 위태로운 것입니다**. 한 번도 다른 사람들에 대한 애정을 발달시켜 본 적이 없는 독신자들, 한 번도 자신의 울타리를 존중받아 본 적이 없는 독신자들, 이런 사람들은 대체로 이성 교제를 통해서 성서적인 우정의 법칙을 배우고자 애를 씁니다. 이들은 연인 관계의 안전함이 사랑하고, 사랑받고, 경계를 정하는 방법을 익힐 수 있도록 도와주리라고 기대하고 있습니다.

십중팔구 이런 사람들은 몇 개월 후에 이전보다도 훨씬 더 상처입은 모습으로 교제를 그만두게 됩니다. 이들은 낙심할 수도 있고, 버림받은 느낌, 이용당한 느낌을 가질 수도 있습니다. 그렇지만 이것은 이성 교제 때문에 생긴 문제가 아닙니다. 이것은 이성 교제의 목적을 오해한 데서 비롯된 문제인 것입니다.

이성 교제의 목적은 연습과 실험입니다. 이성 교제의 궁극적인 목표는 결혼을 할 것인지 안 할 것인지에 대하여 조만간 결정을 내리는 것일 경우가 많습니다. 이성 교제는 어떤 부류의 사람이 우리를 보충해 줄 수 있는지, 그리고 어떤 사람과 우리가 영적으로나 정서적으로 잘 어울리는지를 알아보기 위한 방법입니다. 이성 교제는 결혼을 위한 훈련의 토대입니다.

　이러한 사실은 뿌리깊은 갈등의 원인이 됩니다. 우리는 이성 교제를 할 때, 언제든지 "이런 식이라면 계속 만날 필요가 없을 것 같네요."라고 말하고는 관계를 끝맺을 수 있는 자유를 가지고 있습니다. 물론 상대방도 똑같은 자유를 지니고 있습니다.

　그러면 울타리가 손상된 사람에게 이것이 뜻하는 것은 무엇일까요? 대체로 그 사람은 자신의 미숙하고 덜 발달된 성격적 측면을 성숙한 낭만적 상황 속으로 밀어넣게 될 가능성이 큽니다. 책임감은 적고 위험성은 큰 이 같은 투쟁 장소에서 그 사람은 자신의 상처가 요구하는 안전감·유대감·연속성만 추구하게 됩니다. 그 사람은 너무도 절박한 욕구 때문에 아주 쉽사리 지금 데이트하고 있는 상대에게 자신을 맡겨 버리게 됩니다. 그리고는 일이 '잘못되었을' 경우 곤혹스러워하지요.

　이것은 마치 세 살박이 아이를 전투에 맨 선두로 내보내는 것과도 같습니다. 이성 교제는 성인이 결혼을 위하여 서로의 적합성을 알아보는 방법입니다 ; 이성 교제는 결코 어리고 상처입은 영혼이 치유를 받기 위한 것이 아닙니다. 이러한 치유는 후원 집단이나, 교회 모임이나, 치료나, 동성간의 우정과 같이 연인 사이가 아닌 사람들 속에서 가장 잘 이루어지는 것입니다. 우리는 연인들의 사랑과 친구들의 우정을 목적면에서 반드시 구별해야 합니다.

　애정과 책임이 좀더 강한 친구들간의 우정이 울타리 쌓기 기술을 배우는 데 가장 적합한 것이라고 할 수 있습니다. 일단 우리의 성서적 울타리를 인정하고, 쌓고, 유지하는 방법을 알게 되기만 하면 얼마든지 그것을 이른바 데이트라고 하는 성인들의 관계 속에서도 사용할 수가 있게 될 것입니다.

2. 연인들 사이에는 **경계를 정할 필요가 있습니다.** 성숙한 울타리를 지니고 있는 사람들 가운데에는 다른 사람을 기쁘게 해주기 위하여 연인 관계의 초기 단계에서 그 울타리를 일단 허물고 보는 사람이 더러 있습니다. 그렇지만 연인들 사이에서 진실을 말하는 것이야말로 그들 사이의 경계를 정하는 데 도움이 됩니다. 진실을 말할 경우 서로가 어디에서 시작하고 어디에서 끝나는지를 알 수 있기 때문입니다.

상대방의 울타리를 서로 모르고 있다는 것은 연애 관계가 건강하지 못함을 가장 잘 보여 주는 적신호들 가운데 하나입니다. 결혼 전에 상담을 하러 온 연인들에게 우리는 이렇게 물을 수 있습니다. "어떤 측면에서 서로 의견이 일치하지 않나요? 어느 부분에서 서로 다투게 되는가요?" 그러면 그 연인들은 이렇게 대답할 수 있습니다. "아주 놀랍게도 저희는 무척 잘 어울려요. 우린 차이점이 거의 없어요." 그럴 경우 우리는 그 연인들에게 과제를 내어 줄 것입니다: 서로에게 거짓말해 온 것이 무엇인가 알아볼 것. 만일 일말의 가능성이라도 있는 관계라면 이러한 과제가 무척 도움이 될 것입니다.

질문 3 : 내 가족이 가장 친한 친구일 경우엔 어떤가요?

울타리를 발달시키고 있는 사람들 가운데에는 이렇게 말하는 사람들도 있습니다. "그렇지만 어머니(또는 아버지나 형제자매)가 저의 가장 절친한 친구인 걸요." 그런 사람들은 이 같은 가족 스트레스의 시대에도, 자신의 가장 절친한 친구가 자신이 자라난 가족이라는 사실에 대하여 무척 다행스럽게 여기기도 합니다. 그들은 자신의 부모나 형제자매 이외에 친밀한 친구들 모임이 필요하다는 생각을 전혀 하지 않습니다.

그들은 가족의 성서적 기능을 오해하고 있습니다. 하나님께서는 우리가 바깥 세상에서 필요로 하는 성숙함과 도구와 능력을 기를 수 있을 만한 인큐베이터로서 가족을 주셨습니다. 일단 인큐베이터의 역할이 끝나고 난 다음에는 청소년들도 둥지를 떠나 바깥 세상과 관계를 맺어야 합니다(창세기 2장 24절). 자기 자신의 영적·정서적 가족 체계를 형성하기 위하여 말입니다. 성인은 하나님께서 자기에게 의도하신 바들을 자유로이 행할 수 있습니다.

시간이 지나면 우리는 온 세상에 당신의 사랑을 전파하고 모든 민족들을 제자로 삼으리라는 하나님의 목적을 성취해야 합니다(마태복음 28장 19-20절). 여전히 같은 혈육으로 이루어진 가족 속에 정서적으로 갇혀 지내는 것은 이러한 하나님의 목적을 좌절시키는 행위입니다. 계속해서 같은 거리에서만 살 경우, 우리는 세상을 변화시킬 수 있는 방법을 찾아낼 수가 없습니다.

어느 정도의 경계를 정하고, 집을 떠나서, 다른 어떤 곳으로 헤치고 나가지 않는 한 우리는 결코 진정한 성서적 성인이 될 수 없습니다. 우리는 자신의 가치관과 신념과 확신——우리의 정체성 자체——을 스스로 만들어낸 것인지, 아니면 우리 가족의 생각을 그대로 모방한 것인지조차도 모르게 될 것입니다.

가족이 친구가 될 수 있을까요? 물론 그렇습니다. 하지만 만일 여러분이 가족 구성원들에 대하여 한 번도 문제를 제기해 본 적이 없다거나, 울타리를 세워 본 적이 없다거나, 갈등을 겪어 본 적이 없다고 한다면, 여러분은 결코 가족과 성인 대 성인으로서의 관계를 맺고 있는 것이 아닙니다. 만일 여러분이 가족 이외에 '가장 절친한 친구'를 한 명도 갖고 있지 못하다면, 가족과의 관계를 유심히 들여다볼 필요가 있습니다. 어쩌면 여러분은 분리와 개별화, 자율적인 성인이 된다는 것에 대하여 두려움을 느끼고 있는지도 모르니까요.

질문 4 : 사정이 딱한 친구에게 어찌 경계를 정할 수 있겠어요?

어느 날 나는 자신이 극도로 고립되어 있으며 통제가 불가능하다고 느끼는 한 여자와 대화를 나누고 있었습니다. 그녀는 친구들에게 경계를 정하는 일이 불가능해 보였습니다 ; 그녀의 친구들은 끊임없이 위기에 처해 있었던 것입니다.

나는 그녀에게 친구들과의 관계의 특성을 설명해 달라고 요청했습니다. "아, 전 친구가 무척 많아요. 전 매주 이틀 밤씩을 자진해서 교회 일을 보고 있구요, 1주일에 한 번은 성경공부반을 가르치기도 해요. 또 저는 남편과 함께 교회위원회 일을 맡아보고 있고, 성가대에서 노래도 부르지요."

"1주일 동안에 하는 일들을 듣기만 해도 벌써 지칠 것 같군요." 내가 말했습니다. "그런데 이런 관계의 특성은 어떤가요?"

"대단해요. 사람들에게 도움을 주지요. 그들의 신앙이 자라나고, 부부 문제도 치유를 받게 되지요."

"저기 말이죠," 내가 다시 말했습니다. "제가 묻고 있는 것은 우정인데, 당신은 임무에 대해서만 대답하고 있어요. 이건 서로 다른 문제입니다."

그녀는 한 번도 이 차이점에 대하여 생각해 본 적이 없는 사람이었습니다. 그녀의 우정 개념은 곧 사정이 딱한 사람들을 찾아내어 그들과의 관계 속으로 뛰어드는 것이었습니다. 그녀는 정작 자기 자신을 위하여 무언가를 요청하는 방법은 전혀 모르고 있었습니다.

그리고 그것은 그녀에게 울타리 갈등을 안겨 주었습니다. 이 같은 '임무의 관계'를 뺀다면 이 여자에게 남는 것은 아무 것도 없었습니다. 그래서 그녀는 절대로 '아니오'라는 말을 할 수가 없었던 것입니다.

'아니오'라고 말하는 순간 그녀는 고립될 것이고, 그러면 그러한 상태를 결코 견뎌내지 못할 것입니다.

하지만 어쨌든간에 일은 이미 벌어졌습니다 : 그녀는 지칠 대로 지친 상태에서 도움을 청하러 왔던 것입니다.

성경은 우리가 하나님께 받는 위로로써 온갖 환난 가운데 있는 이들을 능히 위로하라고 말하고 있습니다(고린도후서 1장 4절). 이 말은 우리에게 뭔가를 전해 주고 있습니다. 우리가 위로할 수 있으려면 먼저 위로를 받아야 한다는 것입니다. 이것은 곧 우리가 친구들로부터 양육을 받으려면 먼저 우리의 임무에 대하여 울타리를 쌓아야 한다는 의미를 담고 있습니다. 우리는 이 두 가지를 반드시 구별해야 합니다.

깊은 신앙심을 가지고 여러분의 우정을 들여다본 지금, 이제 여러분은 어떤 친구들에게 울타리를 쌓을 필요가 있는지의 여부를 결정할 수 있을 것입니다. 울타리를 쌓음으로써 여러분은 아주 중요한 친구들과 변함없는 관계를 유지할 수가 있습니다. 그리고 연인들 사이의 관계가 결혼으로 이어진다 하더라도, 여러분은 인간 관계 가운데 가장 친밀한 이 부부 사이에도 여전히 울타리를 세우고 지켜야 한다는 사실을 반드시 명심하고 있어야 할 것입니다.

9
울타리와 여러분의 배우자

울타리가 쉽사리 혼동될 수 있는 관계, 그것은 바로 남편과 아내가 의도적으로 '한 몸이 된'(에베소서 5장 31절) 결혼 관계입니다. 울타리는 분리를 가져오기 마련인데, 결혼은 오히려 이러한 분리를 포기하고 둘 대신에 하나가 되는 것을 목표로 삼고 있기 때문입니다. 이 얼마나 혼동을 불러일으키기 쉬운 상태입니까! 특히 뚜렷한 울타리도 없이 결혼 생활을 시작하는 사람에게는 더더욱 혼란스러운 상태일 것입니다.

사실 결혼 생활에 실패하는 부부들을 보면 다른 어떤 이유보다도 울타리의 결핍 때문에 실패하는 부부가 많이 있습니다. 그러므로 이 장에서는 울타리 법칙과 울타리 신화들을 결혼 관계에 적용시켜서 살펴보고자 합니다.

이게 당신 것인가요, 내 것인가요, 아니면 우리 것인가요?

결혼은 그리스도께서 당신의 신부인 교회와 맺고 계신 관계를 반영해 주는 것입니다. 오직 그리스도만이 하실 수 있는 일이 있는가 하면, 오직 교회만이 할 수 있는 일이 있으며, 그리스도와 교회 둘이서 함께 할 수 있는 일도 있습니다. 오직 그리스도만이 죽으실 수 있습니다. 오직 교회만이 그리스도가 안 계시는 이 세상에서 그리스도를 대신할 수 있으며, 오직 교회만이 그리스도의 명령에 복종할 수 있습니다. 그리고 그리스도와 교회는 힘을 합해서 길 잃은 양들을 구하는 등 많은 일을 할 수 있습니다. 이와 마찬가지로 결혼 관계에서도 한 쪽이 맡고 있는 의무가 있는가 하면, 다른 한 쪽이 맡고 있는 의무가 있고, 또 둘이서 함께 맡고 있는 의무도 있습니다. 결혼 예식을 통해서 둘이 한 몸이 된 부부는 결코 자신의 개별적인 정체감을 상실해 버리는 것이 아닙니다. 저마다 이 관계에 참여하게 되며, 또 저마다 자기 자신의 삶을 지니게 되는 것입니다.

아마도 누가 드레스를 입고 누가 넥타이를 맬 것인가로 문제를 일으키는 부부는 거의 없을 것입니다. 물론 누가 수표장을 대조하고 누가 잔디를 깎을 것인가 하는 문제에는 약간의 기술이 필요할 수도 있겠지요. 하지만 이런 임무들은 배우자들의 개별적인 능력과 관심에 따라 나누어 맡을 수가 있는 것들입니다. 울타리에 혼란이 생길 수 있는 부분은 바로 개인적인 특질의 영역입니다──이것은 저마다 소유하고 있는 영혼의 구성 요소로서, 다른 어떤 사람과 공유하는 쪽을 택할 수도 있습니다.

한 쪽이 다른 한 쪽의 개인적 특질을 침해할 때, 한 쪽이 경계선을 넘어서 다른 한 쪽의 감정이나 태도나 행동이나 선택이나 가치관을 지배하려고 들 때, 이럴 때에는 문제가 발생하게 됩니다. 이런 것들은 오직 각각의 개인만이 지배할 수 있는 것들입니다. 상대방 것을 지배하려고 하는 것은 곧 그 사람의 울타리를 침범하는 것이며, 결국에는 실패하고 말 일입니다. 그리스도와 우리의 관계──그리고 다른 모든 성공적인 관계──는 자유에 기초한 것입니다.

그러면 지금부터 이에 관한 일반적인 예들을 몇 가지 들어보기로 하겠습니다.

감정

두 사람 사이의 친밀감을 조장하는 가장 중요한 요소들 가운데 하나는 바로 서로가 자기 자신의 감정에 대하여 책임질 수 있는 능력을 지니는 것입니다.

나는 남편의 음주 때문에 결혼 생활에 문제가 있는 어떤 부부에게 상담을 해주고 있었습니다. 나는 먼저 아내에게 남편이 술을 마시면 어떤 기분이 드는지를 남편 앞에서 직접 이야기하라고 충고했습니다.

"남편은 자기가 무슨 일을 저지르고 있는지도 모르는 것처럼 여겨져요. 전 남편이……"

"아뇨, 지금 당신은 남편의 음주를 평가하고 있는 겁니다. 그냥 어떻게 느껴지는지만 말씀해 보세요."

"남편은 전혀 신경쓰지 않는 것처럼……"

"아니에요," 내가 말했습니다. "그건 당신이 남편에 관해 생각하고 있는 거예요. 제 말은 남편이 술을 마실 때 당신 기분이 어떠냐구요."

마침내 아내가 울음을 터뜨렸습니다. "무척 외롭고 두려워요." 그녀는 결국 자신의 감정을 털어 놓았습니다.

그 순간 남편이 다가오더니 아내의 팔에 자기 손을 둘렀습니다. "당신이 두려워하고 있는 줄은 꿈에도 몰랐어," 그가 말했습니다. "난, 정말이지, 당신을 두렵게 만들 생각은 추호도 없었다구."

이 대화는 그들 부부의 관계에 실질적인 전환점이 되었습니다. 여러

해 동안 그 아내는 남편의 현재 행동과 앞으로 그래야 하는 행동 방식에 대하여 잔소리를 해왔습니다. 그러면 남편은 오히려 아내를 비난하고 자기 행동을 정당화시켰습니다. 여러 시간 대화를 나누었음에도 불구하고 그들은 계속해서 과거의 감정에 대하여 책임을 지지 않았으며, 그 감정을 상대방에게 알리지도 않았던 것입니다.

우리는 보통 우리의 감정을 "나는……라고 여겨."라는 말로 전달하지 않습니다. 우리는 흔히 "난 슬퍼, 또는 난 마음이 아파, 또는 난 외로워, 또는 난 무서워 ……"라는 말로 우리의 감정을 전달하기가 쉽습니다. 그리고 이러한 취약성이야말로 친밀함과 돌봄의 시작이라고 할 수 있습니다.

감정은 또한 우리가 무언가를 해야 한다는 사실을 알려 주는 신호이기도 합니다. 예를 들어서, 만일 여러분이 무슨 일 때문에 누군가에게 화가 나 있다면, 그 사람에게 가서 여러분이 화가 나 있다는 사실과 그 이유를 직접적으로 말하는 것이 바로 여러분의 책임입니다. 여러분의 분노가 그 사람의 책임이라고 생각될 경우, 그리고 그 사람 쪽에서 먼저 여러분의 분노를 풀어 줄 필요가 있다고 생각될 경우, 여러분은 몇 년이고 기다릴 수도 있습니다. 하지만 그럴 경우, 여러분의 분노는 자칫 괴로움으로 변할 수도 있습니다. 그러므로 여러분이 화가 나 있다면, 비록 어떤 사람이 당신에게 죄를 지었다 할지라도, 그 일에 대하여 뭔가 조처를 취해야 하는 것은 바로 여러분 자신의 책임인 것입니다.

수잔이 깨달아야 할 것도 바로 이런 점이었습니다. 수잔은 남편과 둘이서 오붓한 시간을 갖고 싶었는데, 짐이 그런 시간을 갖기에 충분할 정도로 일찍 퇴근하지 않자 그만 화가 났습니다. 그러나 그녀는 남편과 대결을 하는 대신에 그날 저녁 내내 침묵을 지키는 쪽을 택했습니다. 짐은 무엇이 잘못된 것인지 아내가 입을 열도록 만드는 일마저

귀찮게 여겨졌습니다. 그는 토라져 있는 아내가 미워 그냥 내버려두었습니다.

상처나 분노를 곧바로 처리하지 않으면 관계가 깨질 수도 있습니다. 수잔은 남편이 자신의 입을 벌리도록까지 기다리는 대신에 자신의 감정이 어떤지를 먼저 짐에게 이야기했어야만 했습니다. 비록 남편이 자기에게 상처를 입힌 장본인이라고 생각되었다 할지라도, 자기 자신의 상처와 분노에 대해서는 그녀 자신이 책임을 졌어야만 했던 것입니다.

하지만, 짐과 수잔의 문제는 단순히 수잔 쪽에서 자신의 분노를 짐에게 표출하는 것만으로 풀릴 문제가 아니었습니다. 수잔은 한 걸음 더 나아가야만 했습니다. 수잔은 갈등 상황 속에서 자신의 욕구를 정확히 밝힐 필요가 있었습니다.

욕구

개인적 특질을 이루고 있는 또 하나의 구성 요소는 저마다가 책임을 질 필요가 있는 욕구입니다. 수잔은 짐이 집에 있었으면 좋겠다는 바람 때문에 화가 났었습니다. 그녀는 짐이 늦게 온 것 때문에 비난을 하였습니다. 그들이 상담을 하러 왔을 때, 우리의 대화는 다음과 같이 진행되었습니다 :

"수잔, 왜 짐에게 화가 났는지 말해 주시겠어요?"

"그이가 늦었기 때문이에요," 그녀가 대답했습니다.

"그건 이유가 될 수 없어요," 내가 말했습니다. "사람들이 다른 사람들을 화나게 만들 순 없지요. 당신의 분노는 당신 내부의 뭔가에서 비롯된 것이랍니다."

"그게 대체 무슨 말이에요? 집에 늦게 온 사람은 그이라구요."

"글쎄요, 만일 그날 밤에 친구들과 외출을 할 작정이었다면 어땠을까요? 그래도 여전히 남편이 늦는다고 화가 났을까요?"

"저런, 아니에요. 그건 다른 문제인 걸요."

"뭐가 다르단 말입니까? 당신은 남편이 늦어서 화가 났다고 말했지만, 똑같이 남편이 늦더라도 화를 내지 않을 수도 있다는 것 아닙니까?"

"글쎄요, 그런 상황에서는 짐이 저에게 아무런 상처도 주지 않겠죠."

"틀렸어요," 내가 지적했습니다. "차이점은 바로 짐이 주고 싶지 않은 뭔가를 당신이 바라고 있다는 것이지요. 짐이 늦게 온 것이 아니라 당신의 욕구가 좌절된 것이 당신에게 상처를 주게 된 거예요. 문제는 그 욕구에 대한 책임이 누구에게 있느냐는 것이지요. 그건 당신의 바람이지, 결코 짐의 바람이 아니에요. 그러니까 그 바람을 충족시키는 것은 순전히 당신의 책임이에요. 그게 바로 삶의 법칙이지요. 우린 원한다고 해서 모든 걸 다 얻을 수는 없어요. 그래서 우리 모두는 상대방을 처벌할 것이 아니라 자신의 욕구 좌절에 대하여 슬퍼해야 한답니다."

"최소한의 존중은 어떻게 하구요? 늦게까지 사무실에 남아 있는 건 이기적인 행동이에요," 그녀가 이렇게 말했습니다.

"그러니까, 짐은 밤까지 남아서 일을 하고 싶은 반면 당신은 짐이 집에 있기를 바란다 이거지요? 두 분 모두 자기 자신을 위하여 뭔가를 바라고 있는 거군요. 우린 짐이 이기적인 것과 마찬가지로 당신 역시 이기적이라고 말할 수 있어요. 하지만 사실은 두 분 모두 전혀 이기적인 게 아니랍니다. 여러분은 다만 상반된 욕구를 지니고 있을 뿐이에요. 뭐 결혼이란 게 다 이런 것 아니겠어요?── 상반되는 욕구를 이해하게 되는 것 말이에요."

이런 상황에서는 아무도 '나쁜 사람'이 아닙니다. 짐과 수잔은 둘 다 욕구를 지니고 있었을 뿐입니다. 짐은 늦게까지 일을 하고 싶었고, 수잔은 짐과 함께 있고 싶었습니다. 우리의 욕구와 바람에 대한 책임을 다른 어떤 사람에게 전가할 때, 그리고 우리의 좌절에 대하여 그 사람에게 비난을 퍼부을 때, 문제는 거기서 발생하게 되는 것입니다.

내가 줄 수 있는 것의 경계를 정하기

우리는 유한한 존재입니다. 그러므로 우리는 우리가 언제 사랑의 자리에서 원망의 자리로 넘어가는가를 알고, "각각 그 마음에 정한대로" 베풀어야 합니다(고린도후서 9장 7절). 자기 쪽에서 한계를 정하지 못한 채 다른 어떤 사람을 비난할 경우 문제가 발생합니다. 부부들 사이에는 종종 자신이 진정으로 원하는 것보다 더 많은 것들을 베풀어 놓고선 자기가 그만 베풀지 않은 것에 대하여 상대방을 원망하는 경우가 생깁니다.

밥도 바로 이런 문제를 겪고 있었습니다. 그의 아내 낸시는 손으로 만든 파티오에서부터 조경 공사, 개조에 이르기까지 아주 완벽한 가정을 원하고 있었습니다. 낸시는 언제나 밥이 집 주변에서 할 만한 일들을 찾아냈습니다. 밥은 이제 낸시의 계획을 원망하기 시작하게 되었습니다.

밥이 나를 찾아왔을 때, 나는 왜 그가 화를 내고 있는지 물어보았습니다.

"글쎄요, 낸시가 너무 많은 것들을 원하기 때문이겠죠. 나 자신을 위한 시간은 조금도 찾을 수 없거든요," 그가 말했습니다.

"그 '찾을 수 없다'는 게 무슨 뜻인가요? '찾지 않고 있다'는 뜻 아닌가요?"

"아뇨, 찾을 수가 없어요. 제가 그 일을 하지 않으면 낸시가 화를 내곤 했거든요."

"그렇다면 그건 낸시의 문제네요; 그건 낸시의 분노예요."

"그렇습니다. 하지만 전 그 분노를 고스란히 당해야 한다구요."

"아뇨, 그렇지가 않습니다," 내가 말했습니다. "당신은 낸시를 위하여 이 모든 일을 하기로 한 것입니다. 그리고 당신이 만일 그 일을 하지 않을 경우에도 낸시의 비난을 고스란히 들어 주는 쪽을 택한 것이고요. 당신이 낸시를 위하여 무슨 일을 해주기로 한 시간은 순전히 당신의 선물이에요; 그 선물을 주고 싶지 않다면 주지 말아야 돼요. 이모든 일 때문에 낸시를 비난하는 일일랑 당장 그만두십시오."

하지만 밥은 전혀 그러고 싶지 않았습니다. 그는 자기가 '아니오'라고 말하는 방법을 배우는 대신에, 낸시 쪽에서 바라는 일을 그만둬 주기를 원했습니다.

"집안 개조를 위하여 당신이 매주 낸시에게 주고 싶은 시간은 얼마나 됩니까?" 내가 물었습니다.

그는 잠깐 생각에 잠겨 있더니 이렇게 말했습니다. "네 시간쯤이요. 그러면 낸시를 위하여 일을 해줄 수도 있고, 또 제 취미 생활을 위한 시간도 조금 가질 수 있겠지요."

"그렇다면 당신의 시간에 관한 생각과, 당신이 가족을 위하여 하고 있는 다른 일들 전부에 대해서도 낸시에게 직접 이야기를 하세요. 그리고 집 주변의 일을 할 수 있도록 매주 네 시간씩을 할애하고 싶다고 말하세요. 그러면 낸시도 자기가 선택하게 될 그 시간만은 어떤 식으로든 자유로이 쓸 수 있을 겁니다."

"하지만 네 시간만으론 충분치 않다고 하면 어쩝니까?"

"물론 낸시가 원하는 모든 일을 다 해내기에는 충분한 시간이 되지 못하다는 사실도 잘 이해하고 있다고 말하세요. 하지만 그 일들은 모두 낸시가 원해서 하는 일이지 당신이 원해 하는 일은 아니잖아요? 그렇기 때문에 낸시는 자신의 바람에 대하여 책임을 져야 해요. 또 낸시는 얼마든지 창조적인 방법으로 그 바람들을 이룰 수가 있어요. 돈을 조금 모아서 사람을 고용할 수도 있고요, 스스로 일하는 방법을 배울 수도 있어요. 또 친구에게 도움을 청할 수도 있고, 바람들을 억누를 수도 있지요. 그녀의 바람들에 대한 책임을 더 이상 당신이 지지 않을 것이라는 점을 그녀에게 확실히 알려 주세요. 당신은 자신이 선택한 만큼만 베풀면 되는 것이고, 나머지에 대해서는 낸시 스스로가 책임을 져야 하는 것입니다."

밥은 나의 주장이 그럴 듯하다고 보고, 낸시와 대화를 나누겠다는 결심을 굳혔습니다. 처음에는 물론 상황이 그리 좋지 않았습니다. 그 동안 아무도 낸시에게 '아니오'라는 말을 한 적이 없었고, 그래서 낸시는 그 말을 잘 받아들일 수가 없었던 것입니다. 하지만 시간이 지나면서 밥은 낸시가 너무 많은 것을 바라지 않게 되기만을 기대하는 대신에, 자기 쪽에서 먼저 한계에 대한 책임을 지게 되었으며, 이러한 밥의 경계는 효과를 톡톡히 보았습니다. 낸시는 이제까지 전혀 모르고 있던 사실들을 비로소 깨닫게 되었습니다 : 세상은 그녀만을 위하여 존재하지 않는다는 것, 다른 사람들이 그녀의 바람이나 욕구의 연장선이 아니라는 것을 말입니다. 다른 사람들에게는 그들 나름대로 원하는 바와 욕구가 따로 있기 마련입니다. 그러므로 우리는 공평하고 사랑이 넘치는 관계를 맺어야 하며, 서로가 상대방의 경계를 존중해 주어야 합니다.

여기에서 가장 중요한 것은 우리의 경계에 대한 책임이 다른 사람에게 있는 건 결코 아니라는 사실입니다 ; 우리의 경계에 대한 책임은 바로 우리 자신에게 있습니다. 오직 우리 자신만이 우리가 줄 수 있는 것과 주고 싶은 것을 확실히 알고 있습니다. 또한 오직 우리 자신만이 그 선을 긋는 일에 책임을 질 수 있습니다. 만일 스스로가 그 선을 그어 놓지 않는다면 우리는 금방금방 원망을 하게 될 것입니다.

울타리 법칙을 결혼 관계에 적용하기

제5장에서 우리는 열 가지의 울타리 법칙에 관하여 논의했었습니다. 여기에서는 그 법칙들 가운데 몇 가지를 직접 문제에 부딪힌 부부들의 상황에 적용해 보기로 하겠습니다.

뿌림과 거둠의 법칙

남편이나 아내 가운데 한 쪽이 무절제한 사람일 경우에는, 이렇게 무절제한 행동의 결과를 본인이 직접 겪지 않게 되는 일이 허다합니다. 남편이 아내에게 소리를 질러대고, 아내는 좀더 사랑이 넘치는 사람이 되려고 애씁니다. 이럴 경우, 남편의 악행(소리를 질러대는 것)은 그에게 더 좋은 일(좀더 사랑을 받게 됨)을 안겨 줍니다. 또 이런 경우도 있을 수 있습니다. 아내가 돈을 마구 써댑니다. 그리고 남편이 그 결과를 지불합니다. 이럴 경우 남편은 산더미처럼 쌓인 청구서들을 떠맡는 게 제2의 직업이 되고 맙니다.

이런 문제들을 해결하기 위하여 필요한 것은 바로 장본인에게 당연한 결과를 안겨 주는 것입니다. 지나치게 비판적인 남편을 둔 아내는, 남편이 계속해서 자기를 호되게 꾸짖겠다면 문제를 이성적으로 논의할 수 있게 될 때까지 다른 방에 들어가 있겠노라고 확실히 밝혀 두어야 합니다. 또 이런 식으로 말할 수도 있겠지요. "이제 더 이상 나 혼자서는 이 문제에 대하여 당신과 얘길 나누지 않겠어요. 상담가가 참석한 자리에서만 말하겠어요." "또다시 내게 소리 지른다면 제인의 집에 가서 자겠어요." 또한 낭비벽이 있는 아내를 둔 남편은 신용 카드를 폐지시키거나, 아내에게 직접 청구서들을 제2의 직업으로 떠맡으라고 얘기해야 합니다. 자제력이 없는 쪽에서 자기 행동으로 인한 결과를 직접 겪도록 내버려 두어야 하는 것입니다.

내 친구 한 명은 아내의 만성적인 늑장으로 인한 결과를 아내가 직접 겪게 만들겠노라고 단단히 벼르고 있었습니다. 그는 이제까지 아내의 늑장에 대하여 잔소리를 거듭 해왔지만, 아무 소용도 없었습니다. 결국 그는 자기가 아내를 변화시킬 수는 없다는 사실을 깨달았습니다; 그는 아내에 대한 자신의 반응만을 변화시킬 수 있었던 것입니다. 아내의 행동으로 인한 결과를 대신 겪어야 하는 데 지쳐 버린 그는 이제 아내의 행동으로 인한 결과들을 아내에게 되돌려 주어야겠다는 결심을 하게 되었습니다.

어느 날 밤 그들 부부는 어떤 연회의 손님으로 참석하게 되어 있었습니다. 내 친구는 그 연회에 늦고 싶지 않았습니다. 그래서 그는 정각에 도착하고 싶다는 것과, 만일 오후 6시까지 준비를 마치지 않으면 혼자서 출발하겠다는 것을 미리 아내에게 밝혀 두었습니다. 아니나 다를까 이번에도 아내는 늑장을 부렸고, 그는 혼자 출발해 버렸습니다. 그날 밤 그가 집에 돌아오자 마자 아내는 소리를 질러댔습니다. "어쩌면 날 두고 혼자 달랑 가버릴 수 있어요?" 그래서 그는 아내에게 이렇게 말해 주었습니다. 아내가 연회에 참석하지 못한 것은 아내 자신의 늑장 때문이며, 혼자 가야 해서 자기 역시 슬펐지만 그래도 그 만찬을 놓치고 싶지는 않았노라고 말입니다. 이 같은 사건이 몇 번 더 벌어진 다음에야 아내는 자기의 늑장이 남편이 아닌 바로 자기 자신에게 영향을 미친다는 사실을 깨닫게 되었으며, 결국 그녀는 변화되었습니다.

배우자 쪽에서 흔히들 비난하듯이, 이런 식의 행동은 결코 조종이 아닙니다. 이것은 자기 스스로가 어떤 식의 대접을 받게 될 것인지 경계를 정해 두는 것과 자제력을 발휘하는 것에 대한 좋은 본보기입니다. 당연한 결과는 책임이 있는 사람의 어깨에 놓여져야 하는 것입니다.

책임의 법칙

앞에서 우리는 자신을 위하여(for) 책임을 지는 것과 다른 사람에 대하여(to) 책임을 지는 것에 관해 논의한 적이 있습니다. 위의 사례들은 그 법칙을 잘 설명해 주고 있습니다. 경계를 정해 두고 있는 사람들은 자제력을 발휘하게 되며, 나아가 자신에 대하여 책임도 질 수 있습니다. 경계를 정해 두고 있는 사람들은 배우자와의 대결을 통해서 배우자에 대한 자신의 책임도 성실히 이행합니다. 결혼 관계에서 경계를 정한다는 것은 곧 사랑의 행위입니다; 악을 묶어 두고 경계를 정해 둠으로써 부부는 선을 지킬 수가 있습니다.

결혼 관계에서 상대방의 요구나 지배 행위에 굴복함으로써 그 사람의 분노나 샐쭉거림, 실망에 대한 책임을 고스란히 떠맡는 것은 오히려 사랑을 파괴하는 행위입니다. 사랑하는 사람을 대신 책임져 주거나 구출해 주는 대신에, 우리는 눈에 보이는 악과 대결함으로써 그 사람에게 책임을 일깨워 주어야 합니다. 이것이야말로 진정 상대방과 결혼 관계를 아끼는 행위입니다. 가장 책임있는 행동들은 대체로 가장 어렵기 마련입니다.

힘의 법칙

결코 다른 사람을 변화시킬 수는 없다고 하는 기본적인 무능력에 대하여 우리는 지금껏 살펴보았습니다. 잔소리만 해대는 사람은 결국 부부 문제를 질질 끌고 가게 됩니다. 그보다는 상대방을 있는 그대로 받아들이는 것, 상대방의 선택을 있는 그대로 존중해 주는 것, 그리고 상대방에게 적합한 결과를 안겨 주는 것이 훨씬 더 좋은 해결 방법입니다. 이렇게 할 때 우리는 자신이 지니고 있는 힘을 발휘하게 되며, 그 누구도 가지고 있지 않은 힘을 휘두르려고 더 이상 애쓰지 않아도 됩니다. 다음의 반응 자세들을 한 번 비교해 보십시오 :

울타리 이전	울타리 이후
1. "소리좀 그만 질러요. 조금만 더 상냥하게 굴어 보라구요."	1. "당신이 그쪽을 선택했다면 계속 소리질러도 좋아요. 하지만 난 그런 행동을 할 때마다 당신 곁을 떠나는 쪽을 선택하겠어요."
2. "이젠 정말 작작좀 마셔요. 우리 가족을 파멸시키고 있다구요. 제발 내 말 좀 들어 봐요. 당신은 지금 우리 삶을 파멸로 이끌고 있단 말이에요."	2. "당신이 원한다면 음주벽을 극복하지 않는 쪽을 택할 수도 있어요. 하지만 난 이제 더 이상 나 자신과 우리 애들을 이런 혼란 속에 방치해 두지 않겠어요. 다음 번에 또 당신이 술에 취해 돌아온다면, 우린 윌슨 집에서 잠을 잘 거고, 또 우리가 왜 그래야 하는지도 다 말할 거예요. 술을 마시는 건 당신의 선택이에요. 그리고 난 나의 선택대로 밀고나가겠어요."
3. "포르노 잡지를 보다니, 당신 정말로 변태군요. 너무 타락했어요. 당신 어디가 어떻게 된 거 아녜요?"	3. "난 잡지에 나오는 벌거벗은 여자들과 당신을 나눠 갖고 싶은 마음이 추호도 없어요. 당신에게 달렸어요. 난 나에게 관심이 있는 사람하고만 잠자리를 같이할 거예요. 마음을 정하고 선택하세요."

이것들은 모두 여러분이——자기 자신에 관하여——지니고 있는 힘을 행사하는 것이며, 다른 어떤 사람을 지배하거나 힘으로 누르려고 애쓰는 일을 그만두는 것입니다.

평가의 법칙

여러분이 남편이나 아내와 대결하고 울타리를 쌓기 시작하는 순간에는 상대방이 상처를 입을 수도 있습니다. 여러분의 울타리 쌓기가 배우자에게 안겨 준 고통을 평가할 때에는 사랑과 경계가 조화를 이루어야 한다는 사실을 꼭 명심하십시오. 울타리를 쌓는 동안에도, 고통받고 있는 그 사람에 대하여 애정을 갖고 책임을 다하십시오.

현명하고 사랑이 많은 배우자라면 여러분의 울타리를 인정하고 그 울타리에 대하여 책임있는 행동을 취할 것입니다. 그렇지만 지배적이고 자기 중심적인 배우자라면 우선 화부터 내고 보겠죠.

울타리라는 것은 언제나 다른 사람이 아닌 여러분 자신을 다루고 있다는 점을 명심하십시오. 여러분은 배우자에게 무슨 일을 강요할 수 없습니다——심지어는 여러분의 울타리를 존중해 달라고 요구해서도 안됩니다. 여러분은 자신이 할 일과 하지 않을 일을 말하기 위하여 울타리를 쌓고 있습니다. 오직 이런 식의 울타리만이 힘을 지니게 됩니다. 여러분이 자기 자신을 지배하게 되기 때문입니다. 울타리가 배우자를 지배하기 위한 새로운 수단이나 되는 것처럼 혼동하지 마십시오. 사실은 그와 정반대입니다. 울타리는 지배를 포기하고 사랑을 시작하는 것입니다. 이 울타리를 통해서 여러분은 배우자를 지배하려던 노력을 포기하고, 여러분의 배우자가 자기 자신의 행동에 대한 책임을 질 수 있도록 허용하게 되는 것입니다.

노출의 법칙

다른 관계들과 달리, 결혼 관계에서는 더더욱 절실하게 여러분의 울타리를 드러내야 합니다. 물러나 버리거나, 삼각망을 형성하거나, 뾰루퉁해져 있거나, 외도를 하거나, 수동적-공격적 행위를 하는 따위의 소극적인 울타리들은 관계에 지극히 파괴적인 영향을 미칠 뿐입니다. 그저 사람들에게 그들이 여러분을 지배하고 있는 것이 아니라는 사실만을 알려 주는 소극적인 방법들로는 결코 친밀한 관계를 얻을 수 없습니다. 그런 소극적인 방법들은 절대로 다른 사람에게 여러분이 정말로 어떤 사람인가를 가르쳐 주지 않습니다 ; 그런 방법들은 오히려 사이를 나쁘게 만들 뿐입니다.

울타리는 우선 말로써, 그리고 그 다음에는 행동으로써 전달되어야 합니다. 울타리는 명확해야 하며, 변명을 해서는 안됩니다. 우리가 앞에서 목록을 작성했던 여러 가지 울타리 유형을 다시 한 번 상기해 보십시오 : 피부 · 언어 · 진실 · 물리적 공간 · 시간 · 정서적 거리 · 다른 사람 · 결과. 이 울타리들은 모두 결혼 관계에서 시시각각 존중받고 드러나야 하는 것들입니다.

피부. 부부는 서로 상대방의 신체적인 울타리를 존중해 주어야 합니다. 신체적 울타리의 침해는 상대방을 해치는 애정 표현에서부터 신체적인 학대에 이르기까지 그 범위가 아주 넓습니다. 성경은 남편과 아내가 서로 상대방의 신체에 관하여 '권한'을 갖고 있다고 말합니다(고린도전서 7장 4-6절) ; 이것은 자유롭게 주어진 상호적 권위를 가리킵니다. 우리는 다음과 같은 예수님의 원칙을 언제나 명심하고 있어야 할 것입니다 : "남에게 대접받고 싶은 대로 남을 대접하여라."

언어. 여러분의 언어는 사랑 안에서 명확하게 구사될 필요가 있습니다. 여러분의 배우자와 직접적으로 대결하십시오. '아니오'라고 얘기하십시오. 소극적인 저항 자세를 취하지 마십시오. 비난을 하거나 물러나지 마십시오. 이런 식으로 말하십시오. "그건 불편한 것 같아요. 난 하고 싶지 않아요. 안하겠어요."

　진실.　바울은 "그러므로 여러분은 거짓을 버리고, 각각 자기 이웃과 더불어 참된 말을 하십시오."라고 하였습니다(에베소서 4장 25절). 정직한 대화만이 최선의 방법입니다. 다른 사람이 하나님의 규범들 가운데 하나를 범하고도 깨닫지 못하고 있을 때 그 사실을 깨우쳐 주는 것도 정직한 대화에 속합니다. 또한 여러분은 자신의 감정과 상처에 관해서도 사실을 인정하고, 그 감정에 대하여 배우자와 더불어 사랑으로 직접적인 대화를 나누어야 합니다.

　물리적 공간.　여러분에게 잠시 시간이 필요하다면 배우자에게 그 사실을 말하십시오. 때로는 재충전을 위한 공간이 필요할 수도 있으며 ; 또 때로는 경계를 정하기 위한 공간이 필요할 수도 있습니다. 하지만 어떤 경우에라도, 무엇 때문에 여러분이 잠시 동안 자기 곁을 떠나 있고 싶어하는지를 여러분의 배우자가 혼자서 추측해야 하는 상황을 만들지는 마십시오. 명확하게 그 이유를 전달하십시오. 그러면 여러분의 배우자도 자신이 벌을 받고 있다는 느낌을 갖는 대신에, 자신의 무절제한 행동으로 인한 결과를 감수하고 있다는 사실을 깨닫게 될 것입니다(마태복음 18장 17절 ; 고린도전서 5장 9-13절).

　정서적 거리.　만일 여러분의 결혼 생활에 문제가 있다면, 예를 들어서 여러분의 배우자가 외도를 했다면, 그렇다면 여러분은 정서적인 거리를 유지할 필요가 있습니다. 다시 상대방을 믿을 수 있게 될 때까지 기다리는 것이 현명한 처사입니다. 여러분은 자신의 배우자가 진심으로 뉘우치고 있는지를 확인해야 하며, 여러분의 배우자는 자신의 행동 때문에 어떤 대가를 치르게 되는가를 깨달아야 합니다. 여러분의 배우자는 이것을 처벌이라고 생각할 수도 있습니다. 하지만 성경은 우리에게 언어가 아니라 행동으로 사람을 판단하라고 가르치고 있습니다(야고보서 2장 14-26절).

또한, 상처입은 마음을 치유하는 데에는 시간이 필요합니다. 여러분은 아직 상처가 채 아물지도 않은 상태에서 섣불리 다시 신뢰하려고 들지 말아야 합니다. 상처를 있는 그대로 드러내고 전달해야 합니다. 만일 여러분이 상처를 입었다면 그 상처를 인정하십시오.

시간. 부부는 서로의 관계로부터 잠시 떨어져 있을 필요가 있습니다. 위에서 지적했듯이, 경계를 정하는 것도 중요하지만, 더 나아가 재충전을 통하여 자신의 영혼에 영양분을 공급하는 일도 무척 중요합니다. 잠언 31장에 나오는 현숙한 아내는 자기 자신의 삶을 지니고 있습니다 ; 그녀는 많은 일들을 집밖에서 행합니다. 그녀의 남편도 역시 마찬가지입니다. 그들 부부는 저마다 좋아하는 일들을 할 수 있는 시간, 저마다의 친구를 만날 수 있는 시간을 갖고 있습니다.

결혼 생활의 이러한 측면 때문에 문제를 겪고 있는 부부들이 많이 있습니다. 그들은 배우자가 따로 떨어져 있고자 할 때 버림받은 듯한 느낌을 갖게 됩니다. 그러나 실제로 부부에게는 따로 떨어져 있는 시간이 필요합니다. 그런 시간이 그들로 하여금 다시 하나가 되고픈 욕구를 깨닫게 해주기 때문입니다. 건전한 관계를 맺고 있는 부부라면 분명히 상대방의 공간을 소중히 여겨 주고, 상대방의 주장을 옹호해 줄 것입니다.

다른 사람. 어떤 부부들의 경우에는 울타리를 정하기 위하여 다른 사람의 도움이 필요할 수도 있습니다. 만일 그들이 스스로를 옹호할 수 없는 입장이라면, 친구나 교회의 도움을 얻어서 그 방법을 알아내야 합니다. 만일 여러분이 울타리를 쌓아서 강화시킬 정도로 강한 사람이 아니라면, 부부 관계 이외의 장소에서 도움을 줄 만한 사람을 찾아 보십시오. 그렇지만, 결코 이성에게 도움을 청해서는 안됩니다. 그것은 자칫 외도로 이어질 수 있기 때문입니다. 여러분은 상담가나 후원 집단처럼 확고한 울타리를 지닌 사람들과의 관계 속에서 도움을 요청해야 합니다.

결과. 결과를 미리 명확하게 전달한 다음, 여러분이 말한 바대로 확고하게 그 결과를 감행하십시오. 미리 결과를 알려 주고 그 결과를 실행한다면, 여러분의 배우자도 자신의 행동 때문에 발생하게 될 결과를 자신이 과연 원하고 있는지 않는지의 여부를 선택할 수 있을 것입니다. 사람은 누구나 자기 자신의 행동을 통제할 수 있습니다. 그러므로 그 행동의 결과 역시도 통제할 수가 있는 것이지요.

하지만 그건 순종적인 것 같지가 않군요

우리가 아내의 경계 정하기에 관하여 이야기할라치면, 성서적인 순종 개념에 관하여 묻는 사람이 꼭 있습니다. 다음은 순종에 관한 완벽한 보고서가 아니라, 여러분이 반드시 염두에 두고 있어야 할 일반적인 문제들만 몇 가지 논의해 놓은 것입니다.

첫째, 남편과 아내가 동시에 순종을 실천해야 합니다. 아내만 그래야 하는 것이 결코 아닙니다. "여러분은 그리스도를 두려워하는 마음으로 서로 순종하십시오"(에베소서 5장 21절). 순종은 모름지기 한 쪽이 다른 한 쪽에게 자유로운 선택에 따라서 행하는 것입니다. 그러므로 아내들은 자기 남편에게 순종하는 쪽을 택하고, 남편들은 자기 아내에게 순종하는 쪽을 택하는 것입니다.

그리스도께서 교회와 맺으신 관계야말로 남편과 아내의 관계가 어떠해야 하는지를 잘 보여 주는 대목입니다 : "교회가 그리스도께 순종하는 것같이, 아내들도 모든 일에서 남편에게 순종하십시오. 남편이신 여러분, 그리스도께서 교회를 사랑하셔서 교회를 위하여 자신을 내주신 것같이, 아내를 사랑하십시오. 그리스도께서 그렇게 하신 것은, 교회를 물로 씻고, 말씀으로 깨끗하게 하여서, 거룩하게 하시려는 것이며, 티나, 주름이나, 또 그와 같은 것들이 없이, 아름다운 모습으로 교회를 자기 앞에 내세우시려는 것이며, 교회를 거룩하고 흠이 없게 하시려는 것입니다"(에베소서 5장 24-27절).

순종과 관련된 문제가 제기될 때 가장 먼저 다루어야 할 질문들은 바로 이것입니다 : 부부 관계의 본질은 무엇입니까? 남편과 아내의 관계는 그리스도와 교회가 맺은 관계와 유사한 것입니까? 아내는 자유로운 선택을 할 수 있습니까, 아니면 '율법 아래 매여 있는' 노예입니까? 대부분의 부부 문제들은 남편이 아내를 '율법 아래' 묶어 놓으려고 할 때 발생합니다. 이럴 경우 아내는 성경에서 율법이 가져오리라고 약속한 정서들을 모두 경험하게 될 것입니다 : 진노·죄책감·불안정감·소외감(로마서 4장 15절 ; 야고보서 2장 10절 ; 갈라디아서 5장 4절).

자유는 검토할 필요가 있는 하나의 문제입니다 ; 그리고 은총은 또 다른 문제입니다. 남편과 아내의 관계는 은총과 무조건적인 사랑으로 가득 차 있을까요? 아내는 교회처럼 '결코 정죄함이 없는' 자리에 서 있을까요(로마서 8장 1절), 아니면 남편이 온갖 죄책감으로부터 '그녀를 씻기는' 데 실패한 것일까요? 에베소서 5장을 곧잘 이용하는 남자들은 보통 자기 아내를 노예로 전락시켜 버리고, 아내가 순종하지 않는다 하여 비난을 퍼붓습니다. 만일 아내가 남편에게 순종하지 않는다 하여 진노나 비난의 대상이 된다면, 그것은 그들 부부가 은총이 가득

한 그리스도교적 결혼 관계를 맺고 있지 못하다는 증거일 수 있습니다; 다시 말해서, 그들은 '율법의 지배 아래 묶인' 결혼 생활을 하고 있는 것입니다.

종종 이러한 상황에서 남편이 아내에게 어떤 일을 강요하는 경우가 있습니다. 아내에게 해를 입힐 뿐만 아니라 아내의 뜻을 꺾어 버리는 그런 일 말입니다. 이런 행위들은 남편의 죄를 가중시키는 것입니다. "이와 같이, 남편들도 자기 아내를 자기 몸과 같이 사랑하여야 합니다. 자기 아내를 사랑하는 사람은 자기를 사랑하는 것입니다. 아무도 자기의 육신을 미워하지 않습니다. 그리스도께서 교회를 기르시고 돌보시는 것처럼, 사람은 자기의 육신을 가꾸고 보살핍니다"(에베소서 5장 28-29절). 이렇게 볼 때, 노예처럼 복종한다는 개념은 절대로 있을 수 없는 것입니다. 그리스도께서는 결코 우리의 뜻을 꺾어 버리거나 우리에게 해가 될 만한 일을 강요하지 않으십니다. 그리스도께서는 결코 우리의 경계를 침범해서 넘어 오지 않으십니다. 그리스도께서는 결코 우리를 물건처럼 이용하지 않으십니다. 그리스도께서는 우리를 위하여 '당신 자신을 내어 주셨습니다.' 그리스도께서는 마치 당신의 몸처럼 우리를 돌보아 주십니다.

우리는 근본적으로 지배적인 남편과 '순종의 문제'를 별도로 생각해 본 적이 없습니다. 아내가 확고한 울타리를 쌓기 시작하면, 지배적인 남편의 내면에 있는, 그리스도를 닮지 않은 부분이 명확하게 드러나게 됩니다. 아내가 더 이상 그 남편의 미숙한 행동을 그대로 보아 넘기지 않기 때문입니다. 아내는 진실과 대면하는 한편, 자기에게 해로운 행동에 대해서도 성서적인 경계를 정하게 됩니다. 이렇게 아내 쪽에서 울타리를 쌓을 때 남편도 더불어 성장하기 시작하는 경우가 종종 있습니다.

균형의 문제

"전 단 한 순간도 남편과 함께 시간을 보낼 수가 없어요. 남편이 원하는 것이라곤 친구들과 함께 스포츠 행사에 참석하는 것이 전부니까요. 이인 나를 전혀 보고싶어 하지 않는다구요," 메러디스는 이렇게 불평하였습니다.

"그 점에 대하여 할 말 없으세요?" 나는 남편에게 물어 보았습니다.

"그건 전혀 사실이 아닙니다," 폴이 대답했습니다. "오히려 전 우리가 하루 온종일 함께 있는 것처럼 여겨지는 걸요. 아내는 제가 근무하고 있을 때에도 하루에 두세 번씩 꼭꼭 전화를 하니까요. 그리고 제가 퇴근을 할 때쯤이면 현관에서 기다리고 있다가 곧바로 이야길 나누고 싶어 하죠. 저녁 시간이나 주말 일정도 모두 아내 쪽에서 계획을 잡아 놓고 있기 일쑤예요. 그것 때문에 저도 정말 미치겠다니까요. 그래서 이렇게 벗어나려고 애쓰고 있는 겁니다. 경기장에도 가고, 골프도 치고요. 그러면 마음이 훨씬 가라앉거든요."

"얼마나 자주 벗어나려고 애를 쓰고 계시는데요?"

"가능하기만 하다면 언제든지요. 아마 주간에 이틀 밤하고 주말 오후에 한 번 정도 될 겁니다."

"그 시간엔 대체로 뭘 하십니까?" 이번에는 메러디스에게 물어 보았습니다.

"글쎄요, 남편이 돌아올 때까지 기다리죠, 뭐. 무척 보고 싶거든요."

"당신 자신을 위하여 하고 싶은 일은 전혀 없습니까?"

"없어요. 제 가족이 곧 제 삶인 걸요. 전 가족을 위해서 살아요. 그렇기 때문에 가족이 밖에 나가고 없을 땐 정말 싫어요."

"저런, 제가 보기엔 가족과 시간을 같이 보내지 못하는 게 결코 아닌 것 같은데요?" 내가 말했습니다. "하지만 당신이 매일 매시 가족과 함께 있지 못한다는 건 사실이에요. 그리고 그런 일이 벌어질 때면, 폴은 해방되는 것 같은 반면에 당신은 괴로워하는 것 같군요. 그 불균형에 대하여 설명하실 수 있겠어요?"

"'불균형'이라니요?" 메러디스가 물었습니다.

"결혼 관계란 언제나 두 가지 성분으로 이루어져 있거든요. 연합과 분리가 바로 그것이지요. 원만한 결혼 관계에서는 두 부부가 연합과 분리라는 두 개의 짐을 공동으로 지고 간답니다. 자, 연합이 100점, 분리가 100점이라고 한 번 생각해 보십시오. 원만한 관계에서는 한 쪽이 연합 50점과 분리 50점을 나타내고, 또 다른 한 쪽이 연합 50점과 분리 50점을 나타내지요. 두 부부가 저마다 자신의 일을 하는 거예요. 그러면서 서로 상대방에 대한 그리움을 느끼게 되는 것이구요. 그리고 연합은 분리에 대한 욕구를 생성시킨답니다. 그런데 여러분의 관계에서는 그 200점이 서로 다르게 분할되어 있어요. 당신은 연합만 100점을 나타내고 있는데, 남편은 분리만 100점을 나타내고 있는 상태지요.

"만일 남편이 당신에게 와주길 바란다면," 나는 계속해서 말했습니다. "일단 남편에게서 멀리 떨어져 있으면서, 당신을 그리워하게 만들 수 있는 공간을 마련해야 해요. 제 생각엔 당신을 그리워할 만한 기회가 폴에겐 한번도 없었던 것 같군요. 당신은 언제나 폴에게 뭔가를 추구하기만 했고, 폴은 공간을 마련하기 위하여 돌아서서 달아나기만 했으니까요. 당신이 만일 어떤 공간을 마련하게 된다면, 그리고 폴 역시 당신을 그리워하게 될 만한 어떤 공간을 마련하게 된다면, 틀림없이 폴 쪽에서 당신을 찾아오게 될 겁니다."

"정말로 옳은 말씀이십니다," 폴이 끼어 들었습니다. "여보, 그러니까 당신이 학위를 취득하기 위하여 아주 먼 곳으로 떠났을 때와 똑같은 거야. 생각나? 난 그 때 당신이 무척 보고 싶었어. 그런데 지금은 당신을 그리워할 기회조차도 없다구. 당신이 언제나 곁에 있으니까 말야."

메러디스는 마지못해 내 말을 인정했습니다. 하지만 그녀도 무척이나 폴과 더불어 그들의 부부 관계를 균형있게 조절하기 위한 방법을 모색하고 싶어했습니다.

균형. 이것은 하나님께서 모든 체계에 요구하고 계시는 것입니다. 온갖 체계가 어떤 식으로든 균형을 맞추려고 노력하고 있습니다. 결혼 관계에서도 역시 여러 가지 차원이 균형을 이루고 있어야 합니다 : 힘·권력·연합·성관계 등이 말입니다. 이들 영역에서 타협을 이루는 대신 한 쪽만이 언제나 힘을 행사하고 다른 한 쪽은 무력하게 있을 때 ; 한 쪽만이 언제나 강하고 다른 한 쪽은 언제나 약할 때 ; 한 쪽은 언제나 연합을 원하고 나머지 한 쪽은 언제나 분리를 원할 때 ; 한 쪽은 언제나 성관계를 원하고 나머지 한 쪽은 언제나 원하지 않을 때, 이럴 경우에는 문제가 발생하기 마련입니다. 물론 이런 경우에도 부부는 각각 균형을 고집하겠지만, 결코 이것은 상호적인 균형이 아닙니다.

울타리는 분리된 균형 대신에 상호적인 균형을 이룰 수 있도록 도와줍니다. 울타리는 서로가 자기를 책임질 수 있도록 도와줍니다. 만일 한 쪽이 울타리를 갖고 있지 않다면, 그리고 그 사람이 부부 관계에서 오직 연합만을 이룬다거나 하여 상대방의 일을 대신 해주기 시작한다면, 그 사람은 결국 종속적 관계나 그보다 더 나쁜 상황으로 빠져들게 될 것입니다. 또한 상대방 역시 정반대 측면에서만 살아가게 될 것입니다. 울타리는 저마다 결과를 통해서 책임을 지도록 도와주며, 나아가 상호적인 균형을 이루도록 만들어 줍니다.

전도서의 설교자는 이렇게 말합니다. "모든 일에는 다 때가 있다.

세상에서 일어나는 일마다 알맞은 때가 있다"(3장 1절). 삶과 관계에는 균형잡힌 양극성이 존재합니다. 여러분이 만일 불평등한 관계에 빠져 있는 자신을 발견하게 된다면, 그것은 곧 여러분에게 울타리가 결여되어 있다는 것과도 같습니다. 울타리를 쌓으면 이 불균형을 조절할 수 있습니다. 예를 들어, 폴이 메러디스의 요구에 대하여 울타리를 쌓는다면 메러디스가 좀더 독립적인 사람이 될 수 있도록 만들어 줄 것입니다.

문제 해결

문제를 발견하기는 쉬워도, 변화를 일으킬 수 있는 힘겨운 선택과 위험을 감수하기란 여간 어려운 일이 아닙니다. 그러면 지금부터 부부 관계에서 개인적인 변화를 일으키기 위한 몇 가지 단계를 살펴보기로 하겠습니다.

1. **증상의 목록 작성.** 우선 여러분은 문제가 있다는 것을 인정하고 그 문제를 해결해야 한다는 생각에 동의해야 합니다. 그렇지만 무조건 원한다고 해서 문제가 다 해결되는 것은 아니지요. 여러분은 문제를 인정해야 합니다. 성관계에 관한 문제이든, 자녀 교육에 관한 문제이든, 연합 결핍에 관한 문제이든, 부당한 소비 지출에 관한 문제이든, 일단 문제를 인정하고 넘어가야 합니다.

2. **특정 울타리 문제 확인.** 증상을 밝혀낸 다음에는 먼저 특정한 울타리 문제를 집어내야 합니다. 예를 들면, 어떤 사람이 성관계를 원하지 않는다는 게 증상일 경우, 울타리 문제는 이 사람이 결혼 관계의 다른 영역에서 힘을 행사하기에 충분할 정도로 '아니오'라는 말을 하지 못하고 있다는 것일 수도 있습니다. 아니면, 이 사람 스스로가 성관계

영역에서 자신에게 충분한 주도권이 없다고 여기고 있을 수도 있습니다. 이 사람은 무력감을 느끼고 있을 수도 있습니다. 이 사람은 자신의 선택이 존중받지 못한다고 여기고 있을 수도 있습니다.

3. 갈등의 원인 밝히기. 이 같은 울타리 문제가 발생한 것이 아마도 이 결혼 관계가 첫번째는 아닐 것입니다. 여러분은 어쩌면 자신이 성장해 온 가족과의 중요한 관계 속에서 이런 식으로 관계 맺는 방법을 익혔을 수도 있습니다. 어쩌면 그 가족과의 관계 속에서 발달한 어떤 두려움들이 아직까지 작용하고 있는지도 모를 일입니다. 여러분은 이 근본적인 문제들을 밝혀내야 합니다 ; 여러분은 이제 더 이상 부모와 배우자를 혼동하지 말아야 하는지도 모릅니다. 결혼 관계만큼 부모와의 갈등이 반복되는 관계도 없으니까요.

4. 좋은 것들은 받아들이기. 이 단계는 후원 조직을 형성하는 것과 연루되어 있습니다. "울타리는 허공 속에 세워지는 것이 결코 아니다." 이 말 기억 나시지요? 울타리를 세우기 전에 먼저 우리에게는 유대 관계와 도움이 필요합니다 ; 버림받을지도 모른다는 두려움 때문에 많은 사람들이 여전히 울타리를 쌓지 못하고 있기 때문입니다.

그러므로, 여러분의 결혼 관계에 울타리를 쌓을 수 있도록 격려해 줄 만한 후원 조직을 형성하십시오. 종속적 관계 집단도 좋고, 알코올 중독자 자주치료협회도 좋고, 치료자도 좋고, 결혼 상담 전문가도 좋고, 목사도 좋습니다. 절대로 혼자서 울타리를 쌓지 마십시오. 여러분은 두려움을 갖고 있기 때문에 결코 울타리를 쌓을 수 없습니다 ; 유일한 해결책은 바로 도움을 받는 것입니다. "혼자 싸우면 지지만, 둘이 힘을 합하면 적에게 맞설 수 있다. 세 겹 줄은 쉽게 끊어지지 않는다" (전도서 4장 12절). 울타리도 근육과 똑같습니다. 울타리는 안전한 후원 조직 내에서 세워지고 성장해야 합니다. 만일 여러분이 너무 섣부르게 너무 무거운 짐을 지게 된다면 근육이 손상되거나 늘어날 수도 있습니다. 도움을 받아들이십시오.

5. 연습. 안전한 관계, 다시 말해서 여러분을 무조건적으로 사랑해 주는 그런 사람들과의 관계 속에서 새로운 울타리를 연습하십시오. 좋은 친구와 점심 식사를 할 수 없는 일이 생겼을 때에는 '아니오'라고 말해 보세요. 또 여러분의 의견이 그 친구의 의견과 다를 때에는 직접 말해 보세요. 무언가 돌려받으리라는 기대 없이 그 친구에게 무얼 베풀어 보세요. 안전한 사람들과 울타리 쌓기를 연습함으로써 여러분은 결혼 관계에서도 울타리 쌓기 능력을 신장시킬 수 있습니다.

6. 나쁜 것들에는 '아니오'라고 말하기. 여러분의 결혼 관계에서 나쁜 것들에 대하여 경계를 정하십시오. 학대에 맞서십시오. 부당한 요구에는 '아니오'라고 말하십시오. 달란트의 비유를 명심하십시오. 위험이나 두려움에 맞서지 않고서는 성장도 결코 있을 수 없습니다. 성공하느냐 마느냐의 여부는 노력만큼 중요한 것이 아닙니다.

7. 용서. 용서를 하지 못하는 것 역시 울타리가 결여되어 있기 때문에 일어나는 현상입니다. 용서를 하지 않는 사람들은 다른 사람의 지배를 스스로 받는 사람들과도 같습니다. 여러분에게 상처를 준 사람들을 오랜 빚에서 탕감해 주는 것은 곧 그들로부터 더 이상 뭔가를 원하지 않게 되는 것입니다. 나아가 그것은 여러분까지도 자유롭게 해줍니다. 용서는 과거의 소극적인 바람 대신에 현재의 순행(proactivity) 행위를 가능하게 해줍니다.

8. 순행적인 사람이 되는 것. 다른 어떤 사람이 지배하도록 내버려두지 말고, 여러분이 하고 싶은 일을 분명히 밝히십시오. 자기만의 방침을 세워 두고서 그것을 고집하십시오. 여러분의 경계를 정하고, 어느 편에 설 것인가를 결정하고, 더 이상 참을 수 없는 일들을 밝히고, 어

떤 결과를 안겨 줄 것인가를 말하십시오. 스스로 순행적으로 행동하십시오. 때가 되면 자연히 여러분의 울타리를 유지해낼 준비가 갖추어질 것입니다.

9. 자유와 책임 안에서 사랑하는 법 배우기. 울타리의 목표를 명심하십시오. 울타리는 자유로부터 우러나오는 사랑을 목표로 한 것입니다. 이것은 신약성서에서 말하는 자기-부정과도 같은 것입니다. 여러분이 스스로를 지배할 때라야만, 파괴적인 행동이나 자기 중심적인 행동에 빠져들지 않고, 다만 도움을 주는 방식으로 사랑하는 사람들을 위하여 베풀고 희생할 수가 있는 것입니다. 이러한 형태의 자유는 우리가 열매를 맺을 수 있는 길로 인도하여 줍니다. "자기 삶을 친구들을 위하여 버리는 것보다 더 위대한 사랑은 없다."는 말을 기억하십니까? 이 말은 그리스도의 법칙을 따라서 서로를 섬기라는 의미를 담고 있습니다. 하지만 이것은 울타리가 없는 순종이 아니라 자유로부터 우러나오는 것이어야 할 것입니다.

확고한 자기 울타리를 쌓고 또 배우자의 울타리를 받아들이는 것은 우리를 훨씬 더 친밀한 관계로 이끌어 줍니다. 그렇지만, 여러분은 이렇게 배우자에게 울타리를 전달하는 동시에, 자녀에게도 울타리를 일러 주어야 합니다. 지금도 결코 늦지 않았습니다.

10
울타리와 여러분의 자녀

쉐년은 울음을 멈출 수가 없었습니다. 아직 학교에 들어가지 않은 아이 둘을 키우고 있는 이 젊은 엄마는 자신이 이토록 화를 잘 내고 자제력이 없는 사람인 줄은 정말 몰랐었습니다. 학대는 더더욱 상상할 수도 없었구요. 그렇지만 바로 1주일 전에 쉐년은 세 살짜리 로비를 붙잡고 뒤흔든 일이 있었습니다. 그것도 아주 심하게요. 그녀는 로비에게 소리를 질러댔었습니다. 그것도 아주 크게. 그리고 그것이 처음 있는 일도 아니었습니다. 그녀는 지난 몇 년 동안 셀 수 없을 정도로 그런 행동을 자주 했었습니다. 차이점이 있다면 이번에는 쉐년이 아들에게 거의 손찌검까지 할 뻔했다는 것이었지요. 그녀는 정말 깜짝 놀랐습니다.

이런 경험 때문에 쉐년과 남편 제럴드는 너무도 큰 충격을 입었습니다. 그래서 그들 부부는 마침내 내게 전화를 걸어 그 사건에 관하여 논의하고 싶다고 했고, 우리는 약속 시간을 정했습니다. 쉐년의 수치심과 죄책감은 아주 심각한 것이었습니다. 그녀는 이야기를 하는 동안에도 내내 나와 눈을 마주치기를 꺼려했습니다.

쉐넌이 로비에게 자제력을 잃고 막 대하기 전의 몇 시간은 그야말로 끔찍했습니다. 쉐넌과 제럴드는 아침 식사를 하는 동안에 계속 언쟁을 벌였습니다. 제럴드는 인사도 없이 출근해 버렸고, 한 살짜리 타냐는 시리얼을 마룻바닥에 몽땅 쏟아 버렸습니다. 게다가 로비는 지난 3년 동안 하지 말라고 한 일들을 그날 아침 다 해보기로 작정한 모양이었습니다. 로비는 고양이 꼬리도 잡아당겨 보고, 현관문을 어떻게 여는지도 알아 보았으며, 결국은 밖으로 나가는 데 성공해서 정원과 거리를 활보하고 다녔습니다. 또 쉐넌의 립스틱으로 주방의 하얀 벽에다 온통 낙서를 해놓았으며, 타냐를 밀어뜨려서 마룻바닥에 넘어지게 하기도 했습니다.

이 마지막 사고는 쉐넌의 인내의 한계를 넘어선 것이었습니다. 마룻바닥에 누워서 울고 있는 타냐와 그 옆에 서서 재미있다는 듯 쳐다보고 있는 로비를 보고도 그냥 넘어간다는 건 너무도 힘든 일이었습니다. 쉐넌은 머리끝까지 화가 치밀어서 충동적으로 아들에게 달려갔습니다. 그 다음 이야기는 여러분도 다 짐작할 수 있을 것입니다.

나는 쉐넌의 마음이 조금 가라앉을 때까지 기다렸다가, 그녀와 제럴드가 그 동안 평소에 어떤 식으로 로비를 교육시켜 왔는지에 대하여 질문을 던졌습니다.

"글쎄요, 저흰 로비를 따돌리거나 로비의 영혼을 억누르고 싶지 않거든요," 제럴드가 먼저 말을 꺼냈습니다. "금지만 한다는 것은, 그러니까……너무……부정적인 자세잖아요? 그래서 저희는 로비를 설득하려고 애쓰는 편이죠. 때로는 '오늘밤엔 아이스크림 없다'고 경고를 하기도 하고, 때로는 로비가 착한 일을 했을 때 칭찬도 해주고, 또 때로는 나쁜 행동을 했을 때 무시해 버리기도 하는 겁니다. 그러다 보면 아마도 그런 행동을 멈추게 되겠지요."

"로비가 경계를 넘어서진 않던가요?"

나의 질문에 두 부부가 동시에 고개를 끄덕였습니다. "저희 말을 믿지 못하실 거예요," 쉐넌이 말했습니다. "그앤 저희 말을 듣는 척도 하지 않는 것 같아요. 자기가 좋아하는 일만 계속해서 하는 거지요. 소리를 지를 때까지 계속이요. 대개 저희 가운데 어느 한 쪽이 호통을 치거나 소리를 지를 때까지 계속 그래요. 아무래도 저희 아인 뭔가 문제가 있는 것 같아요."

"글쎄요, 뭔가 문제가 있는 것만은 틀림없어요," 내가 대답했습니다. "하지만 아마도 로비는 그 동안 자제력을 잃은 격분에만 반응하도록 훈련받아 온 것 같군요. 그럼, 울타리와 아이들에 관하여 대화를 나누어 보도록 할까요?……"

울타리가 무척 중요하다고 할 수 있는 모든 영역들 가운데서 자녀 양육만큼이나 의미있는 영역도 없습니다. 우리가 어떤 식으로 울타리와 자녀 양육에 접근하느냐에 따라서 우리 아이들의 성격도 판이하게 달라집니다. 이것은 우리 아이들의 가치관 발달에도 큰 영향을 미치며, 우리 애들이 학교 생활에 잘 적응하느냐에도 큰 영향을 미칩니다. 또 이것은 친구를 고르는 일, 결혼 상대를 고르는 일에도 큰 영향을 미치며, 나아가 직장 생활을 잘해 나가느냐에도 큰 영향을 미칩니다.

가족의 중요성

하나님은 사랑이십니다(요한1서 4장 8절). 하나님은 관계 지향적인 분이십니다. 하나님은 처음부터 끝까지 우리와 관계 맺기를 원하십니다 : "나는 영원한 사랑으로 너를 사랑하였다"(예레미야 31장 3절).

하나님의 사랑은 수동적인 사랑이 아닙니다. 하나님의 사랑은 능동적인 사랑입니다. 사랑은 계속 배가합니다. 관계를 맺고 사랑을 베푸시는 하나님은 또한 공격적인 창조주이시기도 합니다. 하나님은 당신을 사랑하는——그리고 서로 사랑하는 존재들로 당신의 우주가 가득 차게 되기를 바라고 계십니다.

가정은 하나님께서 당신의 사랑을 대신하여 이 세상을 가득 메우도록 만드신 사회적 단위입니다. 가정은 아기가 한 사람의 성인으로서 가족의 곁을 떠날 수 있도록 자라기까지, 그리고 다른 주변 환경 속에서 자신의 이미지를 배가시킬 수 있게 되기까지 양육하고 발달시켜 주는 장소입니다.

하나님께서는 처음에 이스라엘을 당신의 자녀로 선택하셨습니다. 그렇지만 몇 백 년에 걸쳐 이스라엘이 반항을 하자, 하나님은 교회를 선택하셨습니다: "[이스라엘의] 허물 때문에 구원이 이방 사람들에게 이르렀는데, 이것은 이스라엘로 하여금 질투하는 마음을 불러일으키게 하려는 것입니다"(로마서 11장 11절). 그리스도의 몸은 이스라엘이 맡았던 역할과 똑같은 것을 수행하고 있습니다——그것은 곧 하나님의 사랑과 인격을 배가시키는 것입니다.

교회는 종종 가정으로 묘사되기도 합니다. 우리는 "기회가 있는 동안에 모든 사람에게 선한 일을 하되, 특히 믿음의 식구들에게는 더욱 그렇게" 해야 합니다(갈라디아서 6장 10절). 믿는 사람들은 "하나님의 가족"입니다(에베소서 2장 19절). 우리는 "하나님의 가족 가운데서 사람이 어떻게 처신해야 하는지를" 알아야 합니다(디모데전서 3장 15절).

하나님께서 "가정을 어떻게 생각하고 계시는지를" 보여 주는 힘있는 본문들은 이외에도 많이 있습니다. 하나님께서는 당신의 마음을 부모의 심정으로 설명하십니다. 하나님은 아빠이십니다. 하나님은 당신의 일을 좋아하십니다. 이러한 성서적인 하나님 묘사는, 부모 역할이란 곧 우리 아이들을 통하여 이 행성에 하나님의 성품을 드러내는 무척이나 중요한 역할임을 잘 가르쳐 주고 있습니다.

울타리와 책임

좋으신 부모인, 우리 하나님은 당신의 자녀인 우리가 성장하도록 도와주길 원하십니다. 하나님은 우리가 "온전한 사람이 되어, 그리스도의 충만하심의 경지에까지 이르는" 것을 보고 싶어 하십니다(에베소서 4장 13절). 우리가 우리 삶을 책임질 수 있는 방법을 깨닫도록 도와주시는 것도 바로 이 같은 완성 과정에 속하는 것입니다.

우리 자신의 혈육인 아이들의 경우도 역시 마찬가지입니다. 긴밀한 유대감을 형성하는 방법, 강한 애착을 형성하는 방법을 가르치는 것 다음으로 부모가 자녀에게 줄 수 있는 가장 중요한 것은 바로 책임감입니다——무엇이 자기의 책임이고 무엇이 아닌지를 알게 하는 것, 어떻게 '아니오!'라는 말을 하고 또 어떻게 '안 돼!'라는 말을 받아들여야 하는지를 가르치는 것입니다. 책임은 굉장한 가치가 있는 선물입니다.

우리는 중년에 접어들도록까지 18개월 때의 울타리를 그대로 갖고 있는 사람들을 많이 보아 왔습니다. 그들은 다른 사람이 자기에게 경계를 정할 경우 화를 낸다거나 부루퉁해집니다. 그것도 아니면 단지 평화를 지키기 위하여 자기를 꺾고 다른 사람에게 순종해 버립니다. 이런 성인들은 아주 어렸을 적부터 그래 왔다는 것을 명심하십시오. 그들은 오랫동안, 너무도 오랫동안 울타리를 두려워하고 증오하면서 자라났습니다. 그들이 성인에게 적합한 과정을 이제 다시 배운다는 것은 정말로 고되고 힘든 작업입니다.

울타리 치기와 고치기

자녀를 다 키운 한 현명한 어머니가 하루는 자기보다 나이가 몇 살 더 적은 친구 한 명이 아이와 싸우고 있는 장면을 목격하게 되었습니다. 그 아이는 얌전히 있으라는 말에 한사코 거부를 하고 있었고, 젊은 엄마는 금방 난리법석을 떨었습니다. 이 때 좀더 나이가 많은 그 여인이, 아이 혼자서 의자에 앉도록 만들겠다는 그 엄마의 결심을 지지하면서 이렇게 말했습니다. "맞아, 지금 그렇게 해야 돼. 지금 아이를 훈련시켜야 된다구―그래야 이 아이가 청년이 되었을 때에도 네가 무사히 살아남을 수 있어."

어렸을 때 울타리를 발달시키는 것이 바로 저 유명한 예방책입니다. 만일 우리가 일찍부터 책임감, 경계 정하기, 만족 늦추기 등을 가르친다면 우리 아이들의 나머지 삶은 좀더 순탄해질 것입니다. 늦게 시작하면 시작할수록 우리도, 아이들도 점점 더 힘든 과정을 겪게 됩니다.

하지만 만일 여러분의 자녀가 이미 나이를 많이 먹었다 하더라도 낙심하지는 마십시오. 그저 울타리 발달이 좀더 거센 저항에 부딪히게 된다는 것만 알아두시면 됩니다. 나이를 먹은 아이들의 마음속에는 울타리 학습을 통해서 얻을 수 있는 것이 그리 많이 들어있지 않습니다. 그러므로 여러분은 그 일에 좀더 많은 시간과 노력을 기울여야 합니다―그리고 좀더 열심히 기도해야 합니다! 이 장 후반부에서 우리는 아동기의 각 단계에 적합한 울타리 임무들을 다시 한 번 훑어보게 될 것입니다.

아동기의 울타리 발달

아동기의 울타리 발달 작업은 책임 학습 작업이라고 볼 수 있습니다. 아이들에게 책임의 장점과 단점을 가르친다는 것은 곧 자율성을 가르치는 것과도 같습니다── 다시 말해서 아이들이 성인기의 임무를 수행할 수 있도록 준비시키는 작업인 것입니다.

성경은 자녀 양육에서 울타리 형성이 차지하는 역할에 관한 언급을 아주 많이 하고 있습니다. 보통 우리는 그것을 가리켜 훈련이라고 부릅니다. 학자들이 '훈련'이라고 번역한 히브리어와 그리스어는 '가르침'이라는 의미를 담고 있는 단어들입니다. 이 가르침은 긍정적인 관점과 부정적인 관점을 둘 다 지니고 있습니다.

훈련의 긍정적인 측면은 순행·예방법·훈육입니다. 이 긍정적인 훈련은 교육에 착수하는 것, 임무를 수행할 수 있도록 훈련시키는 것입니다 : 아버지들은 "주님의 훈련과 훈계로" 자녀를 양육해야 합니다 (에베소서 6장 4절). 훈련의 부정적인 측면은 징계·질책·결과입니다. 부정적인 훈련은 자녀에게 책임에 관한 교훈을 가르치기 위하여 자기 행동의 결과를 직접 체험하도록 만드는 것입니다 : "옳은 길을 저버리는 사람은 엄한 징계를 받을 것이다"(잠언 15장 10절).

올바른 자녀 양육은 예방 차원의 훈련과 실습 그리고 징계 차원의 결과, 이것들이 동시에 연관되어 있습니다. 예를 들면, 여러분은 열네 살짜리 딸아이의 취침 시간을 열시로 정해놓고 이렇게 말합니다. "자, 내일 학교에서 맑은 정신으로 공부하려면 지금 잠자리에 들어야 충분히 잘 수 있단다." 이것은 지극히 긍정적인 측면의 훈련입니다. 그런데 딸아이는 그만 밤 열한 시 반까지 빈둥빈둥 시간을 보내고 맙니다. 다음날 여러분은 아이에게 이렇게 말합니다. "어젯밤에 취침시간을 어겼으니, 오늘은 전화를 쓰면 안 된다." 이것은 바로 부정적인 훈련입니다.

올바른 울타리 발달을 위해서는 이 회유와 질책이 두 가지 다 필요합니다. 그 이유는 무엇일까요? 그것은 바로 하나님께서 우리의 성장을 돕기 위하여 연습——노력과 실수——을 시키고 계시기 때문입니다. 우리는 정보를 얻고, 그 정보를 서투르게 적용하고, 실수를 저지르고, 그 실수를 통해서 배우고, 그리고 그 다음에는 좀더 나은 행동을 취함으로써 성숙해집니다.

연습은 우리 삶의 모든 분야에서 반드시 요구되는 것입니다 : 스키 타는 법을 배운다거나, 에세이를 쓴다거나, 컴퓨터를 작동시키는 데에도 연습이 필요합니다. 친밀한 사랑의 관계를 발달시키기 위해서도, 성경공부 방법을 익히기 위해서도 연습을 꼭 해야 합니다. 또한 우리의 영적이고 정서적인 성장을 위해서도 반드시 연습이 필요합니다 : "그러나 단단한 음식물은 장성한 사람들의 것입니다. 그들은 경험으로 선과 악을 분별하는 세련된 지각을 가지고 있는 사람들입니다"(히브리서 5장 14절). 연습은 울타리와 책임을 학습하는 과정에서 매우 중요한 위치를 차지하는 요소입니다. 그러니까 실수가 곧 스승인 것입니다.

훈련은 하나의 외적인 울타리로서, 우리 아이들의 내적인 울타리를 발달시키기 위한 수단입니다. 훈련은 아이에게 더 이상 필요 없을 정도로 인격 구조가 완전히 형성될 때까지 안전한 구조를 제공해 주는 것입니다. 올바른 훈련이란 늘 아이를 더 많은 내적 구조와 더 많은 책임으로 인도해 주는 것입니다.

여기에서 우리는 훈련과 처벌을 구별할 수 있어야 합니다. 처벌은 그릇된 행동에 대한 벌을 일컫는 말입니다. 법률적인 차원에서 보면,

이것은 법을 어긴 데 대하여 형벌을 가하는 것입니다. 그렇지만 처벌은 연습의 여지를 그리 많이 남겨두지 않습니다. 처벌은 훌륭한 스승이 될 수 없습니다. 그 대가가 너무도 크기 때문입니다 : "죄의 삯은 죽음입니다"(로마서 6장 23절), "누구든지 율법 전체를 지키다가, 한 조목이라도 어기면, 전체를 어긴 셈이 되기 때문입니다"(야고보서 2장 10절). 처벌은 실수를 결코 용납하지 않는 법입니다.

하지만 훈련은 그렇지 않습니다. 훈련은 잘못에 대한 처벌이 아닙니다. 훈련은 하나님의 자연법입니다 : 행한 대로 거둔다는 법칙 말입니다.

하나님께서는 이제 더 이상 우리를 처벌하지 않으십니다. 그러므로 훈련은 처벌과 다른 것입니다. 처벌은 그리스도를 구세주로 영접한 모든 사람들을 위하여 십자가 위에서 끝이 났습니다 : "그분은 우리 죄를 당신의 몸에 몸소 지시고, 나무에 달리셨습니다"(베드로전서 2장 24절). 그리스도의 고난은 우리의 죄를 모두 씻기셨습니다.

나아가, 훈련과 처벌은 시간에 대한 관계 역시 서로 상이합니다. 처벌은 뒤를 돌아봅니다. 처벌은 과거에 행해진 잘못들에 대하여 벌을 내리는 일에 초점을 맞춥니다. 예를 들어서, 그리스도의 고난은 우리 죄를 대신한 처벌인 것입니다. 그렇지만 훈련은 앞을 내다봅니다. 훈련을 통하여 배운 교훈들은 우리가 다시는 그런 식의 실수를 범하지 않도록 도와 줍니다 : "하나님께서는 우리를 당신의 거룩하심에 참여하게 하시려고, 우리에게 유익이 되도록 훈련하십니다"(히브리서 12장 10절).

그러면 훈련이 어떻게 우리를 도울 수 있을까요? 훈련은 우리가 비난에 대한 두려움이나 관계의 상실에 대한 두려움 없이 자유롭게 실수를 저지르도록 만들어 줍니다 : "그러므로 그리스도 예수 안에 있는 사람들은 정죄를 받지 않습니다"(로마서 8장 1절). 십자가가 안겨 준 자유 때문에 우리는 끔찍한 대가를 지불하지 않고도 연습을 할 수 있게 되었습니다. 한 가지 위험이 있다면 그것은 오로지 결과——고립과 비난이 아니라——일뿐입니다.

예컨대, 한 어머니가 열 살짜리 딸아이에게 이렇게 말했다고 칩시다. "또다시 이 에미 가슴에 못을 박으면 더 이상 널 사랑하지 않겠다." 이렇게 해서 그 아이는 당장 승산이 없는 상황에 처하게 됩니다. 이 아이는 엄마의 말을 어김으로써 자기의 인생에서 가장 중요한 관계를 상실하게 되거나, 아니면 절대적으로 엄마의 말에 순종하고 복종함으로써 대결의 기술을 연습할 수 있는 기회를 영영 상실하게 될 것입니다. 자, 그럼 이번에는 그 어머니가 다음과 같이 말했을 경우에 보여질 반응을 한 번 생각해 봅시다. "너를 향한 사랑은 절대로 그치지 않을 거야. 엄마의 사랑은 언제까지나 계속될 거란다. 하지만 네가 만일 또다시 이 엄마를 실망시킨다면, 사흘간 네 휴대용 카세트를 갖고 다니지 못할 줄 알아라." 이 경우에는 관계가 그대로 유지될 수 있습니다. 이것은 결코 비난이 아닙니다. 이 경우 아이는 책임을 다할 것인지 아니면 그 결과를 감수할 것인지, 그 둘 가운데서 스스로 선택할 수 있는 기회를 얻게 됩니다——사랑이나 안전을 상실할지도 모른다는 불안감 없이 말이죠. 이것이야말로 성숙으로 가는 길, 단단한 음식을 먹는 방법을 배우는 길입니다 : 다시 말해서 훈련을 통한 안전한 연습인 것입니다.

아동에게 울타리가 필요한 이유

우리 아이들의 다양한 욕구들 가운데 특별히 울타리가 채워 줄 수 있는 욕구는 어떤 것이 있을까요? 경계를 정할 수 있는 능력은 전 생애에 걸쳐서 아주 큰 몫을 담당하게 될 중요한 역할을 몇 가지 수행하게 됩니다.

자기-보호

갓난아기보다 더 무력한 존재를 본 적이 있습니까? 아기들은 동물의 새끼보다 자기를 돌볼 수 있는 능력이 훨씬 더 부족합니다. 하나님께서는 아기의 엄마 아빠가(또는 그 밖의 보호자가) 자신의 보살핌 없이는 아기가 단 한 순간도 살 수 없다는 사실을 깨닫고서 아기와 깊은 유대감을 가질 수 있도록 처음 몇 개월을 예비해 두셨습니다. 이 기간에는 애착을 지속시키는 일에 온 힘과 시간을 바쳐야 하며, 바로 이 시기에 아기들은 세상이 안전한 곳이라는 느낌을 간직하게 됩니다.

그렇지만 여기에서 하나님의 성숙 프로그램이 멈추는 것은 결코 아닙니다. 엄마와 아빠가 언제까지고 아기 곁에 붙어서 돌봐 주고 필요한 것들을 채워 줄 수는 없습니다. 보호의 임무는 궁극적으로 아이 자신에게 넘겨지기 마련입니다. 아기들은 자라면서 스스로를 보호할 수 있게 되어야 하는 것입니다.

울타리는 우리의 영혼을 지키고 보호하기 위하여 우리가 취하는 방법입니다. 울타리는 좋은 것들은 안에 놓아 두고 나쁜 것들은 밖에 묶어 두기 위한 것입니다. 아이가 책임과 자기-보호를 수행할 수 있도록 도와주는 가정을 이루려면, '아니오'라고 말한다거나, 진실을 이야기한다거나, 신체적인 거리를 유지한다거나 하는 능력을 반드시 키워 주어야 합니다.

다음에서 열두 살짜리 소년 두 명의 경우를 한번 비교해 보십시오:
지미는 지금 저녁 식사 시간에 부모님과 대화를 나누고 있습니다.

"알아맞혀 보세요—— 글쎄 오늘 애들이 저더러 같이 담배를 피우자고 하지 않겠어요? 싫다고 했더니 저더러 계집애 같다는 거예요. 그래서 전 걔들에게 바보라고 말해 줬죠. 걔네 가운데 몇 명은 저도 좋아하는 친구들이었지만, 제가 담배를 피우지 않는다고 해서 절 싫어하는 애들 이라면 진정한 친구가 아니라고 생각해요."

충혈된 눈으로 학교에서 돌아온 폴은 말도 분명하게 못하고, 근육도 제대로 움직이질 못했습니다. 걱정이 된 부모가 무슨 일이냐고 물었지만 폴은 모든 걸 부인할 뿐이었습니다. 그러다가 마침내 이렇게 소리 지르는 것이었습니다. "요즘 안 피우는 애들이 없다구요. 근데 왜 제 친구들만 미워하시는 거예요?"

지미와 폴은 둘 다 사랑이 가득하고 성서적인 가치관을 중요시하는 그리스도교 가정에서 자라났습니다. 그런데 왜 이다지도 상이한 반응을 보이는 것일까요? 지미의 가족은 부모자식간의 견해차를 허용해 왔으며, 지미가 울타리 쌓기 기술을 연습할 수 있도록 해주었습니다. 심지어 부모들에게 까지도요. 지미 엄마는 두 살 짜리 지미가 안절부절 못하고 불안해할 때면 꼬옥 붙들고 안아 주곤 했습니다. 그러면 지미는 "내려 주세요."라고 말하곤 했습니다. 그러니까 "숨쉴 틈 좀 주세요, 엄마."라는 의미였지요. 이럴 때 지미 엄마는 아이를 좀더 안아 주고 싶은 자신의 충동과 씨름을 하다가, 결국엔 아이를 마룻바닥에 내려 주고 이렇게 말하곤 했습니다. "트럭 갖고 놀고 싶니?"

지미 아빠 역시 똑같은 철학을 지니고 있었습니다. 지미와 함께 마룻바닥에서 씨름을 할 때면 아빠는 늘 지미의 한계에 주의를 기울이려고 노력하는 편이었습니다. 진행 상태가 너무 거칠어져서 지쳤다 싶으면 지미는 아빠에게 이렇게 말해도 되었습니다. "그만해요, 아빠." 그러면 지미 아빠는 곧바로 일어섰습니다. 그리고 그들은 또 다른 놀이를 하곤 했습니다.

지미는 이렇게 울타리 훈련을 받으며 자라났습니다. 지미는 두렵다거나, 불편하다거나, 뭔가를 바꾸고 싶을 때에는 '아니오!'라고 말할 수 있도록 교육받았습니다. 이 짧은 한 마디가 지미의 삶에 힘을 부여해 주었습니다. 이 '아니오'라는 단어 때문에, 그는 무력해지거나 마음에도 없는 순종을 하지 않아도 되었습니다. 그래서 지미는 분노나 상심, 또는 "근데 지미야, 엄만 지금 널 안아 줘야겠는데, 좋지?"와 같은 교묘한 반대에 부딪히지 않고도 얼마든지 '아니오'라는 말을 할 수가 있었습니다.

지미는 어렸을 적부터 자기 울타리가 좋은 것이라는 점과, 자기를 보호하기 위하여 울타리를 사용해도 된다는 점을 익혀 왔습니다. 지미는 자기 맘에 들지 않는 일들에는 단호히 거부할 줄 아는 아이로 자라났습니다.

지미 가족의 뚜렷한 특징 한 가지는 바로 의견의 불일치를 허용한다는 것이었습니다. 예를 들면, 취침 시간 때문에 지미가 부모와 말씨름을 벌이려 해도 지미 가족은 결코 지미의 특권을 박탈하거나 벌주거나 하지 않았습니다. 오히려 그들은 지미의 주장에 귀를 기울였고, 만일 정당한 이유가 있다 싶으면 자신들의 생각을 고쳐먹곤 하였습니다. 물론 그렇지 않을 경우에는 자신들의 울타리를 유지했구요.

또한 지미는 가정의 문제들에도 부분적으로 투표권을 행사할 수가 있었습니다. 온 가족이 함께 저녁 외출을 하는 날이 다가오면, 지미 부모는 영화를 보러 갈 것인지, 보드게임을 할 것인지, 아니면 농구를 할 것인지에 대하여 지미의 의견에 귀를 기울이곤 하였습니다. 그렇다고 해서 지미 가족에게 전혀 경계가 없었던 것일까요? 정반대입니다! 지미 가족은 아주 진지하게 경계를 받아들이는 가족이었습니다—자녀가 반드시 발달시켜야 할 기술로 여겼던 것입니다.

이로써, 지미는 악한 때에도(에베소서 5장 16절) 저항할 수 있도록 멋진 훈련을 받은 것이나 다름없었습니다. 지미의 친구들이 다가와서 약물을 사용해보라고 압력을 가했던 바로 그 순간에도 지미는 그래서 거절을 할 수 있었습니다. 어떻게 그럴 수가 있었을까요? 그것은 바로 그 때까지 지미가 10년 내지 11년 동안이나 사랑을 잃을지도 모른다는 두려움 없이 자신에게 중요한 사람들의 의견에 반대할 수 있는 연습을 많이 해왔기 때문이었습니다. 지미에게는 친구들의 말에 반대할 경우 그들로부터 버림을 받을지도 모른다고 하는 두려움이 전혀 없었습니다. 지미는 그 때까지 아주 여러 번 자기 가족과도 사랑을 잃는 법 없이 그런 일들을 성공적으로 치러냈으니까요.

한편, 폴은 이와 정반대 되는 가정 환경에서 자라났습니다. 폴의 집에서는 그 누구도 반대되는 의견을 내놓을 수가 없었습니다. 툭하면 폴 엄마가 상처를 받고 물러나거나 토라졌기 때문입니다. 폴 엄마는 "널 사랑하는 이 엄마에게 어쩜 '아니오'라는 말을 할 수 있니?"라고 말함으로써 죄책감을 안겨 주기 일쑤였습니다. 게다가 폴 아빠는 화를 잘 내고, 폴을 위협하고, 또 이런 식으로 말하곤 했습니다. "내게 말대꾸하지 말거라, 폴!"

그리 오래지 않아서 폴은 자기 식대로 하기 위해선 겉으로나마 순종하는 척해야 한다는 점을 깨닫게 되었습니다. 폴은 가족의 가치관과 통제에 동의하는 것처럼 보이려고, 외면상으로는 지나치게 순종적인 아이가 되었습니다. 그 어떤 주제──저녁식사 메뉴, TV시청 제한, 교회 선택, 옷, 귀가 시간 등──에 관해서든 폴은 이제 자기 생각을 마음속에만 꼭꼭 묻어 두게 되었습니다.

한번은 폴이 어머니의 포옹을 거부하려 했는데, 어머니는 곧바로 폴에게서 물러나면서 다음과 같은 말로 폴을 밀쳐 버렸습니다. "이런 식으로 네 에미의 감정을 상하게 한 데 대하여 언젠가는 후회하게 될 거다." 날이 갈수록 폴은 경계를 세우지 말도록 훈련되어 갔습니다.

이렇게 울타리가 없는 삶을 익히게 된 결과, 폴은 불평할 줄도 모르는 공손한 아들로 비쳐지게 되었습니다. 그렇지만 십대란 아이들에게 모진 시련의 시기가 아니겠습니까? 이 힘겨운 과도기에 우리 아이들이 사실상 어떤 식으로 성격을 형성하게 되는지를 우리는 잘 알고 있습니다.

폴은 기어이 꺾이고 말았습니다. 폴은 친구들의 압박에 지고 말았습니다. 폴이 처음으로——그것도 열두 살이나 되어서——'아니오!'라는 말을 해 본 대상이 바로 폴의 부모라는 사실이 뭐 이상할 것도 없네요. 수년 간 울타리가 없이 살아 온 삶과 분노가, 폴이 살아남기 위하여 발달시켜야 했던 순종적이고도 손쉬운 거짓 자기를 서서히 좀먹어 가고 있었던 것입니다.

자신의 욕구 책임지기

내가 이끌고 있던 집단치료반이 쥐죽은듯 고요해졌습니다. 내가 재니스에게 결코 대답할 수 없는 질문을 던졌던 것입니다. 그 질문은 바로 "당신에게 필요한 것은 무엇입니까?"였습니다. 재니스는 당황하는 것처럼 보였습니다. 그녀는 깊게 생각해 보는 듯하더니 그냥 자리에 앉아 버렸습니다.

재니스는 바로 전에 지난 한 주간에 겪었던 고통스러운 상실의 경험에 대하여 이야기를 했었습니다 : 남편은 이혼하겠다며 떠나 버렸고, 애들은 통제 불능이며, 직장 또한 위태로운 지경에 이르러 있었습니다. 모두들 애착과 안전이라는 주제에 관해 대화를 나누고 있었던 차라, 집단치료반 참가자들의 얼굴에는 염려의 빛이 명백히 떠올라 있었습니다. 하지만 어떻게 하면 재니스를 도울 수 있는지에 대하여 알고 있는 사람은 아무도 없었습니다. 그리고 바로 그 때 내가 앞의 질문을 던졌던 것입니다. 그러기에 사실 나의 질문은 우리 모두를 대신한 것이기도 했습니다. 그렇지만 재니스는 그 질문에 결코 대답할 수가 없었습니다.

재니스의 환경에 비추어 볼 때, 이것은 너무나도 당연한 일이었습니다. 재니스는 어린 시절의 대부분을 부모님 감정을 책임지면서 보내야만 했으니까요. 가정의 평화를 지키는 기수였던 재니스는 언제나 어머니와 아버지의 곤두선 깃털을 가라앉히기에 여념이 없었습니다. "엄마, 아빠가 엄마한테 화를 낸 건 진심이 아니라고 확신해요──아빤 그저 오늘 하루가 너무 힘드셨던 거예요." 이런 중재의 말들을 통해서 말입니다.

가족에 대한 이 같은 비성서적인 책임감이 재니스의 삶에 미친 영향은 너무도 자명했습니다 : 다른 사람에 대한 지나친 책임감과 자기 자신의 욕구에 대한 동조의 결여였습니다. 재니스는 다른 사람의 상실에 대하여 늘 신경이 곤두서 있었습니다 ; 하지만 자기 자신의 길을 탐지하는 레이더는 망가져 있었지요. 그러니 재니스가 나의 질문에 대답하지 못한 것도 전혀 이상한 일이 아니었습니다. 재니스는 자기 자신의 천부적이고 합법적인 욕구를 전혀 갖지 못하고 있었습니다. 아예 이 부분에 대해서는 생각해 본 적도 없었던 것입니다.

그렇지만 이 이야기는 다행히도 해피 엔딩으로 끝이 났습니다. 집단치료반의 참가자 한 명이 이렇게 말했던 것입니다. "만일 제가 당신이라면 저한테 무엇이 필요한지 알 수 있을 것 같아요. 저에게 정말로 필요한 것은 바로 이 방에 있는 여러분 모두가 저를 걱정하고 있다는 사실, 여러분이 저를 아주 수치스러운 실패작으로 여기지 않는다는 사실, 그리고 여러분이 저를 위해 기도했으며 이번 주에 제가 여러분에게 도움을 청하기 위한 전화를 걸도록 만들었다는 사실을 깨닫는 것입니다."

이 말에 재니스의 두 눈이 축축이 젖어 왔습니다. 감정이 이입된 친구의 말이 이제껏 그녀 스스로도 접근할 수 없었던 어떤 영역에서 그녀에게 다가왔습니다. 그리고 그녀는 지금까지 위안을 받아 온 다른 사람들에게서 위안을 받아들임으로써 자기 안에 그 영역을 마련하였습니다(고린도후서 1장 4절).

재니스의 이야기는 우리 아이들의 울타리 발달이 맺게 되는 두 번째 열매를 잘 보여 주는 것입니다 : 그것은 바로 우리 자신의 욕구에 대한 소유권을 얻고 그것에 대한 책임을 지는 능력입니다. 하나님께서는 우리가 언제 배고프고, 외롭고, 괴롭고, 당황스럽고, 휴식이 필요한지를 스스로 알게 하십니다——그런 다음에는 우리가 필요한 것들을 얻기 위하여 주도권을 잡게 하십니다. 성경은 예수님께서 한창 섬김을 베풀고 필요를 충족시켜 주셔야 할 순간에 배를 타고 군중에게서 떠나가셨을 때 바로 이 점을 잘 이해하고 계셨다고 소개합니다 : "거기에는 오고가는 사람이 하도 많아서 [예수와 그 제자들이] 음식을 먹을 겨를조차 없었기 때문이다"(마가복음 6장 31절).

울타리는 이 과정에서 아주 중요한 구실을 합니다. 우리의 경계는 우리 자신과 다른 사람들 사이에 영적인 공간과 정서적인 공간, 곧 분리를 창출해냅니다. 그리고 이것은 우리가 자신의 욕구에 귀를 기울이고 또 그 욕구를 잘 이해하도록 만들어 줍니다. 견고한 울타리 의식이 없이는 다른 사람의 욕구들에서 우리 자신의 욕구를 걸러내는 일도 불가능합니다. 그리고 이럴 경우, 관계에도 너무 많은 잡음이 생기게 됩니다.

다른 사람의 욕구와 반대되는 자기 자신의 욕구를 경험하도록 훈련 받은 아이들은 삶 속에서 특별한 혜택을 부여받은 셈입니다. 그렇게 자라난 아이들은 자기 자신을 돌보지 않음으로써 야기되는 심신의 소모를 더 잘 피할 수 있습니다.

그러면 어떻게 해야 우리 아이들이 자기 자신의 개인적인 욕구를 경험하도록 도와줄 수 있을까요? 부모가 할 수 있는 최선의 선택은 바로 아이들이 자기 자신의 욕구를 말로 표현할 수 있도록 격려해 주는 것입니다. 비록 그 욕구가 '가족의 흐름에 순행하지' 않는다 할지라도 말입니다. 아이들은 흐름에 반대되는 뭔가를 요구할 수 있도록 허락 받을 때—비록 그 요구를 들어 주지 않는다 할지라도—자기에게 무엇이 필요한가 하는 의식을 발달시키게 됩니다.

다음은 여러분이 아이들에게 도움을 줄 수 있는 몇 가지 방법들을 제시해 놓은 것입니다 :

- 아이들이 자신의 분노에 대하여 이야기할 수 있도록 해주십시오.
- 아이들을 무조건 위로하려고 들거나, 아이들이 자신의 감정을 이야기하지 못하도록 막으려 들지 말고, 오히려 그들이 자신의 비탄이나 상실, 슬픔을 표출할 수 있도록 해주십시오.
- 아이들이 질문을 던지도록 격려해 주십시오. 그리고 아이들이 여러분의 말을 마치 성경 말씀인 것처럼 생각하는 일이 없도록 하십시오(자칫 자기 주관이 확고하다고 하는 부모들이 이런 태도를 취하기가 쉽습니다!).
- 아이들이 고립되어 있거나 괴로워하고 있는 것처럼 보일 때에는 아이들의 감정이 어떤가를 직접 물어 보십시오 ; 아이들이 자신의

부정적인 감정을 말로 표현할 수 있도록 도와주십시오. 하지만 결코 협동이나 가족간의 친밀함에 관한 그릇된 의식에 비추어 판단하려고 들지는 마십시오.

이렇게 볼 때, 자신의 욕구를 책임지는 첫번째 단계는 바로 그 욕구를 인정하는 것이라고 할 수 있겠습니다. 다시 말하면, 자신의 욕구를 인정하는 것에서부터 우리의 영적인 탐지 장치가 작동하기 시작하는 것입니다. 재니스의 경우, 바로 그 탐지 장치가 망가지고 더 이상 발달하지 않았기 때문에 그녀 자신의 욕구를 인정할 수 없었던 것입니다.

자신의 욕구를 책임지는 두 번째 단계는 스스로를 책임지고 관리하는 일에 착수하는 것입니다 —— 이것은 자기 짐을 다른 누군가에게 떠맡기는 것과 정반대되는 일입니다. 우리는 우리 아이들이 자기 자신의 무책임과 실수 때문에 생긴 고통스러운 결과들을 체험하도록 내버려두어야 합니다. 이것이 바로 히브리서 5장 14절에 나오는 '연단'이며, 히브리서 12장에 나오는 '훈련'인 것입니다. 우리 아이들은 집을 떠날 준비를 다 끝마칠 때까지 자신의 삶에 대한 개인적인 책임감을 깊숙이 내면화시켜야 합니다. 우리 아이들은 다음과 같은 확신을 지니고 있어야 합니다 :

- 내가 삶에서 성공하느냐 실패하느냐의 여부는 십중팔구 내게 달려 있다.
- 비록 내가 하나님과 인간에게서 위안과 훈련을 추구할 수는 있겠지만, 그래도 나의 선택에 대하여 책임을 져야 하는 것은 바로 나 자신이다.
- 비록 내가 온 생애에 걸쳐서 내게 중요한 관계들의 영향을 크게

받겠지만, 그래도 내 문제 때문에 나 이외의 어떤 사람을 비난할 수는 없다.
- 비록 나는 끊임없이 실패를 거듭하고 또 도움을 필요로 하게 되겠지만, 그래도 나를 영성적·정서적·재정적·관계적 위기에서 언제나 구제해 주고자 애쓰는, 지나치게 책임 의식이 강한 몇몇 개인에게 전적으로 의존해서는 안된다.

'내 삶은 내게 달려 있다!'는 이 같은 인식은 우리가 우리 삶을 책임져야 한다는 하나님의 관심 속에서도 찾아볼 수 있습니다. 예수님께서도 달란트의 비유를 통해 말씀하신 바 있듯이, 하나님께서는 우리가 우리의 재능을 생산적인 방법으로 사용하길 원하십니다(마태복음 25장 14-30절). 그리고 이러한 책임의식은 우리가 성인이 된다 할지라도 언제나 우리를 따라다닐 것입니다——우리가 땅 속에 묻힌다 할지라도, 그리고 그리스도의 심판대 앞에 선다 할지라도 말입니다.

그 때가 되어 주님께서 우리가 자신의 삶을 책임지지 않은 것에 대하여 얼마나 잘 이해해 주실지 상상하고도 남음이 있습니다 : "하지만 전 역기능 가족과 살았는걸요." "하지만 전 외로웠다구요." "하지만 제겐 힘이 없었어요." 이렇듯 자신을 합리화시키려는 '하지만!'이라는 단어는 달란트의 비유에서 악하고 게으른 종이 했던 변명과도 다름이 없는 것입니다. 이 말은 우리가 좋든 싫든간에 우리 주변의 환경과 다양한 스트레스 요인들에 영향을 크게 받는다는 사실을 말해 줍니다. 확실히 우리는 그렇습니다. 그러나 우리의 상처입은 미숙한 영혼과 관련된 일들에 궁극적으로 책임을 져야 하는 쪽은 바로 우리 자신입니다.

현명한 부모라면 자녀가 '안전한 고난'을 겪도록 내버려둘 줄 알아야 합니다. 여기에서 '안전한 고난'이라 함은 자녀가 그 나이에 적합한 결과를 체험하도록 허용하는 것을 뜻합니다. 여섯 살짜리 딸아이가 어두워진 다음에도 밖으로 싸돌아다니도록 내버려두는 것은 결코 그 아이의 성장을 위한 훈련이 아닙니다. 그럴 경우 아이는 이제 자신이 완전히 성숙한 사람이라고 판단하게 될 것입니다. 그러므로 첫째로는 아이가 이런 선택을 할 만한 입장에 처하도록 내버려두지 말아야 합니다.

패트의 부모는 자기 딸이 안전한 고난을 경험할 수 있도록 해주었습니다. 패트가 고등학교에 들어가자마자, 패트 부모는 한 학기 동안 쓸 용돈을 한꺼번에 몽땅 주기 시작했습니다. 패트는 학교 급식비·의류 구입비·교제비·과외 활동비 등을 스스로 책임지게 되었습니다. 그리고 예산은 이 모든 지출을 감당하고도 남을 정도로 넉넉했습니다. 외관상 이것은 모든 십대들이 간절히 원하는 꿈의 실현과도 같았습니다——아무런 통제도 없이 혼자서 이 돈을 맘대로 쓸 수 있었으니까요!

학기초에 패트는 예쁜 옷을 몇 벌 샀습니다. 패트는 친구들과 함께 갖가지 행사에 참석했으며, 그 친구들에게 여러 번 밥을 사주기도 했습니다. 그런 행각이 석 달 반 동안 계속되었습니다. 그리고 나머지 두 달 반 동안은 그야말로 긴축 재정을 펼쳐야만 했습니다. 패트는 급식비를 써버리지 않기 위하여 허구헌날 집안에 머물러 있어야 했으며, 옷도 처음에 샀던 새 옷들을 연거푸 입고 다녀야만 했습니다.

두 번째 학기는 좀더 나았습니다——그리고 2학년이 되면서부터 패트는 은행 예금 계좌를 개설하였고, 예산안도 좀더 실행 가능성이 있는 걸로 짰습니다. 나아가 패트는 울타리를 쌓기 시작하였습니다. 한창 쇼핑에 몰두할 나이의 아가씨가 이제는 자기에게 꼭 필요하다고 생각해 왔던 옷이나 콤팩트디스크나 음식이나 잡지에도 '안 돼!'라는 말을 하기 시작했습니다. 패트는 자기 자신의 삶을 책임지는 방법을 배우기 시작했습니다. 그리하여 패트가 대학을 졸업할 무렵에는, 수년 간 부모의 자금 지원으로 구제를 받아 온 나머지 요리도 못하고 청소도 못하고 예결산을 맞추지도 못하는 다른 많은 졸업생들과는 하늘과 땅만큼이나 큰 차이가 나게 되었습니다.

아이의 행동과 결과를 가능한 한 밀접하게 연결시키는 것은 매우 중요한 일입니다. 이것이야말로 실질적인 삶을 가장 잘 반향하는 것이기 때문입니다.

부모가 아이로 하여금 스스로를 책임질 수 있도록 도와줄 만한 영역을 한 가지 더 들면, 그것이 바로 학교 숙제입니다—한편 이것은 언제나 기강을 바로잡기 위하여 애쓰는, 늘 그리고 어디든지 있는 그런 부모에 관한 환상을 심어 주기도 합니다. 사실 여러분의 자녀가 눈물을 흘리면서 이렇게 말한다면 여러분은 무척 고민이 될 것입니다. "내일까지 열쪽 짜리 보고서를 제출해야 하는데요—이제 막 시작했어요." 물론 사랑이 넘치는 우리 부모의 선 자리에서는, 당장이라도 자료 조사나 구성이나 타이핑을 도와줌으로써 아이를 구조해 주고 싶은 마음이 굴뚝 같겠지요. 아니면 그 세 가지를 다 해주고 싶든지요.

왜 그런 일을 하고 싶은 걸까요? 그것은 물론 아이들을 사랑하고 있기 때문입니다. 우리는 마치 하나님께서 최상의 우리를 기대하시는 것처럼, 우리 아이들도 최상의 상태에 있기를 간절히 바라고 있습니다. 그러나 그럼에도 불구하고 우리는 마치 하나님께서 우리 스스로가 우리의 실패를 체험하게 내버려두시는 것처럼, 우리 아이들도 성적 통지표에 나쁜 점수를 받아오도록 내버려두어야 합니다. 이것이야말로 앞일을 계획하지 않은 데 대한 당연한 결과이기 때문입니다.

통제와 선택에 관한 감각을 지니기

"전 치과에 안 갈 거예요——아무리 아빠라 해도 절 데리고 갈 순 없어요!" 열한 살짜리 패멀라가 두 발을 동동 구르면서, 현관문에서 기다리고 있는 아버지 샐을 노려보았습니다.

샐이 이런 패멀라의 강력한 행동에 자동적으로 대처하기까지는 시간이 조금 걸렸습니다. "그래, 한번 생각해 보자꾸나!" 샐은 이렇게 말하고는, 마구 소릴 질러대는 아이를 억지로 차 쪽으로 끌고 갔습니다.

그렇지만, 이 문제에 관하여 전해들은 가족들은 샐더러 불가피한 것에 대하여 준비를 하라고 일렀습니다. 샐은 딸에게 조용히 말했습니다. "애야, 네가 전적으로 옳다. 내가 널 억지로 데려갈 순 없겠지. 가기 싫다면 안 가도 돼. 하지만 우리 둘 사이의 규칙을 잊진 않았겠지? 치과에 가기 싫다면, 내일 밤 파티에도 갈 수 없는 거야. 물론 아빤 네가 어떤 결정을 내리든지 존중해 주마. 자, 그럼, 치과 예약을 취소할까?"

패멀라는 당황해하더니 잠시 동안 생각에 잠겼습니다. 그리고는 마침내 천천히 입을 열었습니다. "가겠어요. 하지만 가야 하기 때문에 가는 건 결코 아니에요." 패멀라의 말이 옳았습니다. 패멀라는 순전히 파티에 가고 싶은 마음에 치과에 가는 쪽을 선택했으니까요.

아이들은 삶 속에서 통제 의식과 선택 의식을 지니고 있어야 합니다. 아이들은 자신이 부모의 의존적이고 무능력한 볼모가 아니라, 자기 자신의 삶을 선택하고 계획하고 스스로 주도권을 행사하는 책임자라는 사실을 깨달아야 합니다.

아이들은 아주 무력하고 의존적인 상태에서 삶을 시작하게 되어 있습니다. 그렇지만 하나님의 양육 방식은 아이들 자신이 삶의 모든 측면에서 스스로 생각하고, 스스로 결정하고, 자기 주변의 환경을 장악하는 방법을 배우도록 도와주는 것입니다. 이렇게 할 때 비로소 아이들은 아침에 무슨 옷을 입을까, 학교에서 무슨 과목을 들을 것인가 등 갖가지 결정을 혼자서 내릴 수 있게 됩니다.

늘 걱정을 달고 사는 선의의 부모들은 어떻게 해서든지 자기 아이가 고통스러운 결정을 내리는 일에 말려들지 않도록 막아 주려고 애를 씁니다. 그런 부모들은 자기 아이가 잘못 넘어져서 무릎이 벗겨지는 일이 없도록 보호해 줍니다. 그들이 내거는 모토는 바로 이것입니다. "자, 내가 널 위하여 결정을 내려 주마!" 그 결과 아이들은 자신의 인격 가운데 꼭 발달시켜야 할 아주 중요한 차원의 하나님 형상을 그만 잃어버리고 맙니다 : 다시 말해서 자신의 주장, 또는 변화를 일으킬 수 있는 능력을 상실해 버리고 마는 것입니다. 아이들은 자신의 삶, 자신의 운명이 하나님의 통치권 안에서는 궁극적으로 자기 자신의 결정에 달려 있다는 의식을 지니고 있어야 합니다. 이러한 의식은 아이들이 선택을 회피하는 대신 오히려 중요시하도록 도와줍니다. 이렇게 해서 아이들은 남이 대신 선택해 준 것에 대하여 분개해 하는 대신, 자신이 직접 선택한 것의 결과를 평가하는 방법을 익히게 됩니다.

목표 달성의 만족을 늦추기

지금이라는 단어는 어린아이들을 위하여 있는 말입니다. 어린아이들은 지금이라는 곳에서 살고 있습니다. 두 살짜리 여자아이에게 내일이면 디저트를 먹을 수 있다고 한번 말해 보십시오. 물론 그 아이는 절대로 찬성하지 않을 것입니다. 그 아이에게 내일이라는 말은 곧 "절대로 먹을 수 없다!"라는 말과 같은 것이니까요. 사실, 갓난아이들에게는 "나중에!"라는 말을 이해할 수 있는 능력이 없습니다. 그렇기 때문에

6개월짜리 아이들은 엄마가 방을 나가는 순간 공황을 일으키는 것입니다. 다시 말해서 6개월짜리 아이들은 엄마가 이대로 나가서 다시는 돌아오지 않을 것이라고 확신해 버리는 것입니다.

하지만 어느 발달 단계에 이르면, 우리는 "나중에!"라는 말의 가치, 곧 좀더 나은 것을 위하여 좋은 것을 잠시 미루는 일의 가치를 깨닫게 됩니다. 이러한 기술을 가리켜 우리는 만족늦추기 라고 부릅니다. 이것은 장래의 이익을 위하여 현재의 충동과 바람과 욕망에 대하여 '아니오!'라고 말할 수 있는 능력입니다.

성경은 이 만족 늦추기 능력에 커다란 가치를 부여하고 있습니다. 하나님께서는 우리가 계획과 준비의 이점을 깨달을 수 있도록 도와주시기 위하여 바로 이 기술을 사용하십니다. 제일 좋은 예는 바로 예수님이십니다. "그분은 자신 앞에 놓여 있는 기쁨을 내다보고서, 부끄러움을 마음에 두지 않으시고, 십자가를 참으셨습니다. 그래서 그분은 하나님의 보좌 오른쪽에 앉으셨습니다"(히브리서 12장 2절).

일반적으로 이 기술이 생후 1년 동안은 적절한 것이 아닙니다. 그 시기에는 긴밀한 유대에 관한 욕구가 제일 우선이니까요. 그렇지만, 빠르면 생후 2년에 들어서는 순간부터 만족 늦추기 기술을 가르칠 수가 있습니다. 이때부터는 디저트는 당근을 먹은 다음에 나오는 것이지, 그 전에 나오는 것이 아니라는 사실을 가르칠 수가 있는 것입니다.

좀 나이가 든 아이들 역시 이 기술을 배워야 합니다. 연말까지는 가족 모두가 옷이나 레크리에이션 용품을 구입해서는 안됩니다. 거듭 말하건대, 이 시기에 발달한 울타리는 인생의 후반부에 가서 아주 중요한 자리를 차지하게 됩니다. 울타리는 아이가 어른이 되어서도 뭔가에 걸신들린 것 마냥 혼란스럽고 충동적인 상태에서 상가로 달려가 '사지 않고는 못 배기는' 그런 류의 사람이 되지 않도록 막아 줍니다. 울타리를 발달시켰을 경우, 우리 아이들은 언제까지나 위기 속에서 허우적거리는 게으름뱅이가 아니라, 자급 자족이 가능한 개미 같은 삶을 살 수가 있습니다(잠언 6장 6-11절).

만족을 늦추는 방법을 익힌 아이들은 목표 지향적인 삶을 살게 됩니다. 그 아이들은 자신에게 중요한 것들을 위하여 시간과 돈을 아낄 줄 알게 되고, 자신이 산 것을 소중하게 여길 줄 알게 됩니다. 내가 잘 알고 있는 어떤 부부는 아들더러 스스로 돈을 모아서 첫차를 구입하라고 하였습니다. 아들은 열세 살 때부터 아버지의 도움을 받아 계획을 세우기 시작했습니다. 주말과 방학 동안에 일하고 받은 돈을 차곡차곡 모아서 마침내는 열여섯 살 때 차를 한 대 구입하게 되었습니다. 아들은 그 차가 도자기라도 되는 양 소중하게 다루었습니다—본네트 위에서 점심을 먹어도 될 정도였습니다. 그 아들은 혼자 힘으로 값을 치렀고, 또한 그 결과를 소중히 여겼습니다(누가복음 14장 28절).

다른 사람의 경계를 존중하기

아이들은 아주 어렸을 적부터 부모와 형제자매, 그리고 친구들의 경계를 받아들여야 합니다. 아이들은 다른 사람이 자나깨나 자기와 함께 놀고 싶어하는 것은 아니라는 사실과, 자기가 보고 싶은 텔레비전 프로그램을 다른 사람도 보고 싶어하는 것은 아니라는 사실, 그리고 다른 사람이 외식을 하고 싶어하는 식당이 자기가 원하는 곳이 아닐 수도 있다는 사실을 인식할 필요가 있습니다. 아이들은 세상이 자기를 중심으로 둘레를 돌고 있는 것이 아니라는 사실을 깨달아야 합니다.

이것은 다음의 두 가지 이유 때문에 더더욱 중요합니다. 첫째, 경계를 받아들이는 방법을 익히는 것은 곧 우리에게 자기 스스로를 책임지는 방법을 가르쳐 줍니다. 다른 사람이 언제나 우리를 상대해 줄 수는 없다는 사실, 다른 사람이 언제나 우리가 시키는 대로 하지는 않는다는 사실을 알고 나면, 우리는 외부보다는 내부를 지향할 수 있게 됩니다. 나아가 우리 자신의 배낭을 지고 갈 수도 있게 되는 것이지요.

여러분은 '아니오'라는 말을 받아들일 줄 모르는 아이, 자기가 원하는 대로 해줄 때까지 계속해서 우는 소리를 하거나, 사람을 구워삶거나, 불끈 화를 내거나, 조금만 뭐라고 해도 토라지거나 하는 아이와 함께 지내 본 적이 있습니까? 문제는 우리가 다른 사람의 경계를 증오하고 거부하면 할수록 우리 스스로가 다른 사람에게 점점 더 의존하게 되리라는 것입니다. 우리는 스스로를 돌보기 보다는 차라리 다른 사람이 우리를 돌보아 주길 바라는 경향이 많습니다.

어쨌든 하나님께서는 우리에게 이 같은 규칙을 가르쳐 주시기 위하여 생명을 창조하셨습니다. 우리가 이 행성에서 다같이 살 수 있는 방법은 오직 이것뿐입니다. 조만간 누군가가 우리에게 '아니오'라는 말을 하게 될 것입니다. 그것도 우리가 결코 무시할 수 없는 상황에서 말입니다. 그것은 우리의 삶 속으로 파고듭니다. 자, 다른 사람의 경계에 저항하는 사람의 삶 속에서 '아니오'라는 말이 어떻게 진행되는지를 한번 살펴보기로 합시다 :

1. 부모의 '아니오'
2. 형제자매의 '아니오'
3. 학교 선생님의 '아니오'
4. 학교 친구의 '아니오'
5. 사장과 감독관의 '아니오'
6. 배우자의 '아니오'
7. 과식이나 알코올 중독이나 무책임한 생활 방식으로 인한 건강 문

제의 '아니오'
8. 경찰·법원, 그리고 감옥의 '아니오'

　어떤 사람들은 아주 일찍부터, 심지어는 제1단계에서 이미 울타리 받아들이기를 학습하는 수도 있습니다. 그렇지만 또 어떤 사람들의 경우에는 제8단계까지 다 거쳐야만 비로소 삶의 경계를 받아들여야 한다는 사실을 이해할 수 있게 되기도 합니다 : "아이들아, 지식의 말씀에서 벗어나게 하는 훈계는 듣지 말아라"(잠언 19장 27절). 자제력이 부족한 성인들 가운데 대부분은 30대에 들어서서까지도 여전히 성숙해지질 않습니다. 30대가 되면 그들은 안정된 직장과 머물 장소가 없다는 사실에 그만 염증을 일으키게 됩니다. 그들은 재정적으로 최악의 사태에 빠질 수밖에 없으며, 때로는 얼마간 거리에서 살아가야 될 때도 있습니다. 머지않아 그들은 경력을 쌓고 돈을 모으는 일에 충실하게 되며, 이로써 성장을 시작하게 됩니다. 그들은 점차 삶의 경계를 받아들이기 시작합니다.
　우리가 아무리 자신을 거친 사람이라 여길지라도, 언제나 우리보다 더 거친 사람이 있기 마련입니다. 만일 우리가 아이들에게 '아니오'라는 말을 받아들이는 방법에 관하여 가르치지 않는다면, 우리 애들을 좀 덜 사랑하는 누군가가 이 일을 맡을 수밖에 없을 것입니다. 누군가 더 거친 사람이 있을 것입니다. 누군가 더 강한 사람이 있을 것입니다. 그리고 대부분의 부모들은 자기 아이가 이 같은 고난을 겪게 하는 데 훨씬 더 관대할 것입니다. 우리가 경계를 좀더 일찍 가르치면 가르칠수록 더 좋은 것입니다.
　둘째——이것이 첫째보다 훨씬 더 중요합니다——다른 사람의 경계를 받아들이는 것이 아이들에게 중요한 이유는 바로 이것입니다 : 다른 사람의 경계에 주의를 기울이는 것은 아이들에게 사랑하는 방법을 가르쳐 줍니다. 실제로, 다른 사람의 울타리를 존중하는 사고 방식은 공감하는 일이나 우리가 사랑받고 싶은 대로 다른 사람에게 사랑을 베푸는 일의 기초가 됩니다. 아이들은 자신의 '아니오'가 존중받는 기쁨을 맛볼 필요가 있으며, 그와 똑같은 기쁨을 다른 사람에게 선사할 줄도 알아야 합니다. 다른 사람의 필요를 공감하게 될 때 비로소 아이들은 성숙해지고, 나아가 하나님과 인간에 대한 사랑을 키워 갈 수 있습니다 : "우리가 하나님을 사랑함은, 하나님께서 우리를 먼저 사랑하여 주셨기 때문입니다"(요한1서 4장 19절).

예를 하나 들어볼까요? 만약에 여섯 살짜리 아들아이가 고의는 아니지만 전혀 조심성이 없이 소프트볼로 여러분의 머리를 세게 내리쳤다고 한번 생각해 보십시오. 여러분이 그 일을 싹 무시해 버린다거나 전혀 아프지 않은 것처럼 행동할 경우, 아이는 자기 행위가 아무런 영향도 미치지 않았다는 느낌을 받을 것입니다. 그렇게 되면 아이는 다른 사람의 욕구나 상처에 대한 인식과 책임감까지도 회피하게 됩니다. 반대로 아이에게, "네가 고의로 그런 게 아니라는 건 알지만, 그 공에 맞으니 정말 아프구나──조금만 더 조심해서 놀거라!"라고 말을 할 경우, 아이는 자신이 사랑하는 사람을 해칠 수도 있다는 사실과 자기 행동에 문제가 있다는 사실을 깨닫게 될 것입니다. 비난을 듣지 않고서도 말입니다.

만일 아이들이 이 같은 원칙을 깨우치지 못한다면 사랑이 넘치는 인간으로 성장하기가 어려울 것입니다. 자칫 아이들은 자기 중심적이거나 남을 교묘히 조종하는 사람으로 자라날 수가 있습니다. 그렇게 되면 하나님의 성장 프로그램 역시 좀더 힘들어집니다. 나를 찾아온 내담자들 가운데에는 어려서부터 다른 사람의 경계를 무시하도록 가정

교육을 받아 온 사람이 한 명 있었습니다. 결과적으로 그 사람은 남을 교묘하게 조종하는 데 익숙해졌고, 결국은 절도죄로 감옥에 갇히는 신세가 되고 말았습니다. 그리고 비록 고통스럽기는 했지만, 다행히 이 과정을 통해서 그는 공감이란 것을 깨우칠 수가 있었습니다.

"다른 사람들도 욕구나 상처를 지니고 있다는 사실을 전 정말 몰랐습니다," 언젠가 그는 내게 이렇게 말한 적이 있습니다. "저는 오로지 일등만을 바라보고 살도록 길러졌지요. 그러다가 나 자신에게 다른 사람의 욕구에 대한 존경심이 부족하다는 사실을 깨달은 순간 제 안에서 무슨 일이 벌어졌답니다. 제 마음 깊은 곳에서 다른 사람을 위한 공간이 자리잡게 된 겁니다. 물론 제 자신의 욕구도 무시하지는 않았습니다―하지만 생전 처음으로 전 앞으로 전진을 한 거예요. 아내와 가족들이 그 동안 내 행동 때문에 얼마나 큰 상처를 입었던가에 대하여 슬슬 죄책감을 느끼게 되었거든요."

그에겐 아직도 가야할 길이 멀다구요? 물론 그렇습니다. 그렇지만 그는 이제 올바른 궤도에 접어들었습니다. 뒤늦게나마 울타리를 배운다는 것은 진정으로 그리고 성서적으로 사랑을 베풀 줄 아는 사람이 되는 첫걸음인 것입니다.

주기적인 울타리 : 나이에 적합한 경계 훈련

만일 여러분이 이 책의 차례를 한 번 쓱 훑어본 다음에 곧바로 이 장을 펼쳐 들었다면, 십중팔구 여러분은 부모의 눈높이에 서 있는 사람일 것입니다. 그리고 아마도 자녀와 울타리 문제로 씨름하고 있는 사람일 가능성도 아주 크고요. 어쩌면 여러분은 단순히 문제를 막아 보겠다는 심산에서 이 장을 읽고 있을 수도 있습니다. 그렇지만 대체로는 지금 당장 헤어나고픈 고통 속에서 몸부림치고 있는 사람이 더 많을 것입니다 : 갓난아이가 계속해서 날카롭게 울어댄다거나, 걸음마를 시작한 아이가 자꾸만 집안을 돌아다닌다거나, 초등학교에 다니는 아이가 학교에서 문제를 일으킨다거나, 중학교에 다니는 아이 가운데 한 애는 죽어라 속을 썩이고 다른 한 애는 완전히 왕따가 되어 있다거나, 고등학교에 다니는 아이가 술을 마셔댄다거나 하는 문제들 때문에 말이죠.

이런 문제들은 모두가 그럴싸한 울타리 문제들을 가리키고 있습니다. 그리고 이 장은 여러분의 자녀들이 익혀야 할 울타리 임무들을 각각의 나이에 알맞게 제시해 주기 위한 것입니다. 아이들이 할 수 없는 일들을 시키거나 또는 아이들 수준에 너무 못 미치는 일들을 시키는 일이 없으려면, 우리 부모 쪽에서 그때 그때 아이들의 발달 욕구와 능력을 고려해야 합니다.

다음은 아동기의 여러 단계에 알맞은 기본적인 임무들을 소개한 것입니다. 갓 태어나서 세 살까지의 아기들에 관한 좀더 자세한 정보를 원한다면, 제4장에서 아동기의 울타리 발달에 관하여 언급해 놓은 부분을 참고하도록 하십시오.

갓 태어나서 5개월이 되기까지

이 단계에서 갓난아이는 최초의 보호자인 엄마 아빠와 애착감을 형성해야 합니다. 이 단계의 아이는 소속감·안전감, 그리고 자신이 환영받고 있다는 느낌을 지닐 수 있어야 합니다. 여기에서 경계를 정하는 일은 하나의 문제라기보다는 오히려 유아의 안전을 보장해 주는 것이 됩니다.

이 단계에서 오직 하나뿐인 실제적 울타리는 바로 유아를 안심시켜 주는 엄마의 존재입니다. 엄마는 유아를 보호해 줍니다. 엄마의 임무는 갓 태어난 아기가 아주 즐거운 감정, 놀라운 감정, 갈등에 빠진 감정을 품을 수 있도록 도와주는 것입니다. 아기를 혼자 내버려두면 그 아기는 홀로 있다는 사실과 내적인 구조의 결핍 때문에 공포를 느끼게 될 것입니다.

수세기 동안 어머니들은——예수님의 어머니 마리아까지 포함해서——자기 아기를 포대기로 폭 싸거나 아니면 아기를 옷으로 바짝 감싸주었습니다. 포대기로 폭 싸주면 아기의 몸이 따뜻하게 유지되었으며, 옷으로 바짝 감싸 주면 아기가 안전감을 느낄 수 있었습니다——이것은 일종의 외적인 울타리였던 것입니다. 아기는 자기가 어디에서 시작되어 어디에서 끝나는지를 알 필요가 있습니다. 그렇지 않고 갓난아이를 완전히 벗겨 놓을 경우, 그 아기는 자기 주변의 구조 상실 때문에 공황을 일으킬 가능성이 아주 큽니다.

일부 선의의 그리스도교 교사들은 부모의 일정에 맞추어 아기를 먹여 주고 안아 줄 것을 골자로 하는 유아 교육 이론을 제시하기도 합니다. 이 이론에서 가르치려 하는 것은, 아이가 울거나 위로를 요구하지 못하게 하는 것이지요. 그것은 "부모 대신에 아이 자신이 상황을 통제하고" 있기 때문이며, "위로에 대한 요구는 아이의 이기적이고 죄스러운 본성을 드러내 주는 증거이기" 때문이라고 합니다. 그렇지만, 이 이론은 성경이나 발달 이론에 비추어 이해하지 않을 경우, 자칫 끔찍하고 파괴적인 결과를 낳을 수도 있습니다.

지금 막 울어대고 있는 4개월짜리 아기는 과연 이 세상이 합리적으로 안전한 곳인지 아닌지를 알아보려고 필사적으로 노력하고 있는 중입니다. 이 아기는 지금 심한 공포감과 고립감에 빠져 있습니다. 이 아기는 주위에 사람이 없을 때라도 역시 편안함을 느낄 수 있다는 사실을 아직 배우지 못했습니다. 예수님이 말씀하신 것처럼, 이 아기를 아기 자신이 아닌 부모의 일정에 맞추어 안아 주고 먹여 주는 것은 "죄 없는 사람들을 정죄하는" 것이나 다름없습니다(마태복음 12장 7절).

이 그리스도교 교사들은 자기들이 개발해낸 프로그램이 성서적인 것이라고 주장합니다. 어쨌거나 그것이 효과를 나타내고 있다는 것입니다. "밤중에 아기를 침대에서 안아 올려 주는 행동을 그만두었더니 글쎄 우리 넉 달짜리 아기가 울음을 뚝 그치더라구요," 그들은 이렇게 말할 것입니다. 그것이 사실일 수도 있습니다. 하지만 우리는 아기가 울음을 멈추는 것에 관한 정반대의 설명이 있다는 것을 알아야 합니다. 아기가 울음을 그친다는 것은 유아 우울증, 다시 말해서 아이가 희망을 포기하고 물러나기 시작했다는 증거일 수 있는 것입니다. "소망이 이루어지지 않으면 마음이 병든다"(잠언 13장 12절).

생후 첫돌이 될 때까지는, 그러니까 아기와 엄마 사이에 안전의 기초가 형성될 때까지는 아직 만족 늦추기를 가르쳐서는 안 됩니다. 은혜가 언제나 진리 앞에 오는 것처럼(요한복음 1장 17절), 애착이 언제나 분리 앞에 와야 한다는 사실을 우리는 잊어서는 안 됩니다.

5개월부터 10개월까지

제4장에서도 언급한 바 있듯이, 생후 첫해의 후반기에 접어든 아이들은 '부화기'를 겪게 됩니다. 이 시기의 아이들은 '엄마와 난 같지 않다'는 사실을 서서히 깨닫게 됩니다. 아기가 문자 그대로 헤엄쳐 나가고 있는 바깥 세상에는 무섭지만 매혹적인 일들이 기다리고 있습니다. 아기들은 굉장한 의존 욕구를 지니고 있음에도 불구하고, 이제부터는 자기 엄마와의 합일에서 벗어나 바깥 세계로 서서히 나아가기 시작합니다.

부모 입장에서 이 단계에 속해 있는 자녀가 올바른 울타리를 발달시킬 수 있도록 도와주기 위해서는 자신으로부터 분리되려고 애쓰는 자녀의 노력을 격려해 주어야 합니다. 그리고 동시에 아이가 언제라도 의지할 수 있는 닻이 되어 주어야 합니다. 자녀가 여러분 이외의 사람이나 사물에 매혹될 수 있도록 내버려두십시오. 여러분의 가정을 여러분의 아기가 탐험할 수 있는 안전한 장소로 만들어 주십시오.

그렇지만 자녀의 부화를 돕는다고 해서 자녀의 내적인 토대, 자녀의 뿌리와 기초에 꼭 필요한 요소인 긴밀한 애착까지 무시해서는 안됩니다. 긴밀한 애착감 형성, 이것은 여전히 아기의 주된 임무입니다. 여러분은 긴밀한 유대와 정서적 안전에 대한 자녀의 욕구를 주의깊게 배려해 주어야 합니다. 그리고 이와 동시에 자녀가 여러분 너머로 바깥 세상을 내다볼 수 있도록 허용해 주어야 합니다.

대부분의 엄마들은 자기 자녀가 이렇게 자신과의 사랑을 떠나 좀더 큰 세계로 돌아서는 것을 힘겹게 받아들입니다. 특히 임신과 출산을 직접 경험한 엄마 입장에서는 이 일로 인한 긴밀한 유대감의 상실이 너무도 큰 까닭입니다. 그렇지만 책임감이 있는 엄마라면 다른 성인들을 통해 친밀감에 대한 자기 자신의 욕구를 채워 보려고 노력하게 될 것입니다. 그리고 이 엄마는 아이가 "자기 곁을 떠나서 앞을 향해 헤치고 나아갈" 준비가 다 되어 있다는 사실을 깨닫고, 오히려 자녀의 '부화'를 격려해 줄 것입니다.

이 시기의 유아들은 대부분 아직 아니오라는 말을 이해하거나 이 말에 적절하게 반응할 만한 능력을 가지고 있지 않습니다. 그러므로 아이가 위험한 상황에 부딪히지 않도록 붙잡아 주고, 안전치 못한 장소에는 아예 가지 못하도록 막는 것이 가장 좋은 방법입니다.

10개월에서 18개월까지

이 '실습' 단계에서 여러분의 아기는 말도 하고 걸음마도 하게 됩니다——그리고 수많은 가능성들이 아기 앞에 펼쳐지는 것이죠. 세상은 이 아기가 자유로이 갖고 놀 수 있는 것입니다——아기는 세상을 열어젖히고 세상과 더불어 노는 방법을 찾느라 아주 많은 시간을 보내게 됩니다. 이제 여러분의 아이는 *아니오*라는 말을 이해하고, 또 그 말에 적절한 반응을 보일 수 있는 인식 능력을 지니고 있습니다.

이 시기에 들어서면 점차적으로 울타리가 중요한 자리를 차지하게 됩니다. 경계를 정하는 것도 그렇고 경계를 받아들이는 것도 그렇습니다. 이 시기에는 '아니오' 근육이 발달하기 시작하도록 허용하는 일이 중요합니다. '아니오'는 여러분의 자녀가 자기 자신의 삶을 책임지는 것이 과연 좋은 결과를 가져다 주는지 않는지를 판단할 수 있는 좋은 방법입니다. 여러분은 부모의 선 자리에서 자녀의 '아니오'를 기뻐해 주어야 합니다.

이와 동시에, 여러분은 자녀가 자신이 우주의 중심은 아니라는 사실을 깨닫도록 도와야 할 매우 중요한 임무를 지니고 있습니다. 삶에는 경계가 있는 법입니다. 문에 낙서를 하거나 교회에서 소리를 질러대면 반드시 그 결과가 따르기 마련입니다. 그렇지만 여러분은 아이가 이제껏 발달시켜 온 세상에 대한 흥미와 관심을 꺾어 버리는 일 없이 이 임무를 수행해야 합니다.

18개월에서 36개월까지

아이는 이제 분리되어 있는 동시에 연결되어 있는 영혼에 대한 책임을 완수한다고 하는 중요한 임무를 익히게 됩니다. 연습기에 속한 아이는 이제 삶에는 경계가 존재한다는 사실을 알고 있는 좀더 건전한 아이로 나아가게 됩니다. 하지만 분리된다는 것이 곧 애착을 지닐 수 없다는 것을 뜻하는 것은 아닙니다. 이 단계의 아이들에게는 다음과 같은 능력을 갖추는 것이 그 목표입니다 :

1. 자기감(sense of self)과 떨어져 있을 수 있는 자유를 포기하는 일없이, 다른 사람에게 정서적으로 애착을 지닐 수 있는 능력.
2. 사랑의 상실에 대한 두려움 없이, 다른 사람에게 '아니오'라는 말을 적절히 할 수 있는 능력.
3. 정서적으로 움츠러드는 일 없이, 다른 사람의 적절한 '아니오'를 받아들일 수 있는 능력.

18개월에서 36개월 사이의 아기들은 자율적인 존재가 되는 연습을 해야 합니다. 이 시기의 아이들은 부모의 규칙에서 해방되기를 바라지만, 이러한 욕구는 부모에게 전적으로 의존하고픈 또 다른 욕구와 갈등을 일으키게 됩니다. 이 때 현명한 부모라면 자녀가 애착을 상실하는 일 없이 개인주의적인 의식을 터득하고 또 무엇이든지 할 수 있는 전능감의 상실을 순순히 받아들이도록 도와 줄 수 있을 것입니다.

이 시기의 아이에게 울타리를 가르치려면 아이가 '아니오'라는 말을 적절하게 사용할 때마다 그 말을 존중해 주십시오. 다만 이 때 여러분 자신의 '아니오'도 확고하게 유지하도록 하십시오. 사소한 충돌이 일어날 때마다 늘 여러분이 이기려고 들면 그야 어렵지 않을 것입니다. 하지만 그것보다 더 중요한 것이 있습니다. 여러분은 좀더 중요한 것— 애착—을 놓침으로써 결국은 그 싸움에서 지고 말 것입니다. 닥치는 대로 불어대는 회오리바람을 통제하려고 힘을 낭비하진 마십시오. 싸움을 걸 때는 조심스럽게 걸고, 어떤 승리가 값진 것인가를 선택하십시오.

현명한 부모는 자녀가 즐거워할 때에는 같이 즐거워할 줄 아는 한편, 언제나 변함없이 그리고 한결같이 연습기에 있는 아이에게 확실한 경계를 유지할 줄도 압니다. 이 시기의 아이들은 가정의 규칙을 배울 수도 있고, 나아가 이 규칙을 어겼을 경우 돌아오게 될 결과도 배울 수 있습니다. 다음은 효과적인 훈련 과정의 목록을 작성한 것입니다 :

1. **첫번째 위반.** 침대 시트에 그림을 그리지 말라고 아이에게 이르십시오. 아이가 다른 방법으로 자신의 욕구를 충족시킬 수 있도록 도와주십시오——예를 들면, 침대 시트 대신에 색칠 공부 책이나 도화지를 사용하도록 유도해 주십시오.

2. **두 번째 위반.** 다시 한 번 아이에게 안된다고 이르십시오. 그리고 그 결과를 알려 주십시오. 1분 동안 타임아웃, 곧 생각할 수 있는 시간을 주든지, 아니면 그날 하루 동안 크레용을 갖고 놀지 못하게 하겠다고 전하십시오.

3. **세 번째 위반.** 그 결과를 이행하고, 이유를 설명해 주십시오. 그런 다음에는 아이가 화를 내고 부모로부터 분리될 수 있도록 몇 분간의 시간을 주십시오.

4. **위로와 화해.** 아이를 안고서 위로해 주십시오. 아이가 다시금 여러분에게 애착을 가질 수 있도록 도와주십시오. 이를 통해서 아이는 결과와 사랑의 상실을 확실히 구분할 수 있게 될 것입니다. 아무리 고통스러운 결과라 하더라도, 결코 관계의 상실을 가져와서는 안 됩니다.

3살에서 5살까지

이 단계에 들어선 아이들은 성 역할 발달 시기로 접어들게 됩니다.

아이들은 저마다 동성의 부모와 자신을 동일시하게 됩니다. 남자아이들은 아빠처럼 되기를 원하고, 여자아이들은 엄마처럼 되기를 원합니다. 이 아이들은 또한 동성의 부모에 대한 경쟁 심리를 발달시키기도 합니다. 이성의 부모와 결혼하게 되길 바라면서, 그리고 그 과정 속에서 동성의 부모를 쳐부수길 바라는 거지요. 이제 아이들은 어른이 되고 난 다음의 성 역할을 서서히 준비하게 됩니다.

여기에서 부모의 울타리 작업은 매우 중요한 역할을 담당합니다. 온화하면서도 엄하게, 엄마는 딸이 자신과 동일시하고 경쟁하도록 허락해 주어야 합니다. 또한 엄마는 아들에게, "네가 이 엄마와 결혼하고 싶어하는 건 잘 알지만 엄만 이미 아빠와 결혼했단다."라고 알려 줌으로써, 아들의 소유욕을 바로잡아 주어야 합니다. 아빠 역시 아들과 딸에게 이와 똑같이 행해야 합니다. 그렇게 할 때 아이들은 이성의 부모와 자신을 동일시하는 방법을 배우고, 나아가 적합한 특질을 형성할 수 있습니다.

이제 막 싹이 트기 시작한 자녀의 성적인 관심이 두려운 나머지, 이같은 강렬한 열망을 비난하고 나서는 부모도 종종 있습니다. 이런 부모들은 자기 자신의 두려움 때문에 자녀를 공격하거나 자녀에게 수치심을 안겨 주고, 그럼으로써 자녀가 자신의 성적인 관심을 억압하도록 만들어 버립니다. 이와 정반대로, 사정이 딱한 부모들은 간혹 정서적으로, 심지어는 육체적으로까지 이성의 자녀를 부추기는 수가 있습니다. "네 아빤 엄말 이해 못해—날 이해해 주는 사람은 너밖에 없구나!" 아들에게 이렇게 말하는 엄마는 앞으로 몇 년간 아들이 자신의 성 역할을 혼동하도록 만드는 셈입니다. 성숙한 부모라면 자녀의 성 역할이 제대로 나타나도록 허락하는 일과 부모 자식간의 선을 분명히 긋는 일 사이에 울타리를 쳐놓을 수 있을 것입니다.

6살에서 11살까지

잠복기 또는 산업기라고 불리우는 이 기간 동안 아이들은 곧 다가올 청소년기를 향해 돌격 태세를 갖추게 됩니다. 이 시기는 진정한 아동기의 최후에 속합니다. 이 시기는 학교 공부와 놀이를 통해 자신의 임무에 관한 오리엔테이션을 받고, 동성의 친구들과 관계 맺는 방법을 익히기에 아주 중요한 시기입니다.

이 시기는 공부와 친구 때문에 무척 바쁘므로 부모 쪽에서 울타리 임무를 맡아 주어야 합니다. 이 시기에 여러분은 자녀가 임무——숙제와 집안 허드렛일과 자습 과제——에 관한 원칙을 세울 수 있도록 도와주어야 합니다. 아이들은 계획 세우는 방법을 익혀야 하며, 그 계획이 완성될 때까지 일을 계속하는 훈련도 받아야 합니다. 아이들은 만족 늦추기나 목표 세우기나 시간표 짜기와 같은 울타리 작업을 배워야 합니다.

11살에서 18살까지

성인이 되기 전의 마지막 단계인 청소년기는 성적인 성숙이나 환경에 좌우되지 않는 정체감 확립, 직업 성향, 사랑의 선택과 같은 중요한 임무들과 관련이 있습니다. 청소년기는 아이 자신이나 부모에게 모두 놀랍고도 흥미로운 시기로 경험될 수 있습니다.

적어도 이 시기까지는 '탈가정 교육' 과정을 시작해야 합니다. 이제 여러분과 애들 사이에 서서히 변화가 일기 시작합니다. 여러분은 자녀를 통제하는 대신 자녀에게 영향력을 미칩니다. 여러분은 점차적으로 자녀에게 자유와 더불어 책임을 안겨 줍니다. 여러분은 좀더 융통성있게 제한과 경계와 결과를 재조정하게 됩니다.

이러한 온갖 변화는 마치 미 항공우주국의 우주 왕복선 발사를 위한 초읽기와도 같습니다. 여러분은 지금 청소년 한 명을 세상으로 발사하기 위한 준비를 갖추고 있는 것입니다. 현명한 부모라면 머지않아 십대의 자녀를 사회로 발진시켜야 한다는 사실을 언제나 염두에 두고 있어야 합니다. 현명한 부모들은 이제 더 이상 "어떻게 하면 저 아이가 예절바르게 행동하도록 만들 수 있을까?"하는 문제로 골머리를 썩힐 필요가 없습니다. 이제는 "어떻게 하면 저 아이가 혼자힘으로 살아남도록 도와줄 수 있을까?"를 걱정해야 합니다.

십대들은 자기 자신의 관계나 일정・가치・돈 등에 관하여 가능한 한 확고하게 울타리를 쌓아야 합니다. 또한 십대들은 자신의 울타리를 넘어섰을 경우 돌아오게 될 실질적인 결과를 감수해야 합니다. 아직도 텔레비전이나 전화 사용 제한을 훈련받고 있는 열일곱 살짜리 아이라면, 1년 뒤 대학에 진학할 경우 실제적인 문제에 부딪히게 될 것입니다. 교수와 학장과 기숙사 조교가 이런 식의 제한을 가할 까닭이 없습니다; 그들은 낙제점을 준다든가 정학을 시킨다든가 제적을 시킨다든가 하는 수단에 의지할 것입니다.

여러분의 십대 자녀가 아직 울타리 훈련을 받지 않았다면, 여러분은 무엇을 어떻게 해야할지 몰라 쩔쩔매고 있을 것입니다. 이럴 때는 여러분의 자녀가 서있는 위치에서부터 시작하십시오. '아니오'라는 말을 할 수 있는 능력과 들을 수 있는 능력이 아직 모자란다면, 자녀가 집을 떠나기 전의 마지막 몇 년 동안 집안의 규칙과 결과를 분명하게 하는 것도 꽤 도움이 될 것입니다.

그렇지만 다음과 같은 증상이 나타날 경우에는 문제가 더욱 심각해질 수도 있습니다 :

- 가족 구성원으로부터 고립됨
- 우울한 분위기
- 반항적인 행동
- 가족 내부의 잇따른 갈등
- 질 나쁜 친구들
- 학교 문제
- 섭식 장애
- 알코올 섭취
- 마약 사용
- 자살을 생각하거나 기도함

 이러한 문제들에 부딪힌 부모들은 대체로 너무 견고한, 또는 너무 약한 울타리를 가지고 대처하려 듭니다. 지나치게 엄격한 부모는 거의 다 자라 버린 아이를 가족과의 관계에서 소외시키는 결과를 가져올 수도 있습니다. 반대로 너무 관대한 부모는 아이가 존경할 만한 사람을 찾고 있는 순간에도 그저 아이의 가장 좋은 친구로 남아 있으려고만 합니다. 이런 경우에 부모는 십대들의 문제를 잘 파악하고 있는 치료자를 찾아가 상담하는 쪽을 고려해 보아야 합니다. 전문적인 도움을 무시하기에는 이미 문제가 위험 수위에 달해 있으니까요.

훈련의 유형

 부모들 가운데에는 어떻게 하면 자녀에게 울타리를 존중하도록 가르칠 수 있는가 하는 문제로 혼란을 겪고 있는 사람들이 많이 있습니다. 그들은 체벌·일시 중지·제한·한도에 관한 책과 논문들을 수도 없이 읽습니다. 만일 십대들의 문제가 이 책의 범위를 넘어설 경우에는 다음의 몇 가지 견해들이 해답을 찾고 있는 부모들에게 도움을 줄 수 있을 것입니다.

1. 결과는 자녀가 자기 삶에 대한 책임 의식과 통제 의식을 키워 나갈 수 있게 해주기 위한 것입니다. 자녀의 무력감을 증대시키는 훈련은 전혀 도움이 못됩니다. 열여섯 살짜리 여자아이를 억지로 학교에 보내는 것은 그 아이가 학교에 다니는 동안 필요로 하게 될 내적인 동기를 결코 부여해 줄 수 없습니다. 자녀가 자기 자신을 위하여 학교를 선택하도록 도와주는 보상과 결과의 체계, 이것이 훨씬 더 성공 가능성이 있는 방법입니다.

2. 결과는 자녀의 연령에 적합한 것이어야 합니다. 여러분은 자신의 훈련 수단을 깊이 생각해 볼 필요가 있습니다. 예컨대, 매를 때리는 것은 십대에게 굴욕감과 분노만 안겨 줄 뿐입니다; 그렇지만 제대로 하기만 한다면 이것도 네 살짜리 아이를 위한 구조 형성에 도움이 될 수 있습니다.

3. 결과는 위반 행위의 심각성과 관련이 있어야 합니다. 범죄마다 그 징역 연수가 저마다 다른 형벌 체계처럼, 여러분 역시 자녀의 위반 행위를 심각한 것과 심각하지 않은 것으로 구분할 수 있어야 합니다. 그렇지 않을 경우, 아무리 혹독한 처벌을 가한다 할지라도 전혀 효과가 없을 것입니다.

한번은 어떤 내담자가 나에게 이런 말을 했습니다. "전 작은 잘못을 저지르나 큰 잘못을 저지르나 늘 채찍으로 맞았어요. 그래서 아예 더 큰 잘못을 저지르기 시작했지요. 그게 좀더 효과적일 것 같았거든요." 일단 사형 선고를 받아 버린다면 여러분이 아무리 선해진다 한들 무슨 소용이 있겠습니까!

4. 울타리의 목표는 스스로 유도한 결과와 더불어 내적인 동기 의식을 심어 주는 것입니다. 성공적인 부모 역할이란 곧 우리 부모에게 중요한 일이어서가 아니라, 바로 애들 자신에게 중요한 일이어서 우리 애들이 잠자리에서 일어나 학교에 가고, 자기의 책임을 다하고, 공감을 하고, 염려를 하게 되는 것을 의미합니다. 사랑과 경계가 자녀의 진정한 성격으로 자리잡는 것은 오직 진정한 성숙이 이루어질 때뿐입니다. 그렇지 않다면 우리는 지금 머지않아 자멸해 버리고 말 순종적인 앵무새를 키우고 있는 것이나 다름없습니다.

부모에게는 건전한 책임이 한 가지 있습니다 : 그것은 바로 자녀가 내적인 울타리 의식을 지닌 채 다른 사람의 울타리를 존중하도록 가르치는 것입니다. 이것은 그야말로 건전한 책임입니다. 성경 역시 그렇게 말하고 있습니다 : "나의 형제자매 여러분, 여러분은 선생이 되려고 하는 사람이 많아서는 안 됩니다. 여러분이 아는 대로, 가르치는 사람인 우리가 더 큰 심판을 받을 것입니다"(야고보서 3장 1절).

물론 아이들이 우리의 충고에 유념하리라는 보장은 전혀 없습니다. 아이들에게는 듣고 배울 책임이 있습니다. 나이가 들수록 아이들은 더 많은 책임을 지게 됩니다. 하지만 우리가 자기 자신의 울타리 문제를 깨닫고, 그 문제에 대한 책임을 지고, 스스로를 성장시켜 나갈 때, 우리 아이들 역시 이 같은 능력이 무척이나 필요한 성인 사회에서—일상 생활 속에서—울타리를 배울 수 있는 기회를 더 많이 얻게 될 것입니다.

11
울타리와 일

우리는 모두 주일학교에서 아담과 이브, 그리고 타락에 관하여 배웠습니다. 나는 이 타락이 모든 '악'의 근원이라고 배웠습니다. 그날 나는 집에 돌아가 어머니께 이렇게 말했습니다. "난 아담과 이브가 싫어요. 그들만 아니었다면 제 방을 청소할 필요가 없었던 거 잖아요!"

여덟 살의 나이로 일을 한다는 것은 전혀 재미가 없었고, 또 재미가 없으니까 그것은 악이었습니다. 그리고 악이니까 전적으로 아담의 잘못이었구요. 한 청소년의 단순한 신학 이론 같지만, 그것은 사실 젊은이 특유의 이단이었습니다. 일은 타락 이전에도 존재했습니다 ; 일은 언제나 인간을 위한 하나님의 계획 속에 포함되어 있었습니다. 하나님께서는 인간이 두 가지 일을 하도록 계획을 세우셨습니다. 인간은 정복하고 다스리게 되어 있었습니다(창세기 1장 28절). 인간은 땅을 지배하고 관리하도록 되어 있었습니다. 이 얼마나 엄청난 일입니까!

그러나 에덴은 낙원이었습니다. 일로 인한 고생은 나중에, 그러니까 타락 이후에 생겨난 것입니다. 하나님께서는 아담에게 이렇게 말씀하

셨습니다 : "이제, 땅이 너 때문에 저주를 받을 것이다. 너는, 죽는 날까지 수고를 하여야만, 땅에서 나는 것을 먹을 수 있을 것이다. 땅은 너에게 가시덤불과 엉겅퀴를 낼 것이다. 너는 들에서 자라는 푸성귀를 먹을 것이다. 너는 흙에서 나왔으니, 흙으로 돌아갈 것이다. 그 때까지, 너는 얼굴에 땀을 흘려야, 낟알을 먹을 수 있을 것이다. 너는 흙이니, 흙으로 돌아갈 것이다"(창세기 3장 17-19절).

타락의 또 다른 측면 역시 우리의 일에 영향을 미쳤습니다. 첫째는 자기 책임이 아니라고 변명하려는 성향입니다. 앞에서 우리는 우리 자신의 책임인 일들을 책임지지 않으려고 하는 울타리 문제에 관하여 언급한 적이 있습니다. 이것은 바로 에덴 동산에서 아담과 이브가 자신의 원죄 행위에 대하여 서로에게 책임을 떠넘기려고 애쓸 때 시작된 것입니다. 아담은 이브를 비난하였고 ; 이브는 뱀을 비난하였습니다(창세기 3장 11-13절). 그들은 자신의 책임을 인정하지 않고 그저 서로를 비난하기만 하였습니다. 그들의 논지는 "주의를 내게서 딴 데로 돌려달라."는 것이었습니다. 이렇게 다른 사람을 비난하려는 성향이야말로 일과 관련된 문제들의 열쇠입니다.

나아가 타락은 일로부터 사랑을 분리해 놓았습니다. 타락 이전에 아담은 하나님의 사랑과 연결되어 있었으며, 사랑을 받는 입장에서 일을 하였습니다. 타락 이후에도 물론 완전한 사랑을 잃은 것은 아니었지만, 그래도 그 때부터 아담이 타락한 세상의 저주와 법의 일부가 되어 일을 해야 했던 것은 틀림없습니다. 사랑에서 우러나오는 "하고 싶다!"가 이제는 법에 의한 "해야 한다!"로 바뀐 것입니다.

바울은 율법의 '당위성'이 범죄를 저지르고픈 우리의 욕구를 증대시킨다고 말합니다(로마서 5장 20절) ; 율법은 우리가 무슨 일을 '해야' 할 때 분노를 일으키게 합니다(로마서 4장 15절) ; 또한 율법은 우리가 그릇된 행동을 하도록 부추깁니다(로마서 7장 5절). 이 모든 것이 인간으로 하여금 자신의 책임을 다하지 못하게 만들며, 자신의 행동과 재능과 선택을 인정함으로써 일을 효과적으로 수행하지 못하게 만듭니다. 그러니 우리가 일로 인한 문제를 겪고 있는 것도 전혀 이상할 것이 없습니다.

이 장에서 우리는 울타리가 어떻게 일과 관련된 수많은 문제들을 해결하도록 도와줄 수 있는지, 그리고 울타리가 어떻게 여러분이 일을 할 적에 좀더 행복해지고 좀더 만족을 느끼도록 도와줄 수 있는지에 대하여 알아보고 싶습니다.

일과 성격 발달

그리스도인들은 종종 뒤틀린 시각으로 일을 바라봅니다. 그들은 '성직자의 직무'를 행하지 않는 사람은 모두 세속적인 일을 하고 있다고 봅니다. 하지만 이러한 직업관은 성서적인 이해를 왜곡시키는 것입니다. 우리 모두는—전임목사들뿐만 아니라—인류에 공헌할 수 있는 은사와 재능을 지니고 있습니다. 우리는 모두가 소명, 곧 봉사하라는 '부르심'을 받았습니다. 우리가 어느 곳에서 무슨 일을 하든지, 결국 우리는 '주님께' 하는 것입니다(골로새서 3장 23절).

예수님은 우리에게 어떻게 하면 영적으로 성장할 수 있는지를 가르쳐 주시기 위하여 일에 관한 비유들을 사용하셨습니다. 이 비유들은 돈과 임무 완성, 신실한 청지기 역할, 그리고 일터에서의 정직한 감정적 태도를 다룬 것들입니다. 이 비유들은 모두 하나님과의 관계, 그리고 인간과의 관계라는 맥락에서 성격 발달을 가르쳐 주고 있습니다. 이 비유들은 우리에게 하나님의 사랑에 바탕을 둔 직업 윤리를 가르쳐 주고 있습니다.

일은 영적인 활동입니다. 우리는 일 속에서 하나님의 형상을 입게 됩니다. 하나님 역시 노동자에다 관리자·창조자·개발자·청지기·치유자이시기 때문입니다. 그리스도인이 된다는 것은 곧 인류 공동체 속에서 하나님의 동역자가 된다는 것을 의미합니다. 우리는 다른 사람들에게 아낌없이 내어줄 때 비로소 진정한 성취를 맛볼 수 있습니다.

신약성서는 일이 지상에서의 일시적인 성취와 보상 이외의 것을 제공해 준다고 가르칩니다. 일은 우리가 영원토록 하게 될 일을 위하여 미리 준비할 수 있도록 우리의 성격을 발달시켜 주는 장소입니다. 자, 그러면 이 같은 사실을 염두에 두고, 직장에서의 울타리 형성이 어떻게 우리의 영적인 성장에 도움을 줄 수 있는지에 대하여 한번 살펴보기로 하겠습니다.

직장에서의 문제

울타리 결핍은 직장에서도 문제를 자아냅니다. 나는 그동안 여러 회사들의 고문 노릇을 해오면서, 울타리 결핍이야말로 수많은 경영 다툼의 주요 원인이라는 사실을 깨달았습니다. 만일 사람들이 자기 자신의 일을 책임지고 분명한 경계를 정하기만 했다면, 지금까지 내가 조언을 해주었던 문제들도 거의 생겨나지 않았을 것입니다.

그러면 어떻게 해서 울타리의 적용이 직장에서의 일반적인 문제들을 해결할 수 있는지 한번 들여다보기로 할까요?

문제 1 : 다른 사람의 책임까지 짊어지는 것

수지는 산업체 연수 프로그램을 계획해 주는 작은 회사에서 비서직을 맡고 있습니다. 그녀가 책임지고 있는 일은 연수 기간을 기입하고 강사의 일정을 관리하는 것입니다. 그리고 동료인 잭은 연수 시설을 책임지고 있습니다. 잭은 연수 장소에 자료를 챙겨 놓고, 설비를 갖추고, 식사를 주문합니다. 이렇게 해서 수지와 잭이 공동으로 행사를 이끌어 나가는 것입니다.

하지만 몇 달 동안 실질적으로 자신의 일을 겪어 본 수지는 그만 힘이 쭉 빠지고 말았습니다. 마침내는 그녀의 동료이자 친구인 린다가 무슨 문제가 있느냐고 물어 왔습니다. 처음에는 수지 자신도 무엇이 문제인지를 꼬집어낼 수가 없었습니다. 그러다가 그녀는 깨달았습니다: 문제는 바로 잭이었던 것입니다!

잭은 툭하면 수지더러 "나가는 김에 이것 좀 가져다 주라"든가, "이 자료 상자를 회의장에 갖다 놓아 달라"든가 하는 부탁을 하곤 하였습니다. 이런 식으로 서서히 잭은 자신의 책임을 수지에게 떠넘겼습니다.

"더 이상 잭의 일을 대신해 주면 안 돼," 린다가 수지에게 말했습니다. "네 일만 하고 잭은 신경 쓰지 말란 말이야."

"하지만 그러다가 일을 망치면 어떡해?" 수지가 물었습니다.

린다는 어깨를 으쓱해 보였습니다. "그렇다면 잭이 비난을 받아야지. 그건 네 책임이 아니니까 말야."

"잭이 도와주지 않는다고 화를 낼 텐데," 수지가 말했습니다.

그러자 린다가 이렇게 말했지요. "잭이 아무리 화를 낸다고 한들 그 형편없는 직업 습관만큼이나 너를 해칠 수 있겠니?"

그래서 수지는 잭에게 경계선을 긋기 시작했습니다. 그녀는 잭에게 이렇게 말했습니다. "이번 주에는 당신 대신 자료를 가져다 줄 시간이 없어요." 그리고 잭이 자기 일을 할 시간을 낭비하기라도 한 날에는 수지는 이렇게 말했습니다. "아직까지 끝마치지 않았다니 유감이네요. 지금 얼마나 난처한지 잘 알아요. 아마도 다음 번에는 계획을 더 잘 세울 수 있을 거예요. 어쨌든 그건 제 일이 아니에요."

물론 시설이 제대로 안 갖춰진 것에 대하여 화를 내는 지도자들도 있었고, 휴식 시간에 음식이 제공되지 않는 것에 대하여 화를 내는 고객들도 있었습니다. 하지만 사장은 문제가 누구에게 있는지를 밝혀낸 후에, 잭에게 일을 더 잘하든지 아니면 다른 일자리를 찾아보라고 말했습니다. 결국 수지는 다시 일을 좋아하게 되었으며, 잭은 좀더 책임을 다하는 사람이 되기 시작했습니다. 이것은 어디까지나 수지가 울타리를 쌓고 그 울타리에 충실했던 덕분이었지요.

만일 여러분이 지금 다른 사람의 책임까지 떠맡고 있다면, 그래서 그 일 때문에 화가 나있다면, 그렇다면 여러분은 자신의 감정에 대한 책임을 지고, 나아가 자신의 불행은 동료의 잘못이 아니라 바로 자기 자신의 잘못 때문이라는 사실을 깨달아야 합니다. 다른 모든 울타리 갈등에서와 마찬가지로 여기에서도 제일 먼저 해야 할 일은 바로 여러분 자신을 *위해* 책임을 지는 것입니다.

그런 다음에는 여러분의 동료에 대해서도 책임있게 행동해야 합니다. 동료에게 가서 여러분이 처해 있는 상황을 설명해 주십시오. 여러분의 책임이 아닌 일들을 해달라고 부탁하는 동료에게는 '안 돼!'라고 말하고, 그 일이 무엇이든지간에 거절하십시오. 만일 여러분이 '안 돼!'라고 말했다고 해서 그 동료가 화를 낸다면, 여러분의 울타리를 확실히 밝힌 다음에 그 동료의 분노를 공감하십시오. 절대로 여러분까지 분노를 터뜨려서는 안 됩니다. 분노에 분노로 대응하는 것은 곧 그 동료의 게임에 말려드는 것입니다. 정서적 거리를 유지하는 동시에 이렇게 말하십시오. "이 일 때문에 당황했다면 미안하게 됐어요. 하지만 그 일은 내 책임이 아니에요. 당신이 그 일을 끝까지 해내길 바래요."

만일 그 동료가 계속해서 언쟁을 할라치면, 여러분 쪽에서 그만두겠다고 말하세요 ; 그러면 뭔가 다른 일에 관하여 이야기 나눌 준비가 갖춰졌을 때 그 사람 쪽에서 당신을 찾아올 것입니다. 왜 여러분이 대신 그 일을 해줄 수 없는가를 정당화시키려는 덫에 결코 빠지지 마십시오. 그럴 경우 여러분은 만일 가능하기만 하다면 그 일을 대신 해줘야 한다는 상대방의 생각에 걸려들게 될 것이고, 그렇게 되면 상대방은 어떻게 해서든지 여러분이 그 일을 대신 해줄 수 있는 방법을 강구해 내려고 애쓸 것입니다. 여러분은 자신의 책임이 아닌 일을 왜 하지 않으려 하는지에 대하여 그 누구에게도 설명해 줄 필요가 없습니다.

책임감이 지나치게 많은 사람들이 책임감이 지나치게 부족한 사람 곁에서 일하게 될 경우, 이 사람들이 동료의 결과까지 대신 짊어지는 일은 흔히 있는 일입니다. 이런 사람들은 언제까지나 동료를 대신해 주거나 구제해 주느라고 정작 자신의 일이나 그 동료와의 관계를 즐기지 못합니다. 울타리가 부족한 까닭에 이런 사람들은 자기를 해칠 뿐만 아니라 다른 사람의 성장까지 막고 있는 것입니다. 만일 여러분이 이런 부류에 속한다면, 지금 당장 울타리를 쌓는 방법을 배워야 합니다.

그렇지만 때로는 정말로 큰 도움이 필요한 동료가 있을 수 있습니다. 책임감이 있는 동료를 구제해 주는 것, 또는 좀더 나은 상황을 위하여 자신의 양보를 책임감있게 사용할 수 있는 그런 동료에게 특별히 양보를 하는 것은 전적으로 합법적인 일입니다. 이것이 곧 사랑이며, 훌륭한 회사는 사랑 때문에 돌아가게 되어 있습니다.

같은 병원에서 심리학자로 일하고 있는 우리 두 사람은 종종 서로를 위하여 병원 업무를 대신해 주거나 상대방의 '호출 대기' 시간을 맡아

주기도 합니다. 하지만 만일 우리 두 사람 가운데 어느 한 쪽이 상대방을 이용하기 시작한다면 우리는 그 일을 당장에 그만두어야 합니다. 그런 상황에서 상대방의 일을 대신 해준다는 것은 전혀 도움이 되지 않습니다. 그것은 오히려 사태를 더 악화시키기만 할 뿐입니다.

호의와 희생은 그리스도인의 삶에 속해 있습니다. 그렇지만 무턱대고 남의 일을 대신 봐 주는 것은 그리스도인의 삶이 아닙니다. 여러분은 자신의 베풂이 다른 사람을 더 낫게 도와줄 수 있는지 아니면 더 나쁘게 만드는지를 살펴봄으로써 그 차이점을 구별할 수 있어야 합니다. 성경은 받을 사람의 상태를 보고 책임감있게 행동하라고 요구합니다. 만일 다음 계절에 그 열매를 볼 수 없다면 지금 경계를 쌓아야 하는 것입니다(누가복음 13장 9절).

문제 2 : 너무 잦은 초과 근무

처음으로 개업을 했을 당시, 나는 1주일에 20시간씩 내 사무실에서 심부름을 해줄 여직원 한 명을 고용하였습니다. 그 직원이 출근한 지 이틀째 되는 날, 나는 처리해야 할 서류를 한 더미 안겨 주었습니다. 그런데 10분쯤 지나서 그 여직원이 내 방문을 두드렸습니다. 손에는 서류를 산더미처럼 쌓아 올려놓고 말입니다.

"뭘 도와드릴까요, 로리?" 내가 물었습니다.

"선생님께 문제가 생겼는데요," 그녀가 내게 말했습니다.

"나라고요? 무슨 문제지요?" 나는 그녀가 지금 무슨 말을 하는지 전혀 종잡을 수가 없는 상태에서 이렇게 물었습니다.

"선생님은 1주일에 20시간씩 일하는 조건으로 저를 고용하셨잖아요? 그런데 방금 제게 시키신 일은 적어도 40시간은 해야 되는 분량이라구요. 그러니, 제가 어느 쪽 일에 20시간을 사용하면 좋겠는지 말씀해 주세요."

그 여직원의 말이 옳았습니다. 나에겐 진짜 문제가 있었습니다. 나의 작업량을 조절하는 데 아주 큰 착각을 하고 있었던 것입니다. 나는 그 일을 돕는 데 더 많은 시간을 투자하든지, 그 기획안을 축소시키든지, 아니면 다른 사람을 더 고용해야 했습니다. 그녀의 말이 전적으로 옳았습니다 : 그것은 그녀의 문제가 아니라 바로 *나의* 문제였습니다. 나 자신이 그 문제에 대한 책임을 지고 또 그 문제를 시정해야 했습니다. 로리는 나에게 예나 지금이나 변함이 없는 신호를 전달해 주려 했습니다 : "당신 쪽에서 계획을 잘못 세운다 한들 나에게는 전혀 문제가 되지 않는다는 걸 아셔야 해요!"

그렇지만 모든 고용주들이 나처럼 운이 좋은 것은 아닙니다. 직원들이 고용주들의 계획 결핍까지 모두 책임져 버리고, 결코 그들에게 경계를 정해 주지 않기 때문입니다. 그들은 자신의 울타리 결핍을 깨닫도록 강요받지 않습니다. 그들이 충직한 직원들을 극도의 피로나 탈진에 빼앗길 때에는 이미 너무 늦습니다. 그런 고용주들에게는 분명한 경계가 필요합니다. 그렇지만 대부분의 직원들은 로리처럼 고용주에게 경계를 정하는 것을 두려워합니다. 일이 꼭 필요하기 때문이기도 하고, 비난을 듣기가 무섭기 때문이기도 합니다.

만일 지금 여러분이 '일자리가 필요해서,' 또는 쫓겨나는 게 두려워서 필요 이상으로 초과 근무를 하고 있는 실정이라면, 여러분은 문제를 안고 있는 것입니다. 만일 여러분이 원하는 것 이상으로 많은 시간을 초과 근무하고 있다면, 여러분은 자신의 일에 매여 있는 노예와도 같습니다. 여러분은 계약을 맺은 노동자가 아니라 노예에 불과할 뿐입니다. 명확하고 책임 있는 계약은 두 쪽 모두의 기대를 충족시켜 주는 것이어야 하며, 또한 강제력을 지니고 있어야 합니다. 직업에는 의무와 조건을 분명하게 서술한 직무 내용 설명서가 있어야 합니다.

아주 어려운 일처럼 들리겠지만, 여러분은 자기 자신에 대한 책임을 지고 자신이 처한 상황을 변화시키기 위하여 한 걸음씩 나아가야 합니다. 다음은 여러분이 밟고 싶어할지도 모르는 몇 가지 단계들을 적어 놓은 것입니다.

1. 자신의 일에 경계를 정하십시오. 어느 정도의 초과 근무를 기꺼이 할 수 있는지 결정지으십시오. 위기에 처할 때마다 초과 근무를 한다면, 그 쪽에서도 당연히 여러분의 도움을 기대하게 될 것입니다.

2. 직무 내용 설명서를 점검해 보십시오. 만약에 그런 것이 있다면 말입니다.

3. 다음 달까지 여러분이 완수해야 할 임무의 목록을 작성하십시오. 그 목록을 한 장 복사해서 각 사항에 대하여 여러분 자신의 우선 순위를 매기십시오. 여러분의 직무 내용 설명서에 들어 있지 않은 임무가 있다면 이 복사본에 체크를 하십시오.

4. 여러분의 초과 업무에 관하여 고용주와 논의할 수 있는 시간을 마련하십시오. 고용주와 함께 다음 달까지 여러분이 완수해야 할 임무의 목록을 검토해 보십시오. 고용주가 직접 그 임무들의 우선 순위를 정하게 하십시오. 만일 고용주 쪽에서 여러분이 모든 일을 다 해놓길 바란다면, 그런데 정작 여러분은 자신이 기꺼이 내줄 수 있는 시간 갖고 그 임무들을 다 완수해낼 수 없다면, 그렇다면 여러분의 고용주 쪽에서 그 일들을 끝마칠 수 있도록 임시 도우미를 고용해야 할 것입니다. 또한 여러분은 자기 영역을 벗어난 일을 하고 있다고 여겨질 때마다 고용주에게 가서 여러분의 직무 내용 설명서를 점검해 볼 수도 있을 것입니다.

만일 그래도 여전히 고용주가 여러분에게 불합리한 기대를 걸어 온다면, 여러분은 (마태복음 18장의 성서적 모델을 따라서) 한두 명의 동료를 데리고 가 두 번째 모임을 갖거나, 또는 인사과 직원들 가운데 적합한 사람을 골라 이 문제를 상의할 수도 있습니다. 이 모든 노력에도 불구하고 여전히 여러분의 고용주가 불합리하게 자기 마음대로 여러분에게 일을 부과한다면, 여러분은 그 회사나 또는 다른 회사에서 다시 일자리를 찾아보아야 할 것입니다.

어쩌면 여러분은 다른 일자리를 얻기 위하여 야간 학교에 다니거나 특별 연수를 받아야 할지도 모릅니다. 어쩌면 여러분은 수백 군데의 구직 광고를 쫓아다니거나 산더미처럼 많은 이력서를 부쳐야 할지도 모릅니다. 일자리를 찾기 위한 정보를 얻으려고 정부 기관이나 각 구청, 또는 민간 단체에서 운영하는 인력 관리 센터에 문의하거나 그 쪽 방면의 자료들을 참고하실 수도 있겠지요. 여러분은 자기만의 사업을 시작해보고 싶어질지도 모릅니다. 여러분은 현재의 직업을 그만두고 새로운 직업을 찾을 때까지 살아남기 위한 우발 손실 준비금을 마련하기 시작할지도 모릅니다.

여러분이 무슨 일을 하든, 과중한 일거리는 바로 여러분 자신의 책임이요 여러분 자신의 문제라는 사실을 명심하십시오. 만일 여러분의 일이 여러분을 미치게 만들거든 뭔가 조처를 취해야 합니다. 문제를 인정하십시오. 부당한 상황의 희생양이 되는 일은 이제 그만두고, 경계를 정하는 일에 착수하십시오.

문제 3 : 우선 순위를 잘못 정함

우리는 앞에서 다른 사람에 대한 경계 정하기를 논한 바 있습니다. 그렇지만 여러분은 자기 자신에 대해서도 경계를 정해야 합니다. 여러분은 자기에게 어느 정도의 시간과 힘이 남아 있는가를 살피고 이에 합당하게 자기 일을 관리해 나갈 필요가 있습니다. 여러분이 할 수 있는 일은 무엇인지, 그리고 그 일을 할 수 있는 시간은 언제인지를 알아보십시오. 그리고 그 밖의 것들에 대해서는 '아니오'라고 말하십시오. 로리가 그랬던 것처럼, 여러분의 경계를 깨닫고 그 경계를 강화시킬 수 있는 방법을 배우십시오. 여러분의 동료나 고용주에게 이렇게 말하십시오. "오늘 A를 처리하려면, 수요일까지는 B를 할 수 없을 거예요. 그래도 좋겠습니까, 아니면 어떤 일을 먼저 할 것인지 다시 생각해 볼 필요가 있는 건지요?"

유능한 일꾼들은 다음과 같은 두 가지 특징을 지니고 있습니다 : 그들은 일을 잘 해내려고 최대한 노력하며, 가장 중요한 일들에 자기 시간을 쏟아 붓습니다. 보통 사람들도 일을 잘 해내기는 하지만, 그들은 별로 중요하지도 않은 일들 때문에 그만 곁길로 빠지고 맙니다 ; 그들은 중요하지 않은 일들도 아주 잘 해냅니다! 그러면서 그들은 자신이 아주 일을 잘하고 있다고 여기겠지만, 정작 그들의 고용주는 본질적인 목표가 이루어지지 않은 것 때문에 당황하고 맙니다. 당연히 그들은 자신이 인정받지 못한다는 느낌을 갖게 되며, 거기다 너무도 많은 노력을 쏟아 부었기에 화가 나서 머리가 돌 지경이 됩니다. 그들은 열심히 일했습니다. 하지만 그들은 어떤 일에 자기 시간을 집중적으로 쏟아 부어야 할지 그 울타리를 쌓지 못했고, 그래서 정말로 중요한 일들은 그들의 관심을 벗어나 버렸던 것입니다.

중요하지 않은 일들에 대해서는 '아니오'라고 말하십시오. 최선을 다하지 않으려는 성향에도 '아니오'라고 말하십시오. 정말로 중요한 일들에 최선을 다할 경우, 여러분은 분명히 목표에 다다를 수 있을 것입니다.

이렇듯 중요하지 않은 일들에 대하여 '아니오'라고 말하는 것은 물론이려니와, 중요한 일들을 성취하기 위하여 계획을 세우고 자신의 임무 주변에 담장을 설치하는 것도 반드시 필요한 일입니다. 여러분의 경계를 깨닫고, 일이 여러분의 삶을 통제하지 못하도록 확실히 막으십시오. 경계를 정하게 되면 우선 순위를 결정할 수 있습니다. 만일 여러분이 1주일에 몇 시간씩만을 일에 바치기로 결정한다면, 그 시간을 좀더 현명하게 쓸 수 있을 것입니다. 물론 여러분 쪽에서 자신에게는 시간이 한도 끝도 없이 많다고 생각할 경우에는, 모든 일들에 대하여 '예'라고 말할 수도 있겠지만요. 가장 좋은 일들에만 '예'라고 말하십시오. 때로는 좋은 일들에도 '아니오'라고 말해야 될 때가 있는 법입니다.

어떤 사람이 직업상 여행을 자주 가야만 했습니다. 그와 아내는 머리를 맞대고 궁리한 끝에 다음과 같은 결론을 내렸습니다. 1년에 100일 밤 이상은 절대로 길에서 보내지 않기로 말이죠. 그 후로 그 사람은 일을 맡을 때마다 시간 예산표를 점검하고, 과연 그 일이 자신의 100일 밤을 쓸 만한 가치가 있는 것인가를 가늠해 보게 되었습니다. 이러한 계획 때문인지 그 사람은 자신의 여행에 대하여 좀더 선별 능력이 있는 사람으로 변해 갔습니다. 그리고 덕분에 남은 생애 동안에도 자신의 시간을 절약할 수가 있었습니다.

또 어떤 회사의 사장은 늘 일 때문에 가정을 소홀히 해왔는데, 앞으로는 1주일에 딱 40시간만 사무실에서 보내겠노라고 다짐을 하였습니다. 이제껏 그는 그토록 책상에 머리를 맞대고 진지하게 자신의 시간과 책임을 계획 세워 본 적이 없었기에, 처음에는 정말로 힘이 들었습니다. 그렇지만 시간이 좀 걸리기는 했어도, 그는 자기에게 시간이 아주 많다는 사실을 깨닫게 된 순간부터 서서히 자기 시간을 현명하게 사용하기 시작했습니다. 이제 그는 좀더 현명하게 일을 처리할 수 있게 되어, 일의 성취도 전보다 훨씬 더 높아졌습니다.

가만두면 일은 점점 더 불어나서 여러분의 시간을 몽땅 차지해 버릴 것입니다. 만일 어떤 회의를 할 때에 시간적인 경계를 정해 두지 않고 진행한다면 끝도 없는 토의가 계속될 것입니다. 어떤 일에 얼마만큼의 시간을 할당한 다음에는 여러분의 경계를 굳건히 지키십시오. 그러면 여러분은 일을 좀더 현명하게 처리할 수 있을 뿐만 아니라 여러분의 일을 좀더 좋아하게 될 수도 있을 것입니다.

모세의 장인 이드로를 본받으십시오. 그는 모세의 울타리 결핍을 직시하고 모세에게 왜 그토록 혼자서만 열심히 일하느냐고 물었습니다 (출애굽기 18장 14-27절).

"백성이 절 필요로 하기 때문이지요," 모세는 이렇게 대답했습니다. "자네가 하는 일이 그리 좋지는 않네," 이드로가 말했습니다. "이렇게 하다가는, 자네뿐만 아니라 자네와 함께 있는 이 백성도 아주 지치고 말 걸세. 이 일이 자네에게는 너무 힘겨운 일이어서, 자네 혼자서는 할 수 없네"(17-18절). 비록 모세가 좋은 일을 하고는 있었지만, 이드로는 모세가 조만간 탈진 상태에 빠질 것이 뻔하다는 사실을 꿰뚫어 보았습니다. 모세는 좋은 일일 망정 너무 밑도 끝도 없이 일에만 파묻혀 가고 있었던 것입니다. 좋은 일에도 경계를 정해야 그것을 좋은 상태로 유지할 수가 있는 법입니다.

문제 4 : 까다로운 동료

종종 회사 상담가들이 일 때문에 스트레스를 받고 있는 직원을 우리 병원으로 보내곤 합니다. 이러한 상황을 해결하고 보면, 이 '일로 인한 스트레스'란 것이 대개가 그 스트레스 병에 걸린 직원을 미치게 만드는 사무실 동료로 밝혀질 때가 많습니다. 이처럼 사무실 동료나 직장 동료는 고통받고 있는 한 사람의 정서적 삶에 커다란 영향을 미칠 수 있습니다. 그리고 대부분은 이 문제를 어떻게 해결해야 할지 몰라 쩔쩔매게 됩니다.

 이런 경우에 여러분은 힘의 법칙을 기억해 내야 합니다 : 여러분은 오직 자기 자신만을 변화시킬 수 있는 힘을 지니고 있습니다. 여러분은 결코 다른 사람을 변화시킬 수 없습니다. 여러분은 다른 사람이 아니라 바로 여러분 자신에게 문제가 있음을 깨달아야 합니다. 다른 사람에게 고쳐야 할 문제점이 있다고 보는 것은 곧 그 사람에게 여러분과 여러분의 행복을 지배할 수 있는 힘을 부여해 주는 것과도 같습니다. 여러분은 다른 사람을 변화시킬 수 없기 때문에 제어할 수도 없습니다. 진짜 문제는 여러분이 그 문제의 인물과 어떻게 관계를 맺을 것이냐에 달려 있습니다. 고통을 겪고 있는 사람은 여러분입니다. 그리고 그 문제를 해결할 능력을 지닌 쪽도 바로 여러분입니다.

 자기가 다른 사람을 제어할 수 없다는 사실, 따라서 그 사람에 대한 자신의 반응을 변화시키는 데 주력해야 한다는 사실을 깨달음으로써 무한한 해방감을 맛본 사람들이 많이 있습니다. 이들은 문제의 그 사람이 자기에게 아무런 영향도 미치지 못하도록 했습니다. 이러한 사고방식이야말로 변화된 삶, 곧 진정한 자기-통제의 시작이라 할 수 있을 것입니다.

문제 5 : 비판적인 태도

 스트레스는 종종 지나치게 비판적인 사람과 함께 일할 때, 또는 그런 사람을 위하여 일할 때 생겨나는 수가 있습니다. 사람들은 대개가 비판적인 사람의 코를 꺾으려고 갖은 애를 다 쓰는 함정에 빠져버리거나—하지만 그건 결코 불가능한 일입니다—또는 그 사람이 자신들에게 화를 돋구도록 내버려 두는 편입니다. 어떤 사람들은 그 비판을 내면화하여 자기 가슴속에 품고 지내기도 합니다. 이런 식의 반응들은 모두가 그 비판적인 사람으로부터 자기 자신을 떨어뜨려 놓고 보지 못하는 무능력, 자신의 울타리를 지켜내지 못하는 무능력을 드러내 주는 것입니다.

사는 모양이 그저 그 정도밖에 안 돼서, 마냥 비판만 할 테면 하라고 하십시오. 단지 그 사람으로부터 여러분 자신을 분리시켜 놓고, 여러분에 대한 그 사람의 견해를 내면화하지만 않으면 됩니다. 여러분에 대하여 좀더 정확한 평가를 내릴 수 있는 쪽은 바로 여러분 자신이라는 사실을 믿으십시오. 그리고 그런 다음에는 그 사람의 비판을 마음속으로부터 몰아내십시오.

어쩌면 여러분은 지나치게 비판적인 사람과 성서적 모델에 따라(마태복음 18장) 대결하고 싶을지도 모릅니다. 그렇다면 먼저 그 사람에게 여러분이 그 사람의 태도를 어떻게 생각하고 있는지, 그리고 어떤 식으로 그 태도의 영향을 받고 있는지에 관하여 이야기하십시오. 만일 그 사람이 현명한 사람이라면 여러분의 말에 귀를 기울일 것입니다. 만일 그렇지 않다면, 또 만일 그 사람의 태도가 여러분뿐만 아니라 다른 사람들에게까지도 파괴적인 영향을 미치고 있다면, 두세 사람이 함께 가서 그 사람과 이야기를 나누어 볼 수 있을 것입니다. 그렇게까지 했는데도 그 사람이 계속해서 변화를 거부할 경우에는 그 쪽에서 태도를 제어할 수 있게 될 때까지 이야기하고 싶지 않다고 직접 말할 수도 있을 것입니다.

그것도 아니면 회사의 불만 처리 정책을 응용할 수도 있습니다. 이때 꼭 기억해 두어야 할 것은 여러분이 그 사람을 통제할 수는 없다는 사실, 하지만 육체적으로나 정서적으로 그 사람으로부터 멀리 떨어져 있음으로써 그 사람 앞에 나타나는 횟수를 제한하는 쪽을 선택할 수는 있다는 사실입니다. 이것이 바로 자기-통제라는 것입니다.

　이런 부류의 사람으로부터 인정을 받아내려고 애쓰는 짓은 절대로 하지 마십시오. 그래봤자 아무 소용도 없습니다. 오히려 여러분 쪽에서 통제받고 있다는 느낌만 들 것입니다. 또한 그런 사람과 논쟁을 벌이거나 토론을 해서도 안됩니다. 여러분이 절대로 이길 수 없습니다. 다음과 같은 잠언을 명심하십시오. "거만한 사람을 훈계하면 수치를 당할 수 있고, 사악한 사람을 책망하면 비난을 받을 수 있다. 거만한 사람을 책망하지 말아라. 그가 너를 미워할까 두렵다. 지혜로운 사람은 꾸짖어라. 그가 너를 사랑할 것이다"(잠언 9장 7-8절). 여러분이 그런 사람들을 변화시킬 수 있으리라는 생각에, 그들을 여러분 안으로 끌어들이는 것은, 여러분 스스로가 화를 불러들이는 것이나 다름없습니다. 거리를 유지한 채 따로 떨어져 있으십시오. 여러분의 울타리를 지키십시오. 그 사람의 게임에 말려들지 마십시오.

문제 6 : 권위와의 갈등

　만일 지금 여러분이 고용주와 잘 지내는 데 문제가 있다면, 그것은 '전이 감정'을 갖고 있기 때문일 수가 있습니다. 전이란 사실은 아직 끝맺지 못한 과거지사에 속하는 감정을 현재에 와서 겪는 현상입니다.

　전이 현상은 고용주와의 관계 속에서 흔히 나타나는데, 그것은 고용주가 권위적인 인물이기 때문입니다. 고용주와 직원의 관계는 여러분의 경우처럼 권위 갈등을 불러일으킬 수 있습니다. 여러분은 일반적인 관계에는 적합치 않은 뭔가 좀 더 강력한 대응을 펼쳐야 할 것입니다.

　만일 감독관이 여러분에게 조금 다른 식으로 일을 처리했으면 좋겠다고 말했다 칩시다. 여러분은 곧장 '풀이 죽을' 것입니다. 여러분은 이렇게 생각하겠지요. 도대체가 저 사람은 내가 일을 제대로 하고 있다고 생각하는 적이 한번도 없다니까. 좋아, 뭔가 본때를 보여주고 말겠어. 어쩌면 감독관 쪽에서는 지나가는 소리로 한 마디 한 것일 수도 있습니다. 하지만 그 말이 불러일으킨 감정은 너무도 강렬합니다. 사실 부모나 교사처럼 과거의 권위적인 관계로부터 치유받을 수 없는 상처를 입게 되는 경우도 많이 있습니다.

일단 전이 관계가 시작되면, 여러분은 무의식적으로 부모와의 사이에 있었던 오래된 패턴까지 모두 행동화하기 시작할 수도 있습니다. 그렇지만 그런 것은 전혀 도움이 못됩니다. 여러분은 결국 그 일에 관해서 어린애가 되고 맙니다.

울타리를 쌓는 것이야말로 자신의 전이를 책임지는 행동입니다. 만일 여러분이 지금 누군가에게 강한 반작용을 하고 있는 것으로 판정되거든, 어느 정도 시간을 갖고서 과연 그 감정이 익숙한 것인지 아닌지를 잘 생각해 보십시오. 그 사람이 과거의 어떤 사람을 떠오르게 하진 않나요? 엄마나 아빠가 여러분에게 그 사람처럼 대하진 않았던가요? 그 사람이 엄마나 아빠와 똑같은 성격을 가지고 있는 것은 아닌가요?

여러분에게는 이런 감정을 풀어 버릴 책임이 있습니다. 자기 자신의 감정을 직시하지 않는 한, 여러분은 결코 그 사람의 존재를 이해할 수 없습니다. 여러분은 지금 자기 자신의 비뚤어진 시각에서, 아직도 풀리지 않고 있는 자신의 과거지사에 비추어서 그 사람을 평가하고 있습니다. 전이가 없이 명확하게 그 사람을 바라볼 수 있을 때 비로소 여러분은 그 사람을 어떤 식으로 대해야 할지 알 수 있을 것입니다.

한 가지 예를 더 들자면, 동료와의 지나친 경쟁 의식이 있습니다. 이것은 형제자매간의 경쟁과 같이 아직도 끝나지 않은 지난날의 경쟁 관계를 상징하는 것일 수도 있습니다. 여러분은 강한 감정을 느낄 때마다 그것이 여러분의 책임이라는 사실을 알아야 합니다. 그렇게만 하면 동료나 고용주에게 비이성적으로 대하는 일은 없을 것입니다. 과거는 과거로 남겨놓고 따로 처리하십시오. 그 과거가 현재의 관계에 끼어들게 내버려 두어서는 결코 안됩니다.

문제 7 : 일에 대한 지나친 기대

회사가 '가족' 같으리라는 기대를 품고 직장에 나오는 사람이 점점 더 늘어나고 있는 추세입니다. 가족과 교회와 회사가 종전의 구조를 탈피한 사회에서는 일전에 가족이 제공해 주었던 정서적인 도움을 동료가 안겨 주리라고 기대하는 사람들을 많이 찾아 볼 수 있습니다. 이와 같이 개인 생활과 직장 생활간의 울타리 결핍에는 온갖 종류의 어려움이 따르게 되어 있습니다.

이상적인 직장은 후원을 베풀고, 안전하며, 양육하는 곳이어야 합니다. 물론 이러한 분위기는 기본적으로 일과 관련된 형태에서 직원들에게 도움을 주는 것이어야 하겠지요—직원들이 배우고 개선하고 성취할 수 있도록 도와주는 분위기 말입니다. 부모가 제공해 주었던 것들—기초적인 양육·관계·자존감·인정—을 일이 제공해 주리라고 기대하는 사람이 있다면 문제가 발생할 것입니다. 일은 이런 것을 위하여 있는 게 아닙니다. 전형적인 일이 인간에게서 바라는 것도 결코 이런 식의 것이 아닙니다. 일은 성인다운 기능을 기대하고 있는데, 사람은 아동기의 욕구가 충족되길 원하고 있을 때, 이럴 때에는 본질적인 문제가 발생하게 됩니다. 이렇게 차이가 나는 기대는 부득이 충돌할 수밖에 없으니까요.

건강은 채워지지 않은 아동기의 욕구를 인정하고 그것을 해결하는 데서 시작됩니다. 문제는 직장이 그에 적합한 장소가 전혀 아니라는 것입니다. 직장에서는 따로 기대하는 바가 있습니다. 직장에서는 여러분에게 베푸는 일 없이 그저 요구하기만 할 것입니다. 일한 만큼 대가를 지불할 것이기 때문입니다. 직장은 여러분이 필요로 하는 온갖 정서적 지원을 제공할 의무가 없습니다.

여러분은 후원과 정서적 보상에 대한 욕구를 직장 밖에서 충족시켜야 합니다. 정서적인 상처와 아직도 채워지지 않은 욕구들을 딛고 일어설 수 있도록 도와줄 만한 후원망과 치유망에 접속하십시오. 그리고 성인다운 기능을 기대하고 있는 직업 세계와 성인 사회에서 여러분의 기능을 다할 수 있도록 굳건히 서십시오. 관계에 대한 여러분의 욕구 역시 직장 밖에서 채우십시오. 그러면 회사가 여러분에게 필요로 하는 것과 여러분 자신의 욕구를 혼동하는 일 없이 자기 일을 잘 해낼 수 있을 것입니다. 울타리를 굳게 지키십시오 ; 직장 때문에 여러분의 울타리가 해를 입지 않도록 보호하십시오. 직장은 울타리를 고치기는커녕 오히려 해칠 수가 있습니다. 꼭 고의적으로 그러는 것은 아니지만 말입니다.

문제 8 : 일과 관련된 스트레스를 집으로 가져오는 것

우리가 자신의 개인적인 문제들에 대하여 튼튼한 울타리를 쌓아 두고서 그 문제들이 직장 일에 끼어들지 못하게 해야 되는 것과 마찬가지로, 일에도 역시 가정에까지 끼어들지 못하도록 막아 줄 튼튼한 울타리가 필요합니다. 여기에는 보통 두 가지의 구성 요소가 있습니다.

첫째는 정서적인 요소입니다. 직장에서의 갈등은 남은 생애에 아무런 영향도 미치지 못하도록 완전히 해결해야 합니다. 그렇지 않을 경우, 그 갈등이 심각한 우울증이나 다른 질병들을 유발할 수 있고, 나머지 영역의 삶에도 두루 영향을 미칠 수가 있습니다.

일 문제를 정확하게 이해하고, 일이 여러분의 삶을 정서적으로 지배할 수 없도록 그 문제와 직접적으로 부딪치십시오. 어떤 동료가 왜 여러분에게 영향을 미칠 수 있는지, 고용주가 왜 여러분의 삶을 지배할 수 있는지, 그 이유를 밝혀내십시오. 일의 성공과 실패가 왜 여러분을 들뜨게 하거나 낙담시킬 수 있는지 알아내십시오. 이같이 중요한 성격 문제들이 먼저 확실히 해결되어야 합니다. 그렇지 않으면 조만간 일이 여러분을 소유하고 말 것입니다.

두 번째는 시간이나 힘같이 유한한 요소입니다. 문자 그대로 처리되지 않은 일이 계속해서 여러분의 개인 생활에 영향을 미치지는 않으리라는 사실을 명심하십시오. 그리고 그것이 관계나 그 밖의 중요한 것들을 희생하도록 만들지는 않으리라는 사실도 명심하십시오. 평상시보다 시간을 더 잡아먹는 특별 기획에는 경계를 세워 두십시오. 조만간 그것이 하나의 습관이 되어 버릴 테니까요. 우리가 알고 있는 어떤 회사는 가족을 너무 중요시해서, 초과 근무를 할 경우 임금을 삭감하기까지 합니다! 그 회사는 직원들이 일의 경계를 확실히 정해 놓고 가족과 함께 보내기를 바라는 거지요. 여러분도 자신의 경계를 확실하게 정해 두고 살아가십시오. 이것이 가장 튼튼한 울타리입니다.

문제 9 : 자신의 일을 혐오하는 것

울타리는 우리의 정체감이 우러나오는 곳입니다. 울타리는 무엇이 내 것이고 무엇이 남의 것인지를 확정지어 줍니다. 우리의 일은 우리 정체감의 일부입니다. 정체감 속에서 우리의 일은 특별한 재능으로 이어지고, 또 공동체내에서 그 재능을 발휘하는 것으로 이어집니다.

하지만 진정으로 자기 직업의 정체성을 발견하지 못하는 사람들이 많이 있습니다. 그런 사람들은 이일 저일 떠돌아다니지만, 진짜로 '자신들에게 맞는' 일을 찾아내지는 못합니다. 십중팔구 이런 것도 울타리 문제에 속합니다. 그 사람들은 이제껏 자기 자신의 적성·재능·욕구·바람·꿈 등을 소유해 본 적이 한 번도 없습니다. 자신에 대한 다른 사람들의 정의와 기대에 울타리를 쌓을 수가 없기 때문입니다.

자기가 성장한 가족으로부터 아직 분리되지 못한 사람들에게는 반드시 이런 문제가 따라다닙니다. 어떤 목사 한 명은 자기 교회와 당회를 상대로 아주 큰 어려움을 겪고 있었습니다. 결국 당회가 한참 진행되고 있는 도중에 그 목사는 이런 말을 내뱉고 말았습니다. "전 목사가 되고 싶은 생각이 전혀 없었습니다. 그것은 제가 아니라 제 어머니의 소망이었죠." 그는 자기 자신의 장래 직업을 선정하는 일에서 어머니에 대한 울타리를 충분히 세우지 못했던 것입니다. 결과적으로 그는 어머니의 소망과 융합되었으며, 그 끝은 아주 비참했습니다. 그의 마음은 처음부터 그 일을 떠나 있었던 것입니다.

친구나 문화의 측면에서도 이런 문제가 생길 수 있습니다. 다른 사람의 기대는 매우 큰 영향을 미칠 수 있습니다. 그러므로 여러분은 다른 사람이 여러분을 정의내릴 수 없을 만큼 자신의 울타리를 튼실하게 만들어야 합니다. 여러분이 진정 누구인가, 어떤 종류의 일이 여러분에게 잘 맞는가를 알아내기 위해서는 하나님과 함께 일하십시오. 로마서 12장 2절을 보면, 이렇게 다른 사람으로부터 받는 압박에 대하여 울타리를 쌓으라고 말하고 있습니다 : "여러분은 이 시대의 풍조를 본받지 말고, 마음을 새롭게 함으로 변화를 받아서, 하나님의 선하시고 기뻐하시고 완전하신 뜻이 무엇인지를 분별하도록 하십시오." 여러분이 진정 어떤 존재인지, 여러분의 진정한 자기는 무엇인지, 그리고 여러분의 특별한 재능은 무엇인지를 토대로 하여 여러분에 대한 현실적인 기대를 지니십시오. 이것은 오로지 울타리를 세워놓고서, "이것은 내 것이고 저것은 내 것이 아냐!"라고 말할 수 있을 때에만 가능한 일입니다.

평생의 일을 찾아내기

자기가 평생토록 할 만한 일을 찾아내는 데에는 위험이 뒤따릅니다. 우선 여러분은 정체성을 확고히 정립하고, 자기가 애착을 갖고 있는 사람으로부터 자기 자신을 분리해낸 다음, 자신의 욕망을 따라가야 합니다. 여러분은 자신의 느낌과 생각, 소망을 인정해야 합니다. 여러분은 자신의 재능과 한계를 평가해야 합니다. 그런 다음, 여러분은 하나님께서 이끄시는 대로 한 걸음 한 걸음 나아가야 합니다.

하나님께서는 여러분이 하나님의 영광을 위하여 여러분의 재능을 발견하고 사용하기를 원하십니다. 하나님께선 여러분이 그 과정에 하나님을 참여시켜 주기를 바라십니다 : "기쁨은 오직 주님에게서 찾아라. 주께서 네 마음의 소원을 들어 주신다. 네 갈 길을 주님께 맡기고, 주님만 의지하여라. 주께서 몸소 도와주실 것이다"(시편 37편 4-5절).

그렇지만 하나님께서는 여러분에게 자신의 행동도 책임지라고 명하십니다 : "네 마음과 눈이 원하는 길을 따라라. 다만, 네가 하는 이 모든 일에 하나님의 심판이 있다는 것만은 알아라"(전도서 11장 9절).

자신의 재능을 발달시킬 때에는 자신과 하나님 사이의 동역(同域)을 중요한 요소로 여겨야 합니다. 하나님께서는 여러분에게 은사를 부어 주셨으며, 여러분이 그 은사를 발달시키길 원하십니다. 여러분의 길을 하나님께 맡기십시오. 그러면 여러분도 일의 정체성을 발견하게 될 것입니다. 그분께 도움을 청하십시오.

12
울타리와 자기

사라는 긴 한숨을 토해냈습니다. 지금 사라는 치료 과정 도중에 잠시 동안 중요한 울타리 문제들을 다루고 있었습니다. 사라는 부모·남편·애들과의 책임 갈등을 해소하기 위한 치료 과정을 밟고 있었습니다. 그런데 오늘 한 가지 문제가 새롭게 대두된 것입니다.

"제가 이 관계에 대해서는 선생님께 말씀드린 적이 없었죠? 응당 그랬어야만 했는데 말이에요. 전 이 여자하고 굉장히 심각한 울타리 갈등을 겪고 있어요. 그 여잔 먹는 것도 너무 많이 먹고, 또 독살스런 혀를 가졌어요. 그 여잔 정말 신뢰할 수가 없는 여자지요―언제나 저를 기죽게 만들어요. 게다가 그 여잔 제 돈을 갖다 써놓고선 지난 몇 년 동안 한번도 갚질 않았어요."

"왜 이제까지 한 번도 그 여자에 대하여 언급하지 않으셨지요?" 내가 물었습니다.

"제가 바로 그 여자거든요," 사라가 대답했습니다.

사라는 우리가 흔히들 겪고 있는 갈등을 반영해 주고 있습니다. 우리는 울타리가 성서적인 것이라고 배웁니다. 우리는 다른 사람에 대하여 경계를 정하기 시작합니다. 우리는 너무 많은 책임을 지던 지난날에서 벗어나 딱 알맞은 양의 책임만 지기 시작합니다. 하지만 우리 자신에 대한 경계는 어떻게 정하기 시작해야 하는 걸까요? 만화가 월트 켈리의 인기있는 스웜프 캐릭터, 포고 포슘의 대사처럼, "우리는 적을 만났는데 그 적이 바로 우리였습니다."

이 장에서는 다른 사람의 지배와 조종 대신 우리 자신의 몸을 제어해야 할 우리의 책임에 대하여 살펴보게 될 것입니다(데살로니가전서 4장 4절). 다시 말해서 우리는 다른 사람과의 외적인 울타리 갈등 대신 우리 자신의 *내적인* 울타리 갈등에 대하여 살펴보게 될 것입니다. 이것은 다소 골치 아픈 주제일 수 있습니다. 불만이 많은 한 시골 교회의 성도는 주일 예배를 마치고 돌아가면서 목사에게 이렇게 말했다고 합니다. "목사님은 아예 설교는 집어치우고 쓸데없이 참견하는 일을 시작하셨군요!"

이렇게 방어적인 태도를 취하는 것보다는 자기 자신을 겸허하게 들여다보는 것이 훨씬 더 좋은 자세입니다. 다른 사람들의 반응을 기다리십시오. 자기가 신뢰하고 있는 사람들의 말에 귀를 기울이십시오. 그리고 "내가 틀렸다."고 고백하십시오.

통제가 불가능한 우리의 영혼

음식

테레사의 비밀스러운 수치심은 더 이상 비밀로 남아 있기가 어렵게 되었습니다. 이제까지는 163cm의 키가 그녀의 약간 통통한 체구를 그럭저럭 감추어 주었지만, 지난 몇 개월간 체중계 바늘이 70kg을 가리킬 정도로 점점 달라져 갔던 것입니다. 그녀는 그것을 혐오했습니다. 그리고 그것은 데이트·체력, 그녀 자신에 대한 태도 등에 커다란 영향을 미쳤습니다.

그녀는 자신을 통제할 수가 없었습니다. 성공적이면서도 스트레스가 많은 변호사직을 맡고 있는 테레사는 좌절감을 느낄 때마다 과자와 사탕에 매달리곤 했습니다. 매일 12시간씩의 근무는 엄청난 고립을 의미했고, 단 음식만큼 공허감을 메꾸어 주는 것도 없었습니다. *사람들이 위로의 음식이라고 부르는 것도 당연한 일이야*, 테레사는 이렇게 생각하곤 했습니다.

과식이 특별히 고통스러운 이유는 뚱뚱한 몸매가 다른 사람들의 눈에 그대로 드러난다는 것입니다. 지나치게 몸무게가 많이 나가는 사람들은 자기 외모에 대하여 굉장한 자기 혐오와 수치감을 안고 있는 경우가 많습니다. 그리고, 무절제한 행동들 때문에 고통받고 있는 다른 여러 사람들과 마찬가지로, 뚱뚱보 역시 자신의 행동에 대하여 지나치게 많은 수치심을 느끼며, 결국은 관계에서 도망쳐 나와 오로지 먹을 것에만 기대게 되는 경우가 허다합니다.

만성적인 대식증 때문에 지나치게 많이 먹어대는 사람들은 내적인 자기-울타리 문제 때문에 고통을 겪고 있습니다. 그들에게 음식은 거짓된 울타리가 되어 줍니다. 그들은 몸무게를 늘려 덜 매력적인 사람이 됨으로써, 친밀한 관계를 회피하는 데 음식을 이용하고 있는지도 모를 일입니다. 어쩌면 그들은 거짓된 친밀함을 얻기 위한 수단으로 막 먹어대는 쪽을 택했는지도 모릅니다. 이렇듯, 대식증 환자들에게 음식이 주는 '위안'은 울타리가 반드시 필요한 실제적인 관계의 가망성보다 훨씬 덜 무서운 것입니다.

돈

신형 자동차 범퍼에 붙이는 광고 스티커 가운데 지금 한창 인기를 끌고 있는 것이 있습니다. "난 빈털터리가 아니에요——아직 수표가 남았거든요!" 사람들은 돈을 다루는 데서 굉장히 심각한 문제들을 여러 방면으로 지니고 있습니다. 다음과 같은 문제들을 포함해서 말입니다:

- 충동적인 소비
- 부주의한 예산 작성
- 분수에 맞지 않는 삶
- 신용 문제
- 상습적으로 친구들에게서 돈을 빌어 씀
- 비효과적인 저축 계획
- 갖가지 청구서를 해결하기 위하여 초과 근무를 함
- 다른 사람들의 돈 문제를 대신 해결해 줌

하나님께서 돈을 만드신 목적은 그것이 우리와 다른 사람들에게 축복이 되게 하기 위함입니다: "남에게 주어라. 그러면 하나님께서도 너희에게 주실 것이다"(누가복음 6장 38절). 사실 성경은 돈 그 자체가 아니라 "일만 악의 뿌리가 되는" 돈을 사랑하는 것이 문제라고 말하고 있습니다(디모데전서 6장 10절).

여러분은 대개가 자신의 재정 상태를 통제해야 한다는 점에 전적으로 동의할 것입니다. 돈을 저축하고, 비용을 적게 들이고, 물건값을 깎는 것은 모두 좋은 일입니다. 우리는 자칫 돈 문제를 그저 수입만 늘리면 되는 것이라고 볼 수 있습니다 ; 하지만 문제는 삶을 유지하기 위한 값비싼 비용이 아닙니다——수준높은 삶을 유지하기 위한 비용이 문제인 것입니다.

수입을 초과하는 재정 지출 문제는 자기-울타리 문제에 속합니다. 필요 이상으로 돈을 쓰는 데 대하여 '아니오'라고 말하기 힘들 때, 우리는 다른 사람의 노예가 되는 위험에 처하게 됩니다 : "가난하면 부자의 지배를 받고, 빚지면 빚쟁이의 종이 된다"(잠언 22장 7절).

시간

우리들 가운데에는 자기 시간을 통제할 수 없다고 여기는 사람이 많이 있습니다. 그런 사람들은 '하루 11시간씩 일하는 사람들'로서, 끊임없이 마감시간에 쫓기는 사람입니다. 나름대로 노력도 해보지만 하루는—— 매일——그들로부터 점점 더 멀어질 뿐입니다. 그들로서는 자기 임무를 끝마칠 시간이 부족합니다. 일찍이라는 단어는 그들의 개인적인 경험과는 무관한 것으로 여겨집니다. 이러한 투쟁가들은 다음과 같은 시간적 곤경에 빠지기 쉽습니다 :

- 사업상의 모임
- 점심 약속
- 기획안 마감
- 교회 활동과 학교 활동
- 휴일 우편물

이런 사람들은 15분 늦게 회의에 뛰어들어서 숨도 돌리지 못한 채 사과를 하고, 교통이 혼잡했다거나, 일에 대한 책임감이 압도적이라거나, 애들이 위급한 사태에 처했다거나 하는 등의 변명을 늘어 놓기 일 쑤입니다.

  자기 시간을 통제하지 못하는 사람들은 알게 모르게 다른 사람에게도 불편을 끼치게 되어 있습니다. 다음에 열거해 놓은 이유들 가운데 한두 가지로 말미암아 문제가 발생하는 수가 종종 있습니다 :

  1. 무엇이든지 다 해낼 수 있다는 태도. 이런 사람들은 주어진 시간 안에 자신이 해낼 수 있는 일의 양에 대하여 비현실적이고 다소 과장된 기대를 갖고 있습니다. "문제없어——내가 할께!"가 그들의 모토인 것입니다.

  2. 다른 사람의 감정에 대하여 지나치게 책임감을 느끼는 태도. 이들은 파티에서 너무 일찍 자리를 뜨는 것은 그 주인에게 버림받은 느낌을 안겨 준다고 생각합니다.

  3. 현실적인 걱정이 부족함. 이들은 현재 이 순간에만 너무 집착하면서 살기 때문에 외출을 하기 전에 미리 교통이나 주차나 옷 차려입는 것에 대하여 계획을 세우는 것을 무시해 버립니다.

  4. 합리화. 이들은 자기의 늑장 때문에 다른 사람들이 감수해야 하는 실망과 불편함을 최소화시킵니다. 그들은 이런 식으로 생각합니다. "모두 내 친구들인 걸——이해해 줄 거야!"

  시간의 자기-울타리가 발달되지 않은 사람은 결국 다른 사람들뿐 아니라 자기 자신까지도 좌절하게 만들고 맙니다. 이런 사람은 "소원이 이루어지면 마음이 즐겁다"(잠언 13장 19절)는 느낌도 받지 못하고 하루를 끝맺게 됩니다. 이런 사람에게는 채워지지 않은 욕망과, 미완성 프로젝트와, 내일이면 또다시 일정대로 끌려가야 한다는 자각만이 남게 됩니다.

임무 완성

시간 울타리 문제와 사촌지간인 임무 완성은 '잘 끝맺기'와 관련된 것입니다. 우리는 대부분 사랑과 일이라는 삶의 영역에서 목표를 지니고 있습니다. 우리는 수의사가 되고 싶다든지 법률가가 되고 싶다든지 하는 소망을 지니고 있습니다. 또 우리는 자기 사업을 하고 싶다든지 시골에 집을 장만하고 싶다든지 하는 소망을 품을 수도 있습니다. 성경공부 프로그램이나 조직적인 운동을 통한 섭생(攝生)을 시작하고 싶을 수도 있습니다.

우리는 누구나 자신의 임무에 대하여 바울처럼 이야기하고 싶을 것입니다. 그 임무가 중대한 것이든지 사소한 것이든지 상관없이 말입니다 : "나는 선한 싸움을 다 싸우고, 달려갈 길을 마치고, 믿음을 지켰습니다. 이제는, 나를 위하여 의의 월계관이 마련되어 있습니다"(디모데후서 4장 7-8절). 그리고 이보다 더 간단하면서도 정교한 표현은 바로 예수님이 십자가 위에서 하신 말씀입니다 : "다 이루었다"(요한복음 19장 30절).

대부분의 그리스도인들은 출발은 그럴듯하게 잘하면서도 끝맺음은 제대로 해내지 못하는 경우가 많이 있습니다. 한두 가지 이유 때문에 창조적인 생각이 성공을 거두지 못합니다. 시행을 위한 규칙적인 일정이 막다른 골목에 접어들고 맙니다. 성공이 바로 앞에 있었는데, 다음 순간 갑자기 자취를 감추고 맙니다.

끝맺음을 잘 못하는 사람들의 문제는 다음의 여러 가지 원인들 가운데 하나일 수 있습니다 :

1. 구조에 대한 저항. 끝맺음이 약한 사람들은 계획된 대로만 순순히 따르는 것은 아주 형편없는 짓이라고 여깁니다.

2. **성공에 대한 두려움.** 끝맺음이 약한 사람들은 성공이 다른 사람들의 질시나 비판을 가지오지는 않을지 지나치게 걱정합니다. 그래서 그들은 친구를 잃으니 차라리 자기 발을 쏘는 것이 더 낫다고 생각하는 것입니다.

  3. **최종 마무리의 결핍.** 끝맺음이 약한 사람들은 프로젝트를 활성화해 주는 따분하고 '자질구레한 일들'을 싫어합니다. 그들은 아이디어를 창출해내는 쪽을 훨씬 더 좋아합니다. 그런 다음 실천 쪽은 다른 사람들에게 넘겨 버리는 겁니다.

  4. **갈피를 못 잡음.** 끝맺음이 약한 사람들은 프로젝트가 완성될 때까지 그것에 집중하질 못합니다. 종종 그들은 적당한 집중 기술을 전혀 발달시키지 않는 경우도 있습니다.

  5. **만족을 늦출 줄 모름.** 끝맺음이 약한 사람들은 한 가지 일을 잘 해냈다는 만족감을 경험하기까지 그 프로젝트로 인한 고통을 견뎌내지 못합니다. 그들은 곧장 만족을 향해 달려가려고만 합니다. 그들은 균형잡힌 식사를 끝마치기도 전에 디저트부터 달라고 재촉하는 어린애들 같습니다.

  6. **다른 압박에 대하여 '아니오'라는 말을 하지 못함.** 끝맺음이 약한 사람들은 다른 사람이나 다른 프로젝트에 대하여 '아니오'라는 말을 하지 못합니다. 그들에게는 그 어떤 일도 끝까지 잘해낼 시간적인 여유가 없습니다.

  임무 완성에 문제가 있는 사람들은 종종 자기가 제일 좋아하는 장난감 진열대 앞에 서 있는 두 살짜리 아이와도 같습니다. 그 아이들은 잠깐 사이에 망치로 두들겨댔다가, 장난감차로 부릉부릉 소리를 냈다가, 작은 인형에게 말을 걸었다가, 마침내는 책을 집어들 것입니다. 이 모든 일을 할 때까지 2분도 채 걸리지 않습니다. 임무 완성에 문제가 있는 사람들이 안고 있는 울타리 문제는 금방 찾아볼 수 있습니다. 아직 그들의 내적인 '아니오'는 어떤 일을 마무리하도록까지 집중할 수 있을 정도로 충분히 발달하지 못한 것입니다.

혀

내가 이끌고 있는 치료 집단에서 생긴 일입니다. 한 남자가 얼마 동안은 청중의 마음을 사로잡는 말을 하는가 싶더니, 갑자기 옆길로 새서 주제를 바꾸고는, 아무 상관도 없는 시시콜콜한 이야기로 터무니없이 많은 시간을 잡아먹어 버렸습니다. 아무래도 그 사람은 말의 요점을 잃어버린 것 같았습니다. 다른 멤버들은 멍하니 있거나, 꾸벅꾸벅 졸거나, 다른 행동을 하기 시작했습니다. 내가 그 남자에게 요점으로 되돌아가기 위하여 노력해 보라고 막 이야기하려는 찰나, 한 여자 멤버가 거리낌없이, 퉁명스럽게 다음과 같이 말했습니다. "빌, 알맹이만 얘기해봐요, 예?"

'알맹이만 얘기하는 것,' 다시 말해서 자기 말에 그물이나 울타리를 치는 것은 아주 여러 가지 면에서 도움을 줄 수 있습니다. 우리가 언어를 어떻게 사용하느냐는 우리 관계의 질에 커다란 영향을 미칠 수 있습니다. 혀는 축복의 원천이 될 수도 있고 저주의 원천이 될 수도 있습니다(야고보서 3장 9-10절). 혀는 우리가 다른 사람에게 공감을 하고, 일체감을 갖고, 격려하고, 대면하고, 권고하는 데 사용하면 축복이 될 수 있습니다. 그렇지만 우리가 혀를 다음과 같은 일에 사용할 경우에는 저주가 될 수도 있습니다 :

- 친밀함으로부터 숨기 위하여 쉴새없이 말을 해댐
- 다른 사람을 지배하기 위하여 대화를 장악함

- 험담
- 신랄한 비판을 통해서 간접적인 적대감을 표출함
- 누군가를 위협함으로써 직접적인 적대감을 드러냄
- 진지하게 칭찬을 하지 않고 잡담만 늘어놓음
- 부추김

자신의 말에 대하여 울타리를 쌓지 못하고 있는 사람들은 아직 자기 문제를 확실히 깨닫지 못하고 있는 사람일 경우가 많습니다. 그런 사람들은 종종 친구로부터 다음과 같은 말을 듣는 순간 굉장히 놀라게 됩니다. "가끔씩 넌 내 쉼표를 마침표로 해석하는 것 같더라."

나는 다른 사람들이 자기를 알게 될까봐 무척이나 두려워하고 있는 어떤 여자를 만나게 되었습니다. 그 여자는 질문을 해놓고선, 아무도 자기에게 대화를 청하지 못하게 하려고 재빨리 말을 이어갔습니다. 그녀의 문제는 딱 한 가지였습니다 : 말을 잇기 전에 숨을 돌려야만 했던 것입니다. 숨을 돌린다는 것은 그만큼 다른 사람들이 뭔가를 말할 수 있도록 여유를 제공해 주는 것이니까요. 그렇지만 그 여자는 교묘한 방법으로 자기 문제를 해결하였습니다 ; 말을 끝낸 다음에 숨을 쉬는 게 아니라 말을 하는 도중에 숨을 쉬었던 것입니다. 그런 행위는 사람들의 균형 감각을 깨트려 놓기에 충분했으며, 따라서 그 여자는 아무런 방해도 받지 않을 수 있었습니다. 그것은 아주 효과적인 방법이었습니다. 한 가지 문제만 제외하면 말입니다 : 그녀 쪽에서 새로운 대화 상대를 찾아 나서야만 했던 것입니다. 하지만 얼마 못 가서 그 사람들도 금방 떠나가 버렸습니다.

성경은 우리에게 말을 조심하라고 일러 줍니다 : "말이 많으면 허물을 면하기 어려우나, 입을 조심하는 사람은 지혜가 있다"(잠언 10장

19절). "아는 것이 많은 사람은 말을 삼간다"(잠언 17장 27절). 〈구약성서 신학용어집〉에 따르면, 여기에서 '삼가다'에 해당하는 히브리어는 '어떤 사물이나 사람을 자유로이 억제하는 행위로서, 행위자가 대상을 지배한다'는 의미를 담고 있다고 합니다.*1 그러니까 이것은 울타리와 관련된 말인 것입니다. 우리는 누구든지 자기 입에서 나오는 말들에 대하여 울타리를 쌓을 수 있는 힘을 지니고 있습니다.

우리가 우리 입에서 나오는 말들을 억제할 수 없을 때, 또는 울타리를 쌓지 못할 때에는 우리가 아니라 우리의 말이 지배를 하게 됩니다. 하지만 우리는 여전히 그 말들에 대한 책임을 져야 합니다. 우리가 하는 말들은 마치 복화술사의 인형처럼 우리 외부로부터 생겨나는 것이 결코 아닙니다. 우리가 하는 말들은 모두 우리 마음의 산물입니다. '그런 의미가 아니었어!'라는 말은 어쩌면 "너에 대하여 내가 그런 식으로 생각하고 있다는 사실을 네가 알지 못하길 바랬어!"로 해석하는 게 더 나을지도 모릅니다. 우리는 자신의 말에 대하여 책임을 져야 합니다. "내가 너희에게 말한다. 사람들은 심판 날에 자기가 말한 온갖 쓸데없는 말을 해명해야 할 것이다"(마태복음 12장 36절).

성(性)

그리스도인들이 교회 안에서 영적인 갈등과 정서적인 갈등에 대하여 좀더 정직해질 수 있는 안전한 장소를 찾기 시작하자 성 문제가, 특히 남자들의 경우에, 주요 문제로 대두되었습니다. 성 문제에는 강박감에 사로잡힌 자위 행위, 강박감에 사로잡힌 이성애적 또는 동성애적 관계·포르노·매춘·노출증·관음증·음란 전화, 성추행이나 외설의 자유, 어린이에 대한 성적 학대, 근친 상간, 그리고 강간 등이 모두 포함됩니다.

무절제한 성행위에 사로잡혀 헤어나질 못하는 사람은 일반적으로 심각한 고립감과 수치심을 느끼고 있는 경우가 많습니다. 이렇게 무절제한 성행위는 영혼 속에서 파괴된 것들을 어둠 속에 격리시켜 놓습니다——하나님, 그리고 인간과의 관계라는 빛이 닿지 않는 곳에 말입니다. 그 곳에서는 아무런 도움이나 해결책도 발견할 수 없습니다. 통제가 안되는 성행위는 그 자체의 삶, 곧 비현실적이고 공상에 빠진 삶으로 이어집니다. 어떤 사람은 이를 가리켜 '남(not-me) 경험'이라고 묘사했습니다. 그 사람의 경우, 마치 진정한 자기가 방 저쪽에서 자신의 성행위를 지켜보고 있는 것처럼 여겨졌던 것입니다.

그렇지만 문제는 대부분의 내적 울타리 갈등에서와 같이 이 성적인 울타리 결핍 역시 끊임없이 뭔가를 요구하는 탐욕스러운 폭군이 된다는 데 있습니다. 얼마나 자주 오르가즘에 도달했는가와는 상관없이 욕망은 점점 더 커져만 가고, 자신의 욕망에 대하여 '아니오'라고 말할 수 없기에 점점 더 깊은 좌절감과 무력감을 맛보게 되는 것입니다.

알코올과 약물 남용

내적인 울타리 문제의 가장 확실한 예라고 할 수 있는 알코올과 약물 의존증은 십중팔구 중독자의 삶을 파멸시키고 맙니다. 이혼·실직·재정적인 파탄·의료 문제, 그리고 사망이 알코올과 약물에 대하여 경계를 쌓지 못한 삶의 열매입니다.

가장 비극적인 사실은 약물에 손을 대는 어린아이들의 숫자가 점점 더 늘고 있다는 것입니다. 모양만 그렇고 그렇지 참된 인격이나 울타리를 지니고 있지 못한 성인들에게 마약 중독은 좀처럼 쉬운 문제가 아닙니다 ; 더군다나 그 울타리가 약하고 지금도 만들어지고 있는 과정인 아이들의 경우, 그 결과는 평생토록, 그리고 사람의 몸을 쇠약하게 만드는 쪽으로 영향을 미치기가 쉽습니다.

왜 내가 '아니오'라고 말해도 효과가 없는 것일까?

"이제 '아니오'라는 말은 집어치워야 될까 봅니다," 버트가 내게 말했습니다. "다른 사람들에게 경계를 정하는 데에는 효과가 있지만, 시간 안에 제 임무를 끝마쳐야 할 때에는 꼭 실패하고 말거든요. 그러니 그걸 어디에다 써먹겠어요?"

어디에라뇨? 여러분은 앞에서 통제가 불가능한 영역들에 관하여 읽으면서 어쩌면 실망감과 좌절감을 느꼈을지도 모릅니다. 여러분은 한두 가지 문제에 대하여 공감했을 수도 있고, 이러한 내적인 영역에 성숙한 울타리를 쌓지 못한 데 대하여 낯익은 실망감을 맛보았을 수도 있습니다. 무엇이 문제입니까? 왜 우리의 '아니오'는 우리들 자신에게 효과가 없는 것일까요?

여기에는 최소한 세 가지의 이유가 있습니다.

1. 우리의 가장 큰 적은 바로 우리 자신입니다. 외부적인 문제는 내면적인 문제보다 다루기가 한결 쉽습니다. 다른 사람에게 경계를 쌓는 일에서부터 자기 자신에게 경계를 쌓는 일로 초점을 옮길 때, 우리의 책임은 커다란 변화를 겪게 됩니다. 예전에 우리는 다른 사람을 위해서(for)가 아니라 다른 사람에 대하여(to) 책임을 졌습니다. 하지만 이제 우리는 훨씬 더 많은 일에 연루되어 있습니다──우리가 다른 사람이 된 것입니다. 이제 우리는 우리 스스로를 위해 책임을 져야 합니다.

만사에 결점만 찾아내려고 애쓰는 비판적인 사람 곁에 있을 때, 여러분은 이 사람의 끊임없는 비판에 노출되지 않도록 경계를 세울 수 있습니다. 여러분은 전공이나 방이나 집이나 살고 싶은 지역을 바꿀 수 있습니다. 여러분 쪽에서 그 사람의 곁을 떠나면 되는 것입니다. 하지만 이 비판적인 인물이 바로 여러분 자신이라면 어떻게 하겠습니까? 여러분이 문제를 지닌 쪽이라면 어떻게 하겠습니까? 여러분이 적과 마주쳤는데 그 적이 바로 여러분 자신이라면 어떻게 하겠습니까?

2. 우리는 관계가 가장 필요한 순간에 그 관계로부터 물러나고 맙니다.
제시카는 섭식 장애를 치료하기 위하여 나를 찾아왔습니다. 제시카는 서른 살이었으며, 십대 때부터 죽 대식증을 앓고 있었습니다. 나는 이 내부적인 울타리 문제를 해결하기 위하여 그녀가 이제까지 취해 온 방법에 대하여 물어 보았습니다.

"전 이 문제를 해결하고 적당량만 먹기 위하여 갖은 애를 다 써봤어요," 그녀가 말했습니다. "하지만 번번이 실패하고 말았죠."

"이 문제에 대하여 누군가에게 털어놓은 적이 있나요?" 내가 물었습니다.

"무슨 뜻이지요?" 제시카는 당황한 것처럼 보였습니다.

"혼자서는 도저히 이 섭식 문제를 어떻게 해볼 수 없다고 여겨졌을 때 누군가에게 이것에 대하여 말해 보았느냐구요."

제시카의 눈에 눈물이 고였습니다. "너무 어려운 걸 요구하시는군요. 이것은 개인적인 문제예요. 다른 사람에게 알리지 않고 이 문제를 해결할 순 없을까요?"

자기에게 문제가 있을 때, 다른 사람의 도움이 가장 필요할 때 도리어 관계로부터 움츠러드는 것은 타락하는 그 순간부터 인간이 지니고 있었던 하나의 본능입니다(아담과 이브가 금단의 열매를 먹은 후에 하나님으로부터 어떻게 숨었나를 기억하고 있겠지요?) 안전감 결여, 은총의 상실, 수치심, 자만심 때문에 우리는 문제가 있을 때 밖을 내다보는 대신 안쪽으로 숨어 버리게 됩니다. 그리고 그것이야말로 가장 큰 문제인 것입니다. 전도서의 설교자가 한 말에 귀기울여 보십시오 : "혼자 가다가 넘어지면, 딱하게도, 일으켜 줄 사람이 없다"(4장 10절).

그런 식의 철수는 우리 병원 프로그램에서도 시시때때로 발생하는 일입니다. 상처입은 사람들은 의료진이나 다른 환자들에게 새로이 애착을 느끼게 됩니다. 처음에 그들은 관계에 대한 욕구를 가지고 다가서기 시작합니다. 강한 바람이 불어 꽃잎이 모두 져버린 한 송이 장미처럼, 그들은 하나님의 은총과 하나님의 백성이라는 차원에서 새롭게 관계를 맺기 시작합니다.

그러다가 뜻하지 않은 어려움이 찾아듭니다. 때로는 그들의 내면 속에 있던 고통이 드러나면서 일시적으로 우울증이 악화될 때도 있고, 때로는 충격적이었던 기억이 되살아날 수도 있습니다. 또 때로는 가족들간에 심각한 갈등이 빚어질 수도 있습니다. 그들은 이러한 고통과 무서운 감정, 그리고 심각한 문제를 새로이 맺은 관계로 옮겨가는 대신에, 자기 방에 처박혀서 문제를 해결하려 들 때가 많습니다. 그들은 자신을 다시 통제할 수 있게 될 때까지 몇 시간 동안 또는 하루 온종일 갖가지 방법을 다 동원해 볼 것입니다. 그들은 기분이 '조금 나아질' 때까지 자기 자신에게 긍정적인 말을 늘어놓는다거나, 아니면 억지로 성경을 읽는 시늉이라도 해보려 할 것입니다.

결국, 이러한 시도들이 모두 실패하고 나서야 비로소 그들은 이런 종류의 영적인 고통과 짐은 자기와 분리시켜서 그리스도의 지체에게 맡길 필요가 있다는 사실을 깨닫게 됩니다. 고립된 사람에게는 이보다 더 무섭고, 불안하고, 미련한 것처럼 여겨지는 것이 없습니다. 그런 사람은 자신의 영적이고 정서적인 문제를 다른 사람들에게 털어놓기 전에 먼저 충분한 안전감을 누릴 필요가 있습니다.

성경은 우리의 문제에 대하여 그 밖의 어떤 해결책도 인정하지 않습니다. 치유에 도움이 되는 은총은 우리 바깥에서 찾아옵니다. 과실을 맺지 않는 포도나무 가지처럼(요한복음 15장 1-6절), 하나님과 인간에게 매이지 않고서는 생명도, 정서적인 치유도 있을 수 없습니다. 하나님과 하나님의 백성은 모든 문제를 처리해 주는 힘의 원천이며 연료입니다. 치유와 성장을 위해서는 그리스도에게서 온몸의 "여러 부분이 결합되고 서로 연결되어야" 합니다(에베소서 4장 16절).

우리의 울타리 문제가 음식에 관한 것이든, 아니면 약물이나 성이나 시간이나 프로젝트나 혀나 돈에 관한 것이든, 그 문제를 허공에서 풀 수는 없는 노릇입니다. 가능하기만 하다면 그렇게 하겠지요. 하지만 우리가 스스로를 고립시키면 시킬수록 우리의 투쟁은 점점 더 버거워지기만 할뿐입니다. 치료를 받지 않은 암이 잠깐 사이에 생명을 위협하는 요소로 커지는 것처럼, 자기-울타리 문제 역시 홀로 두면 둘수록 더더욱 악화되기만 할 것입니다.

3. 우리는 자기 울타리 문제를 해결하는 데 의지력을 발휘하려고 애쓰는 경향이 있습니다. "내가 그 문젤 해결했어요!" 피트는 최근에 자신의 낭비벽을 극복해낸 일로 무척 흥분해 있었습니다. 피트는 헌신적인 그리스도인인 동시에 교회 성가대의 지휘자였습니다. 그는 통제가 불가능한 자신의 재정 상태에 대하여 무척 걱정이 많았습니다. "저는 하나님과 제 자신에게 맹세를 했지요. 다시는 예산을 초과해서 돈을 쓰지 않겠다고요! 그건 아주 단순한 일이지만 정말로 옳은 일이죠!"

나는 피트의 흥분 상태에 초를 치지 않기를 바라면서, 조용히 기다리며 바라보는 자세를 취했습니다. 하지만 그리 오래 기다릴 필요도 없었습니다. 바로 그 다음주에 피트가 심히 좌절감과 절망감을 맛본 상태로 나를 찾아왔던 것입니다.

"전 정말이지 제 자신을 멈출 수가 없었어요," 그가 비탄에 잠긴 목소리로 말했습니다. "전 외출한 김에 운동 기구를 샀습니다; 그리곤 아내와 함께 새 가구를 구입했지요. 그건 정말로 우리에게 필요한 것이었거든요. 가격도 적당했구요. 문제가 있다면 우리에게 그것을 살 여유가 없다는 것이었습니다. 전 정말 가망이 없나 봐요."

피트가 가망 없는 것은 아니었습니다. 다만 그리스도인들 사이에 널리 퍼져 있는 피트 식의 철학이 가망 없는 것일 뿐이었습니다. 피트는 자신의 울타리 문제를 해결하기 위하여 의지력을 사용하려고 애썼습니다. 어쩌면 이것이 통제 불가능한 행동에 대한 일반적인 접근 방법인지도 모릅니다.

의지력을 가지고 접근하는 것은 아주 단순한 방법입니다. 문제 행동이 무엇이든지간에 그저 그 행동을 그만두면 되는 것이니까요. 다시 말해서 "단지 '아니오!'라고 말하기만 하면 되는 것입니다." "그만두는 쪽을 선택해라"든가, "'아니오!'라고 말하기로 결정해라"라든가, "다시는 그러지 않겠다는 결단을 내려라"라든가 하는 명령문들은 모두 이러한 접근 방법에 속합니다.

이러한 접근 방법이 지니고 있는 문제점은 그것이 하나님께서 전혀 의도하시지 않은 방향으로 인간의 의지를 숭배하게 만든다는 것입니다. 타락 때문에 우리의 마음과 정신이 왜곡된 것처럼, 올바른 결정을 내리고자 하는 우리의 의지력 역시 비뚤어졌습니다. 의지는 오로지 관계를 통해서만 강화됩니다; 우리 혼자서는 결단을 내릴 수 없습니다. 하나님께서는 모세더러 여호수아를 격려하고 힘을 주라고 말씀하셨습니다(신명기 3장 28절); 모세더러 여호수아에게 "그저 '아니오!'만 하면 된다"고 말하라 하신 것이 결코 아닙니다.

만일 우리가 오직 우리의 의지력에만 의존한다면 분명히 실패하고 말 것입니다. 우리는 십자가를 통해서 약속받은 관계의 힘을 부인하고 있습니다. 만일 우리에게 필요한 것이 악을 극복하려는 의지뿐이라면, 구세주 역시 우리에게 전혀 필요없게 될 것입니다(고린도전서 1장 17절). 하지만 실상 의지력 하나만으로는 결코 자기-울타리 투쟁에서 이길 수 없습니다 :

여러분이 그리스도와 함께 죽고, 세상의 유치한 원리에서 떠났는데, 어찌하여 아직도 이 세상에 속하여 사는 것과 같이 규정에 얽매여 있습니까? "붙잡지도 말아라. 맛보지도 말아라. 만지지도 말아라" 하니, 웬 말입니까? 이런 것들은 다 한때에 쓰다가 없어지는 것으로서, 사람의 규정과 교훈을 따른 것입니다. 이런 것들은 꾸며낸 경건과 겸손과 몸을 학대하는 데 지혜를 나타내 보이지만, 육체의 욕망을 억제하는 데는 아무런 유익이 없습니다(골로새서 2장 20-23절).

〈킹 제임스 성경〉(KJB)은 '자의적 숭배'에 해당하는 그리스어를 '의지-숭배'로 번역하고 있습니다. 다시 말해서, 지극히 영적인 것으로 나타나는 이 자기-부인 연습은 통제가 불가능한 행동을 멈추게 할 수가 없는 것입니다. 울타리가 없는 영혼의 영역은 의지의 지배 아래서 분노만 더해 가게 됩니다——그리고 그것은 배반을 합니다. 특히 우리가 "절대로 안 그러겠어!"라든가 "늘 그렇게 할거야!"라고 다짐한 다음에는 곧바로 그것을 어기게 됩니다. 제시카가 음식에 빠진 것이나, 피트가 돈에 빠진 것이나, 또 어떤 사람이 어리석은 대화나 중상모략의 대화에 빠진 것이나 모두 '그 일에 죽도록 매달린다고 해서' 치유되는 것은 절대로 아닙니다.

자기 자신에 대하여 울타리 쌓기

자기-울타리 안에서 성숙해지는 방법을 배우기란 그리 쉬운 일이 아닙니다. 갖가지 장애물들이 우리의 발달을 저해합니다 ; 그렇지만 하나님께서는 우리보다도 훨씬 더 우리의 성숙과 자기-통제를 원하십니다. 하나님은 우리편에 서 계십니다. 하나님은 우리를 권고하시고, 우리를 격려하시고, 우리에게 애원하십니다(데살로니가전서 2장 11-12절). 통제가 불가능한 행동에 대하여 경계를 세우고 또 그 경계를 발달시킬 수 있는 단 한 가지 방법은, 바로 제8장에서 사용했던 울타리 점검 목록의 수정 문구에 그것을 적용시키는 것뿐입니다 :

1. 증상이 무엇입니까? 자기 자신에게 '아니오'라는 말을 할 수 없는 사람이 맺게 될 파괴적인 열매를 생각해 보십시오. 여러분은 우울증이나, 불안이나, 공황이나, 공포증이나, 격노나, 관계 갈등이나, 고립이나, 일 문제나, 신체화 문제(마음의 병이 원인이 되어 몸에까지 이상이 생기는 현상, 역자 주)를 겪게 될 수도 있습니다.

이러한 증상들은 모두 자기 자신의 행동에 대하여 경계를 정하지 못하는 것과 관련이 있을 수 있습니다. 이 증상들을 현재 여러분이 안고 있는 특수한 울타리 문제를 밝히기 위한 안내도로 활용하십시오.

2. 무엇이 그 원인입니까? 자기-울타리 문제의 원인을 밝혀내고 나면, 자기 자신이 그 문제에 어떤 공헌을 했는지(자기가 어떻게 죄를 지었는지)와, 자신의 발달 장애(자기가 어떻게 비난받아 왔는지)와 그 문제에 공헌했을 수도 있는 중요한 관계들까지도 쉽게 알 수 있습니다.

자기-울타리 갈등의 원인에는 다음과 같은 것들이 있을 수 있습니다 :

훈련 부족. 어떤 사람들은 성장 과정에서 경계 정하기나, 자기 행동에 대한 결과 지불하기나, 만족 늦추기 등을 한번도 배우지 못한 경우도 있습니다. 예를 들면, 그들은 어렸을 때 빈둥거리는 것의 결과를 한번도 경험하지 못했을 수 있습니다.

파괴적인 행위에 대한 보답. 엄마나 아빠가 알코올 중독자인 가정에서 자라난 사람들은 무절제한 행동이 관계를 가져다 준다고 배웠을 수도 있습니다. 그 가족은 알코올 중독자가 술에 취했을 때만 화목했던 것입니다.

왜곡된 욕구. 일부 울타리 문제들은 합법적이고 천부적인 것으로 위장을 한 것일 수 있습니다. 하나님께서 우리에게 성적인 욕구를 주신 이유는 재생산을 위한 것이기도 하고 또 우리가 배우자를 즐기게 하시기 위한 것이기도 합니다. 포르노에 탐닉하는 사람은 이같이 선한 욕구를 왜곡시켜 버린 사람입니다 ; 그런 사람의 경우에는, 오직 행동에 옮기는 그 순간만 현실로 여겨지고 살아 있는 것처럼 생각됩니다.

관계에 대한 두려움. 사람들은 진정 사랑받길 원하지만, 통제 불가능한 그들의 행동(다시 말해서 과식이나 과로 같은 행동)이 다른 사람들을 접근하지 못하도록 막고 있습니다. 어떤 사람들은 다른 이들의 접근을 저지하기 위하여 자기 혀를 사용하기도 합니다.

정서적 굶주림. 태어나서 처음 몇 년 동안 우리는 누구나 다 사랑을 필요로 합니다. 만일 그 기간에 사랑을 받지 못했다면, 우리는 남은 기간 동안 평생토록 사랑에 굶주리게 됩니다. 사랑에 대한 이 같은 굶주림은 너무도 절실합니다. 그렇기 때문에 우리는 다른 사람과의 관계 속에서 사랑을 발견하지 못할 경우, 음식이나 성행위나 소비 행동과 같은 다른 장소에서 사랑을 찾아 헤매게 됩니다.

법 아래 거함. 법을 존중하는 분위기 속에서 자라난 대부분의 그리스도인들은 자기 스스로 뭔가를 결정하도록 허락받지를 못했습니다. 그래서 그들은 자기 스스로 결정을 내리고자 할 때 죄책감을 느끼게 되는 것입니다. 그리고 이러한 죄책감 때문에 파괴적인 방법으로 반항을 하게 되는 것이고요. 음식 탐닉이나 강박적인 소비 행위 등은 대체로 엄격한 규칙에 대한 반항일 경우가 많습니다.

정서적 상처를 덮음. 어렸을 때 정서적으로 상처를 입은 사람들, 무시를 당하거나 학대를 받으면서 자라난 사람들은 과식이나 과음이나 과로를 통해서 자신의 고통을 감추려 합니다. 그들은 사랑받지 못하는, 쓸모가 없는, 홀로 있는 실제적 고통으로부터 벗어나기 위하여 약물을 남용할 수도 있습니다. 이런 속임수를 쓸 수 없게 될 경우, 그들의 고립은 견딜 수 없는 것이 되고 말 것입니다.

3. 울타리 갈등은 무엇입니까? 여러분의 특정한 자기-울타리 문제들을 음식이나 돈·시간·임무 완성·혀·성, 또는 알코올 남용이나 약물 남용과 관련지어 한 번 생각해 보십시오. 이 일곱 가지 영역이 상당히 많은 부분을 차지하고 있는 것은 사실이지만, 이것으로 끝나는 것은 결코 아닙니다. 여러분의 삶에서 이것 외에 또 어떤 영역들이 통제 불가능한 것인지 알아볼 수 있는 통찰력을 주시라고 하나님께 간구해 보십시오.

4. 누가 책임을 져야 합니까? 이쯤에서 여러분은 자신의 통제 불가능한 행동을 책임진다고 하는 고통스러운 단계를 밟아야 합니다. 여러분의 행동 양식은 곧장 가정 문제나 무시·학대, 또는 정신적 외상으로까지 거슬러 올라갈 수 있습니다. 다시 말해서 우리의 울타리 갈등은 전적으로 우리의 책임이 아닐 수 있습니다. 그렇지만 그것을 책임져야 할 사람은 바로 우리 자신입니다.

5. 여러분에게 필요한 것은 무엇입니까? 자신이 적극적으로 다른 사

람과 안전하고 믿음직스럽고 친절하고 진실한 관계를 발달시키지 않는 한, 아무리 혼자서 자신의 울타리 갈등을 해결하려고 애써도 소용이 없습니다. 하나님께로부터 주어지는 영적이고 정서적인 연료를 공급받지 못할 경우, 여러분은 자기 자신에 대한 통찰력과 통제력을 얻는 데 심각한 방해를 받게 됩니다.

다른 사람과의 접속은 종종 피아노나 배관 공사나 골프 등을 혼자서 익히기 위하여 지침서를 사는 것처럼, 자신의 통제 불가능한 행동을 고치기 위하여 지침서를 사려고 드는 '스스로 알아서 하는' 유형의 인간을 좌절하게 만들기도 합니다. 그런 유형의 사람들은 보통 이러한 울타리 쌓기 작업을 재빨리 해치우고 싶어하기 때문입니다.

문제는 자기-울타리 문제를 지니고 있는 사람들 대부분이 긴밀한 관계로부터도 상당히 고립되어 있다는 데 있습니다. 그런 사람들은 하나님이나 인간에게 '뿌리가 박히지' 않은 상태에 있습니다(에베소서 3장 17절). 따라서 그들은 다른 사람과 관계 맺는 법을 배우기 위해서는 약간 뒤쳐졌다고 생각되는 것들을 택해야 합니다. 다른 사람과 관계를 맺는다는 것은 시간이 많이 걸리면서도 위험하기 짝이 없고 고통스럽기까지 한 과정입니다. 자기에게 맞는 사람이나 집단, 교회를 찾아내는 것도 무척 힘든 일이지만, 그들과 합류한 다음에 다른 사람에 대한 자신의 욕구를 인정하는 것은 훨씬 더 어려운 일일 수 있습니다.

스스로 알아서 하는 유형의 인간은 자칫 인식력이나 의지력에만 의존하는 접근 방법으로 후퇴할 수가 있습니다. 단지 그 편이 더디거나 위험하지 않다는 이유 하나만으로 말입니다. 그들은 종종 이렇게 말하기도 합니다. "애착은 내가 원하는 게 아니에요. 난 내 행동을 제어할 수가 없고, 그러니까 고통으로부터 해방되어야 한다구요!" 물론 우리는 그들이 처한 딜레마를 충분히 이해할 수 있습니다. 하지만 그렇다

하더라도 그들이 막다른 임시 변통의 해결책을 향하여 나아가고 있는 것은 사실입니다. 증상 위주의 해결책——오로지 증상을 통해서만 문제를 해결하려고 애쓰는 것——은 보통 더 많은 증상들을 가져다 주기 일쑤입니다. 예수님께서는 이러한 과정을 다음과 같은 비유를 통해서 설명해 주셨습니다 :

악한 귀신이 어떤 사람에게서 나온다고 하면, 그 귀신은 쉴 곳을 찾아서 물 없는 곳을 헤맨다. 그러나 찾지 못하면, 그 때에 그 귀신은 말하기를 '내가 나온 집으로 되돌아가겠다' 한다. 귀신이 돌아와서 보면, 그 집은 말끔히 청소되고, 잘 정돈되어 있다. 그 때에 그 귀신은 가서, 자기보다 더 악한 딴 귀신 일곱을 데리고 와서, 그 집에 들어가 자리를 잡고 산다. 그러면 그 사람의 나중 형편이 처음보다 더 비참하게 된다(누가복음 11장 24-26절).

우리 영혼의 빈집을 악이 점거할 수가 있습니다. 우리의 삶이 질서정연한 것처럼 보일 때마저도, 고립은 틀림없이 영적인 취약성으로 작용합니다. 우리의 집에 하나님과 인간을 향한 사랑이 넘쳐날 때 비로소 우리는 악마의 계교를 물리칠 수 있습니다. 접속은 선택 사항도 아니고 사치품도 아닙니다 ; 접속은 영적인 생사와 정서적인 생사가 달려 있는 문제입니다.

6. 내가 어떻게 시작할 수 있을까요? 일단 자신의 울타리 문제를 밝혀내고 그것을 인정하기만 하면, 뭔가 조치를 취할 수가 있습니다. 다음은 자기 자신에 대하여 울타리 쌓기 연습을 시작할 수 있는 몇 가지 방법들입니다.

자기의 실제적인 욕구 밝히기. 종종 통제가 불가능한 행동 양식들은 다른 무엇인가에 대한 욕구로 위장을 하고 나타나기도 합니다. 이럴 때 여러분은 그 통제 불가능한 행동들을 취급하기 전에, 먼저 무엇이 근본적인 욕구인가를 밝혀내야 합니다. 예컨대 강박적으로 먹어대는 사람들의 경우를 보면, 음식을 낭만적이고 성적인 친밀함으로부터 따로 안전하게 떨어져 있기 위한 하나의 수단으로 사용하는 사람들이 많이 있습니다. 그렇게 정서적으로 부담스러운 상황에 부딪히는 게 두려워서 그들은 음식을 하나의 울타리로 사용하는 것입니다. 따라서 이성에 대한 내면적인 울타리가 확실히 세워질 때에야 비로소 그들은 파괴적인 음식 울타리를 내던질 수가 있습니다. 그들은 증상 위주의 문제가 아니라 실제적인 문제에 대하여 도움을 요청할 수 있어야 합니다.

자기의 실패를 용납하기. 하지만 자신의 실제적인 욕구를 확인했다고 해서 여러분의 통제 불가능한 행동이 단번에 사라지는 것은 결코 아닙니다. 자기-울타리 문제의 밑바닥에 깔려 있는 실제적인 문제를 밝혀낸 사람들 가운데에도 그 문제가 계속 재발하여 낙심하는 사람들이 많이 있습니다. 그들은 이렇게 생각합니다. "아니, 난 이미 교회의 후원 집단에 들어가서 신앙으로 잘 극복해 보려고 하고 있는데, 왜 시간을 준수하는 것이나, 포르노를 즐겨보는 것이나, 돈을 함부로 쓰는 것이나, 경솔하게 말하는 것 같은 문제들이 여전히 안 없어지는 것일까? 이게 다 말짱 꽝이라는 말인가?"

그렇지 않습니다. 파괴적인 행동 양식의 재발은 하나님께서 우리를 영원히 정당화하시고, 성장시키시고, 준비시켜 주신다는 증거입니다. 그러므로 우리는 계속해서 배움을 실천해야 합니다. 우리가 운전이나 수영이나 외국어를 배우기 위하여 일단의 과정을 거치는 것처럼, 좀 더 튼튼한 자기-울타리를 세우기 위한 방법을 배우는 데에도 하나의 과정이 필요합니다.

우리는 실패를 피하려고 애쓰기보다는 차라리 실패를 포용하려고 노력해야 합니다. 실패를 회피하기 위하여 애쓰다가 자기 삶을 허비해 버린 사람들은 성숙마저도 비켜 가고 맙니다. 우리는 예수님을 본받아야 합니다. 예수님은 "고난을 당하심으로써 복종을 배우셨습니다"(히브리서 5장 8절). 성장 과정에 있는 사람들 역시, 투쟁에서 얻은 상처와 걱정 근심으로 인한 깊은 주름과 얼굴에 난 눈물 자국을 참고 견뎌낸 사람들로부터 교훈을 얻을 수 있습니다. 그들이 주는 교훈은 한번도 실패한 적이 없는 사람들──따라서 결코 진실로 삶을 살았다고 할 수 없는 사람들──의 주름살 없는 얼굴보다 훨씬 더 신뢰가 갑니다.

다른 사람의 공감적 반응에 귀기울이기. 자신에 대하여 울타리를 쌓는 일에 실패했을 경우, 여러분은 그것에 관하여 신중하게 가르쳐 줄 만한 사람을 찾아내야 합니다. 그런데 번번이 여러분은 자기 자신의 실패를 깨닫지 못하는 경우가 있습니다. 때로는 여러분의 울타리 결핍이 여러분이 사랑하는 사람들의 삶에 얼마나 큰 손상을 미치는지에 대해서도 잘 모르고 있을 수 있습니다. 이럴 때에는 다른 신앙인들이 여러분에게 깨달음과 도움을 제공해 줄 수가 있습니다.

키스는 다른 사람들에게서 돈을 빌어 쓴 다음에 그 돈을 갚기가 무척 힘들었습니다. 그렇다고 그가 파산을 한 것은 아닙니다. 그가 이기적인 사람이기 때문도 아닙니다. 단지 그는 건망증이 심할 뿐이었습니다. 그는 자기에게 돈을 빌려준 사람들이 자기 때문에 느끼게 되는 불편함을 전혀 깨닫지 못하고 있었습니다.

어느 날 오후, 몇 달 전에 키스에게 돈을 빌려준 친구 하나가 키스의 사무실에 들렀습니다.

"키스," 그 친구가 말했습니다. "벌써 몇 번씩이나 빌려준 돈 갚으라고 얘기했는데, 아직도 아무 소식이 없구나. 네가 일부러 내 말을 무시하고 있다곤 생각 안 해. 하지만 네 건망증 때문에 내가 힘들어하고 있다는 사실을 알아 주었으면 좋겠어. 난 돈이 없어서 휴가도 취소해야 했단 말이야. 네 건망증 때문에 내가 상처를 입은 거라구. 다른 친구들도 역시 마찬가지고."

키스는 깜짝 놀랐습니다. 자기에게는 그렇게 사소한 일이 친한 친구들에게는 그렇게 큰 의미가 있었다는 사실을 그는 전혀 모르고 있었던 것입니다. 그는 그간 친구들이 감수해야 했던 손실에 대하여 몹시 미안하게 생각했습니다. 그리고는 곧바로 수표를 끊어 주었습니다.

키스 친구는 비난이나 잔소리 같은 것을 전혀 늘어놓지 않고서도, 키스가 자신의 자기-울타리 문제를 좀더 인식할 수 있도록 도와주었습니다. 그 친구는 키스가 친한 친구로서 그에게 느끼고 있는 공감을 사용하였습니다. 키스가 친구에게 안겨 준 고통을 진심으로 후회하게 만드는 것, 그것이야말로 키스가 좀더 책임감있는 사람이 되게 해준 강력한 동기였습니다. 우리를 도와주는 집단의 구성원들이 우리의 자기-울타리 결핍 때문에 어떤 식으로 상처 입었는가를 솔직히 알려 줄 때, 우리는 두려움이 아니라 사랑에 따라 움직이게 됩니다.

성경에 바탕을 둔 후원 집단, 공감과 명확한 반응을 제공해 주는 후원 집단은 자신의 행동이 다른 사람에게 미치는 영향을 깨닫게 도와줌으로써 책임감있는 사람이 되게 해줍니다. 한 사람이 다른 사람에게, "무절제한 네 행동을 보면 너와 같이 있기가 싫어. 네가 그런 식으로 행동할 때면 도저히 널 신뢰할 수가 없는 걸!"이라고 말할 경우, 그 무절제한 사람은 부모나 경찰의 잔소리를 들은 것이 결코 아닙니다. 그 사람은 자기와 동등한 사람에게서 사랑이 가득 찬 진실을 들은 것입니다. 그 사람은 자기가 사랑하는 사람들에게 어떤 식으로 도움이나 손상을 주고 있는지를 들은 것입니다. 이런 식의 대결은 공감을 기초로 한 도덕성과 사랑에 기초한 자기-통제를 가져다줍니다.

결과를 스승으로 모시기. 뿌림과 거둠의 법칙을 아는 것은 무척이나 중요한 일입니다. 뿌림과 거둠의 법칙은 우리가 책임감이 없는 행동을 할 때마다 그에 따른 손실을 감수하게 된다는 사실을 가르쳐 줍니다. 강박적으로 마구 먹어대는 사람은 건강상의 문제와 사회적인 문제를 겪게 됩니다. 돈을 함부로 낭비하는 사람은 파산을 맞게 됩니다. 상습적으로 지각을 하는 사람은 비행기 이륙 시간이나 중요한 모임 시간을 놓치게 되고, 친구도 잃게 됩니다. 꾸물거리는 사람은 승진과 보너스를 놓치게 됩니다. 그리고 이런 식의 뿌림과 거둠은 계속 진행됩니다.

우리는 무책임을 극복하기 위하여 하나님의 훈련 학교에 진학해야 합니다. 물론 모든 고난을 다 받아들여서는 안 됩니다*2 ; 하지만 우리의 사랑 결핍이나 책임감 결핍 때문에 빚어진 고난이라면, 그 고통은 오히려 우리의 스승이 될 수 있습니다.

어떻게 하면 자기-울타리를 좀더 발달시킬 수 있는가, 이 방법을 알아 가는 과정에는 순서가 있습니다. 맨 먼저 우리는 다른 사람들을 통해서 자기 행동의 파괴적인 성격을 직시해야 합니다. 만일 여러분이 그 반응에 주의를 기울이지 않는다면 그에 따른 결과가 주어질 것입니다. 말은 행동보다 앞서며, 우리가 고난을 겪기 전에 미리 우리의 파괴적인 성격을 돌이킬 수 있도록 기회를 제공해 줍니다.

하나님께서는 우리의 고난을 기뻐하시지 않습니다. 고통받는 자녀를 바라볼 때 사랑하는 부모의 마음이 찢어지는 것처럼, 하나님께서도 우리의 고통을 덜어 주길 원하십니다. 하지만 당신의 말씀이나 다른 자녀의 반응이 우리에게 미치지 않을 경우, 우리가 더 많은 손상을 입지 않도록 막아 줄 수 있는 것은 오직 결과뿐입니다. 하나님은 십대의 자녀에게 술을 마시면 차를 운전하지 못하게 하겠노라고 경고하는 부모와도 같습니다. 우선은 이렇게 경고하지요 : "이제 그만 마시거라. 너에게 나쁜 결과를 가져다 줄 거야!" 그런데도 자녀가 그 경고에 주의를 기울이지 않을 경우, 차를 운전할 수 있는 특권은 취소될 것입니다. 이 고통스러운 결과는 더 끔찍할 수도 있는 혼란을 미연에 방지해 줍니다 : 음주 운전 사고 말입니다.

사랑이 넘치고 도움이 되는 사람들을 곁에 두기. 반응에 귀기울이고 결과를 감수해낼 때 비로소 여러분은 후원망과 밀접한 관계를 유지할 수가 있습니다. 여러분이 지금 갖고 있는 문제는 혼자서 이겨내기에는 너무도 큰 문제입니다. 여러분에게는 사랑이 넘치고 도움이 될 만한 사람, 그러면서도 여러분을 구제해 주지는 않을 사람, 그런 사람이 필요합니다.

일반적으로, 자기-울타리 문제를 지닌 사람의 친구들은 다음 두 가지 가운데 한 가지 잘못을 저지르기가 쉽습니다 :

(1) 그들은 친구에게 비판적으로 대하거나 마치 자기가 부모라도 되는 것처럼 대합니다. 친구가 실패를 했을 때 그들은 "그것 봐, 내가 뭐랬어?"식의 태도를 취하거나, 또는 "그래, 이번 경험을 통해서 배운 게 뭐니?" 식의 말을 던집니다. 이런 식의 반응은 그 친구로 하여금 다른 곳에서 친구를 찾거나(자기 부모 이외의 부모를 또 필요로 하는 사람은 아무도 없으니까요), 아니면 결과로부터 교훈을 얻는 대신 그저 비판만 회피하도록 만들어 버립니다. "교우 여러분, 어떤 사람이 어떤 죄에 빠진 일이 드러나면, 성령의 지도를 받아 사는 여러분은 온유한 마음으로 그런 사람을 바로잡아 주십시오"(갈라디아서 6장 1절).

부모 같은 태도를 버리고 온유한 마음으로 바로잡아 줌으로써 회복을 하게 하십시오. '오직 하나님의 영광을 위해서만 그곳에 가겠다'고

작정하십시오.

(2) 그들은 친구를 구제해 버립니다. 그들은 친구를 고난으로부터 구해 주고픈 충동에 지고 맙니다. 그들은 배우자가 술에 취했을 경우 상사에게 전화를 걸어 배우자가 아프다고 말합니다. 그들은 돈을 더 빌려주지 말아야 할 때에도 빌려줍니다. 그들은 늦게 도착하는 사람을 위하여 식사를 먼저 시작하지 않고 계속 기다립니다.

누군가를 구해 준다는 것은 그 사람을 사랑하는 것이 결코 아닙니다. 하나님의 사랑은 사람들이 결과를 직접 겪도록 만드는 사랑입니다. 구제자들은 무절제한 사람을 또 한번 구제해 줌으로써, 사랑스럽고 책임감있는 그 사람을 자기 사람으로 만들고 싶어합니다. 그들은 다른 사람을 통제하고 싶어합니다.

하지만, 그것보다는 공감대를 형성하는 쪽이 훨씬 더 낫습니다. 그러면서 동시에 안전망이 되는 것은 거절하는 것이죠 : "올해 들어서 벌써 두 번이나 직장을 잃었다니 안 됐구나. 하지만 이제 더 이상 네게 돈을 빌려주고 싶진 않아. 지금까지 빚진 돈을 갚기 전엔 말야. 물론 네게 도움이 될 만한 말들은 기꺼이 해줄 수 있어." 이런 식의 접근은 사람들에게 자기-울타리를 발달시키는 것이 얼마나 중요한 일인가를 깨우쳐 줄 것입니다. 그 사람이 만일 진정한 탐구자라면 이러한 접근 방법에 큰 비중을 둘 것이며, 여러분이 점차로 도움을 줄어 가게 만들 것입니다. 하지만 남을 교묘하게 조종하는 사람이라면 이러한 경계에 분개해하면서 재빨리 다른 곳으로 옮겨서 좀더 손쉬운 해결책을 찾으려 할 것입니다.

이러한 자기-울타리 발달의 5대 공식은 순환적입니다. 곧 진정한 필요에 대처하고, 실패를 겪고, 공감어린 피드백을 얻고, 결과를 감당해내고, 그리고 회복을 맞게 될 때, 여러분은 번번이 좀더 튼실한 내적 울타리를 쌓을 수 있습니다. 자신의 목표를 향해 끝까지 나아가고, 또 정의로운 사람들과 어울릴 때, 여러분은 평생토록 자신의 진정한 일부가 되어줄 자기-통제 의식을 형성할 수가 있습니다.

만일 여러분이 희생양이라면

자기 자신에 대하여 울타리를 쌓는 것이 언제나 어려운 일이지만, 특히 아동기 때 울타리를 심하게 침해받은 경험이 있는 사람들의 경우에는 더더욱 힘겨운 일이 될 것입니다. 아동기 때의 희생을 회피하는 사람은 울타리를 쌓은 사람들이 이겨낸 것들을 결코 이해할 수가 없습니다. 이런 유형은 잘하면 견디낼 수도 있는 온갖 상처들 속에서 자칫 극심한 영적 손상과 정서적 손상을 불러일으킬 수 있습니다.

희생양이란 무력한 상태에서 줄곧 다른 사람의 착취 때문에 상처를 받아 온 사람을 가리킵니다. 언어적인 희생도 있을 수 있고, 신체적인 희생도 있을 수 있으며, 성적인 희생이나 악마적인 의식의 희생도 있을 수 있습니다. 이런 것들은 모두 아동의 성격 구조에 극심한 손상을 미치며, 이런 아동은 자라서도 영적·정서적·인지적 차원에서 비틀어 곱새겨진 성인이 될 수밖에 없습니다. 무력감과 상처, 그리고 착취, 이 세 가지 요인이 언제까지고 지속되기 때문입니다.

희생 때문에 빚어지는 결과는 다음과 같습니다 :

- 우울증
- 강박 장애
- 충동 장애
- 고립

- 다른 사람을 신뢰하지 못함
- 긴밀한 애착을 형성하지 못함
- 경계를 세우지 못함
- 관계에 대한 판단력 부족
- 관계 속에서 더더욱 착취당함
- 점차 고조되는 불길함을 강하게 의식함
- 수치심
- 죄책감
- 혼란스러운 생활 방식
- 무의미감과 무목적감
- 뜻모를 공포와 공황 발작
- 공포증
- 격노 발작
- 자살하고픈 느낌과 생각

　희생은 간신히 살아남은 성인의 삶에 지속적이고도 광범위한 영향을 미칩니다. 희생양을 치료한다는 것은 매우 어려운 일입니다. 그 희생양의 발달 과정이 학대 때문에 손상된 데다, 그 동안 죽 훼방받아 왔기 때문입니다. 가장 근본적인 손상으로는 그 희생양이 신뢰감을 상실해 버렸다는 사실을 들 수 있겠습니다. 신뢰, 곧 절실한 순간에 자기 자신과 다른 사람을 의지할 수 있는 능력은 영적인 생존과 정서적인 생존에 반드시 필요한 요소입니다. 우리는 자기 자신의 현실 감각을 신뢰할 수 있어야 하며, 우리에게 중요한 사람들이 우리와 관계를 맺도록 허용해 줄 수 있어야 합니다.
　자기 자신을 신뢰할 수 있는 능력은 우리가 다른 사람을 신뢰할 수 있는 존재로 경험하게 될 때 비로소 생겨나는 것입니다. "시냇가에 심은 나무"(시편 1편 3절)와 같은 사람들은 하나님과 인간으로부터 그들의 삶 속으로 흘러 내려오는 사랑의 강물 덕택에 안정감을 느낄 수가 있습니다.

하지만 희생양들의 경우에는, 가해자가 그들이 어렸을 때부터 알던 사람, 그들에게 중요했던 사람이기 때문에 신뢰감을 상실해 버리기가 쉽습니다. 관계가 그들에게 손상을 미치게 된 순간, 그들의 신뢰감도 산산조각이 나고 말았던 것입니다.

학대나 박해가 미치는 또 하나의 손상 효과는 바로 그 희생양의 영혼에 대한 소유 의식 파괴입니다. 사실 희생양들은 자신이 공동 재산이라고 생각할 때가 많습니다——그저 다른 사람들이 요청하기만 하면 자기의 자원이나 몸이나 시간까지도 모두 내주어야 한다고 생각하는 것입니다.

희생으로 인한 또 다른 상처는 '모든 것이 악하고,' 부당하고, 더럽고, 수치스럽다고 하는 왜곡된 인식입니다. 희생양들은 다른 사람이 제아무리 자신의 사랑스러움과 자신의 속성을 긍정한다 할지라도, 그 저변을 살펴보면 결국 자기 안에는 아무런 선도 없다고 확신해 버립니다. 너무나도 받은 상처가 크기 때문에 희생양들은 대체로 지나치게 침투성이 큰 울타리를 지니고 있기가 쉽습니다. 그들은 자기 것이 아닌데도 악을 받아들입니다. 그들은 이제까지 대접받아 온 대로 앞으로도 대접받아야 한다고 믿기 시작합니다. 대부분의 희생양들은, 수천 번씩 자기가 틀렸거나 사악하다는 말을 들어 왔기 때문에 반드시 그렇게 되어야 한다고 생각하고 있습니다.

희생양의 조력자인 울타리

이 책에 실린 울타리 작업은 그러한 희생양들이 회복과 치유를 향하여 앞으로 나아가는 데 큰 도움을 줄 수 있습니다. 그렇지만 대부분의 경우, 전문적인 도움 없이 희생양 혼자서 울타리를 세운다는 것은 불가능한 일입니다. 그러므로 우리는 학대받고 있는 희생양들에게, 적절한 울타리를 세우고 또 그 울타리를 지켜낼 수 있도록 도와줄 상담가를 찾아 보라고 강력하게 요구하는 바입니다.

13
울타리와 하나님

어떤 사람들은 성경을 읽을 때 무엇은 하고 무엇은 하지 말라는 율법책을 보게 되는가 하면, 또 어떤 사람들은 성경을 읽을 때 삶의 철학과 현인들의 원칙을 보게 되기도 합니다. 어쩌면 성경을 읽으면서 인간의 실존과 인간의 딜레마에 관한 신화를 보게 되는 사람들도 있을 수 있겠지요.

물론 성경은 율법과 원칙과 이야기를 모두 지니고 있습니다. 그렇지만 우리의 경우, 성경은 바로 관계에 관하여 생생하게 기록해 놓은 책입니다. 성경은 백성에 대한 하나님의 관계, 하나님에 대한 백성의 관계, 백성들 서로간의 관계를 기록해 놓은 책입니다. 성경은 이 세상을 창조하시고, 그 안에 백성이 살게 하시고, 그 백성과 관계를 맺으시고, 그 관계를 상실하시고, 지금도 계속해서 창조하고 계시는 하나님에 관한 책입니다. 성경은 창조주 하나님에 관한 책입니다 : 이 책 역시 하나님의 창조물입니다. 성경은 통치자 하나님에 관한 책입니다 : 하나님께서는 당신의 세상을 전적으로 지배하고 계시며, 앞으로도 계속해서 통치하실 것입니다. 또한 성경은 해방자 하나님에 관한 책입니다 : 하나님은 길을 잃고 노예가 된 사랑스런 이들을 찾으시고, 구하시고, 치유하시는 분입니다.

한 율법사가 예수님께 다가가 율법 중에 어느 계명이 가장 크냐고 물었을 때, 예수님은 이렇게 대답하셨습니다. "'네 마음을 다하고 네 목숨을 다하고 네 뜻을 다하여 주 너의 하나님을 사랑하여라' 하셨으니, 이것이 가장 중요하고 으뜸 가는 계명이다. 둘째 계명도 이것과 같은데 '네 이웃을 네 몸 같이 사랑하여라' 한 것이다. 이 두 계명에 모든 율법과 예언자들의 본 뜻이 달려 있다"(마태복음 22장 37-40절). 성경은 전체적으로 사랑의 메시지를 전달해 줍니다. "하나님을 사랑하여라, 그리고 네 이웃을 네 몸과 같이 사랑하여라!"

하지만 도대체 어떻게 하면 하나님을 사랑하고 우리 이웃을 우리 몸처럼 사랑할 수가 있을까요? 그렇습니다. 바로 이 때문에 성경에는 그토록 많은 본문들이 실려 있는 것입니다! 하나님을 사랑하고 우리 이웃을 사랑하는 것은 매우 어려운 일입니다. 그것이 그리도 어려운 이유들 가운데 하나는 바로 울타리 문제 때문입니다. 그리고 여기에서 울타리 문제라 함은 본질적으로 책임의 문제를 가리킵니다. 우리는 무엇에 관한 책임이 누구에게 있는지, 어디까지가 우리의 책임이고 어디부터가 남의 책임인지, 어디까지가 하나님의 책임이고 어디부터가 우리의 책임인지를 잘 모르고 있습니다. 성경은 우리가 이 사랑의 계명을 위하여 무엇을 해야 할지 깨달을 수 있도록 도와주는 울타리를 뚜렷하게 정해 줍니다.

울타리를 존중하기

우리는 하나님과의 관계에서 개인적인 울타리와 개인적인 사유지 경계선을 지니고 있습니다. 하나님께서는 이 세상을 지으실 때 울타리가 존중받을 수 있도록 만드셨습니다. 하나님께서는 우리의 울타리를 존중해 주십니다. 우리 역시 하나님의 울타리를 존중해 드려야 합니다.

하나님께서는 여러 가지 방법을 동원하여 우리의 울타리를 존중해 주십니다. 첫째, *그분은 우리가 반드시 해낼 수 있는 일만을 과제로 남겨 주십니다.* 그리고 그분은 우리가 자기 행동으로 인한 고통스러운 결과를 경험하도록 허락해 주십니다. 우리가 변화를 일으킬 수 있도록 말이죠. 하나님은 우리 가운데 단 한 사람도 멸망하지 않기를 바라시며, 우리의 파멸을 전혀 즐거워하지 않으십니다(베드로후서 3장 9절; 에스겔 18장 23절). 그분은 다만 우리가 우리 자신의 이익과 당신의 영광을 위하여 변화를 맞이하길 바라고 계실 뿐입니다. 만일 우리가 변화하지 않는다면, 그분은 매우 큰 상처를 받으실 것입니다. 하지만 그분은 절대로 우리를 구제해 주시지 않습니다; 그분은 우리가 스스로의 이익을 위하여 그 일을 해내길 바라십니다. 그분은 결코 우리의 소망을 꺾어 버리지 않으십니다. 비록 우리더러 당신에게로 돌아오라고 간청하시긴 하겠지만 말입니다.

둘째, *그분은 우리의 '아니오'를 존중해 주십니다.* 하나님은 우리를 지배하거나 잔소리를 해서 괴롭히려 들지 않으십니다. 하나님은 우리가 '아니오'라고 말하고 우리 길을 가도록 허락해 주십니다. 탕자의 비유나, 부유하고 젊은 율법사에 관한 이야기나, 여호수아와 그의 백성에 관한 이야기들을 한 번 생각해 보십시오. 이 모든 경우에 하나님은 백성에게 선택권을 주시고 백성이 자기 마음먹은 대로 밀고 나가도록 허락해 주십니다. 백성이 '아니오'라고 말할 때에도 하나님은 그것을 허용하시고 여전히 백성을 사랑하십니다. 하나님은 베푸시는 분입니다. 그리고 그분이 우리에게 늘 베푸시는 것들 가운데 하나가 바로 선택권입니다. 또한 그분은 진정한 수여자(授與者)답게 그 선택의 결과 또한 우리에게 베풀어 주십니다. 그분은 울타리를 존중해 주시는 분입니다.

그렇지만 다음의 성서적 인물들처럼 정직하게 말할 수 있는 사람은 극히 드뭅니다. 탕자는 직설적이고 정직했습니다 : "전 아버지 방식대로 살기 싫어요. 제 나름대로 살아가고 싶어요." 그런데 우리는 종종 포도원의 두 아들에 관한 비유에서 첫번째 아들이 그랬던 것처럼 행동할 때가 많습니다(마태복음 21장 28-31절). 다시 말해서 우리는 '예'라고 말해 놓고는, 행동은 '아니오'로 해버리는 것입니다. 하지만 하나님께서는 정직함을 더 좋아하십니다. "서원하고서 지키지 못할 바에는, 차라리 서원하지 않는 것이 낫다"(전도서 5장 5절). 하나님께서 우리에게 무엇을 요구하시든지간에, 우선은 정직하게 '아니오'라고 대답해 놓고 나중에 회개하는 편이 훨씬 더 좋습니다. 정직하게 '아니오'라고 말할 때, 우리는 하나님께 '아니오'라고 말하는 것이 얼마나 파괴적인 행동인가를 깨달을 수 있으며, 나아가 정의로움을 향해서도 진정한 굶주림과 목마름을 느낄 수가 있습니다.

제리는 내가 이끄는 후원 집단의 일원이었습니다. 제리는 바람을 피워 놓고선 아내에게 미안하다고, 진짜 간부(姦夫)가 되고 싶었던 것은 아니라고 말만 하면 그만이었습니다. 사실 그는 하나님의 말씀에 순종하고 싶어했습니다; 하지만 말은 그렇게 하면서도, 그의 행동은 변함이 없었습니다. 그는 변화하려는 노력도 없이, 그저 자신이 변화를 원한다고 믿고 싶어할 뿐이었습니다.

그가 얼마나 달라지고 싶어하는지에 대하여 신물이 나도록 들어 온 나는, 이제 그만 하나님과 집단 구성원들에게 사실대로 이야기하는 게 어떻겠느냐고 제안했습니다. 그는 결코 진심으로 변화를 원하고 있는 것이 아니었습니다. 그는 바람피우는 것을 즐겼습니다. 그리고 그가 진정으로 바라는 것은 하나님께서 자기의 규칙을 받아들이고 다른 곳으로 가주시는 것이었습니다.

제리는 내 말에 깜짝 놀라 당황해했습니다. 하지만 점차 이 말이 얼마나 옳은가를 깨닫기 시작했습니다. 결국 그는 하나님을 향한 자기의 사랑이 부족하다는 사실을 털어 놓았으며, 그가 얼마나 자기 식대로 살아가길 원하고 있는지까지도 다 밝혔습니다. 이렇게 사실을 인정하는 순간 그는 무서워졌습니다. 그도 그럴 것이, 이제 그는 자기가 경건을 중요시하는 그리스도인이라는 거짓된 생각을 그만두려 하고 있었던 것입니다. 하지만 시간이 지나자, 온갖 거짓말을 늘어 놓는 것보다는 정직하게 말하는 쪽이 그에게도 좀더 나은 것처럼 여겨졌고, 뭔가 서서히 변화가 일기 시작했습니다.

자기가 진정 어떤 사람인가를 깨닫게 해주신 안전한 은총 가운데서, 제리는 이제 과거의 자신을 후회하기 시작했습니다. 제리는 자기 마음의 공허함을 볼 수 있게 되었습니다. 자기가 진정 어떤 사람이었던가를 마음속으로부터 인정한 순간, 그는 이미 과거의 제리가 아니었습니다. 그는 자신을 회개로 이끌어 주는 일종의 경건한 후회를 발달시키고 있었으며, 뭔가 변화를 일으키기 시작하고 있었습니다. 그는 애인에게 더 이상 만나지 말자고 이야기했고, 새삼 자기 아내에 대한 책임을 다하였습니다. 이제야말로 그가 원해 왔던 일이 이루어진 것입니다. 수년간 말로는 '예'라고 대답해 놓고 행동은 '아니오' 해왔는데, 이제야 비로소 그는 하나님 앞에서 정직하게 그리고 직설적으로 자기의 '아니오'를 시인할 수 있게 되었습니다. 그리고 그렇게 했을 때에야 비로소 변화는 시작되었습니다.

하나님에 대한 우리 자신의 울타리를 인정하기 전에는 결코 우리 울타리를 변경시킨다거나 하나님이 우리 울타리에 역사하시도록 만들 수가 없습니다. 우리가 인정하지 않는 한 우리 울타리는 감추어져 있어서 전달할 수가 없기 때문입니다. 우리는 자신의 울타리를 정직하게 인정하고, 드러내고, 우리의 일부로 만들어야 합니다. 그렇게 할 때에야 비로소 우리는 하나님과 함께 문제를 똑바로 볼 수가 있습니다.

분노

자신의 진정한 됨됨이를 정직하게 인정할 수 있을 때 비로소 우리는 하나님에 대한 분노를 표출할 수 있는 여유도 갖게 됩니다. 하나님으로부터 단절된 사람들은 대개 정서적으로도 폐쇄되어 있습니다. 일단 하나님께로부터 단절되면, 자신이 하나님께 얼마나 화가 나 있는지 이야기하는 것이 안전하지 못하다고 생각하기 때문입니다. 하지만 분노를 느낄 수 있게 되기 전에는 결코 분노 밑바닥에 깔려 있는 사랑의 감정도 느낄 수가 없습니다.

욥은 하나님을 향한 자기의 분노와 실망을 있는 그대로 모두 하나님께 알리고 싶었습니다(욥기 13장 3절). 하지만 그러기에 앞서 그가 반드시 해야 할 일이 두 가지 있었습니다. 그는 하나님께서 (1) 처벌의 손길을 거두시고, (2) 자신과 교통하시길 원했습니다(21절). 욥은 관계만 무사하다면 자기의 진심을 하나님께 말씀드릴 수 있다고 확신하고 있었습니다.

이 세상의 관계에서는 정직한 표현이 안전하지 못하기 때문에, 우리는 정직해지는 것을 두려워하게 됩니다. 욥과 같이, 우리는 버림받는 것과 보복당하는 것을 두려워합니다. 우리가 진심을 털어놓을 때마다 사람들은 우리를 버리거나 공격했습니다.

하지만 안심하십시오. 하나님께서는 우리 '중심'의 진실함을 원하시니까요(시편 51편 6절). 하나님은 당신과 진실한 관계를 맺을 사람을 찾고 계십니다(요한복음 4장 23-24절). 하나님은 우리 생각에 아무리 나쁜 말인 것 같아 보여도 그것을 모두 들어 주십니다. 우리가 자기 울타리 안에 있는 것들을 인정할 때, 그리고 우리가 그것을 밝히 드러낼 때, 하나님께서도 당신의 사랑으로 그것을 변화시키실 수가 있는 것입니다.

그분의 울타리를 존중해 드리기

하나님께서는 당신의 울타리 역시 존중받기를 원하십니다. 그분이 어느 쪽을 선택한다거나 우리에게 '안 돼!'라고 말씀하신다면, 그것은 전적으로 그분의 권리이며 그분의 자유입니다. 만일 우리가 하나님과 진정한 관계를 맺고 있다면, 그분의 자유를 존중해 드려야 합니다. 그러지 않고 만일 그분이 "뭔가를 하지 않으면 안되게끔" 구속한다면, 그것은 그분의 자유를 시험하는 것이 되고 맙니다. 그분이 뭔가를 해 주시지 않는다고 해서 그분에게 화를 낸다면, 그것은 있는 그대로의 모습을 지닐 수 있는 그분의 자유를 가로막는 것이나 다름없습니다.

인간 관계에서 가장 기본적인 문제는 바로 자유에 관한 문제입니다. 우리는 사람들이 우리가 원하는 대로 행동하지 않을 때 나쁜 사람이라고 말합니다. 우리는 사람들이 그들 자신이 되는 것에 대하여, 그리고 그들 자신의 소망을 이루는 것에 대하여 비난을 합니다. 우리는 사람들이 그들 자신에게 가장 좋다고 생각되는 일을 할 때, 그리고 그것이 우리가 그들에게 원하는 일이 아닐 때, 그 때마다 그들로부터 사랑을 거두어들입니다.

하나님에 대해서도 마찬가지입니다. 우리는 스스로가 하나님의 은혜를 입을 만한 가치가 있다고 생각합니다. 마치 하나님은 우리가 원하는 것을 모두 들어 주셔야 하는 분처럼 생각하고 있는 것입니다. 만일 어떤 사람이 여러분에게 친절을 베풀라고 하면서 정작 여러분의 자유로운 선택권을 빼앗아 버린다면, 여러분 기분이 어떨 것 같습니까? 이같이 유치한 권리 부여 때문에 하나님께 만족하지 못하는 사람이 많이 있습니다. 그리고 그런 사람들은 하나님뿐만 아니라 인간에게도 만족하질 못하게 되어 있습니다.

하나님은 우리에게서 자유로우신 분입니다. 만일 그분이 우리를 위하여 뭔가를 해주신다면 그것은 전적으로 그분의 선택에 따른 것입니다. 하나님은 '억지로' 하시거나 죄책감 때문에 베푸시는 척하거나 교묘한 눈속임으로 조종하시는 분이 결코 아닙니다. 하나님이 무엇을 하신다면, 그것은 오로지 당신이 원하시기 때문입니다. 마치 우리를 위하여 돌아가셨던 것처럼 말입니다. 우리는 그분의 순수한 사랑 안에서 안식을 누릴 수 있습니다 ; 그분은 절대로 당신의 행동 속에 분개를 감추어 두고 계시지 않습니다. 그분의 자유가 우리를 사랑하도록 만들기 때문입니다.

성경을 읽다 보면, 하나님의 자유와 충돌했다가 그것을 포용하는 방법을 배우게 된 인물들이 많이 등장합니다. 그들은 하나님의 자유를 포용하고 하나님의 울타리를 존중함으로써 하나님과의 관계를 더욱 돈독히 할 수 있었습니다. 욥은 자기가 원하는데도 하나님께서 자기를 구원해 주시지 않겠다고 작정하셨을 때, 그러한 하나님의 자유를 인정할 수밖에 없었습니다. 욥은 하나님에 대한 분노와 불만을 토로했습니다. 그리고 하나님은 욥의 정직을 칭찬해 주셨습니다. 그러나 욥은 결코 마음속으로 '하나님이 나쁜 분이라고 생각하지' 않았습니다. 온갖 불평에도 불구하고, 욥은 하나님과의 관계를 저버리지 않았습니다. 욥은 하나님을 이해할 수 없었지만, 그래도 하나님이 있는 그대로의 그분이 되실 수 있게 하였습니다. 그리고 아무리 하나님께 화가 나 있을지라도, 결코 그분에 대한 사랑을 거두어들이지 않았습니다. 진정한 관계란 바로 이런 것을 두고 하는 말입니다.

마찬가지로, 바울 역시 하나님의 울타리를 인정하였습니다. 바울은 아직 끝마치지 않은 여행을 계획하면서 하나님의 주권을 인정하였습니다. 바울은 하나님께서 허락하시지 않는 어떤 병의 치유를 위하여 거듭해서 하나님께 간구하였습니다. 하나님께서는 이렇게 말씀하셨습니다. "안된다. 나는 네가 지금 당장 원하는 그런 방식으로 너를 사랑하지는 않을 것이다. 나는 내 선 자리에서 널 사랑하는 쪽을 택할 것이다." 바울은 하나님께서 그런 식으로 울타리를 세우실 때 그것을 거부하지 않았습니다.

예수님께서는 이것을 고난을 통하여 완성하셨습니다(히브리서 5장 7-10절). 겟세마네 동산에서 예수님은 당신에게 주어진 고난의 잔을 물리쳐 달라고 기도드렸습니다. 하지만 하나님께서는 안된다고 말씀하셨습니다. 예수님은 하나님의 소망을 받아들이셨고, 하나님께 순종하셨으며, 이로써 "자기에게 복종하는 모든 사람에게 영원한 구원의 근원이 되셨습니다"(히브리서 5장 9절). 만일 예수님이 하나님의 울타리와 하나님의 '아니오'를 존중하지 않았더라면 우리는 모두 버림을 받았을 것입니다.

우리가 다른 사람들이 우리의 '아니오'를 존중해 주길 바라는 것처럼, 하나님께서도 역시 우리가 당신의 '안돼!'를 존중해 드리길 바라고 계십니다. 하나님께서는 자신이 어떤 선택을 내리셨을 때, 우리가 그분을 향하여 "나쁜 ××"라고 손가락질하지 않길 원하십니다. 우리는 죄책감을 이용하여 우리를 교묘히 조종하거나 지배하려고 드는 사람들을 좋아하지 않습니다. 이와 마찬가지로 하나님께서도 그런 우리를 싫어하십니다.

"공손히 반대하는 바입니다"

하지만, 하나님께서는 우리가 관계 속에서 수동적인 인물이 되는 것 또한 원하지 않으십니다. 때로는 대화를 통해서 하나님은 자신의 마음을 바꾸시기도 합니다. 우리는 아브라함과 하나님의 관계처럼, 하나님과 진정한 관계를 맺고 있기 때문에 하나님께 영향을 미칠 수가 있습니다(창세기 18장 16-33절). 하나님께서는 소돔을 멸망시키겠다고 말씀하셨지만, 아브라함은 소돔에서 의로운 사람 열 명을 찾을 수 있을 것이라고 말씀드렸습니다.

우리가 자신의 감정과 소망을 밖으로 드러낼 때 하나님께서는 응답을 하십니다. 우리는 종종 하나님에 대하여 이런 식으로 생각하지 않을 때도 있습니다. 하지만 성경은 이 점에 대하여 명백하게 밝히고 있습니다. 하나님께서는 "그것이 만일 네게 정말로 중요한 것이라면 나 역시 좋다."고 말씀하십니다. 성경에서 가장 놀라운 가르침들 가운데 하나는 바로 우리가 하나님께 영향을 미칠 수 있다고 하는 점입니다. 만일 그렇지 않다면 우리와 하나님과의 관계는 진실한 관계가 될 수 없었을 것입니다. "주께서 말씀하신다. '오너라, 우리가 서로 변론하자'"(이사야 1장 18절). 진실한 친구처럼, 또는 진실한 아버지처럼, 하나님께서는 이렇게 말씀하십니다. "네 편에 서서 듣고 그것들에 관해 생각해 보겠다. 그것들은 내게도 중요하다. 넌 내가 마음을 바꾸리라고 확신할 수 있을 것이다."

기도에 관한 예수님의 비유들을 한 번 생각해 보십시오. "하나님을 두려워 아니하고 사람을 무시하는" 한 재판관에 관한 비유에서, 그 재판관은 원한을 풀어 달라는 어떤 과부의 요청을 여러 차례 거절했습니다. 하지만 과부가 계속해서 그를 귀찮게 하자, 그는 마음을 바꿔 과부의 소망을 들어 주었습니다(누가복음 18장 1-8절). 예수님은 이 비유를 통하여, "늘 기도하고 낙심하지 말아야 한다"(1절)는 사실을 가르치려 하셨습니다. 또한, 갑자기 친구를 대접하게 된 사람이 이웃에 사는 친구에게 가서 빵을 좀 빌려 달라고 계속해서 청을 하면, 귀찮게 졸라대는 것이 안쓰러워서라도 그 이웃이 필요로 하는 만큼 주게 된다는 이야기도 있습니다(누가복음 11장 5-9절). 예수님께서도 치유해 달라고 끈덕지게 요구하는 사람들을 치유해 주신 적이 있습니다.

하나님께서는 우리가 당신의 울타리를 존중해 드리길 원하십니다 ; 하나님께서는 당신이 우리에게 '아니오'라고 말씀하신다고 해서, 우리가 저마다의 사랑을 거두어들이는 일이 없기를 바라십니다. 하지만 우리가 마음을 바꾸시라고 계속해서 설득한다면 우리의 노력에 견줄 만한 것이 아무 것도 없을 것입니다. 사실 하나님께서는 우리더러 집요해지라고 요구하십니다. 그분은 우리가 뭔가를 얼마나 진심으로 원하는지를 알아보시기 위하여, "기다려라."고 말씀하시기도 합니다. 또 때로는 그분과 우리의 관계 때문에 마음을 바꾸시기도 하는 것처럼 보입니다. 어느 쪽이든간에, 우리는 그분의 바람을 존중해 드리고 그분과의 관계 속에 머물러 있어야 합니다.

그분의 소유를 존중해 드리기

우리가 하나님의 울타리를 존중해 드리는 것과 하나님께서 우리의 울타리를 존중해 주시는 것 외에도, 하나님은 우리가 어떤 식으로 우리 자신의 소유를 존중해야 할 것인가에 대해서도 훌륭한 모범을 보이셨습니다.

하나님은 궁극적인 책임자이십니다. 만일 다른 어떤 사람이 하나님께 고통을 안겨 드린다 할지라도, 그 고통에 대한 책임은 하나님께서 지십니다. 만일 우리가 계속해서 하나님을 박해한다 할지라도, 하나님은 결코 스스로를 학대하지 않으십니다 ; 그분은 당신 스스로를 돌보십니다. 그리고 우리는 우리 자신을 위해서라도 하나님의 울타리가 가져다주는 결과를 감당해내려 하지 않습니다.

혼인 잔치에 관한 비유는 하나님께서 책임을 지신다는 사실을 잘 보여 줍니다(마태복음 22장 1-14절). 혼인 잔치를 열기로 마음먹은 어떤 왕이 많은 사람들을 그 잔치에 초대하였습니다. 그 사람들이 '아니오'라고 말하자, 왕은 그들에게 간청을 하였습니다. 하지만 그 사람들은 계속해서 '아니오'라고 말하고 저마다 자기 일들을 하러 가버렸습니다. 결국 왕은 더 이상 할 수 있는 일이 없었습니다. 그 상황에 대한 책임을 절감하고서 왕은 종들을 불러 이렇게 말했습니다. "혼인 잔치는 준비되었는데, 초대받은 사람들은 이것을 받을 만한 자격이 없다. 그러니 너희는 네거리로 나가서, 아무나, 만나는 대로 잔치에 청해 오너라"(8-9절).

하나님께서는 '이만하면 충분하다'고 생각하실 때마다, 그리고 이만하면 충분히 참았다고 생각하실 때마다, 일을 좀더 낫게 만들 수 있을 만한 당신의 소유물과 당신의 마음을 존중하십니다. 하나님께서는 고통에 대하여 책임을 지시고 당신의 삶을 다른 방향으로 이끌어 가십니다. 하나님께서는 거절하는 사람들을 가게 내버려두고 새로운 친구들에게 다가가십니다.

하나님은 좋은 본보기가 되십니다. 우리는 상처를 입었을 때 그 상처에 대하여 책임을 지고 상황을 좀더 나은 방향으로 이끌 수 있는 적절한 방법을 찾아내야 합니다. 이것은 곧 누군가를 가게 내버려 두고 새 친구를 찾는 것을 의미합니다. 또 이것은 우리 기분이 좀더 나아질 수 있도록 누군가를 용서해 주고 그 사람의 책임을 면제해 준다는 의미도 될 수 있습니다.

진정한 관계

우리는 이 장을 시작하면서 관계에 관하여 이야기했었습니다. 관계는 곧 복음의 내용입니다. 관계는 '화해'에 관한 복음입니다(로마서 5장 11절 ; 골로새서 1장 19-20절). 이 복음은 원수들까지라도 하나되게 하고(골로새서 1장 21절), 하나님과 인간의 관계, 그리고 인간들 사이의 관계도 치유해 줍니다.

복음은 만물의 창조 질서를 되찾아 주고, 하나님의 진리와 질서를 되찾아 줍니다. 관계에 관하여, 우리는 하나님의 관계 질서가 하나님 자신이며 하나님의 역사하심이라고 생각합니다. 그리고 바로 그런 이유 때문에 우리는 울타리가 매우 중요한 것이라고 생각하는 것입니다. 하나님은 울타리를 갖고 계시며, 우리는 바로 그런 하나님의 형상을 되찾아야 하니까요.

울타리는 하나님이 만드신 관계라면 그 어느 곳에라도 존재하는 것입니다. 울타리는 서로 사랑하고 있는 두 사람의 경계를 정해 주는 것입니다. 이런 의미에서, 하나님과 우리 사이의 울타리는 매우 중요하다고 말할 수 있습니다. 하나님과 우리 사이의 울타리는 우리와 하나님 사이의 근본적인 합일이나 하나됨을 제거하기 위한 것이 아니라(요한복음 17장 20-23절), 일치된 두 편의 경계를 정해 주기 위한 것입니다. 뚜렷한 정체성이 없이는 합일도 있을 수 없으며, 울타리는 바로 이

뚜렷한 정체성을 확립시켜 주는 것입니다.

우리는 하나님과 우리 사이에 있는 이 울타리를 알고 있어야 합니다. 이 울타리는 우리가 최선의 상태——하나님의 형상——에 이를 수 있도록 도와줍니다. 울타리는 우리가 하나님을 있는 그대로 바라볼 수 있도록 만들어 줍니다. 울타리는 우리가 삶을 극복해 나가고, 우리의 책임과 필요 조건을 다 충족시킬 수 있도록 도와줍니다. 만일 우리가 그분을 위하여 그분의 일을 하려든다면 실패하고 말 것입니다. 만일 우리가 하나님께서 우리를 위하여 우리의 일을 해주시길 원한다면 그분께서는 거절하실 것입니다. 하지만 만일 우리가 우리 일을 하고 하나님께서 당신의 일을 하신다면, 우리는 우리를 창조해 주신 하나님과의 진실한 관계 속에서 강하고 담대한 힘을 얻을 수 있을 것입니다.

제 3 부
튼튼한 울타리를 발달시키기

14
울타리에 대한 저항

우리는 지금까지 우리 삶에 울타리가 꼭 필요하다는 사실과 울타리가 얼마나 가치있는 것인가에 대하여 살펴보았습니다. 사실, 우리는 울타리가 없는 삶은 결코 삶이 아니라고 말한 것이나 다름없습니다. 그렇지만 울타리를 세우고 그 울타리를 지키는 데에는 엄청난 노력과 훈련과 욕구가 필요합니다——이 가운데서도 가장 중요한 것은 울타리에 대한 욕구겠지요.

울타리의 저변에 깔려 있는 추진력은 바로 이 욕구임이 틀림없습니다. 우리는 대체로 우리 삶에서 무엇이 옳은 일인가를 잘 알고 있습니다. 그러면서도 그럴듯한 이유가 없이는 거의 그 일을 하려들지 않죠. 물론 하나님께 순종해야 한다는 것이 가장 첫째되는 이유일 것입니다. 하나님께서 우리에게 울타리를 세워서 지키라고 말씀하셨으니까요. 하지만 때로는 순종보다 좀더 강력한 이유가 필요할 때도 있습니다. 우리는 옳은 일이 우리 자신에게도 좋은 일이라는 사실을 깨달아야 합니다. 또한 우리는 대체로 고통 가운데 있을 때 이 그럴듯한 이유들을 깨닫게 되는 수가 많습니다. 다시 말해서, 우리의 고통이 우리가 행동을 취하도록 동기를 부여해 주는 것입니다.

좀더 나은 삶을 향한 욕구가 아무리 강렬하더라도, 우리는 다른 이유들 때문에 울타리 작업을 꺼릴 수가 있습니다 : 그러면 전쟁이 벌어지고 맙니다. 사소한 충돌이나 큰 전투가 계속됩니다. 말다툼이 벌어지고, 손실이 생깁니다.

영적인 행복이라는 것은 전혀 새로울 것도 없는 개념입니다. 지난 수천 년 동안 하나님께서는 백성들 스스로가 파멸의 삶을 살 것인가, 아니면 하나님께서 그들을 위하여 지키신 것들을 소유할 것인가를 선택할 수 있도록 기회를 제공해 주셨습니다. 그리고 여기에는 언제나 전투가 뒤따랐습니다. 하나님께서 이스라엘 민족에게 이집트를 떠나 약속의 땅으로 가라고 하셨을 때에도, 이스라엘 민족은 그 땅을 차지하기에 앞서 수많은 싸움을 싸워야 했고 또 수많은 교훈을 얻어야 했습니다.

우리 역시 자신의 치유를 위하여 싸워야 합니다. 하나님께서는 우리의 구원과 우리의 성화(聖化)를 보증해 오셨습니다. 당신의 처지와 원칙에 맞게 그분은 벌써 우리를 치유하셨습니다. 하지만 우리는 우리 안에 있는 그분의 형상을 끄집어내야 합니다.

우리 울타리를 되찾는 것도 바로 이러한 치유 과정에 속합니다. 우리가 하나님을 닮아 갈 때, 하나님께서는 우리의 울타리와 우리의 경계를 회복시켜 주십니다. 하나님께서는 우리에게 복을 주시기 위하여 우리가 누구이며 우리의 경계가 어디인가를 분명히 정하셨습니다 : "아, 주님, 주님이야말로 제가 받을 유산의 몫입니다. 주께서는 저에게 필요한 모든 것을 주십니다. 저의 운명은 주님의 손 안에 있습니다. 줄로 재어서 저에게 주신 그 땅은 저에게 기쁨을 주는 땅입니다"(시편 16편 5-6절).

하지만 우리는 전투에 나가야 할 몸입니다. 전투는 두 가지 범주로 나누어집니다 : 외부 저항과 내부 저항—— 우리가 다른 사람들로부터 받는 저항과 우리 자신으로부터 받는 저항으로 말입니다.

외부 저항

줄리는 거의 평생을 울타리 문제로 시시각각 힘겹게 살아 왔습니다. 어렸을 적에 줄리는 독재적으로 다스리는 아버지와 죄책감을 이용해서 지배하는 어머니 밑에서 자랐습니다. 줄리는 사람들에게 울타리를 쌓기가 두려웠습니다. 어떤 사람들의 경우에는 그들의 분노 때문에, 그리고 또 어떤 사람들의 경우에는 자기가 '그들에게 상처를 입히게' 될 것이라고 하는 죄책감 때문이었습니다. 줄리는 자기를 위하여 결정을 내리고 싶을 때에도 다른 사람들의 분노나 토라짐에 귀를 기울이고, 그들의 반응이 자신의 결정에 영향을 미치도록 내버려 두기가 일쑤였습니다.

이 같은 가정 환경 속에서 자라난 줄리는, 분노로 그녀를 지배하려고 드는 지극히 자기 중심적인 남자와 결혼을 하였습니다. 성인이 되고서부터 줄곧 줄리는 남편의 분노와 어머니의 죄책감 유발 사이를 번갈아 가며 지배를 당해 왔습니다. 줄리는 그 누구에게도 경계를 정할 수가 없었습니다. 해가 거듭될수록 줄리는 우울증에 시달려야 했고, 끝내는 우리 병원에 입원하게 되었습니다.

몇 주 동안 치료를 받으면서, 줄리는 자기가 그토록 비참한 것은 바로 울타리가 없기 때문이라는 사실을 차츰 이해하게 되었습니다. 그리고 마침내는, 위험이 따르더라도 남편에게 어느 정도의 경계를 정해 보겠다는 결심을 하게 되었습니다.

치료자와 남편이 다함께 모임을 갖게 된 어느 날, 줄리는 남편과 대결을 하였습니다. 며칠 후 그녀는 눈물을 흘리면서 후원 집단을 바라보았습니다.

"그동안 어떠셨어요?" 후원 집단의 회원 한 명이 물었습니다.

"끔찍했어요. 이 울타리 작업은 소용이 없는 것 같아요," 줄리가 말했습니다.

"무슨 말이세요?" 집단 치료자가 줄리에게 물었습니다.

"전 남편에게 말했어요. 그런 식으로 취급당하는 데 질렸다고요. 그리고 이제 더 이상은 참지 않겠다고 말이에요. 남편은 막 화를 내면서 제게 소릴 질러대기 시작했지요. 만일 그 자리에 치료자가 없었더라면 어떻게 되었을지 생각만 해도 끔찍해요. 남편은 절대로 변할 사람이 아니에요."

줄리 말이 맞았습니다. 치료자가 그 자리에 있었다는 것, 그리고 그녀가 병원에 있었다는 것은 참으로 다행스러운 일이었던 것입니다. 줄리에게는 울타리를 세울 수 있도록 도와 줄 사람이 너무도 많이 필요했습니다. 앞으로 그녀는 남편과 자기 자신으로부터 굉장한 저항을 받게 될 것이 뻔했으니까요.

줄리는 그 다음 몇 주 동안, 자신의 경계에 대하여 다른 사람들이 강력하게 싸움을 걸어올 것이 분명하므로, 어떤 식으로 맞붙어 싸워야 할 것인지 계획을 세워 둘 필요가 있다는 사실을 깨닫게 되었습니다. 그렇게만 한다면 사람들을 변화시킬 수 있을 것 같았습니다. 그리고 사실 그렇게 되었습니다. 결국 줄리 남편은 이제 더 이상 매사를 '자기 식대로 강행할 수 없다'는 점과, 자기 자신의 욕구뿐만 아니라 다른 사람들의 욕구까지도 고려해야 한다는 점을 깨닫게 되었습니다.

분노의 반작용

사람이 외부로부터 받을 수 있는 가장 일반적인 저항은 바로 분노입니다. 다른 사람이 울타리를 세운다고 해서 분노를 터뜨리는 사람들은 성격상 문제가 있는 사람들입니다. 그들은 지극히 자기 중심적이어서 세상이 자기를 위하여, 그리고 자기를 위로하기 위하여 존재하고 있다고 생각합니다. 그들은 다른 사람을 볼 때 자신이 확장된 것으로 여기는 경향이 있습니다.

그런 사람들은 '아니오'라는 말을 듣는 순간, 마치 뭔가를 빼앗긴 두 살짜리 아이가 "엄마 나빠!"라고 소리지르는 것처럼 반응합니다. 그들은 자기 소망을 빼앗아간 사람이 '나쁘다'고 생각하며, 그래서 분노를 터뜨리게 됩니다. 하지만 그들은 실제적인 공격에 정직하게 화를 내지 않습니다. '그들에게' 일어난 일은 아무 것도 없습니다. 어느 누구도 '그들을 위하여' 무슨 일을 해주지 않을 것입니다. 그들은 만족을 늦출 수 있는 방법을 배운 적이 없으며, 다른 이들의 자유를 존중하는 방법을 배운 적도 없습니다. 그렇기 때문에 그들의 소망은 좌절될 수 밖에 없으며, 자연히 그들은 화를 내게 되는 것입니다(잠언 19장 19절).

화를 내는 사람은 성격상의 문제를 지니고 있습니다. 만일 여러분이 이 같은 성격 문제를 강화한다면, 내일과 모레에는 또 다른 상황에서 이 문제가 반복될 것입니다. 사실 그 사람을 화나게 만드는 것은 상황이 아니라, 다른 사람들로부터 부여받은 감정입니다. 그들은 다른 사람들을 지배하고자 합니다. 하지만 결국 그들은 자기 자신도 지배할 수가 없습니다. 따라서 그 누군가에 대한 지배욕이 상실된 순간, 그들은 '그것을 잃게' 되고, 그래서 화를 내는 것입니다.

여러분이 무엇보다도 먼저 알아야 할 것은, 여러분의 울타리 때문에 여러분에게 화를 내는 사람은 문제가 있는 사람이라는 점입니다. 만일 여러분이 이 사실을 깨닫지 못한다면, 여러분 자신에게 문제가 있다고 생각해 버릴지도 모를 일입니다. 여러분의 울타리를 지키는 것은 다른 사람들에게도 유익한 일입니다 ; 여러분의 울타리를 통해서 그들은 미처 가족에게서 배우지 못했던 것——다른 사람을 존중하는 것——을 배울 수가 있는 것입니다.

둘째로, 여러분은 현실적인 관점에서 분노를 바라보아야 합니다. 분노는 다른 사람의 내면 속에 있는 감정에 불과합니다. 그것이 여러분에게 훌쩍 뛰어넘어 와 여러분을 상처입힐 수는 없습니다. 여러분이 허락하지 않는 한, 그것이 여러분 '안으로 들어올' 수는 없습니다. 다른 사람의 분노로부터 거리를 두고 떨어져 있는 것은 매우 중요한 일입니다. 분노일랑 그 사람 속에 있으라고 하십시오. 그 사람 스스로 자기 분노가 점점 누그러지는 것을 느껴야 합니다. 만일 여러분이 그 사람을 분노로부터 구제해 준다면, 그 사람도 기분이 좋아질 리 없고 여러분 역시 얽매이게 될 게 뻔합니다.

셋째로, 분노 때문에 어떤 일을 하지는 마십시오. 울타리가 없는 사람들은 다른 사람의 분노에 자동적으로 반응을 합니다. 그들은 구제해 주거나, 승인을 청하거나, 스스로 화를 내거나 합니다. 비활동(inactivity) 속에는 거대한 힘이 잠재해 있습니다. 무절제한 사람 때문에 여러분이 자신의 진로를 변경시키는 일이 있어서는 안됩니다. 그 사람이 화를 내도록 내버려 두십시오. 그리고 여러분이 해야 할 일은 여러분 스스로가 결정하십시오.

넷째로, 반드시 여러분의 후원 조직을 적소에 대기시켜 두십시오. 만일 분노로 여러분을 지배해 온 사람에게 경계를 정하고자 할 때에는, 먼저 여러분의 후원 조직에 속한 사람들에게 그 사실을 알리고 계획을 세우십시오. 그 사람에게 무슨 말을 할 것인지 미리 생각해 두어야 합니다. 화가 난 사람이 무슨 말을 할 것인지 예상해 보고, 여러분은 어떻게 반응할 것인지 계획을 짜보십시오. 필요하다면 후원 집단과 함께 그 상황에 맞는 역할극을 연습해 볼 수도 있습니다. 그런 다음, 대결이 끝난 직후에도 여러분의 후원 집단이 유용할 수 있습니다. 어쩌면 후원 집단 가운데 몇 사람이 여러분과 동행해 줄 수도 있을 것입니다. 하지만 그후로도 여러분이 압력에 따라 무너지지 않으려면 그들의 도움이 절실히 필요합니다.

다섯째, 화난 사람 때문에 여러분까지 화를 내서는 안 됩니다. '사랑을 갖고서 진실을 이야기하는' 동안 사랑의 자세를 잃지 마십시오. 우리가 '눈에는 눈'이라는 율법주의적 정신 구조에 사로잡힌다거나, '악은 악으로 갚는다'는 세속적 정신 구조에 사로잡힌다면, 결국 노예가 되고 말 것입니다. 울타리만 갖고 있다면 우리는 사랑할 수 있을 정도로 충분히 분리되어 있을 수 있습니다.

여섯째, 결과를 강화시켜 주는 신체적 거리나 그 밖의 경계들을 사용할 수 있도록 준비를 갖추십시오. 어떤 여자의 경우에는, 자신이 다음과 같이 말할 수 있다는 사실을 깨닫는 순간 그 삶이 변화되었다고 합니다. "내게 소리지르도록 내버려두지 않을 거예요. 당신이 날 공격하지 않고 이 문제에 관해 이야기하겠노라고 결심하기까지 난 다른 방에 있겠어요. 당신이 그렇게만 해준다면 기꺼이 당신과 대화를 나누겠어요."

이같이 엄숙한 단계에는 분노가 끼어 들 틈이 없습니다. 여러분은 굴복하거나 지배당하는 일 없이도 얼마든지 공감대를 형성할 수 있고 대화를 나눌 수도 있습니다. "내가 당신을 위하여 그 일을 해주지 않겠다고 해서 당황한 것 알아요. 그렇게 느낀다니 유감이군요. 내가 어떻게 도와주면 좋겠어요?" 공감은 하되, 여러분의 '아니오'는 절대로 바꾸지 마십시오. 그런 것은 전혀 도움이 안됩니다. 다른 걸 제공해 주세요.

만일 여러분이 울타리를 잘 지킨다면, 여러분에게 화를 내고 있는 사람도 생전 처음 자기-통제라는 것을 배우게 될 것입니다. 여러 모로 다른 사람에게 파괴적인 영향을 미쳤던 '타인 지배'는 이제 그만두고 말입니다. 더 이상 여러분을 지배할 수 없게 되면 그들도 다른 방식으로 관계 맺는 방법을 찾게 될 것입니다. 하지만, 분노로 여러분을 지배할 수 있는 동안에는 결코 그들 쪽에서 변하는 일이 일어나지 않을 것입니다.

더 이상 여러분을 지배할 수 없게 될 때, 그들은 여러분에게 말을 전혀 걸지 않는다든지 관계를 끊어 버린다든지 할 수도 있습니다. 이것은 정말로 여러분에게 닥칠 수 있는 위험입니다. 하나님께서는 매일 이러한 위험을 겪고 계십니다. 하나님께서는 악에 동참하지 않고 오로지 정의로운 방법만으로 일을 처리하겠노라고 말씀하십니다. 그리고 백성이 자기들의 길을 택했을 때 그분은 가게 내버려 두십니다. 때로는 우리도 이같이 행해야 합니다.

죄책감 메시지

한 남자가 자기 어머니에게 전화를 걸었습니다. 어머니는 아주 여린 소리로 전화를 받았습니다. 목소리가 거의 들리지도 않을 정도였습니다. 어디가 편찮으신가 보다고 생각한 그 남자는 걱정이 되어서 이렇게 여쭈어 보았습니다. "어머니, 무슨 일 있으세요?"

"내 목소리가 이젠 더 이상 안 나오는 게 아닌가 모르겠구나," 어머니가 이렇게 대답했습니다. "너희들이 집을 떠난 후로는 아무도 전화를 안하니까 말야."

지배적인 사람의 병기 창고에서 죄책감 메시지만큼이나 강력한 무기는 찾아볼 수가 없습니다. 울타리가 약한 사람들은 거의 언제나 자기에게 퍼부어진 죄책감 메시지를 내면화하고 맙니다 ; 그들은 자기 기분을 상하게 만드려고 애쓰는 죄책감-유발용 언사들에 굴복당하고 맙니다. 다음과 같은 경우들을 한 번 생각해 보십시오 :

- "내가 너에게 얼마나 잘했는데, 넌 어쩜 나에게 이럴 수가 있니?"
- "네가 너 말고 다른 어떤 사람을 생각하는 것은 이번이 처음인 것 같구나."
- "네가 날 진심으로 사랑한다면 날 위해서 전화라도 걸어 주었을 거야."
- "네가 진짜 가족을 걱정하고 있다면 이 정도 일 한 가지쯤은 해줄 법도 한데."
- "어쩌면 이런 식으로 가족을 버릴 수가 있단 말이니?"
- "지난번 내 말 듣지 않았다가 결국은 뭔 꼴 당했는지 너도 잘 알잖니?"
- "결국, 넌 손가락 하나 까닥하지 않겠다는 거구나. 할 수 없지, 내가 할 수밖에."
- "나라면, 그런 게 있을 때, 틀림없이 너한테도 주었을 거야, 안 그래?"
- "너 때문에 우리가 얼마나 희생을 많이 했는지, 넌 전혀 모르는구나."

- "이제 내가 죽고 나면 후회하게 될 걸?"

때로는 이러한 죄책감-조종이 하나님의 말씀처럼 위장을 하고 나타나기도 합니다 :

- "이래 가지고서야 어디 네 스스로가 그리스도인이라고 말할 수 있겠니?"
- "성경에도 '네 부모를 공경하라'고 쓰여 있지 않니?"
- "넌 너무 순종할 줄 몰라. 분명히 주님께서도 몹시 슬퍼하고 계실 거야."
- "그리스도인이라면 응당 다른 사람을 먼저 고려해야 한다고 생각하고 있었는데."
- "도대체 어떤 종교가 네 가족을 버려도 된다고 가르치더냐?"
- "이런 식으로 행동하다니, 넌 정말 영적으로 문제가 있는 게 틀림없어."

이런 말을 하는 사람들은 여러분이 자신의 선택에 대하여 죄책감을 느끼도록 만들려고 애를 쓰고 있습니다. 그들은 여러분이 자신의 시간이나 물자를 어떻게 사용할지 결정한 데 대해서, 또는 성장한 다음에 부모로부터 분리된 데 대해서, 또는 어떤 친구나 정신적인 지도자로부터 분리된 삶을 살고 있는 데 대하여 여러분의 감정을 상하게 하려고 애를 쓰고 있습니다. 하지만 포도원 일꾼에 관한 비유에서 농장 주인이 했던 말을 반드시 명심하십시오 : "내 것을 가지고, 내 뜻대로 할 수 없다는 말이오?"(마태복음 20장 15절). 물론 성경은 우리에게 베풀라고, 자기 중심적인 사람이 되지 말라고 가르칩니다. 그러나 이것은 누가 우리에게 무엇을 원한다고 해서 언제든지 베풀어야 한다는 말이 결코 아닙니다. 우리는 자신의 베품에 대하여 통제권을 가지고 있습니다.

어쩌면, 죄책감 메시지를 듣는 순간 누구라도 그것을 어느 정도는 인정할 수 있을 것입니다. 하지만 만일 여러분의 울타리에 대하여 나쁜 느낌이 들었다면, 아마도 그것은 여러분이 자신의 가족이나 또는 다른 사람들이 사용하고 있는 죄책감 메시지들을 주의깊게 들여다보지 않았기 때문일 수도 있습니다. 다음은 이러한 외부적인 메시지들을 다루는 데 도움이 되는 몇 가지 묘안들을 제시해 놓은 것입니다 :

1. **죄책감 메시지를 인정하십시오.** 어떤 사람들은 죄책감 메시지가 얼마나 지배적인가를 미처 깨닫지 못하고 무조건 삼켜 버리기도 합니다. 비난과 피드백에 대해서 마음을 열어 두십시오 ; 여러분은 자신이 어떤 경우에 자기 중심적인 사람이 되는가를 알아야 합니다. 그러나 죄책감 메시지는 여러분의 성장과 행복에 전혀 도움이 되지 않습니다. 죄책감 메시지는 여러분을 조종하고 지배하기 위한 것입니다.

2. **죄책감 메시지는 사실 위장된 분노입니다.** 여러분에게 죄책감을 심어 주려고 애쓰는 사람들은 여러분이 어떤 행동을 한 데 대하여 자신이 화가 나 있다는 사실을 공개적으로 인정하지 못하고 있는 사람들입니다. 그것은 아마도 자신이 얼마나 지배적인 인물인가를 폭로하게 될까봐 두려워서일 것입니다. 그런 사람들은 자신의 감정보다는 여러분과 여러분의 행동에 더 초점을 모으려 듭니다. 자신의 감정에 초점을 모을 경우 책임을 면하지 못할테니까요.

3. **죄책감 메시지는 슬픔과 상처를 숨기고 있습니다.** 사람들은 자신의 감정을 표출하고 인정하는 대신, 여러분과 여러분의 행동에 초점을 모으려고 애씁니다. 죄책감 메시지는 때로 한 사람의 슬픔이나 상처 또는 욕구의 표현일 수도 있다는 사실을 인정하십시오.

4. 만일 죄책감이 여러분을 피곤하게 만들거든, 이것은 다른 사람이 아닌 바로 여러분 자신의 문제라는 사실을 인정하십시오. 실질적인 문제가 어디에 있는가를 직시하십시오 : 바로 여러분의 내부에 있습니다. 일단 실질적인 문제가 여러분 내부에 들어 있다는 사실을 인정하고 나면, 외부적인 문제까지도 사랑과 경계로 정직하게 처리할 수가 있습니다. 만일 여러분이 계속해서 다른 사람이 여러분에게 죄책감을 "심어 주었다"고 비난한다면, 그 사람이 여전히 여러분을 지배하게 될 것입니다. 그리고 그러한 비난은, 그 사람이 여러분에게 죄책감을 심어 주는 행동을 그만둘 때라야 비로소 여러분의 기분이 나아질 것이라는 말과도 같습니다. 다시 말해서 여러분 스스로가 그 사람에게 자신의 삶을 지배하라고 내버려두는 것과도 같다는 말입니다. 이제 다른 사람을 비난하는 짓일랑 집어치우십시오.

5. 절대로 설명하거나 정당화하려고 애쓰지 마십시오. 그런 행동은 죄책감에 시달리는 어린아이나 하는 짓입니다. 여러분은 죄책감을 안겨 주는 사람에게 아무런 설명도 할 필요가 없습니다. 그저 여러분이 선택한 것만 전하십시오. 죄책감을 안겨 주는 사람들에게 여러분이 왜 그런 결정을 내리게 되었는지에 관하여 설명하는 것까지는 좋습니다. 하지만 만일 그 사람들 쪽에서 여러분의 기분을 상하게 하지 말아 주었으면 하고 바란다거나 또는 그 사람들이 여러분의 죄책감을 해소시켜 주길 바란다면, 여러분은 그 사람들이 의도한 바대로 죄책감이라는 덫에 걸려 허우적거리게 될 것입니다.

6. 자신감을 가지세요. 그리고 그들의 메시지는 그들의 감정과 관련된 것으로 해석하십시오. "내가……하는 쪽을 선택해서 화났나 보구나." "내가……하지 않겠다고 해서 슬픈가 보구나." "내가 그렇게 하기로 해서 네 기분이 무척 안 좋은 건 이해해. 네 기분이 그렇다니 유

감이구나.""이 일로 네가 실망하고 있다는 건 잘 알아. 어떻게 하면 내가 너를 도와줄 수 있겠니?""내가 다른 일을 하겠다고 해서 네가 무척 힘든가 보구나, 그렇지 않니?"

　가장 중요한 원칙은 바로 이것입니다: 사람들이 느끼고 있는 마음의 고통을 공감하십시오. 하지만 그것은 그 사람들의 고통이라는 사실을 유념하십시오.

　명심하세요. 사랑과 한계만이 가장 분명한 울타리입니다. 만일 반작용을 했다간, 여러분의 울타리마저 잃고 말 것입니다. "자기의 기분을 자제하지 못하는 사람은, 성이 무너져 성벽이 없는 것과 같다"(잠언 25장 28절). 만일 다른 사람들에게 여러분이 반응을 하도록 만드는 능력이 있다면, 그 사람들은 여러분의 성벽, 여러분의 울타리 안에 들어와 있는 것이나 마찬가지입니다. 순행적(順行的)인 사람이 되십시오. 공감대를 가지십시오. "지금 이 순간 삶이 무척 고된 것처럼 들리는데? 내게 한 번 털어놔 봐." 죄책감을 심어 주는 사람들도 때로는 그저 누군가에게 자기가 얼마나 힘든가를 알려 주고 싶을 뿐일 때가 많습니다. 귀를 기울여 주세요. 다만 그 비난을 받아들이지는 마시구요.

　아들에게 죄책감을 안겨 주려고 했던 그 어머니의 경우를 생각해 보십시오. 튼튼한 울타리를 지닌 사람이라면 자기 어머니의 말에 다음과 같이 공감을 하였을 것입니다. "엄마, 지금 외로우신가 봐요." 그리고는 자신이 아무런 죄책감도 없이 어머니의 감정을 듣고 있다는 사실을 어머니가 확실히 아실 수 있도록 말했을 것입니다.

결과와 대항 수단

　브라이언은 아버지 때문에 무척 힘든 시간을 보내고 있었습니다. 그의 아버지는 언제나 다른 사람들을 지배하는 데 돈을 많이 쓰는 그런 사람이었습니다. 심지어는 가족까지도 돈으로 지배하려 들곤 하였습니다. 브라이언 아버지는 재정적인 지원을 중단해 버리겠다고 위협하거나 아니면 유언장에서 제외시켜 버리겠다고 위협함으로써 자녀를 복종시키는 사람이었습니다.

브라이언은 나이가 들수록 아버지로부터 자유로워지고 싶었습니다. 하지만 그는 이미 자신이 가족의 돈과 그 돈이 가져다 줄 수 있는 즐거움에 중독되고 말았다는 사실을 깨닫게 되었습니다. 브라이언은 휴가 때마다 아내를 데리고 가족 여름 별장에 갈 수 있다는 사실이 좋았습니다. 브라이언은 미국 중서부 지역의 10개 대학이 경합을 벌이는 빅 텐 농구 대회 입장권과 컨트리클럽 회원권을 갖고 있다는 게 좋았습니다.

그렇지만 아버지의 지배가 자신에게 정서적인 대가와 영적인 대가를 요구하는 것은 브라이언도 싫었습니다. 그는 뭔가 변화를 일으켜야 한다고 결심했습니다. 그는 자신과 아내와 아이들에게 파괴적인 영향을 미치는 아버지의 몇몇 요구들에 대하여 '아니오'라고 말하기 시작했습니다. 그는 아이들이 뭔가 다른 일을 하고 싶어할 때에는 휴가 여행을 정중히 거절하기도 하였습니다. 물론 그의 아버지는 그런 행동을 달가워하지 않았습니다.

예상대로, 브라이언 아버지는 이제까지 제공해 오던 경제적 지원을 중단하기 시작했습니다. 그는 나머지 자녀들이 따라하지 못하도록 브라이언을 하나의 본보기로 삼았습니다. 동시에 그는 브라이언이 자기 실수를 깨닫도록 나머지 자녀들에게 더 많은 특권들을 아낌없이 주기 시작했습니다. 그리고 최후의 수단으로서 그는 유언장을 변경하기까지 했습니다.

이런 일들은 브라이언을 무척이나 힘들게 만들었습니다. 브라이언은 지금까지의 생활 양식을 중단하고 이제까지 누렸던 것들을 빼앗긴 채 살아가야 했습니다. 브라이언은 이제 미래에 대한 계획도 달리 세워야 했습니다. 이제까지는 아버지의 재산을 상속받을 것으로 예상하고 있었기 때문입니다. 그러니까 간단히 말하자면, 브라이언은 아버지의 지배로부터 자유로워지는 쪽을 선택함으로써 빚어진 결과를 감당해내야 되었던 것입니다. 그렇긴 해도, 브라이언은 지금 이 순간 생애 최초로 자유로웠습니다.

이러한 시나리오는 아주 평범한 것입니다. 꼭 집안의 재산이 아니더라도 부모의 대학 학자금 지원 같은 것이 끊어지는 위기에 봉착할 수가 있습니다. 아니면 어머니가 아기 봐주는 일을 그만 둔다거나, 아버지가 사업상의 지원을 중단한다거나 하는 위험에 부딪칠 수도 있습니다. 또 관계의 상실이라고 하는 아주 심각한 위기에 빠질 수도 있습니다. 울타리를 세움으로써 빚어지는 결과는 지배적인 사람들의 대항 수단입니다. 그들은 울타리를 세우려는 여러분의 행위에 즉각적인 반작용을 보일 것입니다.

우선은 여러분의 울타리 결핍 때문에 얻게 되는 것이 무엇인지, 그리고 울타리를 세움으로 잃게 될 것이 무엇인지를 잘 생각해 보십시오. 브라이언의 경우, 그것은 바로 돈이었습니다. 어떤 사람들의 경우에는 그것이 관계일 수 있습니다. 어떤 이들은 너무나도 지배적이어서, 누군가가 자기에게 맞서기 시작할 경우 더 이상 그 사람과 관계를 지속시키지 않으려 할 수도 있습니다. 자신이 성장해 온 가족과의 역기능 게임을 그만둔 사람들 가운데에는 가족으로부터 추방된 사람이 많이 있습니다. 그들의 부모나 그들의 '친구'가 더 이상 그들에게 말을 걸지 않는 것입니다.

울타리를 세우고 자기 삶에 대한 지배력을 확보하게 될 경우, 여러분은 위험에 빠질 수 있습니다. 하지만 거의 대부분의 경우 그 결과는 그리 지독하지 않습니다. 여러분이 매우 진지하다는 사실을 깨닫고 나면, 상대방 쪽에서 으레 변화하기 시작하니까요. 그리고 그들도 경계를 정해두는 것이 자기에게 유익하다는 사실을 금방 깨닫게 됩니다. 이렇게 되면 예수님께서 말씀하신 것처럼, 여러분이 '그들을 이긴' 것이나 다름없습니다. 친구의 비난은 결국 좋은 약으로 판명되는 법입니다.

선하고 정직한 사람들은 훈련을 필요로 합니다. 물론 그들도 경계에 반응을 보이기는 하지만, 마지못해 그러는 경우가 많습니다. 그 밖의 사람들은 심리학자들이 '성격 장애'라고 일컫는 증세를 나타냅니다 ; 그들은 자기 자신의 행동과 삶에 대하여 책임을 지려 하지 않습니다. 그들은 친구나 배우자가 자기 대신 책임을 져주지 않으려 할 때 다른 곳으로 옮겨가 버립니다.

결과의 대가를 한 번 생각해 보십시오. 결과가 아무리 힘겹고 값져 보인다 할지라도, 여러분의 '바로 그 자기'를 상실하는 것과는 비교도 할 수 없습니다. 성경의 메시지는 분명합니다 : 위험을 미리 알고 거기에 대처하라는 것입니다.

둘째, 여러분이 기꺼이 상실의 위험을 감수할 것인지 아닌지를 결정하십시오. '여러분이 져야 할 십자가'가 여러분의 '자기'를 위하여 그만큼의 가치가 있는 것인가요? 어떤 사람들의 경우에는 그 대가가 너무 값비싼 것일 수도 있습니다. 그런 사람들의 경우에는, 관계를 위험에 빠뜨리느니 차라리 지배적인 부모나 친구에게 계속해서 굴복하는 편이 더 나을 것입니다. 상담 개입 전문가들은 알코올 중독자들이 치료를 받지 않을 경우, 그 가족은 자신이 동의한 바 있는 결과를 강화할 준비가 되어 있느냐 없느냐에 대하여 대단히 심사숙고해야 한다고 경고합니다. 결과가 없는 울타리는 결코 울타리가 아닙니다. 여러분은 울타리를 세우기 전에 우선 기꺼이 그 결과를 강화할 것인가에 대하여 결정을 내려야 합니다.

셋째, 여러분이 상실한 것을 다시 일궈내기 위해서는 부지런히 움직여야 합니다. 브라이언의 경우, 그는 좀더 많은 돈을 벌 수 있는 방법을 모색하겠다는 계획을 세워야만 했습니다. 어떤 사람의 경우에는 새로운 자녀 양육 계획을 짜야 한다거나, 새 친구를 사귀어야 한다거나, 외로움을 이겨낼 수 있는 방법을 알아내야 한다거나 하는 일들이 기다리고 있습니다.

넷째, 행동에 옮기십시오. 울타리를 세우고 여러분의 계획을 실천해 나가는 것보다 더 효과적으로 다른 사람의 권력 이동과 우리 울타리의 결과를 처리할 수 있는 방법은 없습니다. 여러분에게 뭔가 계획이 있을 때에는 베드로처럼 행동하십시오 : 배에서 내려 예수님을 좇으십시오. 여러분의 눈은 여러분이 지니고 있는 믿음의 '창시자요 완성자'이신 예수님을 향하도록 고정시켜 두십시오(히브리서 12장 2절). 시작이 가장 어렵습니다. 계속해서 행동에 옮기면서 하나님의 도움을 구하십시오. "하나님께서 나에게 전투 훈련을 시키시니, 나의 팔이 놋쇠로 된 강한 활을 당긴다."(시편 18편 34절)는 사실을 기억하십시오.

다섯째, 시작하는 순간만 잠시 어려울 뿐이라는 사실을 놓치지 마십시오. 경계를 정한다고 해서 싸움이 끝나는 것은 결코 아닙니다. 이것은 겨우 시작에 불과합니다. 이번에는 여러분의 후원 집단에게로 돌아가서, 여러분이 자신의 선 자리를 고수할 수 있게 될 때까지 영적으로 살지도록 그들의 도움을 받아야 합니다. 여러분의 울타리를 세울 준비가 끝날 때까지 그 프로그램을 지속하십시오.

여러분의 울타리 작업에 대한 대항 수단이 너무 거칠어서 싸워나가기가 여간 어렵지 않을 것입니다. 하지만 여러분이 '자신의 구원을 이루기 위하여 노력을 게을리 하지 않는다면,' 하나님께서도 여러분의 노력이 열매를 맺을 수 있도록 여러분과 함께 계셔 주실 것입니다.

신체적인 저항

이 부분을 포함시켜야 한다는 것이 실로 서글픈 일입니다. 하지만 어떤 사람들의 경우에는 신체적으로 너무 무력한 나머지, 다른 사람에 대한 울타리를 지속시킬 수 없는 것이 사실입니다. 가학적인 배우자나 남자친구는 '아니오'라는 대답을 용납하지 않으려 합니다 ; 경계를 정하기 위하여 애쓰는 여성들은 종종 신체적으로 학대를 받기도 합니다.

이렇게 학대받는 사람들에게는 도움이 필요합니다. 그들은 종종 무슨 일이 있었는지, 또는 무슨 일이 계속해서 벌어지고 있는지 다른 사람에게 이야기하기를 두려워합니다. 물론 그 이유는 여러 가지일 수 있습니다. 그들은 친구들이나 교인들 사이에서 자기 배우자의 평판이 나빠지지 않길 바래서 그럴 수도 있습니다. 또 자신이 그런 대접을 받고 있다는 사실을 인정하기가 두려워서 그럴 수도 있습니다. 그들은 자신이 말을 꺼낼 경우 상황이 더욱 더 악화될까봐 두려워서 그럴 수도 있습니다. 하지만 그들은 이제 그만 문제의 심각성을 깨닫고 외부의 도움을 받아들여야 합니다. 문제가 저절로 사라질 리 없는데다가, 어쩌면 훨씬 더 심각해질 수 있기 때문입니다.

만일 지금 이 순간 여러분이 이런 상황에 처해 있다면, 그 학대자에게 경계를 세울 수 있도록 도와줄 만한 사람을 당장 찾아가십시오. 전에 가학적인 배우자를 다뤄 본 적이 있는 조언가를 찾아가십시오. 여러분의 배우자나 친구가 폭력을 사용할 경우, 당장에 전화를 걸 수 있는 교회 사람들을 정해 두십시오. 위협을 당할 경우 언제라도 찾아가서 밤새도록 머무를 수 있는 장소를 정해 두십시오. 경찰관과 변호사에게 전화를 하십시오. 경계라는 경계는 전혀 존중할 뜻이 없는 사람이거들랑, 법원의 가처분 명령이라도 내려야 합니다. [최근 우리 나라에서도, 구타를 상습적으로 행하는 배우자에게는 안방 접근 금지 명령을 내리고, 그것도 어길 경우 일정 기간 구속해서 심리 치료를 받을 수 있도록 법률이 개정되어 시행중입니다 – 역자 주]. 여러분 자신과 자녀를 위하여 반드시 그래야 합니다. 절대로 이런 일이 계속되도록 내버려두지 마십시오. 도움을 구하십시오.

다른 사람들의 아픔

우리가 사랑하는 사람에게 울타리를 세우기 시작할 때에는 정말로 곤란한 일이 발생하게 됩니다 : 그 사람이 상처를 받게 된다는 것입니다. 그 사람은 갑자기 구멍이 뻥 뚫린 듯한 느낌을 받을 수가 있습니다. 이제까지는 여러분이 그 사람의 외로움이나 분열이나 재정적인 무책임으로 인한 구멍을 메워 주었기 때문입니다. 그것이 무엇이든지 간에 어쨌든 그 사람은 상실감을 느끼지 않을 수가 없게 되어 있습니다.

만일 여러분이 그 사람을 사랑하고 있다면, 이 일을 지켜보고 있기가 무척 힘이 들 것입니다. 하지만, 누군가 아파하고 있는 사람을 상대할 때에는 반드시 이 점을 염두에 두십시오. 여러분의 울타리는 여러분 자신에게도 필요한 것이지만 그 사람에게도 도움이 된다는 사실을 말입니다. 만일 여러분이 지금껏 그 사람의 무책임을 부추겨 왔다면, 이제 여러분 쪽에서 경계를 정하는 것이야말로 그 사람이 책임을 향하여 가까이 나아가도록 만드는 유일한 방법이라고 하겠습니다.

비난꾼

툭하면 비난을 해대는 사람들은 여러분의 '아니오'가 마치 자신을 죽이기라고 하는 것처럼 법석을 떨면서, "어쩌면 나에게 이럴 수가 있단 말이니?"식의 메시지로 반작용을 해올 것입니다. 그런 사람들은 금방 울고, 금방 토라지고, 금방 화를 냅니다. 비난꾼들은 성격에 문제가 있다는 사실을 명심하십시오. 만일 그들이 자신이 겪은 비참함을 여러분이 그들에게 무엇을 해주지 않았기 때문에 생긴 것처럼 이야기한다면, 그것은 엄연히 여러분의 소유인 것을 그들이 비난하고 요구하는 것과도 같습니다. 이런 식의 태도는 겸손하게 필요한 것을 요청하는 사람의 태도와 판이하게 다른 것입니다. 다른 사람의 불평을 들을 때에는 그 불평의 본질을 잘 생각해 보십시오 ; 만일 그들 자신이 책임져야 할 일에 대하여 여러분에게 불평을 하거든 과감히 그들과 맞서십시오.

수잔은 새 차를 살 테니까 돈을 빌려달라고 하는 오빠와 대면을 해야 했습니다. 그들은 둘 다 성인이었습니다. 수잔은 책임감이 강하고 일을 열심히 하는 편이었습니다 ; 오빠는 무책임하고 돈을 전혀 저축하지 않는 편이었습니다. 여러 해 동안 오빠는 수잔에게 많은 빚을 졌습니다. 여러 해 동안 수잔은 돈을 내주었습니다. 하지만 오빠는 좀처럼 돈을 갚지 않았습니다.

결국, 울타리에 관한 워크숍에 참석한 다음에야 비로소 수잔은 상황을 직시하게 되었고, 오빠가 최근 요구한 것에 대하여 '아니오'라고 대답할 수 있었습니다. 오빠는 마치 수잔이 자기 삶을 망쳐놓기나 한 것 같은 반응을 보였습니다. 오빠는 '수잔 때문에' 결국은 사업에 실패하고 말 것이라고 말했습니다. 새 차가 없으면 결코 사업을 할 수 없다는 것이었습니다. 오빠는 '수잔 때문에' 데이트도 할 수 없을 것이라고 말했습니다. 헌 차로는 데이트를 할 수 없다는 것이었습니다.

그런 비난을 모두 다 들어준 다음에 수잔은 오빠와 대면을 하였습니다. 수잔은 오빠의 사업이 잘되지 않아 유감이긴 하지만, 그것은 어디까지나 오빠 문제라고 말해 주었습니다. 이런 반응은 그녀 자신에게나 오빠에게나 두루두루 유익한 것이었습니다.

현실적인 필요

여러분은 현실적인 필요를 느끼고 있는 사람들에게도 울타리를 쌓아야 할 필요가 있습니다. 만일 여러분이 애정이 넘치는 사람이라면, 사랑하는 사람이 여러분에게 뭔가를 요구할 때 '아니오'라고 말하기가 여간 마음 아프지 않을 것입니다. 하지만 여러분이 줄 수 있는 것과 줄 수 없는 것에는 경계가 있는 법입니다; 여러분은 적절한 때에 '아니오'라는 말을 할 줄 알아야 합니다. 이것이 바로 "아까워하거나 마지못해서"(고린도후서 9장 7절) 주지 않을 수 있는 방법입니다. 마음이 아프다고 해서 그 때마다 그 사람에게 베푼다면, 여러분은 결국 자신을 소진시키고 말 것입니다.

출애굽기 18장에 실려있는 모세의 절박한 탈진 현상에 관한 이야기를 상기해 보십시오. 모세의 장인 이드로는 모세 혼자서 백성을 위하여 온갖 일들을 담당하고 있는 것을 보고, 백성의 욕구를 좀 더 충족시켜 주기 위해서는 몇몇 사람을 뽑아 일을 수행케 해야 한다고 말했습니다.

여러분의 한계가 어디까지인가를 배우십시오. "마음에서 우러나와" 베풀기로 작정한 것을 베푸십시오. 그리고 나머지 사람들은 그들을 도와줄 수 있는 다른 사람들에게로 보내십시오. 그 사람들의 상황을 공감하십시오. 그들의 요구가 타당하며 그들에게는 정말로 도움이 필요하다는 생각을 여러분이 하고 있음을 그들이 종종 알 필요가 있습니다. 그들을 위하여 기도하십시오. 이것이야말로 자기가 충족시켜 줄 수 없는 주변 사람들의 요구와 고통을 위하여 여러분이 할 수 있는 가장 좋은 일입니다.

용서와 화해

많은 사람들이 용서와 화해의 차이점에 대하여 잘 모르고 있습니다. 그런 사람들은 외부 저항을 잘 다룰 수 없습니다. 자기가 다시금 다른 사람에게 굴복해야 한다고 생각해 버리거나, 아니면 다시는 용서하지 않겠노라고 생각해 버리기가 쉽기 때문입니다. 사실, 용서를 두려워하는 사람이 많이 있습니다. 그들은 용서라는 것이, 다시 한 번 자신의 울타리를 부수어뜨리고 다른 사람에게 자신을 상처 입힐 수 있는 권한을 부여하는 것과 같다고 생각합니다.

성경은 다음의 두 가지 원칙에 대하여 매우 엄격합니다 : (1) 우리는 언제나 용서해야 합니다. 하지만 (2) 언제나 화해를 할 필요는 없습니다. 용서는 우리 마음으로 하는 것입니다 ; 우리는 어떤 사람이 우리에게 빚진 것이 있을 경우, 그 사람을 그 부채로부터 해방시켜 주어야 합니다. 우리가 그 사람의 빚을 탕감해 주면, 그 사람은 더 이상 우리에게 빚진 것이 없게 됩니다. 우리는 더 이상 그 사람을 저주하지 않아도 되고, 그 사람은 깨끗해집니다. 용서가 필요한 쪽은 바로 나입니다. 우리에게 빚을 진 사람은 용서를 구하지 않습니다. 용서는 우리 마음에서 우러나오는 은혜로운 일입니다.

그런 다음에는 두 번째 원칙으로 넘어가게 됩니다 : 언제나 우리 쪽에서 화해를 이룰 필요는 없습니다. 하나님께서는 이 세상을 용서하셨습니다. 하지만 세상은 하나님과 화해를 하지 않고 있습니다. 하나님께서는 모든 사람의 죄를 용서해 주셨건만, 사람들은 자기 죄를 인정하지 않고 하나님의 용서를 받아들이지도 않았습니다. 화해는 그런 것입니다. 용서는 한 쪽만 있어도 되지만 ; 화해는 두 쪽 다 있어야 합니다.

우리는 상대방이 진심으로 자신의 문제를 인정하는 것처럼 보이기 전에는 결코 우리 자신을 그 사람에게 열어 주지 않습니다. 성경은 그 사람이 자기가 저지른 일을 인정하고 "회개에 걸맞은 열매"(마태복음 3장 8절)를 맺을 때까지는 절대로 울타리를 늦추지 말라고 몇 번씩이나 강조하고 있습니다. 진정한 회개는 "미안해!"라는 말만으로 이루어지는 것이 아닙니다 ; 진정한 회개는 행동의 변화로 나타나는 것입니다.

여러분은 상대방을 용서하긴 했지만 그래도 아직 신뢰하지는 않고 있다는 사실을 본인에게 확실히 전달해야 합니다. 그 사람이 아직 자신은 신뢰할 만한 사람이라는 것을 증명해 보이지 않았기 때문입니다. 그 사람이 정말로 변화되었는지 아닌지를 알아볼 수 있는 시간도 아직은 충분히 없었고요.

절대로 잊지 마십시오. 하나님이 여러분의 모델이시라는 사실을요. 하나님께서는 백성을 비난하면서 그들이 행동을 바꿀 때까지 기다리고 계시지 않습니다. 하나님께서는 비난을 그만두셨습니다. 하지만 그렇다고 해서 온 백성과 관계를 맺고 계시는 것은 아닙니다. 백성이 먼저 자기들의 죄를 인정하고 회개하는 쪽을 선택해야 합니다. 그런 다음에야 비로소 하나님께서는 그들을 향해 당신을 열어 주실 것입니다. 화해는 두 쪽 모두를 필요로 합니다. 여러분이 용서를 했다고 해서 화해까지 해야 한다고는 생각지 마십시오. 물론 여러분 쪽에서 화해를 신청할 수는 있습니다. 하지만 그것은 어디까지나 상대방이 자신의 행동을 인정하고 신실한 열매를 맺은 다음이어야 합니다.

내부 저항

우리는 바로 앞에서 본 것처럼 외부적으로도 튼튼한 울타리를 쌓아야 하지만, 동시에 내부적으로도 우리를 지배하려 드는 육체에 대하여 '아니오'라고 말할 수 있는 굳건한 울타리를 쌓아야 합니다. 그러면 성장에 대한 우리의 내면적인 저항에 관하여 한 번 살펴보기로 할까요?

인간의 기본적인 필요

제인은 파괴적인 남자들만 고르는 행동 때문에 치료를 받고 있는 중이었습니다. 제인은 아주 부드럽고 매력적인 남자들과 금새 사랑에 빠지곤 했습니다. 그리고 그 사랑의 처음은 언제나 '위대했습니다.' 그 남자들은 '제인이 이제껏 기다려 오던' 이상형처럼 보였고, 그녀에게 부족한 부분을 채워 줄 수 있는 사람처럼 비쳤습니다.

얼마 동안은 이런 상태로 순조롭게 나갔습니다. 그러다가 서서히 제인은 그 남자들과의 관계 속에서 '자기 자신을 잃어버리게' 되었고, 결국에는 자기가 굴복하고 싶지 않은 것들에게 굴복하는 모습, 자기가 하고 싶지 않은 것들을 하는 모습, 자기가 주고 싶지 않은 것들을 주는 모습을 발견하게 되곤 했습니다. 그녀가 사랑에 빠진 남자들은 하나같이 지독하게 자기 중심적이고, 그녀의 필요를 알아챌 줄 모르며, 그녀의 울타리를 존중할 줄 모르는 사람으로 판명되었습니다. 그러므로 얼마 못 가서 제인은 비참해질 수밖에 없었던 것입니다.

제인은 자기도 이미 알고 있는 사실에 대하여 솔직히 말해 줄 수 있는 그런 친구가 필요했습니다 : 저 녀석은 얼간이야. 꺼져 버리라고 해. 하지만 이렇게 잘 알고 있으면서도 제인은 그것을 행동에 옮기지 못했습니다. 그리고는 그 남자들과의 관계에 얽매인 채 떠나지도 못했습니다. 제인에게는 울타리가 없었습니다. 제인은 '아니오!'라는 말을 할 수가 없었습니다.

우리는 제인이 버리지 못하고 있는 이런 형태의 생활 방식을 잘 살펴본 후에, 다음과 같은 사실을 발견하였습니다. 곧 제인이 이런 남자들 곁에 머무르고 싶어했던 것은 그들과 분리된 다음에 느끼게 될 우울증을 어떻게든지 피해 보고 싶은 그녀의 욕구 때문이었던 것입니다. 더 나아가 우리는 제인의 우울증이 아버지가 한 번도 채워 주지 못했던 그녀 내부의 빈 공간에 근거한 것이라는 사실까지도 알아냈습니다. 제인의 아버지는 그녀가 이제까지 골랐던 남자들과 너무나도 비슷한 인물이었습니다. 아버지는 제인에게 정서적으로 전혀 도움이 못되는, 자신의 사랑을 결코 보여 줄 수 없는 그런 사람이었습니다. 제인은 아버지가 채워 주어야 했을 그 빈 공간을 그 동안 파괴적인 남자들로 채워 보려고 안간힘을 쓰고 있었던 것입니다. 물론 이 욕구는 한 번도 충족되지 못했지만요. 울타리를 세우는 데 대한 제인의 내면적인 저항은 이렇게 아동기 때 채워지지 못한 발달 단계상의 필요에 근거를 둔 것이었습니다.

하나님께서는 우리 인간을 만드실 때, 우리가 성장하는 동안 그 가족으로부터 특별한 필요들을 충족시킬 수 있도록 만드셨습니다. 우리는 앞에서 이런 필요들에 관하여 언급한 바가 있으며, 다른 곳에서도 그것들을 좀 더 포괄적으로 다룬 적이 있습니다.[*1] 이 필요들을 충족시키지 못할 경우, 우리는 우리 내부의 이 틈새들을 목록으로 작성하여 그리스도의 지체 속에서 충족시켜 나가야 합니다. 그래야만 성인으로서 울타리를 쌓기 위하여 싸울 수 있는 힘을 충분히 얻게 되는 것입니다.

이렇게 채워지지 않은 발달 단계상의 필요들은 울타리를 쌓지 않으려는 저항의 주된 원인이 됩니다. 하나님께서는 우리가 하나님의 가족 안에서 성장할 수 있도록 지으셨습니다. 이 하나님의 가족 안에서는 하나님이 명하신 일들을 부모가 수행합니다. 부모가 우리를 양육하고, 부모가 튼튼한 울타리를 지니고 있으며, 부모가 우리를 용서하고, 부모가 선과 악의 틈새를 메우도록 우리를 도와줍니다. 또한 우리가 책임감 있는 성인이 되도록 힘을 부여해 주는 쪽도 바로 부모입니다. 그러나 이런 경험을 하지 못하고 자란 사람이 의외로 많이 있습니다. 그런 사람들은 심리적인 고아나 마찬가지여서, 하나님의 지체에 따라 입양되고 보호되어야 합니다 ; 다소 차이는 있지만 우리 모두가 다 그렇습니다.

해결되지 않은 애도와 상실

위에서 언급한 '채워지지 않은 욕구'가 '좋은' 것들을 얻는 것과 관련된 것이라고 한다면, 애도(哀悼)는 이와 반대로 '나쁜' 것들을 버리는 것과 관련된 것이라고 할 수 있습니다. 어떤 사람이 울타리를 쌓지 못하고 있을 경우, 때로 그것은 그 사람이 자기와 융합되어 있는 사람을 떠나 보내지 못하기 때문일 수가 있습니다. 제인의 경우만 보더라도, 그녀는 자기를 보호해 주고 사랑해 주는 아버지에 대한 욕구를 충족시키기 위하여 계속해서 노력을 하고 있었습니다. 하지만 이 욕구를 충족시키기 위하여 제인은 자기가 결코 받아 보지 못했던 것, 다시 말해서 아버지의 사랑을 떠나 보내야만 했습니다. 그리고 이것은 제인에게 크나큰 상실일 수밖에 없었습니다.

성경을 가만히 들여다보면, 하나님께서 백성더러 그들에게 유익하지 않은 사람과 삶을 '뒤로 하고 떠나라'고 요구하시는 장면이 아주 많이 등장합니다. 하나님께서는 이스라엘 백성에게 이집트를 떠나서 좀더 나은 삶을 살라고 명령하셨습니다. 하지만 대부분의 이스라엘 백성은 계속해서 뒤를 돌아보고, 그들 생각에 이보다 더 나았다고 생각되는 것들에 집착하였습니다. 하나님께서는 롯과 그 아내가 소돔을 떠날 때에도 뒤를 돌아보지 말라는 경고를 하셨습니다. 하지만 롯의 아내는 뒤를 돌아보았고, 그래서 소금 기둥으로 변하였습니다.

성서적인 회복의 기본적인 법칙은 하나님을 알기 이전의 삶은 전혀 매달릴 가치가 없다는 것입니다 ; 하나님께서 우리에게 좋은 것들을 주실 수 있게 하기 위하여 우리는 그것을 상실해야 하고, 그것을 슬퍼해야 하고, 그것을 떠나 보내야 합니다. 우리는 "언젠가는 그들도 나를 사랑하게 되겠지!"라는 희망에 매달리는 경향이 있으며, 우리를 사랑할 수 없는 누군가를 변화시키기 위하여 끝없이 노력하는 경향이 있습니다. 하지만 하나님께서 우리에게 원하고 계시는 새로운 것들에 대하여 우리의 마음 문을 활짝 열려면 이런 바람일랑은 저 멀리 던져 버려야 합니다.

누군가에게 울타리를 세운다는 것은 곧 여러분이 오랫동안 갈망해 오던 사랑을 잃을 수도 있다는 위험을 내포하고 있는 경우가 많습니다. 지배적인 부모에게 '아니오!'라고 말하기 시작한다는 것은 곧 자신과 부모 사이에 결여된 무언가에 대한 애도와 접촉하게 되는 것, 그리고 그 무언가를 얻기 위하여 애쓰는 것을 의미합니다. 무언가를 얻기 위하여 애쓰는 동안에는 슬픔을 느낄 여유도 없이 그 일에 몰두할 수가 있습니다. 하지만 상대방의 실체를 인정하고 그 사람이 달라지리라는 소망을 버리는 것이 애도의 본질입니다. 그리고 그것은 정말로 슬픈 일이지요.

우리는 울타리를 세우는 대신 '만일~하기만 한다면'이라는 놀이를 하게 됩니다. 우리는 무의식중에 이렇게 생각하고 맙니다. '그의 완전론자 같은 요구와 대면하는 대신 내가 조금 더 노력하기만 한다면 그도 날 좋아하게 될 거야' 또는, '내가 그녀의 바람에 굴복하고 그녀를 화나게 하지만 않는다면 그녀도 날 사랑해 줄 거야' 사랑을 얻기 위하여 울타리를 포기하는 것은 결국 피할 수 없는 것을 잠깐 연기하는 것과도 같습니다 : 그 사람의 실체를 깨닫고, 그 사실에 대한 슬픔을 껴안고, 버리고, 삶을 향해 전진하는 일을 잠시 미루고 있는 것에 불과한 것입니다.

이러한 내부 저항에 맞서기 위해서는 다음과 같은 단계들을 밟을 필요가 있습니다 :

1. **자신의 울타리 결핍을 인정하십시오.** 여러분에게 문제가 있다는 사실을 인정하십시오. 만일 지금 여러분이 지배당하거나 조종당하거나 학대당하고 있다면, 그것은 여러분이 나쁜 사람과 함께 있기 때문이 아닙니다. 여러분의 비극은 다른 사람들의 잘못이 아닙니다. 문제는 바로 여러분에게 울타리가 없다는 데 있습니다. 다른 누군가를 비난하지 마십시오. 문제가 있는 사람은 바로 여러분 자신입니다.

2. **저항을 자각하십시오.** '아하, 지금 내겐 어느 정도의 울타리가 필요하구나!'라고 생각할 수 있을 때, 여러분은 좀 더 나은 방향으로 나아갈 수 있습니다. 이것이 쉬운 일이었다면 이미 몇 년 전에 이 일을 마쳤을 것입니다. 두려움 때문에 자신이 울타리를 세우지 않으려 한다는 사실을 인정하십시오. 여러분은 지금 이러한 내부 저항 때문에 여러분의 자유를 파괴하고 있습니다(로마서 7장 15, 19절).

3. **은혜와 진리를 구하십시오.** 앞에서 언급한 다른 단계들과 마찬가지로 여기에서도 허공 속에서 진실과 직면할 수는 없습니다. 여러분이 자신의 내부 저항을 인정할 수 있도록 도와줄 사람, 그리고 여러분이 애도하는 작업을 이겨낼 수 있도록 힘을 부여해 줄 사람, 그런 사람의

도움이 여러분에게는 필요합니다. 참 보기 좋은 애도 과정은 관계 속에서만 생겨날 수 있습니다. 우리에게는 하나님과 인간의 은총이 절대적으로 필요합니다.

4. 소망을 확인하십시오. 우리가 경계를 세우는 데 실패하는 것은 상실에 대한 두려움 때문입니다. 여러분이 살아남을 수 있기 위해서는 누구의 사랑을 포기해야 하는지 잘 생각하고 결정하십시오. 이름을 대십시오. 과연 누구를 하나님의 제단에 바쳐야 할까요? 그 사람과 여러분을 연결하고 있는 끈이 여러분을 너무 꽉 죄고 있습니다. "우리가 여러분을 옹색하게 대하는 것이 아니라, 여러분의 마음이 옹색한 것입니다"(고린도후서 6장 12절). 바울의 사랑을 향하여 마음 문을 열 수 없었던 고린도인들과 마찬가지로, 여러분 역시 자신의 '애착,' 떠나 보내야 할 사람들과 연결된 끈에 매여 있습니다.

5. 떠나 보내십시오. 후원 집단과의 안전한 관계 속에서, 여러분이 이 사람으로부터 결코 받을 수 없는 것, 또는 이 사람이 상징하는 사람으로부터 결코 받을 수 없는 것을 직면하십시오. 이것은 장례 예식과도 같을 겁니다. 여러분은 애도의 각 단계를 통과하게 될 것입니다 : 부인 · 타협 · 분노 · 슬픔 · 수용. 물론 꼭 이런 순서로 이 단계들을 통과할 수는 없겠지요. 하지만 아마도 이 감정들을 모두 느끼게 될 것입니다. 이것이 정상입니다.

후원 집단에 가까이 다가가서 여러분의 상실에 관한 이야기를 털어놓으십시오. 이런 바람들이 너무 깊숙이 자리잡고 있을 경우에는 그것과 직면하기가 무척 힘이 들 것입니다 ; 그럴 경우에는 전문적인 상담가를 찾아갈 수도 있습니다. 여러분이 한번도 가져 보지 못한 것을 떠나 보내기란 여간 어려운 일이 아닙니다. 하지만 긴 안목으로 볼 때, 그것을 잃는 것만이 여러분이 살 수 있는 유일한 길입니다. 오직 하나님만이 그 빈 공간을 당신과 당신 백성의 사랑으로 채워 주실 수 있습니다.

6. 나아가십시오. 애도의 마지막 단계는 여러분이 원하고 있는 게 무엇인가를 알아내는 것과 관련이 있습니다. "구하여라, 그러면 찾을 것이다." 여러분이 낡은 삶을 기꺼이 떠나 보낼 경우, 하나님께서는 여러분을 위하여 진정한 삶을 예비해 놓고 계실 것입니다. 하지만 그럼에도 불구하고, 하나님께서는 움직이는 배의 키만 잡고 계실 뿐입니다. 행동을 취해야 하는 쪽, 여러분을 위하여 그분이 준비해 두신 좋은 것들을 찾아내야 하는 쪽은 바로 여러분 자신인 것입니다.

그렇게 해서 드디어 여러분이 결코 얻지 못할 것들을 떠나 보내기 시작할 때, 여러분은 자신의 삶이 얼마나 많이 변화할 수 있는가를 깨닫고 그만 깜짝 놀랄 것입니다. 낡은 삶을 유지하려고 온갖 수단을 다 동원해 보았지만, 그것은 너무도 힘들뿐 아니라 여러분을 엄청난 학대와 지배에 내맡기기까지 했습니다. 떠나 보내는 것만이 평온함으로 갈 수 있는 유일한 길입니다. 애도가 바로 그 길인 것입니다.

분노에 대한 내면적인 두려움

어떤 회사의 경영 팀 직원 세 명이 다른 회사를 상대로 아주 중요한 프로젝트를 실시하고 있었습니다. 그런데 협상 도중 상대편 회사 사장이 이 세 사람에 대하여 불같이 화를 내고 말았습니다. 이 사람들이 자기가 원하는 대로 따라 주지 않는다는 것이었습니다.

이들 가운데 두 사람은 협상이 결렬될까봐 잠도 자지 못하고 걱정을 하였으며, 무척이나 초조해 하였습니다 ; 이 두 사람은 그 상대편 회사 사장이 더 이상 자기들을 맘에 들어하지 않을 경우 어떻게 해야 할 것인가에 대하여 아무런 생각도 할 수가 없었습니다. 그래서 마침내는 나머지 세 번째 동료와 모임을 갖고 전략을 짜보기로 하였습니다. 그 두 사람은 화가 난 상대편 사장을 달래기 위해서라면 자기들의 계획을 전면 수정할 수도 있다고 생각했습니다. 그들이 나머지 세 번째 동료에게 '점포를 양보하자'는 계획에 관하여 말을 꺼내자, 그 세 번째 동료는 두 사람을 물끄러미 쳐다보더니 이렇게 말했습니다. "빅 딜이라는 말 못 들어 봤구만. 이게 그 사장한테도 얼마나 큰 거래인데! 그러니까 그 사장이 화를 내는 거잖아. 난 또 뭐라구! 다른 안건 또 있어?"

그제서야 그들은 자기들이 얼마나 어리석었는가를 깨닫고 웃음을 터뜨렸습니다. 그들은 마치 화난 엄마닭을 상대로 한 병아리들처럼 행동하고 있었던 것입니다. 그 사장이 행복해지는 것이야말로 자기들의 유일한 심리적 생존 방법인 것처럼 말이지요.

다른 사람의 분노를 두려워했던 그 두 사람은 분노가 지배의 수단으로 사용되는 가정에서 자라났습니다; 그리고 세 번째 사람은 그런 수단에 한번도 노출된 적이 없는 사람이었습니다. 결과적으로, 그 세 번째 사람은 튼튼한 울타리를 갖고 있었습니다. 동료들은 이 사람을 대표로 뽑아 상대편 회사의 사장과 담판을 짓게 하였고, 이 사람은 그 사장을 만나 자기 의사를 정확하게 밝혔습니다. 스스로 분노를 극복하고 자기들과 계속 일하고 싶다면 괜찮겠지만, 그렇지 않다면 자기들도 다른 회사를 찾아보겠노라고 말이지요.

이것은 아주 큰 교훈이 되었습니다. 처음 두 사람은 의존적인 아이의 관점에서 그 사장을 보았습니다. 그들은 그 사장만이 이 세상에서 의존할 수 있는 단 한 사람인양 행동했고, 그래서 그 사장의 분노가 그들을 놀래킨 것이었습니다. 하지만 나머지 한 사람은 그 사장을 어엿한 성인의 시각에서 바라보았으며, 그래서 만일 이 사장이 일관성있게 효율적으로 일 처리를 하지 않을 경우 다른 데로 옮겨갈 수도 있다는 사실을 잘 알고 있었습니다.

문제는 세 사람 가운데 두 사람의 내부에 있었습니다. 화가 난 사장은 전혀 다른 두 가지 반응을 얻게 되었습니다. 처음 두 사람은 경계를 설정하는 일에 저항했으나, 세 번째 사람은 그렇지 않았던 것이지요. 결정적인 요소는 화가 난 사람이 아니라 바로 울타리 기술을 가진 사람 내부에 있었습니다.

만일 화가 난 사람이 여러분의 울타리를 부수도록 내버려둔다면, 그것은 여러분이 아직도 두려운 어떤 사람의 화난 얼굴을 머리 속에 담고 있기 때문일 것입니다. 여러분은 지난날 분노로부터 입은 상처를 치유해야 합니다. 그 상처를 백일하에 드러내놓고 하나님과 그 백성의 치유를 받으십시오. 여러분은 화가 난 부모의 얼굴을 지워 버리고, 지금 대면하고 있는 성인들과 용감히 맞서 싸워야 합니다.

여러분은 다음의 단계들을 밟아야 합니다 :

1. 그것이 문제라는 사실을 인식하십시오.
2. 자신의 마비 상태에 관하여 누군가를 찾아가 털어 놓으십시오. 이 일을 혼자서 감당해낼 수는 없는 노릇입니다.
3. 후원 집단과의 관계 속에서, 자신의 두려움이 어디에 기인한 것인가를 밝혀내고, 그 화난 사람 대신 자기 머리 속에 박혀 있는 그 누군가를 찾아내십시오.
4. 이런 지난날 사건들 때문에 받은 상처와 느낌들을 털어 놓으십시오.
5. 이 책에 소개된 울타리 - 쌓기 기술을 실행에 옮기십시오.
6. 자동 조종 장치에 맡기지도 마시고, 싸움을 한다거나 수동적인

자세를 취함으로써 자기 울타리를 포기하지도 마십시오. 반응할 수 있을 때까지 자기 자신에게 시간과 공간을 내어주십시오. 신체적인 거리가 필요하다면 그렇게 하십시오. 하지만 절대로 여러분의 울타리를 포기해서는 안 됩니다.

7. 준비가 다 되었으면 반응을 보이십시오. 자제력 있는 주장에 충실하시고, 여러분의 결정에 따르세요. 여러분이 할 일과 하지 않을 일들을 반복해서 말하시고, 그들을 화나게 하십시오. 그들에게 여러분의 사랑을 전하세요 ; 다른 일로 도울 수 있다면 무엇이든지 도와주십시오. 하지만 절대로 여러분의 '아니오'를 굽혀서는 안됩니다.

8. 재편성을 하십시오. 후원 집단에게 상호 작용에 관하여 말하고, 여러분이 자신의 토대를 유지하게 되는지, 잃게 되는지, 또는 공격당하게 되는지 알아보십시오. 그렇지 않을 경우 여러분은 몇 번씩 부끄러움을 느끼게 될 것이며, 어쩌면 그 점에 관하여 실제적인 점검을 해야 할 필요도 있을 것입니다. 여러분은 농장을 내주면서도 자기 울타리를 지키고 있다고 생각했을지 모릅니다. 피드백을 점검하세요.

9. 연습을 계속하세요. 과거에 관하여 끊임없는 통찰과 이해를 가져다주는 역할극을 지속하는 동시에, 여러분의 상실에 대하여 마음껏 슬픔을 표현하세요. 끊임없이 현 상태의 기술을 연마하세요. 미지않아 여러분은 이런 식으로 생각하게 될 것입니다. "한때는 화난 사람이 나를 지배할 수 있다고 믿었었지. 하지만 이젠 그렇게 만들었던 내면의 어떤 것을 극복하게 되었어. 아, 자유란 건 이렇게 좋은 거구나." 명심하십시오. 하나님께서는 여러분이 화난 사람에게 지배당하는 것을 결코 원치 않으십니다. 하나님께서

는 몸소 여러분의 주인이 되고 싶어 하십니다. 하나님께서는 여러분을 다른 어떤 사람과도 공유하길 원치 않으십니다. 하나님은 여러분 편이십니다.

미지의 것들에 대한 두려움

울타리를 쌓는 데 대한 또 하나의 강력한 내부 저항은 바로 미지의 것들에 대한 두려움입니다. 다른 사람의 지배를 받는 것은 차라리 안전한 감옥입니다. 우리는 방들이 어디어디에 있는지 잘 알고 있습니다. 어떤 여자는 이렇게 말한 적이 있습니다. "전 지옥에서 빠져 나오고 싶지 않았어요. 그 거리의 이름들은 모르는 게 없었거든요!"

울타리를 세우는 것과 좀 더 독립적인 사람이 되는 것은 두려운 일입니다. 그것은 미지의 세계로 걸어 들어가는 것과도 같기 때문입니다. 성경에는 하나님의 명령을 받고서 낯익은 곳을 떠나 미지의 땅으로 가는 사람들에 관한 이야기가 많이 실려 있습니다. 하나님께서는 그들에게 약속해 주십니다. 그들이 신앙을 끝까지 지켜서 하나님의 뜻대로 살아간다면 그들을 좀 더 좋은 땅으로 인도해 주시겠다고 말입니다. "믿음으로 아브라함은, 부르심을 받았을 때에 순종하여, 장차 분깃으로 받을 땅으로 나갔습니다. 그런데 그는 어디로 가는지를 알지 못하였지만, 떠난 것입니다"(히브리서 11장 8절).

변화란 참으로 놀라운 사건입니다. 여러분이 만일 두려움을 느끼고 있다면, 그것은 여러분이 올바른 길──변화와 성장의 길──을 가고 있다는 증거일 수도 있습니다. 그리고 여러분도 이러한 사실을 알면 조금은 위안이 될 것입니다. 내가 잘 아는 사업가 한 사람은 말하기를, 만일 자기가 날마다 어떤 것에 관하여 전혀 놀라지 않았더라면 그렇게 멀리까지 전력을 다해 나아올 수는 없었을 것이라고 했습니다. 그 사람은 하는 일마다 무척이나 성공을 거두고 있었습니다.

　울타리는 여러분이 잘 알고 있던 것들과 여러분이 원치 않던 것들로부터 여러분을 분리시켜 놓습니다. 울타리는 여러분에게 온갖 종류의 새로운 선택들을 안겨줍니다. 여러분은 오래되고 낯익은 것들을 떠나보내고 새로운 것들을 향한 모험을 시작할 때 착잡한 기분을 느끼게 될 것입니다.

　여기에서 잠시, 여러분에게 좀 더 넓고 좀더 좋은 세상을 열어 주었던 새롭고 놀라운 발달적 울타리 단계들에 관하여 생각해 보기로 하겠습니다. 두 살 때 여러분은 엄마와 아빠의 곁을 떠나 세상을 탐험하기 위하여 걷기 시작했습니다. 다섯 살 때 여러분은 집을 떠나 사회화와 학습의 가능성을 열어 주는 학교에 다니기 시작했습니다. 청소년기에 접어들자 여러분은 새로운 적성과 가능성을 드러내면서 부모로부터 훨씬 더 멀리 걸어나왔습니다. 고등학교를 졸업하고서 여러분은 대학 진학이나 취업을 위하여 집을 떠났고, 혼자 힘으로 살아가는 법을 배우게 되었습니다.

　이러한 단계들은 그야말로 두려운 것입니다. 하지만, 두려움과 더불어 여러분은 새로운 높이와 가능성, 그리고 하나님과 여러분 자신과 세상에 대한 인식으로 뻗어나가게 되었습니다. 이것이 바로 울타리의 양면성입니다. 여러분은 어떤 것을 잃을 수도 있습니다. 하지만 그와 동시에 여러분은 평화와 자기-통제가 넘치는 새로운 삶을 얻게 되는 것입니다.

　다음은 여러분에게 도움이 될 만한 몇 가지 방법들입니다 :

　1. **기도하라.** 미래에 대한 불안감을 해소할 수 있는 방책들 가운데 믿음·희망, 그리고 우리를 사랑하고 있는 사람에 대한 자각만큼이나 확실한 것은 또 없을 것입니다. 기도는 우리의 안전을 책임지고 있는

존재에게 우리를 연결시켜 줍니다 하나님께 기대세요. 그리고 여러분의 앞길을 이끌어 달라고 기도하세요.

2. **성경을 읽으라.** 하나님께서는 성경을 통하여 우리에게 끊임없이 말씀하시고 계십니다. 우리의 미래는 당신의 손에 달렸다고, 그리고 당신께서 우리를 인도해 주시겠노라고 말입니다. 성경은 하나님께서 당신의 백성을 미지의 곳으로 인도하실 때에 스스로가 얼마나 신실한 분인가를 증명하셨다는 이야기들로 꽉 차 있습니다. 대학 시절, 미래에 대한 불확실함과 직면할 때마다 내가 즐겨 읽곤 했던 구절이 있습니다. "너는 마음을 다하여 주님을 의뢰하고, 너의 명철을 의지하지 말아라. 네가 하는 모든 일에서 주님을 인정하여라. 그러면 주님께서 네가 가는 길을 곧게 하실 것이다"(잠언 3장 5-6절).

여러분이 미지의 것들과 직면하게 될 때, 성경 구절들을 암송하면 위안이 될 것입니다. 하나님은 신실하신 분이라는 사실을 떠올리게 해 줄 테니까요.

3. **그대의 은사를 개발하라.** 울타리는 역할의 독립을 가져다 줍니다. 우리는 기술이나 적성을 발달시키지 않는 한 자신의 독립에 대하여 좋은 감정을 지니기 어렵습니다. 정보를 모으세요. 자문을 구하세요. 좀 더 많은 훈련과 교육을 받으세요. 그리곤 연습하고, 연습하고, 또 연습하세요. 여러분의 기술이 발달하는 만큼 미래에 대한 두려움도 줄어들 것입니다.

4. **그대의 후원 집단에 기대라.** 울타리 쌓는 방법을 배우고 있는 어린아이가 재충전을 위하여 어머니 쪽을 뒤돌아보고 점검하는 것처럼, 성인의 경우도 마찬가지입니다. 여러분은 자신이 지금 겪고 있는 변화의 과정을 좀 더 편안하게 느낄 수 있도록 도와줄 후원 집단이 필요합니다. 그들에게 기대세요. 그들에게서 힘을 얻으세요. "혼자보다는 둘

이 더 낫다. 두 사람이 함께 일할 때에, 더 좋은 결과를 얻을 수 있기 때문이다. 그 가운데 하나가 넘어지면, 다른 한 사람이 자기의 동무를 일으켜 줄 수 있다"(전도서 4장 9-10절). 명심하십시오. 제자들이 미지의 곳으로 출발하려는 순간에, 예수님은 그들의 연합과 일치 그리고 서로에 대한 사랑과 하나님에 대한 사랑을 위하여 기도하셨습니다(요한복음 17장).

5. 다른 이들의 증언으로부터 배우라. 연구 결과로 보나 경험으로 보나, 현재 투쟁을 하고 있는 사람들이나 또 여러분이 겪은 것들을 이미 겪은 바 있는 사람들과 연대하는 것은 무척이나 많은 도움을 가져다줍니다. 이것은 단순한 도움의 차원에서 그치는 것이 아닙니다. 이것은 그곳에 있었던 사람들, 두려움을 겪었던 사람들, 그리고 여러분은 반드시 해내고 말 것이라는 사실을 증거해 줄 사람들의 이야기를 듣는 것입니다. 그들이 겪은 시련에 귀를 기울이세요. 여러분의 처지와 얼마나 비슷한지, 그리고 하나님께서 그들에게 얼마나 신실한 분이셨는지를 귀담아 들으세요(고린도후서 1장 4절).

6. 그대의 학습 능력을 신뢰하라. 여러분이 현재 하고 있는 일들 가운데서 배울 필요가 없었던 일은 아무 것도 없습니다. 여러분이 지금 잘할 수 있는 일들도 모두 한번씩은 낯설고 놀라운 일이었습니다. 이것이 바로 삶의 본질입니다. 하지만 중요한 것은 여러분이 학습할 수 있다는 사실을 잊지 않는 것입니다. 일단 여러분이 새로운 것들을 배울 수 있고 새로운 상황들을 처리해 나갈 수 있다는 사실만 깨닫게 된다면, 미래에 대한 두려움 같은 것은 사라져 버릴 것입니다. 미지의 것들에 대하여 지나치게 두려움을 많이 느끼는 사람들은 반드시 사전에 '모든 것을 다 알아' 두어야 하는 쪽입니다. 하지만 그 누구도 어떤 것을 경험해 보기 전에는 그것에 대하여 잘 알 수 없습니다. 그들은 가서

배우게 되는 것입니다. 어떤 사람들은 자신의 학습 능력에 대하여 신뢰감을 가지고 있는 반면에, 또 어떤 사람들은 그렇지가 못합니다. 만일 여러분이 자신은 배울 수 있다는 사실을 배우게 된다면, 미지의 앞날들도 완전히 다르게 보일 것입니다.

우울증에 시달리고 있는 사람들을 보면, 대개가 "학습된 무력감"이라 불리는 신드롬 때문에 괴로워하고 있는 것을 알 수 있습니다. 이 신드롬을 통해서 그들은 자신이 무슨 일을 한다 해도 그 결과는 별반 다를 게 없을 것이라는 생각을 배우게 되었습니다. 대부분의 역기능 가정들은 자녀들에게까지 이런 신드롬을 강화하는 파괴적인 악순환 과정을 겪고 있습니다. 그러나, 여러분이 성장해서 뭔가 차이가 있을 것 같은 다른 선택들을 발견하게 되거든, 가정에서 배운 그 무력감에 더 이상 집착할 필요가 없습니다. 여러분은 관계 맺고 역할을 수행하는 새로운 양식들을 학습할 수 있습니다 ; 이것이 바로 하나님께서 여러분에게 주시고자 하는 개인적인 힘의 본질인 것입니다.

7. 과거의 분리를 다시 회복하라. 종종 변화나 상실을 겪어야 할 때, 여러분은 자신이 그 상황에 걸맞지 않게 너무 두려워하거나 슬퍼하고 있다는 사실을 깨닫게 되는 수가 있습니다. 이렇게 고조된 감정들은 대부분 과거의 분리나 변화에 대한 기억에서 비롯된 것일 경우가 많습니다.

만일 여러분이 과거에 잦은 이사 때문에 친구들을 상실했다거나 해서 심각한 상실을 겪은 적이 있다면, 아직까지도 과거에 해결되지 않은 그 문제들과 연결되어 있을 수 있습니다.

지혜로운 사람을 찾아가서, 여러분이 현재 겪고 있는 두려움과 고통이 과거에 해결되지 않은 문제로부터 기인한 것인지 아닌지를 확인해 보세요. 그렇게 할 경우 여러분은 자신이 느끼고 있는 것, 지각하고 있는 것에 대하여 어느 정도 통찰력을 얻게 될 것입니다. 여러분은 지금 어쩌면 서른다섯 살 먹은 여러분의 눈으로가 아니라 여섯 살 짜리 아이의 눈으로 세상을 바라보고 있는지도 모릅니다. 과거를 다시 회복하세요. 과거가 미래에 끼어 들지 못하도록 하세요.

8. **조직하라.** 대부분의 사람들은 삶의 변화를 견뎌내지 못합니다. 그 변화가 수반하는 구조의 상실 때문이지요. 그런 변화를 통해서 우리는 종종 내적인 구조와 외적인 구조를 몽땅 상실해 버릴 수도 있습니다. 우리가 내적으로 의존해 왔던 것은 더 이상 그곳에 존재하지 않습니다. 그리고 우리를 외적으로 안전하게 만들어 주었던 사람들과 장소와 일정들도 모두 사라져 버렸습니다. 이것은 우리를 혼돈의 상태로 떨어뜨릴 수가 있습니다.

내적인 구조와 더불어 외적인 구조를 확립하는 것은 이 같은 재조직의 순간에 무척이나 큰 도움이 될 수 있습니다. 내적인 구조는 이 책에 소개된 단계들을 따라 울타리를 세움으로써 확립할 수가 있습니다. 새로운 가치관과 신념 확립, 새로운 영성 원칙과 정보 학습, 새로운 훈련과 계획 수립, 그리고 그것에 집중하기, 여러분의 고통에 귀기울여 줄 사람들을 얻는 것도 모두 구조를 확립하는 일에 속합니다. 하지만 이런 일을 하는 동안에도 여러분에게는 강력한 외부 구조가 필요할 수 있습니다.

매일 일정한 시간을 정해서 친구에게 전화를 하고, 매주 일정한 시간을 정해서 후원 집단을 만난다거나 또는 정규 성경공부모임이나 열두 단계 후원 집단 모임에 참석하도록 하세요. 혼란스러운 시기에 여러분은 자신의 새로운 변화에 적응시켜 줄 주변 구조를 필요로 할 수 있습니다. 그러다가 차차 성장하면 할수록, 또 변화가 덜 압도적인 것이 될수록, 여러분은 몇몇 구조들을 포기할 수 있게 될 것입니다.

9. 하나님께서 행하신 일을 기억하라. 성경은 하나님께서 과거에 당신 백성에게 미래에 대한 확신을 심어주기 위하여 행하셨던 일들을 상기시켜 주는 말씀들로 가득 차 있습니다. 희망은 바로 이 기억에 담겨 있습니다. 우리는 과거에 도움을 받았다는 사실을 기억하고 있습니다. 그리고 그것은 우리에게 미래에 대한 희망을 안겨 줍니다. 어떤 사람들은 과거에 도움을 받아 본 기억이 전혀 없기 때문에 그토록 절망하는 경우도 있습니다.

하나님께서 행하신 일과 하나님의 존재 자체를 늘 염두에 두고 계십시오. 만일 여러분이 오랫동안 그리스도인으로 살아왔다면, 여러분의 삶을 뒤돌아보고 하나님께서 어떤 식으로 여러분의 삶에 개입하셨는가를 되새겨 보십시오. 하나님께서 여러분을 어떤 상황으로부터 구출해 내셨으며, 여러분을 위하여 어떤 일들을 견뎌내셨는지 한번 돌이켜 보십시오. 다른 사람들의 말에 귀를 기울이십시오. 하나님께서 당신의 아들을 통하여 우리에게 보여 주신 은총을 기억하십시오. 하나님께서 까닭 없이 그런 일을 하신 게 결코 아닙니다; 그분이 그런 일을 하신 것은 바로 우리의 구원과 미래를 위해서였습니다.

만일 하나님께서 여러분을 끌어내리셨다면, 또는 하나님께서 여러분을 위하여 하신 일이 아무 것도 없는 것처럼 생각된다면, 그렇다면 이제부터라도 그 일을 시작하시도록 내버려 두십시오. 하나님께서는 당신의 백성을 구원하시기 전에 오랫동안 끔찍한 일들이 벌어지도록 내버려두신 적이 많았습니다. 우리는 하나님의 때를 알지 못합니다. 하지만 만일 지금 이 순간 여러분이 회복되기 시작했다면, 그것은 바로 그분이 여러분의 삶 속에서 움직이고 계신다는 증거입니다. 여러분을 구원하기 위한 때가 가까이 임했습니다. 그 많은 사람들을 위하여 행하셨던 일들을 이제는 여러분을 위하여 행하시도록 하나님께 매달리십시오. "그러므로 여러분의 확신을 버리지 마십시오. 그 확신에는 큰 상이 달려 있습니다. 여러분이 하나님의 뜻을 행하고 나서, 그 약속해 주신 것을 받으려면, 인내가 필요합니다"(히브리서 10장 35-36절).

용서하지 못함

"잘못은 인간의 상사(常事)요, 용서는 신의 일입니다." 그리고 용서를 하지 않는 것은 우리 인간이 하는 일들 가운데 가장 어리석은 일입니다.

용서는 무척 힘든 일이지요. 용서란 누군가가 여러분에게 '빚진' 것을 탕감해 주는 것입니다. 용서란 과거로부터의 자유를 가리킵니다. 용서란 여러분에게 상처를 입힌 가해자로부터 자유를 얻는 것입니다.

성경은 용서라고 하는 행위를 합법적인 빚으로부터 자유롭게 해주는 행동에 비유합니다. 빚을 진 사람들이 여러분의 개인 재산을 침해하게 될 때에는 실질적인 '빚'이 발생합니다. 여러분은 영혼의 '책'에다가 누가 무엇을 여러분에게 빚졌는지 기록해 두고 있습니다. 여러분의 어머니는 여러분을 통제하였고, 그것을 바로잡아야 하는 빚을 지고 있습니다. 여러분의 아버지는 여러분을 지배하였고, 그것을 바로잡아야 하는 빚을 지고 있습니다. 만일 '법대로라면' 여러분은 그들로부터 이 빚을 상환 받으려고 하였을 것입니다.

빚을 상환 받고자 하는 노력은 아주 여러 가지 형태로 나타날 수 있습니다. 여러분은 그들이 여러분에게 빚을 갚도록 유도하기 위하여 그들을 즐겁게 만들고자 애쓸 수도 있습니다. 여러분은 자기 쪽에서 조금만 더 노력하면 그들이 빚도 갚고 나아가 여러분에게 빚진 사랑까지도 되돌려주리라 생각할 수 있습니다. 어쩌면 여러분은 자신이 그들과 충분히 대면을 한다면 그들도 자기 잘못을 깨닫고 그것을 바로잡을 것이라고 생각할는지 모릅니다. 또 어쩌면 여러분은 자신에게 그 빚이 얼마나 안 좋은 것이었는지, 그리고 자기 부모님이 얼마나 나빴는지를 사람들에게 충분히 확신시켜 줄 수만 있다면, 어쨌든 그것에 대한 변명만이라도 분명해질 것이라고 생각할는지 모릅니다. 아니면 여러분은 그들이 여러분에게 저질렀던 죄를 그대로 다른 어떤 사람에게— 또는 그들에게 직접—분풀이함으로써 "그 빚을 떠넘길" 수도 있습니다. 어쩌면 여러분은 그들이 얼마나 나쁜 사람인지를 그들에게 확신시켜 주기 위하여 끊임없는 노력을 기울일는지도 모를 일입니다. 여러분은 그들이 이해하기만 한다면 잘못을 바로잡을 것이라고 생각할 수 있습니다. 그들이 여러분에게 빚진 것들을 갚으리라고 말입니다.

빚진 것을 돌려 받으려는 노력 자체는 전혀 문제될 것이 없습니다. 문제가 있다면 그것은 그 빚이 오직 한 가지 방법으로, 다시 말해서 은총과 용서로써만 해결된다는 점입니다. '눈에는 눈, 이에는 이'라는 공식은 전혀 효력을 발생하지 못합니다. 잘못은 결코 없었던 일로 되돌릴 수 없습니다. 잘못은 다만 용서받을 수 있을 뿐이며, 그럼으로써 무력하게 될 수 있을 뿐입니다.

용서란 곧 장부에서 지우는 것을 의미합니다. 지워 버리십시오. 청구서를 찢어 버리십시오. 용서는 계산서를 '없애 버리는' 것입니다. "하나님께서는 우리에게 불리한 조문들이 들어 있는 빚문서를 지워 버리시고, 그것을 십자가에 못박아, 우리 가운데서 없애 버리셨습니다" (골로새서 2장 14절).

용서한다는 것은 곧 우리에게 빚진 사람으로부터 그 빚을 다시는 상환받지 않으리라는 것을 의미합니다. 하지만 우리는 그러길 꺼리게 됩니다. 그것은 다시는 이루어지지 않을 일들에 대하여 애도하는 것까지 포함하고 있기 때문입니다 : 과거는 결코 달라질 수 없습니다.

어떤 사람들의 경우에는, 이것이 결코 존재하지 않았던 아동기에 대한 애도를 의미할 수 있습니다. 또 다른 사람들의 경우에는 다른 것들을 의미할 수도 있습니다. 하지만 그러한 요구에 계속 매달리는 것은 언제까지고 용서할 수 없는 것과도 같습니다. 그리고 이것은 우리가 우리 자신에게 할 수 있는 일들 가운데서 가장 파괴적인 행위입니다.

경고 : 더욱 더 심한 학대에 몸을 맡기는 것과 용서는 전혀 다릅니다. 용서는 과거와 연관되어 있습니다. 반면에 화해와 울타리는 미래와 연관된 것입니다. 경계는 어떤 사람이 회개를 하고 다시 신뢰할 만한 사람이 되어 방문할 때까지 나의 소유물을 지켜 줍니다. 만일 어떤 사람이 죄를 범한다면 나는 그 사람을 용서하고, 또 용서하고, 일흔 번씩 일곱 번이라도 용서해 줄 것입니다. 그러나 나는 자신이 나에게 상처를 입혔다는 사실을 부인하는, 털끝만큼도 변화하려는 의향이 없는 그런 부정직한 사람의 곁에는 있고 싶지 않습니다. 그런 행동은 나에게나 그 사람에게나 똑같이 파괴적인 행위입니다. 나는 차라리 정직하게 나를 실망시키는 그런 사람들 곁에 있고 싶습니다. 자신의 죄를 솔직히 인정하는 사람들은 실패를 통하여 배우고 있는 셈입니다. 우리는 그것을 이겨낼 수 있습니다. 그들은 좀 더 나은 사람이 되길 원하고 있으며, 용서는 그들을 도울 수 있습니다. 하지만 만일 어떤 사람이 자신의 죄를 부인한다든지, 도움을 청하거나 변화하려는 노력은 전혀 기울이지 않고 단지 입술로만 좀 더 나은 사람이 되길 원한다고 지껄여댄다면, 나는 그 사람을 용서한 다음에라도 내 울타리를 기필코 지켜야 합니다.

용서는 나에게 울타리를 가져다 줍니다. 용서가 해를 끼치는 사람으로부터 나를 떼어내 주기 때문에 나는 책임감있게, 그리고 지혜롭게 처신할 수가 있습니다. 내 쪽에서 그 사람을 용서하지 않는 한, 나는 언제까지고 그들과 파괴적인 관계를 맺고 있을 수밖에 없습니다.

하나님께 은총을 얻으십시오. 그리고 다른 사람의 빚을 탕감해 주십시오. 손해본 계산서를 계속해서 들여다보지 마십시오. 지워 버리십시오. 그리고 여러분에게 필요한 것들은 그것을 줄 수 있는 사람들과 하나님으로부터 받으십시오. 그것이 훨씬 더 나은 삶입니다. 용서를 하지 않으면 울타리까지도 파괴되고 맙니다. 하지만 반대로 용서는 울타리를 세워 줍니다. 용서는 여러분의 사유 재산에서 손해본 빚을 제거해버리기 때문입니다.

마지막으로 이것 하나는 꼭 명심해 두십시오. 용서는 결코 부인이 아닙니다. 죄를 용서하기 위해서는 우선 그 죄를 낱낱이 헤아려야 합니다. 하나님께서는 우리가 당신께 지은 죄들을 결코 부인하시지 않았습니다. 그분은 우리의 죄를 모두 파헤치셨습니다. 그분은 우리 죄를 낱낱이 찾아내셨습니다. 그분은 우리 죄에 대한 당신의 감정을 그대로 표출하셨습니다. 그분은 울부짖고 화를 내셨습니다. 그런 다음, 그분은 우리 죄를 사하여 주셨습니다. 그분이 우리 죄를 사하여 주신 것은 다름 아닌 관계의 맥락에서였습니다. 성 삼위일체 속에서 그분은 결코 혼자가 아니셨습니다 자, 여러분도 이와 똑같이 행하십시오. 그리고 결코 이루어질 수 없는 것들에 대한 청구서를 발행하여 여러분을 과거에 묶어두려고 애쓰는 저항을 부디 조심하십시오.

외적인 초점

사람들은 문제에 직면했을 때 우선적으로 자기 외부를 내다보는 경향이 있습니다. 이같이 외향적인 시각은 여러분을 희생양의 자리에 묶어두려 합니다. 그런 시각은 다른 어떤 사람이 변화하기 전에는 결코 여러분이 좋아질 수 없다고 속삭입니다. 이것이 바로 무력한 비난의 본질입니다. 무력한 비난은 여러분을 도덕적으로 그 사람보다 더 나은 사람으로 만들어 줄 수는 있겠지만(여러분이 생각하기에는 그런 것 같겠지만 실제로는 전혀 아니지요), 결코 문제를 해결해 주지는 못합니다.

자기 자신이야말로 변화할 필요가 있는 사람이라는 사실을 인정하지 않으려는 저항에 정면으로 직면하십시오. 자기 자신과 직면하는 것이 중요합니다. 그것이 곧 울타리의 시초이기 때문입니다. 책임감은 고백과 회개라고 하는 내부의 초점에서부터 시작됩니다. 여러분은 자신이 울타리가 없는 삶의 길로 나아가고 있다는 사실을 고백해야 합니다. 그리고 여러분은 그 길에서 돌아서야 합니다. 여러분은 자기 자신을 들여다보아야 합니다. 여러분은 문제가 여러분의 바깥쪽에 있기를 원하는 내부 저항에 직면해야 합니다.

죄책감

죄책감은 좀처럼 다루기 힘든 정서입니다. 죄책감이란 슬픔이나 분노나 두려움과는 달리, 사실적인 느낌이 아니기 때문입니다. 죄책감은 내면적으로 유죄를 선고하는 말입니다. 죄책감은 '넌 나쁜 놈이야!'라고 말하는 타락한 우리 양심의 처벌적 본성입니다. 죄책감은 우리에게 '무죄' 판결을 내려 주시기 위하여 예수님께서 죽으셨던 직접적인 원인입니다. 성경에 비추어 볼 때, 죄책감은 정서적인 것이 아니라, 오히려 법적인 그 무엇입니다.

성경은 우리에게 남을 비난하고 단죄하는 버릇을 벗어 버리라고 가르칩니다. 성경은 우리의 행동이 죄책감에서 우러나온 것이어서는 안 된다고 가르칩니다. 우리의 행동은 사랑에서 우러나온 것이어야 합니다. 우리가 실패할 때, 그 결과 사랑으로부터 우러나오는 정서가 바로 '경건한 슬픔'입니다(고린도후서 7장 10절). 이것은 '세속적인 슬픔,'

곧 '사망에 이르게' 하는 죄책감하고는 대조되는 것이지요.

이러한 죄책감은 주로 우리가 초기 사회화 과정에서 어떤 식의 교육을 받았느냐에 달려 있습니다. 그러므로 우리의 죄책감은 잘못된 것일 수가 있습니다. 죄책감은 우리가 전혀 잘못한 일이 없을지라도 그 동안 교육받은 내적 표준에 어긋난 일을 했을 때에 생겨날 수 있습니다. 우리가 잘못을 저질렀다고 알려 주는 죄책감의 메시지에 우리는 주의 깊게 귀를 기울여야 합니다. 때로는 *죄책감 그 자체가 잘못된 것*일 수가 있기 때문입니다. 또한 죄책감은 어느 모로 보나 좋은 동기라고 할 수 없습니다. 비난받은 장소에서 사랑을 베풀기란 여간 어려운 일이 아닙니다. 우리는 비난받고 있다는 느낌을 갖지 말아야 합니다. 그래야만 우리가 얼마나 '나쁜' 인간인가를 들여다보는 대신에, 우리가 다른 사람에게 입혔던 상처를 돌아볼 수 있을 만한 '경건한 슬픔'을 맛볼 수가 있습니다. 죄책감은 현실을 왜곡하고, 우리를 진실로부터 떼어놓으며, 우리가 다른 사람을 위하여 최선을 다하지 못하도록 방해합니다.

이것은 특히 울타리에 더 많이 해당되는 말입니다. 성경이 어떻게 우리에게 튼튼한 울타리를 세우고, 결과를 강화하고, 경계를 정하고, 성장하여 원 가족으로부터 분화되고, '아니오!'라는 말을 하라고 가르치고 있는지, 우리는 이 책을 통해서 몇 번씩이나 확인했습니다. 우리는 이 모든 일들을 수행해야 합니다. 울타리는 곧 사랑의 행위입니다. 다소 고통스럽기는 하겠지만, 그래도 울타리는 다른 사람에게 유익한 것입니다.

그러나 우리의 타락한 양심은 속삭이기를, 만일 울타리를 세운다면 우리는 나쁜 사람이 되거나 치사한 사람이 되고 말 것이라고 합니다. 때로는 우리가 울타리를 세우고 있는 대상 쪽에서 우리의 죄책감을 부추기는 말들을 할 수도 있습니다. 만일 여러분이 알게 모르게 여러분의 울타리를 나쁜 것이라고 말하는 가정에서 자라났다면, 여러분은 내가 지금 무슨 말을 하고 있는지 금방 알 수 있을 것입니다. 여러분은 어떤 사람의 요청에 '아니오!'라고 대답할 때마다 죄책감을 느끼게 됩니다. 여러분은 어떤 사람이 여러분을 이용하지 못하도록 막을 때마다 죄책감을 느끼게 됩니다. 여러분은 자기 자신의 삶을 꾸려나가기 위하여 가족으로부터 분리해 나가는 순간 죄책감을 느끼게 됩니다. 여러분은 무책임한 사람을 구제해 주지 않을 때마다 죄책감을 느끼게 됩니다. 그리고 이렇게 여러분이 죄책감을 느끼게 되는 순간들은 끝도 없이 계속됩니다.

죄책감은 여러분이 옳은 일을 하지 못하게 막을 것이며, 여러분을 꼼짝달싹 못하게 만들 것입니다. 튼튼한 울타리를 갖고 있지 못한 사람들 가운데에는, 자기 머리 속에 있는 내면적인 부모를 거역하는 것이 두려워서 그러는 사람이 많이 있습니다. 이러한 죄책감을 피하기 위하여 여러분이 취할 수 있는 단계에는 여러 가지가 있습니다. 하지만 출발점은 오직 하나, 죄책감이 여러분 자신의 문제라고 하는 자각이 바로 그것입니다. 울타리가 없는 사람들은 대개 "내가 '아니오!'라고 말할 때마다 아무개가 나에게 죄책감을 안겨준다."고 불평을 해댑니다. 마치 다른 어떤 사람이 그들에게 어떤 식의 힘을 행사한 것처럼 말입니다. 이 같은 환상은 여러분의 부모가 너무나도 강력해 보였던 어린 시절의 경험으로 거슬러 올라갑니다.

그 누구도 '여러분에게 죄책감을 안겨 줄 만한' 힘을 지니고 있지 못합니다. 여러분의 일부는 그 메시지에 동의할 수도 있습니다. 그 메시지가 여러분의 감정적인 두뇌 속에서 부모의 강력한 메시지로 연결될 수 있기 때문입니다. 그리고 그것이 바로 여러분의 문제입니다; 그것은 여러분의 사유 재산입니다. 그러므로 여러분이 그것에 대한 지배권을 지니고 있어야 합니다. 조종당하는 것 역시 여러분의 문제입니다. 그러므로 여러분만이 그 문제를 해결할 수 있습니다.

1. 죄책감을 인정하십시오.
2. 여러분의 후원 조직을 받아들이십시오.
3. 죄책감 메시지가 어디에서 비롯된 것인지를 점검해 보십시오.
4. 여러분의 분노를 자각하십시오.
5. 지배자를 용서하십시오.
6. 여러분에게 도움을 주는 친구들에게 실제 상황에서 울타리를 세워 보십시오. 그런 다음에는 점차적으로 좀 더 여러 가지 상황에서 울타리를 세워 보십시오. 이렇게 하면 여러분은 힘을 얻을 수 있을 뿐만 아니라, 양심을 다시 회복하는 데 필요한 도움의 '목소리'도 들을 수 있을 것입니다.
7. 여러분의 양심을 위하여 새로운 정보들을 익히세요. 이런 종류의 책들을 읽고 또 하나님께서 여러분의 울타리에 관하여 하신 말씀들을 읽을 때에, 여러분은 옛 목소리 대신 여러분의 머리 속에서 새로운 안내 구조가 되어 줄 새로운 정보들을 제공받을 수 있을 것입니다. 하나님의 길을 배우는 것은 여러분의 영혼을 회복시켜 줄 뿐 아니라, 여러분의 마음이 지배적인 내면의 부모가 주는 죄책감을 느끼는 대신 즐거워할 수 있도록 만들어 주기도 합니다.
8. 죄책감을 획득하십시오. 웃기는 소리처럼 들리겠지만, 어쨌든 여러분이 행복해지려면 내면의 부모인 양심을 거역할 수 있어야 합니다. 여러분은 죄책감이 느껴지더라도 자기가 옳다고 생각하는 일들을 행해야 합니다. 더 이상 죄책감이 여러분을 지배하도록

만들지 마십시오. 울타리를 세우십시오. 그런 다음에는 새로운 후원 집단이 여러분의 죄책감 해소에 도움을 줄 수 있도록 그들과 연합하십시오.
9. 여러분의 후원 집단 안에 거하십시오. 죄책감은 단지 여러분의 마음을 재훈련한다고 해서 금방 해소되는 것이 아닙니다. 여러분은 자신의 머리 속에 새로운 목소리를 내면화하기 위하여 새로운 관계를 맺어야 합니다.
10. 애도 때문에 놀라지 마십시오. 물론 슬픈 일이겠지만, 그래도 다른 사람이 그 과정을 통해서 여러분을 사랑할 수 있도록 내버려 두십시오.. 애통하는 이만이 위로를 얻을 수 있는 법입니다.

버림받을지도 모른다는 두려움 : 허공 속에 붕 떠 있음

제4장의 발달 부문에서, 울타리는 유대감이 형성된 뒤에 생겨난다고 했던 말을 기억하고 있겠지요? 하나님께서는 학습 과정을 이런 식으로 준비해 두셨습니다. 분리를 학습한다는 게 무섭다기보다 새롭고 재미있는 일이 될 수 있도록 하기 위해서는, 울타리를 학습하기 전에 먼저 아기들이 안전함을 느껴야 합니다. 긴밀한 관계를 맺고 있는 아이들은 자연스레 울타리를 세우게 되고, 또 다른 사람으로부터 떨어져 나올 수가 있습니다. 그런 아이들은 울타리 쌓기와 독립심 획득이 수반하는 위험을 감수할 수 있을 만큼 충분한 사랑을 내면에 품고 있습니다.

하지만 만일 안전한 유대감이 형성되어 있지 않다면, 울타리를 세우는 일이 너무나 끔찍한 일이 되고 말 것입니다. 버림받을지도 모른다는 두려움 때문에 파괴적인 관계 속에 그대로 머물러 있는 사람들이 많이 있습니다. 그런 사람들은 자기 입장을 고수할 경우 이 세상에 혼자 남겨지게 될까봐 두려워하고 있습니다. 그들은 울타리 때문에 혼자가 되느니, 차라리 울타리 없이 지금 그대로 관계를 맺고 사는 편이 더 낫다고 생각하고 있습니다.

울타리는 허공 속에 세워지는 것이 결코 아닙니다. 울타리는 안전한 사람들에 대한 긴밀한 유대감을 바탕으로 하여 세워집니다. 그렇지 않을 경우 울타리는 쉽사리 무너지고 맙니다. 만일 여러분이 사랑하고 있는 어떤 사람에게 울타리를 세운 다음 찾아갈 수 있는 친절한 후원 집단이 곁에 있다면, 여러분은 결코 혼자 있게 되지 않을 것입니다.

그리스도의 몸 안에서 하나님과 더불어 사랑 가운데 "뿌리가 박히고 터가 굳어지는" 것, 이것은 여러분이 울타리 쌓기의 위험을 감수해 내는 데 꼭 필요한 발달 연료입니다. 사람들은 대개 순종과 고립 사이에서 머뭇거리는 경우가 많습니다. 하지만 그런 행동은 건강에도 안 좋을 뿐더러 그리 오래 버틸 수도 없습니다.

우리는 병원 프로그램을 통해서, 파괴적인 행동 양식을 보이는 사람들은 경계를 세우지 못한다는 사실을 거듭 확인하였습니다. 진공 상태에서는 경계가 아무런 영향도 미칠 수 없기 때문입니다. 그들은 병원 프로그램을 통해 받은 도움을 이해함으로써, 이제까지는 한번도 해내지 못했던 힘든 일들을 할 수 있을 만큼 힘을 얻게 되었다고들 말합니다.

그게 쉬운 일이었다면, 진작에 마쳤을 겁니다

이 장은 예수님께서 경고하셨던 일종의 환난에 관한 내용을 담고 있습니다. "너희가 세상에서 시련을 당할 것이다. 그러나 용기를 내어라. 내가 세상을 이겼다"(요한복음 16장 33절). 예수님을 따르기 시작하는 순간, 여러분은 시련들을 만나게 될 것입니다─외부와 내부로부터 동시에 말입니다. 세상과 악마, 심지어는 여러분의 육체마저도 여러분이 잘못된 길로 걸어가도록 여러분에게 저항하고 압력을 가할 것입니다.

하지만 잘못된 길은 아무런 효과도 미치질 못합니다. 옳은 일을 행한다는 것이 비록 힘은 들겠지만, 예수님께서는 이미 우리에게 그 점에 관하여 경고하셨습니다. "생명으로 이끄는 문은 너무나도 좁다"(마태복음 7장 14절). 경건한 정체성을 확립하는 데에는 엄청난 용기와 각고의 노력이 필요합니다. 그리고 수많은 전투가 기다리고 있습니다.

여러분이 저항에 부딪힌다는 것은 지금 여러분이 반드시 해야 할 일을 하고 있다는 좋은 증거입니다. 그것은 그 만한 가치가 있는 일입니다. 성경의 명확한 메시지를 잊지 마십시오 : 저항에 부딪힌다 할지라도 끝까지 참고 견뎌내면 여러분은 큰 상을 받게 될 것입니다. "이것은 여러분이 믿음의 결과인 영혼의 구원을 받았기 때문입니다"(베드로전서 1장 9절). 야고보는 다음과 같이 말합니다. "나의 형제자매 여러분, 여러분이 여러 가지 시험에 빠질 때에, 그것을 더할 나위 없는 기쁨으로 생각하십시오. 여러분은 믿음의 시련이 인내를 낳는다는 것을 알고 있습니다. 여러분은 인내력을 충분히 발휘하여, 조금도 부족함이 없이 완전하고 성숙한 사람이 되십시오"(야고보서 1장 2-4절).

여러분에게도 이 같은 저항이 분명히 닥칠 것입니다. 나는 여러분에게 장담할 수 있습니다. 만일 저항이 없었다면, 그것은 여러분에게 이미 오래전부터 울타리가 형성되어 있었다는 말이 됩니다. 하지만 만일 저항이 닥친다면, 여러분은 그것을 성서적인 관점에서 바라보아야 합니다. 저항은 여러분의 형제자매——좀 더 나은 땅을 찾아서 신앙의 길을 따라 모험할 때에 수많은 고난에 부딪혔던 사람들—— 가 겪었던 기나긴 역사의 한 토막입니다. 이러한 여행에는 언제나 시련이 따라붙는 법입니다. 그러나 그와 동시에, 이 여행은 우리가 우리의 본분을 성실히 수행하기만 한다면, 어떠한 난관이라도 극복해 낼 수 있도록 이끌어 주시는 우리의 목자 예수님의 약속으로 가득 차 있기도 합니다. 그러므로 언제든지 최선을 다하십시오.

15
울타리 성공 측정 방법

진은 깜짝 놀라서 찻잔을 손에 쥔 채로 식탁 의자에 앉았습니다. 그것은 아주 낯설지만 유쾌한 감동이었습니다. 그녀의 마음은 이내 그날 아침에 있었던 사건으로 달려가고 있었습니다.

여덟 살짜리 아들 브라이언은 그날도 평상시처럼 잠 투정으로 하루를 시작하였습니다. 브라이언은 부루퉁해져서 입을 삐죽거리며 아침 식탁에 앉았지요. 그리고는 이렇게 선언을 하는 것이었습니다. "학교에 안 갈 거예요—누구도 나를 학교에 보낼 순 없을 걸요!"

보통 때 같았으면 진은 브라이언에게 학교에 가라고 열심히 타이른다거나 또는 절망 상태에서 화를 냈을 것입니다. 하지만 오늘 아침은 달랐습니다. 진은 그저 이렇게 말했을 뿐입니다. "그래, 네 말이 옳다, 얘야. 아무도 널 학교에 보낼 수는 없어. 네가 가는 쪽을 선택해야 가게 되는 거지. 그렇지만 이건 알아둬야 해. 학교에 가는 쪽을 선택하지 않는다면, 넌 하루종일 텔레비전 없이 네 방안에 앉아 있는 쪽을 선택하는 셈이 되는 거야. 자, 네 스스로 결정해야 돼. 지난 주에 그랬던 것처럼 말이야."

브라이언은 불끈하는 것 같더니 잠시 머뭇거렸습니다. 지금 브라이언은 식탁에 앉지 않으려 했다고 엄마가 자기를 방안에 가둬 놓고 저녁 식사도 주지 않았던 일을 떠올리고 있었습니다. 마침내 브라이언은 이렇게 말했습니다. "좋아요, 가겠어요— 하지만 좋아서 가는 건 아니라구요!"

"물론이지," 진은 브라이언의 말에 맞장구를 쳤습니다. "학교 같은 것들을 모두 다 좋아할 필요는 없어. 하지만 엄마는 네가 올바른 선택을 했다고 믿는단다." 진은 브라이언이 재킷 입는 것을 도와 주고는, 합승 장소로 걸어가는 아들의 모습을 집안에서 지켜보았습니다.

그로부터 10분도 채 안 됐는데, 남편인 제리로부터 전화가 걸려왔습니다. 남편은 오늘 아침 일찍 출근을 했었습니다. "여보," 그가 말했습니다. "일 끝나고 모임 있다는 사실이 이제야 생각났지 뭐야? 왜, 저번 땐 모임 끝나고 늦게 얼굴을 내밀었더니 아무 것도 안 남겨 두었잖아? 이번엔 음식 좀 남겨둘 수 있을 것 같애?"

진은 그만 웃음을 터뜨리고 말았습니다. "지난번엔 당신이 내게 전화로 알려 주질 않았잖아요? 미리 알려 줘서 정말 고마워요. 애들 먼저 저녁밥 먹일께요. 당신이랑 나는 나중에 같이 먹자구요."

아들은 학교에 가고, 그것도 짓궂은 태도로. 남편은 일정이 바뀐 걸 알려 주려고 전화를 다 하고. 와, 제가 지금 꿈을 꾸고 있는 것 맞죠, 주님?

진은 꿈을 꾸고 있는 것이 아니었습니다. 그녀는 지금 생애 최초로 삶 속에서 확고한 울타리를 세우고 지켜 온 데 대한 보답을 받고 있는 것이었습니다. 거기까지는 온갖 수고와 위험이 뒤따랐습니다. 하지만 그것은 그 만한 가치가 있는 일이었지요. 진은 의자에서 일어나 일을 하기 시작했습니다.

진은 자신의 울타리 작업이 삶 속에서 열매를 맺는 광경을 확실히 볼 수 있었습니다. 너무나도 명확한 증거가 있었습니다. 모든 것이 달라졌습니다. 그런데 어떻게 해서 진이 A 지점(울타리가 없는 삶)으로부터 B지점(성숙한 울타리)으로 이동할 수가 있었던 것일까요? 우리는 자신의 울타리 발달을 측정할 수가 있을까요?

그렇습니다. 순차적인 변화는 성숙한 울타리의 출현을 알려 줍니다. 우리는 그 변화들을 알고 있는 것이 좋습니다. 다음에 소개할 열한 가지 단계는 여러분이 자신의 성장을 측정할 수 있도록—— 여러분이 지금 어느 정도 발달했는지를 알 수 있도록—— 도와 줄 것입니다. 이 장은 성장 과정의 다음 단계로 나아가기 위한 지침서로 사용하셔도 될 것입니다.

1단계 : 분개 – 조기 경보

랜디는 가장 친한 친구 윌의 신랄한 빈정거림에 대하여 이제까지 한 번도 분노를 느끼지 못했습니다. 분노는 랜디에게 전혀 새로운 감정이었습니다. 그는 이제껏 농담의 대상이 되는 것을 편안하게 생각해 왔었습니다. '사람 좋은 랜디'는 유연한 태도로 충격을 완화시켰던 것입니다.

하지만, 교회에서 여러 사람이 지켜보는 가운데 윌이 다가와 "너, 작은 옷을 산 거냐—— 아니면 체중이 불어난 거냐?"고 물었을 때에는, 아무리 랜디라 하더라도 태연히 웃어넘겨 버릴 수가 없었습니다. 랜디는 친구에게 아무런 대꾸도 하지 않았습니다. 그러나 그 말은 랜디의 마음속에 깊숙이 자리를 잡았습니다. 랜디는 몹시 당황스러웠고 상처를 입었습니다. 이 말만큼은 그가 그토록 오랫동안 그래 왔던 것처럼 떨쳐내 버릴 수가 없었습니다.

 전에는 이런 일이 한번도 없었는데, 랜디는 이렇게 생각했습니다. 이번에는 왜 이런 걸까? 아마도 내가 너무 예민해지고 있나보다!

 여러분이 울타리를 발달시키기 시작했음을 알려 주는 최초의 증거들 가운데 하나는 자기 삶에서 공공연히, 그리고 부지불식간에 발생하고 있는 폭력에 대한 분개, 좌절, 또는 분노의 감정입니다. 마치 적군의 미사일이 접근해 오고 있음을 알리는 레이더처럼, 여러분의 분노 역시 여러분의 삶에서 울타리가 공격당하게 될 것을 경고해 줍니다.

 랜디는 갈등과 불일치를 대체로 회피해 버리는 가정에서 자라났습니다. 순종이 언제나 논쟁의 자리를 대신했습니다. 랜디는 삼십대 때 오랜 섭식 장애 때문에 병원을 찾았습니다. 그런데 치료자는 식이 요법과 운동 계획 같은 것은 뒷전으로 미루고, 그 동안 살아오면서 지배적인 사람들에게 어떤 식의 반응을 보였느냐고 하는 엉뚱한 질문을 던졌습니다. 랜디는 놀라지 않을 수 없었습니다.

 처음에 랜디는 지배적인 사람이 누구였는지조차도 알지 못했습니다. 하지만 얼마 동안 곰곰이 생각해 본 끝에, 그는 윌을 생각해냈습니다. 윌이 랜디를 못살게 굴고 있었던 것입니다. 윌은 친구들이 보는 앞에서 랜디에게 창피를 주고 있었습니다. 윌은 랜디를 당연한 것처럼 생각하고 있었습니다. 윌은 랜디를 이용해 먹고 있었습니다.

 그러한 기억들은 랜디의 마음속에 단순히 지적인 인상만 남겨준 것이 아니었습니다. 그런 기억들은 랜디에게 상처와 분노와 분개를 가져다주었습니다. 그 기억들은 랜디의 삶 속에서 울타리의 씨앗을 싹틔우고 있었던 것입니다.

 공격이나 조종이나 지배를 당했으면서도 분노를 표출할 줄 모르는 사람들은 아주 심각한 장애를 일으키게 됩니다. '경보등'이 전혀 없다는 것은 그들의 울타리에 문제가 있다는 것과도 같습니다. 이 경보등이 제대로 작동하려면, 여러분이 공격을 받게 되는 즉시 재빨리 불이 들어와야 합니다. 성경은 분노를 이렇게 설명하고 있습니다 : "주께서 모세에게 크게 노하셨다"(출애굽기 4장 14절) ; "그래서 주께서 이 땅을 보고 진노하셨다"(신명기 29장 27절). 분노는 여러분의 가슴속에 붙여지는 불과도 같은 것입니다. 분노는 여러분이 대결하는 데 문제가 있다는 사실을 알려 줍니다.

우리가 분노를 터뜨릴 줄 모른다는 것은 곧 우리에게 진실을 가르쳐 줄 분리를 우리가 두려워하고 있다는 증거입니다. 우리는 어떤 사람 때문에 자신이 불행하다는 사실을 입 밖으로 발설하면 그 사람과의 관계가 손상될까봐 두려워하고 있습니다. 그러나, 진실이 언제나 우리의 친구가 되어준다는 사실만 인정한다면, 우리는 스스로에게 분노를 허용할 수가 있을 것입니다.

그러므로 여러분은 대결해야 할 어떤 것을 이야기하기 전에, 아니 최초의 울타리를 쌓기 전에, 우선 여러분의 마음을 점검해 보아야 합니다. 스스로에게 물어 보십시오. "나는 다른 사람에게 지배를 당할 경우 스스로 분노를 느끼도록 허용하고 있는가? 나는 공격을 당할 때 그것을 알아챌 수 있는가? 나는 과연 조기 경보를 들을 수 있는가?" 만일 그렇다면 여러분은 길을 제대로 들어선 셈입니다. 하지만 만일 그렇지 않다면, 지금이야말로 진실을 이야기할 만한 안전한 장소를 찾아 나서기에 딱 좋은 시간이라고 할 수 있습니다. 차이점과 불일치점에 대하여 좀 더 정직해지면 해질수록, 스스로에게 분노를 허용하는 일도 훨씬 더 잘할 수 있을 것입니다.

2단계 : 취향의 변화 – 울타리 애호가에게 끌리게 됨

태미와 스코트가 교회를 옮기기까지는 꼬박 12개월이 걸렸습니다. 그들은 지난해에 있었던 일을 돌이켜 보았습니다.

그 둘은 몇 년 전 결혼을 하고서부터 그 교회에 죽 출석했습니다. 그 교회는 교리적으로도 올바르고 교우 관계도 매우 활동적인 그런 교회였습니다. 하지만 결코 사라지지 않는 문제가 한 가지 있었으니, 그것은 바로 교회 행사에 참여하는 데 대한 교인들의 태도였습니다. 그 교회 교인들은 밤 예배를 위한 성가대 특별 찬양에서부터 매주 성경공부에 이르기까지, 온갖 모임에 빠짐없이 참석하는 것을 제일 중요하게 생각하고 있었습니다.

그래서 스코트와 태미가 모임에 불참해야 할 사정이라도 생길라치면 한바탕 갈등이 빚어지곤 했습니다. 둘은 옛친구들이 먼 곳에서 자기들을 찾아왔던 날 밤의 일을 떠올렸습니다. 태미는 성경공부 모임의 회장인 재니스에게 전화를 걸어 그날 저녁 모임에 나갈 수 없노라고 말했습니다.

"여기 임원회에 문제가 있는 것 같아요, 태미," 재니스가 대답했습니다. "우리가 태미에게 조금이라도 의미를 지닌 존재라면 여기로 오는 쪽을 택했겠죠. 하지만 가서 태미가 해야 할 일을 하도록 하세요."

태미는 화가 치밀었습니다——그리고 그녀는 상처를 입었습니다. 재니스는 태미가 그날 밤 친구들과 외출하길 원한다는 이유만으로 그녀에게 수치심을 안겨 주었던 것입니다. 결국 그 부부를 다른 교회로 옮겨가게 만든 장본인은 바로 그 성경공부 모임, 다시 말해서 '아니오'라는 말을 이해할 줄 모르는 그 모임의 무능력이었습니다.

1년이 지난 지금, 태미와 스코트는 자기들의 결정에 만족하고 있습니다. 물론 지금 다니는 교회의 교우들도 역시 대화와 활동이 많고, 참여를 지극히 중요시하는 사람들이지만, 혹시나 회원들이 이러저러한 이유로 모임에 나가지 못하게 될 경우에도, 그들은 전혀 판단이나 비난을 하지 않기 때문입니다.

"얼마나 대조적인지 알아?" 스코트가 태미에게 물었습니다. "어제 마크에게 전화를 했었거든. 우리 남전도회가 주관하는 아침기도회의 회장, 마크 말이야—난 그 때 로스앤젤레스발 야간 비행기편을 막 타려는 중이었어. 마크에게 말했지. 아침 시간까지 한번 맞춰서 가보겠다고 말야. 그런데 그가 뭐라고 말한 줄 알아? '도대체 지금 전화통 잡고 뭐하고 있는 거예요? 빨리 침대 속으로 들어가 한숨이라도 눈을 붙여야죠!' 그렇게 이해를 해주니 다음 번엔 꼭 가야겠다는 생각이 절로 들더라구."

한때는 스코트와 태미 둘 다 저번에 다니던 교회의 태도가 옳다고 생각한 적이 있었습니다. 심지어 그들은 다른 사람이 자기들의 '아니오'를 이해할 수 있다는 사실조차도 까맣게 모르고 있었습니다. 이제 일년이 흐른 지금, 그들이 다시 그 상황으로 돌아간다는 것은 상상도 할 수 없게 되었습니다.

경계 세우기 능력이 아직 성숙하지 못한 사람들은 종종 '울타리 파괴자'와 연루되어 있는 자신을 발견하게 됩니다. 이 파괴자들은 가족 가운데 한 사람일 수도 있고, 동료나 배우자나 교우나 친구들 가운데 한 사람일 수도 있습니다. 그런 사람들에게는 울타리 갈등이 지극히 정상적인 것처럼 비칩니다—그렇기 때문에 그들은 자기 자신이나 다른 사람에 따라 발생하는 파괴를 미처 깨닫지 못하는 것입니다.

그렇지만, 울타리가 손상된 개인이 자신의 울타리를 발달시키는 일에 착수할 경우에는 변화가 발생합니다. 그들은 비판 없이 자기들의

'아니오'를 들어 줄 수 있는 사람들에게 끌리게 됩니다. 상처받는 일도 없어집니다. 그것을 개인화하는 일도 없어집니다. 조종이나 지배의 형태로 자기 울타리를 쇠퇴시키는 일도 없어집니다. 사람들은 그들에게 이런 식으로 간단하게 말할 것입니다. "알았어요—— 당신이 보고 싶을 거예요. 다음 번에 봐요."

　이러한 변화의 원천은 하나님께서 우리를 창조하신 방법 속에 이미 숨어 있습니다. 우리는 한 가지 기본적인 이유 때문에 자유로운 존재로 창조되었습니다 : 하나님과 사람을 사랑하는 것, 하나님과 사람에게 의미심장하게 다가서는 것이 바로 그 이유입니다 : "이 모든 것 위에 사랑을 더하십시오. 사랑은 온전하게 묶는 띠입니다"(골로새서 3장 14절). 이 같은 근본적인 사실이 우리 마음속 가장 깊숙한 곳에 깔려 있습니다. 그리고 우리가 자유롭게 경계를 정할 수 있을 만한 관계를 발견하게 되는 순간, 뭔가 근사한 일이 발생하게 되는 것이지요. 우리는 '아니오!'라고 말할 수 있는 자유 이외에도 다른 사람에게 전심으로, 아무런 갈등 없이, 감사한 마음으로 '예!'라고 말할 수 있는 자유까지 얻게 됩니다. 우리는 자연히 울타리를 사랑하는 사람들에게 끌리게 됩니다. 그들 가운데 있을 때 우리는 정직하고, 믿을 만하고, 사랑이 가득 찬 사람이 되어도 좋다는 허가를 받을 수 있기 때문입니다.

　울타리가 손상된 사람의 눈으로 보면, 확고하게 '아니오'라고 말할 수 있는 사람들이 때로는 무뚝뚝하고 냉정하게 비칠 것입니다. 하지만 그 사람의 울타리가 확고해짐에 따라, 그 무뚝뚝하고 냉정한 것 같던 사람들도 애정이 넘치고 참신하고 정직한 사람들로 바뀌기 마련입니다.

　우리는 긴밀하고 의미 깊은 애착감을 가지고 울타리 애호가들과 연대해야 합니다. 울타리는 결코 허공 속에서 발달할 수 없습니다. 우리가 이 울타리 애호가들에게 도움과 이해를 청하는 관계를 맺게 될 때, 하나님께서도 그들을 통하여 우리에게 경계 세우기라는 엄청난 일을 해낼 수 있을 만한 은총과 힘을 부어 주실 것입니다. 이처럼 울타리를 지닌 개인들에게 끌리는 마음은 하나님에게까지 확장됩니다. 어떤 사람들은 자신이 구약성서에서 읽었던 거룩하고 공정한 하나님이 그다지 나쁘거나 두려운 존재가 아니라고 하는 사실도 확인할 수 있을 것입니다. 그 분 역시 매우 확고한 울타리를 지니고 계신 것뿐이니까요 : "하늘이 땅보다 높듯이, 나의 길은 너희의 길보다 높으며, 나의 생각은 너희의 생각보다 높다"(이사야 55장 9절).

3단계 : 가족과의 연대

우리는 울타리가 흐릿한 사람들로부터 좀더 분명한 경계를 지니고 있는 사람들에게로 취향이 변하는 자신을 발견하게 될 때, 울타리가 확실하게 세워져 있는 사람들과 긴밀하고도 의미깊은 관계를 발달시킬 수가 있습니다. 우리는 현재 우리가 맺고 있는 관계들 속에서, 울타리를 발달시킨다거나 또는 투자를 해도 좋을 만한 새로운 애착을 발견할 수가 있습니다. 아니면 이 두 가지를 한꺼번에 할 수도 있구요. 이것이야말로 울타리 발달에서 가장 중요한 측면이라고 할 수 있습니다.

울타리가 세워진 가족과 연대하는 것이 중요한 까닭은 무엇일까요? 가장 주된 이유는 바로 어떠한 영적 훈련을 쌓는다 할지라도 울타리란 것은 결코 허공 속에서 작용하지 않는다는 사실에 있습니다. 우리에게는 다른 사람들이 필요합니다. 경계를 세우는 일에 우리처럼 성서적인 가치를 부여하고 있는 사람들, 그리고 우리를 격려해 주고, 우리와 함께 연습해 주고, 우리 곁에 머물러 줄 책임을 지닌 그런 사람들이 필요한 것입니다.

웨인은 자신의 변화를 도저히 믿을 수가 없었습니다. 지난 몇 달 동안 그는 자기에게 직장에서의 울타리가 결핍되어 있다고 하는 사실을 실감할 수가 있었습니다. 다른 직원들이 정시에 다 퇴근하고 난 다음에도, 웨인은 자주 남아서 늦게까지 일해 달라는 부탁을 받았었습니다. 물론 그는 사장에게 자기 주장을 펼치고 싶었습니다. 그는 자신의 직장 경계선이 점점 더 조여들고 있으며 점점 더 현실적인 것이 되어가고 있다는 사실을 사장에게 알려 주고 싶었습니다. 하지만 막상 상사에게 다가갈 때마다 어떤 불안이 그의 혀를 얼어붙게 만들었고 그를 침묵하게 만들었습니다.

웨인은 굳건한 직장 울타리를 발달시키는 일에 그만 절망하지 않을 수 없었습니다. 바로 이 무렵, 그는 교회의 후원 집단에 참여하게 되었습니다. 이 집단과 관계가 깊어지면서 그는 그 구성원들을 신뢰할 수 있게 되었습니다. 그리고 마침내 그는 자기의 상사와 나란히 앉아 시간외 근무로 인한 갈등을 해결해낼 수 있을 정도로 충분히 그 후원 집단과 정서적으로 '친밀해질' 수 있었습니다. 직장에서 진실을 말하기 위하여 필요한 힘을 웨인에게 준 것은 다름 아닌 그 집단의 안전과 후원이었던 것입니다.

예수님께서는 우정이란 두세 사람이 당신의 이름으로 모이는 것이라고 정의 내리시고, 바로 그들 한가운데 당신도 거하실 것이라고 말씀하셨습니다(마태복음 18장 20절). 우리가 확고한 울타리를 세울 수 있도록 도와주는 것은 바로 이러한 성령과의 연합, 그리고 우리를 신뢰해 준 사람들에 대한 정서적인 기억들입니다. 왜냐구요? 그것은 어딘가에 우리의 영적이고 정서적인 고향이 존재한다는 사실을 우리가 알고 있기 때문입니다. 아무리 혹독한 비판이 우리에게 가해진다 할지라도, 그리고 우리와 갈등 관계에 있는 사람들의 반대가 아무리 거세다 할지라도, 우리는 결코 혼자가 아닙니다. 바로 이 사실이 울타리가 세워진 세계의 온갖 차이점을 만들어 내는 것입니다.

4단계 : 우리의 보물을 소중하게 간직하기

은혜와 진리(요한복음 1장 17절)가 선한 것이라고 믿는 사람들 곁에 있는 것이 안전하게 느껴진다면, 그것은 여러분의 가치관이 변화하기 시작했음을 알려 주는 증거와도 같습니다. 이제 여러분은 자기를 책임지는 것이 건전하다는 사실을 깨닫게 될 것이며, 다른 사람을 책임지는 것은 파괴적인 행위라는 사실 또한 이해할 수 있게 될 것입니다.

아주 오랫동안 물건 취급을 받아온 사람들은 자기를 다른 어떤 사람의 소유물로 생각하게 됩니다. 그런 사람들은 자기를 책임지는 일에 별다른 가치를 부여하지 않습니다. 그것은 다른 중요한 사람들이 그들과 관계를 맺었던 것하고 똑같은 방법으로, 그들이 자기 자신과 관계를 맺고 있기 때문입니다. 대다수 사람들은 자기 영혼을 돌보고 지키는 일이 지극히 이기적이고 그릇된 행위라는 소리를 자주 들으면서 자라났습니다. 그리고 얼마 동안 그들은 이 말을 철썩 같이 믿었습니다. 그런 시점에서는 감정도, 재능도, 생각도, 태도도, 행동도, 몸도, 그리고 하나님께서 그들에게 맡기신 자원도 전혀 돌볼 가치가 없는 것으로 생각될 수밖에 없습니다.

성경에서도 이 원칙을 우리에게 가르치고 있습니다 : "우리가 하나님을 사랑함은, 하나님께서 우리를 먼저 사랑하여 주셨기 때문입니다"(요한1서 4장 19절). 다시 말해서, 우리가 먼저 사랑을 받았기 때문에 사랑을 베풀어야 한다는 의미입니다. 우리가 내면적으로 은총을 발달시킬 수 있기 위해서는, 먼저 우리 외부에서 은총이 주어져야 합니다. 이 말을 뒤집어서 생각해 보면, 우리가 사랑을 받지 못할 경우 사랑을 베풀 수도 없다는 말이 됩니다. 그리고 좀 더 깊이 생각해 보면, 우리 영혼이 가치있고 소중한 것으로 대접받지 않는 한, 우리도 우리 영혼을 가치있는 것으로 여기고 소중히 다룰 수 없다는 말이 되는 거지요.

이것은 아주 중요한 원칙입니다. 우리 자신에 관한 기본적인 감각 능력, 그리고 우리에게 무엇이 진실이고 현실인지에 관한 감각 능력은 우리의 중요하고 원초적인 관계에서부터 비롯됩니다. 바로 이런 이유 때문에, 아동기 때 사랑을 받지 못하고 자라난 사람들은 대개가 성인이 된 다음에도 자기를 돌봐 주는 사람들에게 둘러싸인 채 자신은 쓸모 없고 사랑스럽지 못한 존재라는 뿌리깊은 인식을 떨쳐 버릴 수가 없는 것입니다. 아무리 많은 사람들이 그들에게 사랑스럽다는 사실을 깨우쳐 주려고 노력할지라도 말이죠.

헬렌은 아주 어렸을 때 아버지로부터 성폭행을 당한 경험이 있는 여성입니다. 그 사건 때문에 헬렌은 몹시 큰 충격을 받았지만, 가족에게 그 사실을 숨기려고 무던히도 애를 썼습니다. 가정이 무너지는 것을 막기 위해서였습니다. 그렇지만 십대에 들어서면서부터 헬렌은 무심코 자기 가족의 문제를 '사실대로 털어놓기' 시작했습니다. 단, 말은 사용하지 않고 말이죠. 헬렌은 아주 어린 나이 때부터 성적으로 문란한 생활을 해왔던 것입니다.

이제 성인이 된 헬렌은, 치료 과정 도중에 떠들썩했던 자신의 십대 시절을 다음과 같이 회고하였습니다. "남자애들의 얼굴조차도 기억에 없어요. 내가 아는 것이라곤 그저 누군가가 나에게서 무엇을 원하고 있다는 것뿐이었으니까요. 난 그걸 그 사람에게 주는 것이 내 의무라고 생각했어요— 단지 그들이 그걸 원하고 있다는 이유 하나 때문에요! 그러니까 난 그 문제에 관한 한 결정권이 전혀 없다고 생각했던 거예요."

헬렌은 자신의 가장 아름다운 면을 소중히 여기고 아껴 주어야 할 의무가 있었던 사람들 가운데 그 누구로부터도 소중한 존재로 대접을 받지 못하고 자랐습니다. 그 결과 헬렌은 자기 자신을 소중하게 생각하지 못하는 사람이 되고 말았습니다. 헬렌은 누구든지 요구하기만 하면 거절하지 않고 성관계를 맺었습니다. 헬렌은 하나님께서 주신, 그래서 스스로 보호하고 발달시켜야 했던 자신의 몸과 감정이 "극히 값진 진주"(마태복음 13장 46절)라는 사실을 전혀 깨닫지 못하고 살아 왔습니다.

그리스도인들이 자기 자신을 하나님의 형상(이 하나님의 형상에 관한 설명은 저마다 조금씩 다릅니다)으로 대하고, 회복시키고, 발달시키는 일에 가치를 부여하기 시작하면 변화가 일게 됩니다. 그들은 하나님의 투자(마태복음 25장 14-30절에 있는 달란트의 비유를 생각해 보십시오)에 이자까지 얹어서 갚아드리고픈 열망을 갖게 됩니다. 이제는 자기 자신을 돌보는 일이 아주 중요해집니다.

어느 날 스티브가 몹시 흥분한 상태로 나를 찾아왔습니다. 그는 여간해선 정서적으로 흥분하지 않는 사람이기 때문에, 나는 뭔가 아주 중요한 일이 벌어지고 있다는 사실을 금방 눈치챌 수 있었습니다. 그는 내 앞에서 성경을 펼쳤습니다. 그리고는 고린도전서 8장 11절 말씀을 읽었습니다 : "그러면 그 약한 신도는 여러분의 지식 때문에 망합니다. 그리스도는 그 약한 신도를 위해서도 죽으셨습니다."

"뭔가가 제 안에서 진행되고 있어요," 스티브가 말했습니다. "여러 해 동안 저는 이 본문을 읽을 때마다 죄책감을 느끼곤 했었거든요. 꼭 제가 연약한 그리스도인들을 죄 가운데로 이끌고 있다고 비난하는 말처럼 들렸기 때문이에요."

"글쎄요, 그렇게 들릴 수도 있겠지요," 나는 이렇게 대답했습니다. "하지만 이젠 뭔가 다른 점을 깨달은 것 같군요."

"맞아요," 스티브가 말했습니다. "이젠 나 자신도 '그리스도께서 위하여 죽으신 한 형제'라는 사실을 깨닫게 되었지요. 그 말은 제가 제 자신을 마치 남인 것처럼 조심스럽게 대하고 관심있게 지켜보아야 한다는 뜻이겠죠. 하나님께서 당신 자신에 관하여 생각하고 있는 바랑 저에 관하여 생각하고 있는 바 사이에는 아무런 차이점도 없어요."

스티브는 신학적으로 아주 중요한 사실을 깨닫게 되었습니다. 오랜 세월 동안 그리스도인들은 자신의 영적인 소유물과 정서적인 소유물을 보호하는 것이 지극히 이기적인 행동이라고 배워 왔습니다. 하지만 하나님께서는 다른 사람을 사랑하는 이들에게 관심을 갖고 계시며, 자기 내부에 사랑을 받아들여 본 적이 없는 사람은 결코 다른 사람을 사랑할 수가 없습니다.

여러분은 스티브와 비슷한 경험을 해본 적이 있는지요? 도움을 받아들이고, 자기-보호법을 익히고, 성서적 울타리를 세우는 일이 여러분에게도 중요한 의미를 지니고 있는지요? 만일 그렇지 않다면, 튼튼한 경계를 발달시켜야 하는 힘든 작업을 여러분이 해낸다는 것은 아주 불가능한 일이거나, 또 가능하다 하더라도 무척 어려운 일이 될 것입니다. 여러분은 굳건한 울타리를 제대로 이해해 줄 만한 사람들 곁에서 얼마 동안 시간을 보내야 할 것입니다. 그리고 그들로부터 본을 받아야 할 것입니다.

이 같은 원칙은 시편 기자의 말을 통해서도 입증되고 있습니다. "그 무엇보다도 너는 네 마음을 지켜라. 그 마음이 바로 생명의 근원이기 때문이다"(잠언 4장 23절). 우리는 우리 마음(우리의 보물 창고)을

'잘 지켜보고' 있을 때라야 그것을 보호할 수가 있습니다. 우리의 보물을 안전하게 지키기 위해선 그것을 소중하게 다룰 줄 알아야 합니다. 우리에게 소중하지 않은 것이라면 우리가 그것을 지킬 리가 만무하니까요. 고물 수집장에 두는 것보다 은행에 두는 것이 훨씬 더 안전하지 않겠어요?

여러분의 '보물' 목록을 한 번 작성해 보세요: 여러분의 시간·돈·감정·신앙 등 말이에요. 여러분은 다른 사람들이 여러분의 보물을 어떻게 다뤄 주길 원하십니까? 여러분은 다른 사람들이 여러분의 보물을 어떤 식으로 취급하지 않길 바라십니까?

5단계 : 갓난아기의 '아니오'를 연습하기

모두가 입을 다물고 있었습니다. 장래의 일들에 관하여 많은 것들을 생각하게 해주는 강의를 여러 차례 듣고 난 지금, 쉐린은 생전 처음으로 그 모임의 다른 회원에게 경계를 세우려 하고 있었습니다. 그 모임의 모든 구성원들은 숨죽여 기도하면서, 쉐린이 진실을 말하는 사람이 될 수 있기를 기대하고 있었습니다.

지금 막 나는 쉐린에게 지난 몇 차례의 강의 동안에 자신을 화나게 한 회원이 있으면 직접 말해 보라고 요청했던 것입니다. 쉐린은 약간 두렵기도 한 것 같았지만, 될 수 있는 대로 노력해 보겠다고 동의했습니다. 처음에 그녀는 아무 말도 하지 못했습니다. 지금 그녀는 한껏 용기를 끌어 모으고 있는 모습이 역력했습니다. 조금 후에 그녀는 천천히 자기 옆자리에 앉아 있는 여자를 돌아다보며 말했습니다. "캐롤린, 어떻게 말해야 할지 도무지 모르겠지만, 어쨌든 한번 말해 볼께요. 당신이 이 방에서 가장 좋은 의자에 앉아 있을 때마다 난 사실 괴로워요." 말을 마친 쉐린은 재빨리 머리를 홱 숙였습니다. 캐롤린이 반박해 올 것을 기다리면서 말이지요.

하지만 아무런 반박도 없었습니다. 적어도 쉐린이 기대했던 그런 식의 반박은 전혀 없었습니다.

"당신이 무슨 말인가 해주길 기다리고 있었어요," 캐롤린이 설명했습니다. "당신이 날 멀리한다는 사실을 눈치채고 있었거든요. 도무지 왜 그런지를 알 수가 없었는데, 이렇게 말해 줘서 이젠 알 수 있게 되었어요. 이제는 당신이 좀 더 가깝게 느껴지는군요. 당신은 나와 대면하는 위험을 감수했어요. 누가 알았겠어요──내가 의자 때문에 당신과 팔씨름을 하고 있었을 줄!"

이것이 너무 사소한 일처럼 생각되나요? 결코 아닙니다. 쉐린은 경계를 세우는 일에 관하여 죄책감을 느끼게 만드는 어머니와, 감히 반대를 할 경우 분노의 발작을 일으키는 아버지 밑에서 자라났습니다. 그런 가정 환경 속에서 자라난 그녀가 이참에 엄청난 모험을 감행하였던 것입니다. 불안과 우울증이 그녀의 삶을 지배로부터 비틀어 떼어놓기까지, 그녀에게 울타리란 전혀 문제가 되지 않는 것이었습니다. 쉐린이 울타리 작업을 시작하기에 가장 적합한 장소가 바로 치료 집단이었던 것도 모두 그런 이유에서였습니다.

정서적인 울타리를 쌓는 일에서 성장할 수 있으려면 어쨌든 과거의 상처를 참작해야 합니다. 그렇지 않을 경우, 여러분은 충분히 단단해진 울타리를 갖기도 전에 자칫 엄청난 실패를 맛볼 수도 있습니다.

"이런 울타리 교육은 전혀 효과가 없습니다," 프랭크가 치료 강의 시간에 불평을 늘어놓았습니다.

"왜 그렇게 생각하지요?" 내가 물었습니다.

"들어 보세요, 이제까지 사람들에게 경계를 쌓지 못하고 살아왔다는 사실을 깨닫자마자, 바로 그날로 저는 아버지께 전화를 걸어 비난을 퍼부었습니다. 그런데 아버지가 어떻게 하셨는지 알아요? 전화를 툭 끊어 버리는 거였어요! 이건 정말 대단한, 너무도 대단한 일이었지요. 울타리가 사태를 호전시키기는커녕 오히려 악화시켰단 말입니다."

프랭크는 지나치게 열심인 아이와도 같습니다. 너무 참을성이 없어서 새 자전거에 연습용 바퀴도 달지 못하게 하는 그런 아이 말입니다. 그는 여러 차례 넘어지고 무릎을 다친 다음에야, 비로소 바퀴를 몇 발자국 돌릴 수 있다고 하는 가능성을 즐길 수 있게 됩니다.

여러분이 이 단계를 통과하는 데 도움을 줄 수 있는 몇 가지 조언을 싣자면 다음과 같습니다. 여러분의 후원 집단이나 아주 절친한 친구들에게, 여러분이 그들을 상대로 울타리 작업을 해도 되겠느냐고 먼저 물어 보십시오. 그들은 여러분이 털어 놓은 진실에 대한 반응을 통해서 자신들의 진정한 가치를 증명해 줄 수 있을 것입니다. 그들은 여러분이 반대 의견을 내놓거나 대면을 해올 수 있도록 따뜻하게 용기를 북돋아줄 수도 있을 것이고, 아니면 여러분에게 저항할 수도 있을 것입니다. 어느 쪽이든 간에, 여러분은 뭔가를 배우게 될 것이 틀림없습니다. 도움을 주는 친밀한 관계는 상대방의 '아니오'를 소중히 여기는 관계입니다. 그러한 관계의 구성원들은, 진실로 친밀한 관계란 반대할 수 있는 자유 안에서만 성립된다고 하는 사실을 잘 알고 있습니다 : "미움을 감추는 사람은 거짓말하는 사람이다"(잠언 10장 18절). 여러분의 '아니오'를 존중해 줄 수 있는 사람, 여러분이 '아니오'라고 말해도 여전히 여러분을 사랑해 줄 수 있는 사람들을 상대로 여러분의 '아니오'를 연습하십시오.

6단계 : 죄책감을 누리기

조금 이상하게 들리겠지만 자책감, 그러니까 여러분이 경계를 세우는 과정에서 어떤 중요한 규칙을 범했다고 하는 인식은 종종 여러분이 울타리를 지닌 사람으로 변해 가고 있다는 사실을 보여 주는 증거일 수가 있습니다. 어디까지가 자신의 성서적 책임이고 어디부터가 아닌지를 진실하게 이야기할 수 있게 되었을 때, 대부분의 사람들은 심각한 자기 비판을 경험하게 됩니다. 왜 그런 걸까요? 노예 제도와 자유의 맥락에서 이 질문에 대한 답을 한 번 찾아보기로 합시다.

울타리가 손상된 개인은 노예와도 같습니다. 그들은 스스로 가치가 있는 결정을 내리고자 갖은 애를 다 쓰지만, 결국은 다른 사람들의 바람을 자기에게 반영시켜 버리고 마는 경우가 아주 많습니다. 그리고 그들은 비록 도움을 주는 울타리 애호가들에게 둘러싸여 있을지라도 여전히 경계를 세우는 일로 곤란을 겪고 있는 경우가 허다합니다.

여기에서 피의자는 연약한 양심, 또는 지나치게 활동적이고 성서적이지 못하게 가혹한 내면적 판단이라고 볼 수 있습니다. 물론 우리에게는 내면적 '평가'가 필요합니다. 그것은 우리가 옳은 것과 그른 것을 구별할 수 있도록 도와줍니다. 그런데 많은 사람들의 경우, 극단적으로 자기 비판적인—게다가 부정확하기까지 한—양심을 메고 다닙니다. 그런 사람들은 법을 어긴 적이 없는데도 자기가 법을 어기고 있다고 생각하는 경우가 많습니다.

이같이 지나치게 활동적인 판단 때문에, 울타리가 손상된 사람의 경우에는 경계를 세우기가 무척 어려울 때가 많습니다. "너, 지금 너무 가혹하게 구는 거 아냐?"라든가, 또는 "어떻게 네가 그 모임에 안갈 수가 있니? 그건 정말 이기적인 발상이야!" 같은 질문이 끝도 없이 제기됩니다.

투쟁가가 실제로 한두 가지의 경계를 세우게 되었을 때──아무리 사소한 것이라 할지라도──벌어질 혼란은 여러분도 쉽게 상상해 볼 수 있을 것입니다. 양심의 비현실적인 요구가 관철되지 않을 경우, 양심은 더욱 더 과속을 하게 됩니다. 정직한 울타리에 대한 이 같은 반항은 내면의 부모인 양심의 지배에 대한 위협입니다. 이것은 그 사람이 자기가 할 일과 하지 않을 일을 솔직히 말하지 못하도록, 영혼을 힘있게 공격합니다.

그런데, 묘하게도 이 적개심에 불타는 양심을 활성화하는 것은 영적인 성장을 알려 주는 하나의 신호가 됩니다. 다시 말해서 그것은 여러분이 비성서적인 제지에 항거하고 나섰다는 증거인 셈입니다. 만일 양심이 침묵을 지킨 채 '네가 어떻게 그럴 수 있었지?' 식의 죄책감을 부추기는 메시지를 전혀 제공해 주지 않는다면, 그것은 여러분이 아직도 내면의 부모에게 매어 있다는 사실을 뜻하는 것일 수도 있습니다. 바로 그 때문에 우리는 여러분에게 죄책감을 누리라고 격려하는 것입니다. 죄책감은 여러분이 앞으로 나아가고 있음을 보여 주는 증거입니다.

7단계 : 성숙한 '아니오'를 연습하기

다음과 같은 질문들에 관하여 잠시 생각해 보기로 합시다 : 가장 심한 여러분의 '울타리 파괴자'는 누구입니까? 여러분의 삶 속에서 경계를 정하기가 가장 어려운 사람은 누구입니까? 적어도 한 사람 이상은 다들 떠오를 것입니다. 이 7단계는 여러분이 그 사람들과 맺고 있는 지극히 까다롭고, 대립적이고, 무서운 관계를 취급하는 단계입니다. 이러한 관계를 바로잡는 것이야말로 우리가 울타리를 지닌 사람이 되려는 가장 큰 목적이라고 볼 수 있습니다.

이것이 두 번째가 아니라 일곱 번째 단계에 속한다는 사실은, 이제까지 우리가 공들여 왔던 숙제와 연습을 확인하는 과정이 얼마나 중요한 것인가를 뒷받침해 줍니다. 중요한 사람들에게 중요한 경계를 정하는 것, 이것은 각고의 노력과 성숙을 통해서만 얻을 수 있는 열매입니다.

여기에서 중요한 것은 우리의 목표를 결코 혼동해서는 안 된다는 것입니다. 울타리가 손상된 그리스도인들은 자칫 중요한 영역들에다 경계를 세우고 다시 한 번 삶을 안정시키는 것이 이 일의 목적이라고 생각하기가 쉽습니다. 어쩌면 그들은 "이젠 엄마에게 '아니오'라고 말할 수가 있어!"라든가, "남편이 술 마시는 데 대하여 경계를 세울 수가 있게 됐어!"라고 말할 수 있는 그날을 위하여 살아가고 있는지도 모릅니다. 물론 이런 종류의 대면들도 무척 중요한 것은 사실입니다(마태복음 18장 15-20절을 보면, 예수님 역시 이런 것들에 관하여 언급하고 계십니다). 하지만 이런 것들은 결코 울타리를 학습하는 궁극적인 목표가 될 수 없습니다.

우리의 진정한 목표는 바로 성숙입니다——하나님을 본받아, 성공적으로 사랑을 베풀 수 있는 능력과 성공적으로 일할 수 있는 능력을 갖게 되는 것이 바로 우리의 진정한 목표인 것입니다. 우리가 그리스도를 좀더 닮기 위하여 노력하는 이유도 바로 여기에 있습니다 :

사랑하는 여러분, 이제 우리는 하나님의 자녀입니다. 앞으로 우리가 어떻게 될지는 아직 밝혀지지 않았습니다만, 그리스도께서 나타나시면, 우리도 그와 같이 될 것임을 압니다. 그 때에 우리가 그를 참 모습 그대로 뵙게 될 것이기 때문입니다(요한1서 3장 2절).

울타리는 쌓는 것은 성숙으로 가는 길목에서 아주 중요한 부분을 차지합니다. 우리는 울타리를 쌓을 때까지 결코 진정으로 사랑을 베풀 수가 없습니다—사랑을 베푼다 하더라도 그것은 순종이나 죄책감에서 우러나온 것일 수밖에 없습니다. 또한 울타리가 없다면 우리는 직장에서도 진정으로 생산적인 인물이 될 수 없습니다 ; 우리는 그저 다른 사람들의 일정을 좇아가기에만 너무 바쁜 나머지, 두 마음을 품어 모든 행동에 안정이 없는 이(야고보서 1장 8절)가 되고 맙니다. 우리의 목표는 울타리가 있는 성격 구조를 갖추는 것, 자기 자신과 다른 사람에게 시기 적절하게 경계를 세울 수 있는 성격 구조를 갖추는 것입니다. 내적인 울타리를 갖추고 나면, 세상에 대한 울타리도 자연히 세워집니다 : "무릇 그 마음의 생각이 어떠하면 그의 사람됨도 그러하다"(잠언 23장 7절).

분명하고 정직하고 목표 지향적인 성격 구조를 발달시키는 것이 이 단계에서 해야 할 일입니다. 지금까지 내내 우리는 각고의 노력과 연습으로 이 놀라운 '아니오'를 준비해 왔습니다.

때로는 이 '아니오'가 위기를 불러일으킬 수도 있습니다. 여러분에게 소중한 사람이 화를 낼 수도 있습니다. 아니면 상처를 입을 수도 있고, 매도당할 수도 있습니다. 진실은 관계의 단절을 드러낼 수도 있습니다. 이미 갈등과 불일치는 존재하고 있습니다. 울타리는 그저 이 갈등과 불일치를 외부로 표출시킬 뿐입니다.

기도하는 마음으로, 여러분에게 소중한 관계들을 목록으로 작성하십시오. 그리고 이 관계들 속에서 어떤 보물들이 침해를 당하고 있는지 표시하십시오. 이 보물들을 지켜내기 위하여 특별히 필요한 울타리는 어떤 것입니까?

8단계 : 죄책감이 없는 상태를 누리기

앞에서 살펴본 여섯 번째 단계는, 여러분이 울타리를 지닌 존재로 나아가기 위하여 첫걸음을 내딛는 순간, 지나치게 활동적이면서도 연약한 양심의 거센 저항에 부딪히게 될 것이라는 점을 시사해 주는 것이었습니다. 그렇지만, 끊임없는 노력과 적절한 도움을 통해서 죄책감은 이내 사라지게 됩니다. 그리고 우리는 더욱 더 "깨끗한 양심에 믿음의 비밀을 간직한 사람"(디모데전서 3장 9절)이 될 수 있습니다.

여러분은 영적으로나 정서적으로나 충성의 대상을 바꿨으므로, 이제 여덟 번째 단계를 밟을 수가 있게 되었습니다. 여러분은 이제 자기 내면의 부모 말에 귀를 기울이는 것에서부터 사랑과 책임과 용서의 성서적 가치에 반응하는 것으로 변화를 이룩하였습니다. 그리고 이러한 가치는 이것을 이해해 주는 사람들과의 많고 많은 관계 경험들을 통해서 여러분의 마음속에 내면화되었습니다. 여러분의 마음속에는 이제 비판적인 양심이 아니라 자기 발전을 위한 자리가 마련되어 있습니다. 여러분의 마음속에는 이제 사랑이 넘치는 진실한 사람들에 관한 정서적 기억들이 자리를 잡게 되었습니다.

남편의 장광설에 대하여 맞대면을 펼치면서, 에벌린은 자기 내부에서 뭔가 변화가 일어나고 있다는 사실을 깨달았습니다. "이제 됐어요, 폴," 에벌린은 언성을 높이지 않고 말했습니다. "10초 이내로 내게 정중한 표현을 쓰지 않는다면 내 친구 낸의 집에서 저녁 시간을 보내겠어요. 선택은 당신이 해요, 지금 난 허세를 부리는 게 아니니까요."

계속해서 공격적인 말을 퍼부을 준비가 되어 있던 폴은 그만 입을 다물고 말았습니다. 그 역시 지금 에벌린이 아주 진지하다는 사실을 알아챘던 것입니다. 그는 소파에 앉아 에벌린의 다음 행동을 기다렸습니다.

에벌린을 놀라게 한 것은, 경계를 세운 다음에 자기를 비난하는 일이 없어졌다고 하는 사실입니다. 평상시 그녀는 이런 생각을 하곤 했었습니다. "넌 폴에게 기회를 충분히 주지 않았어." "그렇게 성 마른 짓은 이제 그만두지 그래?" "하지만 폴은 지금 열심히 노력하고 있어. 애들에게도 잘 대해 주고 말야."

에벌린이 속한 집단은 많은 노력을 기울였습니다. 과연 에벌린의 연습은 효과가 있었습니다. 그리고 에벌린의 양심은 성장하기 시작했습니다.

9단계 : 다른 사람들의 울타리를 사랑하기

한번은 어떤 내담자가 내게 이런 질문을 했습니다. "아내에게 울타리를 세울 수 있는 방법은 없을까요?—아내가 제게 경계를 정하지 못하게 하면서 말입니다." 나는 그 내담자의 솔직함을 칭찬해 주었지만, 물론 그 질문에 대한 대답은 '아니오'였습니다. 다른 사람이 우리의 울타리를 존중해 주길 바란다면, 우리 역시 다른 사람들의 울타리를 존중해 주어야 하는 것입니다. 여기에는 몇 가지 이유가 있습니다.

다른 사람들의 울타리를 사랑한다는 것은 우리의 이기심과 뭐든지 할 수 있다는 생각에 대립되는 것입니다. 다른 사람들의 보물을 지키는 일에 관심을 가질 경우, 우리는 타락한 우리 본성의 일부인 자기 중심성과 맞서 싸우게 됩니다. 그럼으로써 우리는 좀 더 이타적인 인물이 되어 가는 것입니다.

다른 사람들의 울타리를 사랑하는 일은 다른 사람들을 보호할 수 있는 우리의 능력을 증대시켜 줍니다. 다른 사람들의 싹싹한 면들을 사랑하는 것은 그리 어려운 일이 아닙니다. 그렇지만 우리가 다른 사람의 저항이나 대립이나 분리에 부딪히게 된다면 이야기가 달라지겠죠. 우리는 갈등에 휩싸인 자신을 발견할 수도 있고, 다른 사람에게 바라는 것을 얻지 못한 자기를 발견할 수도 있습니다.

다른 사람들의 울타리를 사랑하고 존중할 수 있을 때, 우리는 다음의 두 가지 일을 성취하게 됩니다. 첫째, 우리는 정말로 순수한 마음에서 다른 사람을 돌보게 됩니다. 상대방이 우리에게 '아니오'라는 말을 할 수 있도록 도와준다고 해서 우리가 얻는 것은 아무 것도 없기 때문입니다. 상대방이 우리에게 '아니오'라고 말할 수 있도록 도와 주는 것은, 오히려 그 사람이 우리를 더욱 거절하도록 도와 주는 것일 뿐입니다!

다른 사람들의 울타리를 사랑함으로써 우리가 얻을 수 있는 두 번째 이점은, 그것이 우리에게 공감을 가르쳐 준다는 점입니다. 다른 사람들의 울타리를 사랑할 수 있을 때, 비로소 우리는 대접받고 싶은 대로 다른 사람에게 그대로 대접해야 한다는 점을 깨닫게 됩니다 : "모든 율법은 '네 이웃을 네 몸과 같이 사랑하여라' 하신 한 마디 말씀 속에 다 들어있습니다"(갈라디아서 5장 14절). 우리는 우리 자신의 '아니오'를 위하여 싸워야 하는 것처럼, 다른 사람들의 '아니오'를 위해서도 싸워 나가야 합니다— 비록 그 일 때문에 우리가 어떤 대가를 치러야 한다 할지라도 말입니다.

10단계 : 우리의 '아니오'와 '예'를 자유롭게 하기

"사랑해요, 피터," 저녁식사 자리에서 실비아가 남자친구에게 이렇게 말했습니다. 소중한 순간이었습니다. 피터는 방금 전에 실비아에게

청혼을 했었던 것입니다. 그리고 실비아 역시 피터에게 끌리고 있었습니다 ; 그 두 사람은 여러 가지 면에서 아주 잘 어울리는 한 쌍이었습니다. 다만 한 가지 문제가 있었는데요 : 그들은 데이트를 시작 한지 이제 겨우 몇 주일 밖에 되지 않은 사이였던 것입니다. 피터의 충동적인 제안은 실비아의 취향에 비추어 볼 때 다소 밀어붙이는 감이 없지 않았습니다.

"당신을 사랑하기는 하지만요," 실비아가 말을 이었습니다. "시간이 좀더 필요해요. 약혼을 하기 전에 좀더 오랜 시간을 함께 보내야 하지 않겠어요? 전 지금 당신에게 '예'라는 대답을 할 수가 없어요. 그러니까, '아니오'라고 말하는 거예요."

실비아는 그야말로 성숙한 울타리의 열매를 보여 주고 있습니다. 실비아는 확신할 수가 없었습니다. 그래서 그녀는 '아니오'라고 말했습니다. 하지만 경계 세우기 능력이 덜 발달한 사람들은 이와 정반대입니다. 그들은 아직 불확실한데도 '예'라고 말해 버립니다. 그리고는 정작 어떤 사람의 일정에 말려든 다음에야, 비로소 자신이 그와 같은 특정 상황에 더 이상 매여 있길 원치 않는다는 사실을 깨닫게 됩니다. 하지만 그 때가 되면 이미 늦어 버린 다음입니다.

나는 한때 어린이집의 원장 역할을 맡은 적이 있습니다. 작은 집에서 여러 명의 활동적인 청소년들과 함께 생활해야 하는 이 직업에 관해 훈련을 받고 있을 때, 한 경험 많은 전문가가 우리에게 이런 말을 했습니다. "여러분은 애들과의 생활을 다음의 두 가지 방식으로 시작할 수가 있습니다 : 첫째는 모든 일들에 대하여 '예'라고 대답하는 겁니다. 그러다가 어느 순간부터 애들에게 경계를 정하기 시작한다면 애들이 여러분에게 화를 내고 반항하겠죠. 둘째는 처음부터 분명하고 엄격한 경계를 세워놓고서 시작하는 거예요. 애들이 여러분의 방식대로 잘 따라준다면 나중에 가서 조금 늦춰 줄 수도 있겠죠. 그러면 애들도 여러분을 영원히 사랑하게 될 것입니다."

확실히 두 번째 방법이 더 효과가 있었습니다. 그 방법은 애들에 대한 나의 울타리를 명확하게 해주었을 뿐 아니라, 내 자신의 '아니오'를 자유롭게 풀어 주는 방법도 가르쳐 주었습니다. 이러한 척도의 한가운데에는 다음과 같은 원칙이 자리잡고 있습니다 : 우리의 '아니오'가 우리의 '예'만큼이나 자유로워지는 것이지요. 다시 말해서, 어떤 요청에 대하여 자유롭게 '예'라고 말할 수 있는 것처럼 자유롭게 '아니오'라고도 말할 수 있을 때, 여러분은 울타리의 성숙을 향하여 똑바로 나아가고 있는 셈이 되는 것입니다. 일말의 갈등이나 망설임이나 주저함도 없이, 여러분은 '예'와 '아니오'를 말할 수 있습니다.

가장 최근에 누군가가 여러분에게 어떤 것을 부탁했던 일이 있으면 그것에 관하여 잠깐 생각해 봅시다. 아마도 그 때 여러분은 그것을 주어야 할지 말아야 할지 당장에 확신이 서지 않았을 것입니다. 그 사람의 부탁이 이기적이거나 남을 교묘하게 속여서 지배하려는 것이 아니었다고 가정해 봅시다. 합리적인 사람이라면 누구나 가끔씩 합리적인 요청을 할 수가 있는 법입니다.

자, 여러분이 줘야 할지 말아야 할지 확신할 수 없는 어떤 것을 누가 여러분에게 요청했다고 칩시다. 여러분은 "기쁜 마음으로"(고린도후서 9장 7절) 그것을 내어 줄 수 있을지 과연 확신이 안 섭니다. 그 다음에 벌어지게 될 일은 모두 이 특정한 울타리 척도에 달려 있습니다. 여러분은 다음의 두 가지 가운데 한 쪽을 택할 가능성이 높습니다 :

1. 확신이 서질 않으므로 '예'라고 말하는 것입니다.
2. 확신이 서질 않으므로 '아니오'라고 말하는 것입니다.

어느 쪽이 좀더 성숙한 태도일까요? 십중팔구는 두 번째 선택이겠죠. 왜일까요? 그것은 우리가 건네 줄 수 없을지도 모르는 어떤 것을 주겠다고 약속하는 것보다는, 차라리 우리의 자원을 나누어주는 것이 좀 더 책임감 있는 행동이기 때문입니다. 예수님께서는 우리가 무엇을 시도할 때는 반드시 "그 비용을 계산해야" 한다고 말씀하십니다.

너희 가운데서 누가 망대를 세우려고 하면, 그것을 완성할 만한 비용이 자기에게 있는지를, 먼저 앉아서 셈하여 보아야 하지 않겠느냐? 그렇게 하지 않아서, 기초만 놓은 채 완성하지 못하면, 보는 사람들이 그를 비웃기 시작하여, 말하기를 '이 사람이 짓기를 시작만 하고, 끝내지는 못하였구나' 할 것이다(누가복음 14장 28-30절).

울타리가 손상된 사람들은 일단 약속을 해놓고선 다음과 같은 행동을 취하게 됩니다 : (1) 분개해 하면서 약속을 이행하든가, 아니면 (2) 약속을 저버리는 것입니다. 하지만 울타리가 발달된 사람들은 늘 자유로이, 기쁜 마음으로 약속을 이행합니다. 그럴 수 없을 경우, 그들은 아예 약속을 하지 않으니까요.

죄책감이나 맹종에 따른 책임 이행은 엄청난 대가와 고통과 불편을 수반할 수 있습니다. 여러분이 꼭 알아두어야 할 사실은, 영적인 계산이나 정서적인 계산을 하기도 전에 너무 많은 것들을 약속해서는 안 된다는 것입니다.

11단계 : 성숙한 울타리—가치 지향적인 목표 정하기

벤은 펜을 책상 위에 내려놓고 만족스런 얼굴로 아내 잔을 건네다

보았습니다. 그들은 꼬박 하루 동안을, 지난해를 돌이켜 보고 다가오는 한 해를 위한 계획을 세우면서 보냈습니다. 해마다 지켜온 이 전통은 지난 몇 년 동안 많이 발전하였습니다. 이것을 통해서 그들 부부는 자기들의 삶이 뭔가 방향과 목적을 지니고 있다고 느낄 수가 있었던 것입니다.

그들이 함께 목표를 정하기 전에는 삶이 아주 혼란스러웠습니다. 벤은 지배적이고도 충동적인 사람이었습니다. 벤의 소비 습관 때문에 그들 부부는 많은 돈을 모을 수가 없었습니다. 잔은 돈을 아껴 쓰는 편이었지만, 워낙 순종적이고 맞설 줄 모르는 사람이었습니다. 그래서 벤이 돈을 낭비하면 할수록 잔은 더더욱 움츠러들었고, 집밖으로 나가 바쁘게 자원 봉사 일을 하였습니다.

결국, 부부문제 치료자와 함께 아주 오랫동안 울타리 작업을 한 뒤에야, 비로소 잔은 벤의 무절제한 행위에 대하여 경계를 정할 수 있게 되었습니다. 그녀는 좀더 정직해졌으며, 비난하거나 분개하는 일은 훨씬 줄어들었습니다. 그러자 이번에는 벤이 가족에 대한 책임 의식을 조금씩 발달시키기 시작했습니다. 벤은 자기 아내에 대해서도 좀더 다정한 마음을 품게 되었습니다——아내가 몇 번씩이나 벤의 무책임함을 폭로한 후에도 말입니다!

벤은 미소를 지었습니다. "여보," 그는 아내에게 말했습니다. "지난 한 해 동안 우린 정말 180도로 달라졌어. 돈도 조금 모았지, 재정적인 목표도 어느 정도 달성했지, 서로에 대하여 좀 더 정직해졌지, 서로를 좀 더 좋아하게 됐지, 게다가 이제 당신은 자원 봉사자를 필요로 하는 시내의 온갖 위원회를 도우러 달려나가지 않잖아!"

잔이 대답했습니다. "그래요, 이젠 더 이상 그럴 필요가 없는 걸요. 당신, 애들, 교회 후원 집단, 우리가 하고 있는 일들, 이 모든 것 속에서 내가 원하는 것을 얻을 수 있기 때문이에요. 있잖아요, 우리가 원하고 있는 것들을 계획으로 한번 짜 봐요—— 우리 자신과 주님과 우리 돈과 우리 친구들에 관해서 바라고 있는 것들을 말이에요. 그럼 다음 해에는 훨씬 더 나아질 거예요!"

  벤과 잔은 한 해 동안 애써 일한 소득을 거두었습니다. 성숙한 울타리 세우기 능력이 온갖 형태로 성과를 올리고 있었습니다. 울타리를 학습하는 궁극적인 목표는 무엇보다도 하나님께서 우리에게 맡겨 주신 삶을 보호하고, 양육하고, 발달시키기 위함입니다. 울타리를 세우는 일은 어디까지나 신중하고, 순행적이고, 진취적인 일입니다. 울타리를 세운다는 것은 곧 우리의 삶을 통제하게 되는 것을 의미합니다.

  성숙한 울타리를 지닌 사람들은 미친 듯이 날뛰거나, 급하게 서두르거나, 무절제한 행동을 취하지 않습니다. 그들은 삶의 방향을 지니고 있으며, 자신의 개인적인 목표를 향하여 안정된 발걸음을 옮겨갑니다. 그들은 언제나 미리 계획을 세웁니다.

  그들의 현명한 울타리에 대한 보상은 삶 속에서 욕구를 충족시킬 수 있는 기쁨입니다. 하나님께서 허락하신 세월 동안 그들이 투자한 것은 모두 그 성과를 가져다줍니다. 이것은 바울이 말년에 자신의 삶을 회고한 것과도 아주 비슷합니다 :

    나는 세상을 떠날 때가 되었습니다. 나는 선한 싸움을 다 싸우고, 달려갈 길을 마치고, 믿음을 지켰습니다(디모데후서 4장 6-7절).

  하지만 이렇게 성숙한 울타리를 지닌 사람의 앞길을 삶이 방해할까요? 시험이나 말썽거리, 나를 하나님의 길이 아닌 자신의 길로 걷게 하려는 사람은 없을까요? 물론 있습니다. 하루하루가 악한 날들입니다. 우리의 울타리와 목표에 대한 온갖 저항이 펼쳐질 것입니다.

그러나, 성숙한 울타리를 지닌 사람은 그러한 사실을 이해하고, 그에 대한 여지를 남겨두고, 또 그것을 허용합니다. 성숙한 울타리를 지닌 사람은 '아니오'가 마음속에서 기다리고 있다는 사실──이미 준비를 마치고 있다는 사실을 잘 알고 있습니다. 공격을 위한 것이 아닙니다. 다른 사람을 처벌하기 위한 것도 아닙니다. 다만 하나님께서 우리에게 주신 시간과 재능과 보물을 이 행성에 사는 70년 동안 지키고 발달시키기 위해서일 뿐입니다(시편 90편 10절).

16
울타리가 있는 삶의 하루

제1장에서 살펴보았던 쉐리의 하루 일과를 기억하고 있는지요? 쉐리는 되는대로 무절제하게 온종일을 비틀거리며 살고 있었습니다. 자, 쉐리가 이 책을 접하게 되었다고 한번 가정해 봅시다. 이 책을 다 읽고 난 쉐리는, 우리가 지금까지 윤곽을 그려온 바로 그 분명한 울타리 안에서 자신의 삶을 재구성하기로 결심합니다. 그 결과, 쉐리의 하루는 이제 자유와 통제와 친밀함으로 특징지을 수 있게 됩니다. 그러면, 지금부터 울타리가 갖춰진 쉐리의 삶을 한번 슬쩍 엿보기로 할까요?

오전 6:00

자명종이 울렸습니다. 쉐리는 손을 뻗어 자명종을 껐습니다. 장담하지만, 이 자명종 소리 없이도 난 잘 일어날 수 있어, 그녀는 이렇게 생각했습니다. 이미 오분 전부터 난 깨어 있었는걸. 하루 예닐곱 시간을 푹 잔다는 것이 쉐리에게는 그야말로 오래된 환상이었지요— 그녀는 자기 가족의 경우에 그것은 꿈도 꿀 수 없는 일이라고 늘 여겨 왔던 것입니다.

하지만, 드디어 그런 일이 쉐리에게도 일어나기 시작했습니다. 쉐리와 월트가 아이들에게 시간적인 경계를 좀더 잘 세우게 된 지금, 아이들은 전보다 훨씬 일찍 잠자리에 들게 되었습니다. 심지어, 쉐리와 월트는 잠자리에 들기 전 몇 분 동안을 함께 앉아 편안하게 보낼 수도 있게 되었습니다.

물론, 이렇게 충분한 수면을 취하겠다는 목표가 아무런 대가 없이 이루어진 것은 결코 아니었습니다. 쉐리의 어머니가 전처럼 예기치 않게 급작스런 방문을 하곤 했던 것입니다. 한번은 쉐리가 아들아이 토드와 함께 과학박람회 프로젝트를 완성하려고 애쓰고 있는데, 어머니가 불쑥 찾아오셨습니다.

쉐리는 다음과 같이 말해야 하는 게 너무나도 힘들었습니다. "엄마, 저도 엄마가 여기 머무셨으면 좋겠지만, 지금은 정말로 좋은 시간이 아니에요. 전 지금 토드가 태양계 프로젝트를 완성할 수 있도록 도와주고 있었거든요. 이 프로젝트는 제가 계속해서 지켜보고 있어야 하는 거예요. 들어오셔서 같이 지켜보고 계시든지, 아니면 제가 내일 전화를 해서 함께 지내실 수 있는 시간을 따로 짜 보도록 할께요."

쉐리 어머니는 선뜻 무슨 말을 하지 못했습니다. 예의 그 순교 신드롬이 전력을 다해 치고 들어왔습니다 : "늘 내가 생각해 왔던 그대로구나, 애야. 도대체 누가 나같이 외로운 늙은이하고 시간을 보내고 싶어 하겠니? 그래, 이대로 집에나 가서 혼자 틀어박혀 있어야겠다. 언제나처럼 말야."

순간적으로 쉐리는 그처럼 교묘하게 자신의 '죄책감'을 노린 맹공격에 무릎을 꿇고만 싶었습니다. 하지만 이미 후원 집단과 여러 차례의 연습을 거친 다음이었으므로, 쉐리는 자기 엄마의 갑작스런 방문을 어떻게 처리해야 하는지 금방 결정을 내릴 수가 있었습니다. 그리고 그녀는 더 이상 지나친 죄책감을 느끼지 않게 되었습니다. 엄마는 다음 날 아침이면 다시 좋아지실 것이고— 쉐리는 유익한 저녁 시간을 보낼 수 있을 것이기 때문이었이지요.

오전 6:45

쉐리는 새 옷을 입었습니다. 아주 잘 맞았습니다—몇 달 전에 입었던 옷보다 두 치수가 작은 것이었습니다. *저에게 새로운 자기-울타리를 주셔서 정말 고맙습니다, 하나님.* 식이 요법과 운동 요법이 드디어 효과를 발휘한 것이었습니다. 이처럼 식이 요법과 운동 요법이 효과를 발휘할 수 있었던 것은, 쉐리가 음식이나 운동에 관한 어떤 새로운 비법을 익혀서가 아니라, 자기 자신을 돌보는 행동을 이기적인 것이 아닌 청지기직으로 바라볼 수 있게 되어서였습니다. 쉐리는 이제 자기 몸을 돌보기 위하여 다른 일들을 밀쳐두는 것에 관하여 죄책감을 느끼지 않게 되었습니다. 몸매를 가꾸는 것은 그녀를 좀 더 나은 아내, 좀 더 나은 엄마, 좀 더 나은 친구로 만들어 주었습니다. 이제 그녀는 자기 자신을 좀 더 좋아할 수 있게 되었습니다.

오전 7:15

에이미와 토드는 아침식사를 마친 다음, 자기 접시를 싱크대로 가져가더니, 물로 헹궈서 세척기에 집어넣었습니다. 이제는 가사를 분담하는 것도 온 식구에게 편안한 습관이 되었습니다. 물론 애들이나 월트나 처음에는 저항이 심했지요. 쉐리는 식구들이 설거지를 도와줄 때까지 아침 식사를 차리지 않았습니다. 그러다 마침내 애들과 월트에게 기적이 일어났습니다. 그들의 마음속에 '일하지 않으면 먹지도 않는다'는 사고 방식이 자리를 잡게 되었던 것입니다.

그리고 이보다 훨씬 더 만족스러운 것은, 아이들이 시간에 맞추어 통학차에 올라타는 모습을 지켜보는 것이었습니다. 그것도 이삼 분 여유를 두고서 말이죠. 잠자리도 스스로 마련하고, 숙제도 스스로 하고, 도시락도 스스로 가방에 넣고. 정말 믿기 힘든 일이었습니다.

물론 그렇게 되기까지는 수많은 장애가 있었습니다. 우선 쉐리는 합승 통학차를 운전하는 부모들에게 전화를 걸어, 딱 60초만 기다렸다가 그 때까지 안 나오면 먼저 출발해 버리라고 일러두었습니다. 그들은 정말로 그렇게 했습니다. 차를 놓쳐 버리자, 에이미와 토드는 엄마가 자기들을 배신하고 창피를 줬다고 비난했습니다. "엄만 우리 기분 같은 건 신경도 안쓰시는군요!" 울타리를 익히기 위하여 애쓰고 있는 다정한 엄마에게는 너무도 가슴 아픈 말이었습니다.

하지만, 쉐리는 열렬한 기도 생활과 친절한 후원 집단이 있었기에 끝까지 자신의 울타리를 지킬 수가 있었습니다. 아이들은 여러 차례 차를 놓치고 걸어갔다가 몇 시간씩 지각하고 나더니, 급기야는 아예 자명종을 맞춰 놓고 잠자리에 드는 버릇을 들이게 되었습니다.

오전 7:30

쉐리는 화장대 앞에 앉아 화장을 하였습니다. 그토록 오랜 세월 동안 자동차 백미러를 보면서 눈썹을 그렸던 그녀에게는 아직 어색할 수밖에 없는 행동이었습니다. 하지만 그녀는 이 평화로움을 즐겼습니다ㅡ

그리고 몇 분의 여유를 갖고서 출근길에 나섰습니다.

오전 8:45

자신이 패션 고문 감독('뛰어난 통솔력' 덕분에 그녀는 승진을 하였습니다)으로 일하고 있는 맥컬리스터 회사의 회의실로 걸어 들어가면서, 쉐리는 손목시계를 힐끗 쳐다보았습니다. 회의가 막 시작될 시간이었습니다——그녀 자신이 주재하는 회의가 말입니다.

회의실을 한 번 죽 둘러본 쉐리는 중요한 인물 세 명이 아직 자리에 앉아 있지 않다는 사실을 알아차렸습니다. 쉐리는 그 동료들과 얘기를 나누어 봐야겠다는 메모를 해두었습니다. 어쩌면 그들은 쉐리가 도움이 될 수도 있는 울타리 문제를 지니고 있을지도 모르는 일이었습니다.

쉐리는 미소를 지었습니다. 똑같은 문제들로 곤란을 겪고 있던 자신을 도와준 회사 동료들에게 고마워하곤 했던 날들을 떠올렸습니다——그리 오래된 일도 아니었습니다. 하나님, 울타리에 관하여 성서적인 시각을 가르쳐 줄 만한 교회를 주시니 정말로 고맙습니다. 그녀는 이렇게 기도했습니다. 그리고는 회의를 이끌어 가기 시작했습니다. 딱 정각에 말입니다.

오전 11:59

쉐리 책상에 놓여 있는 전화가 울렸습니다. 쉐리는 수화기를 집어들었습니다: "쉐리 필립스입니다." 그녀는 이렇게 말하고 대답을 기다렸습니다.

"쉐리, 마침 네가 자리에 있어서 얼마나 다행인지 모르겠다, 얘! 만약에 네가 점심을 먹으러 나가 버렸더라면 난 어떻게 해야 할지 정말 몰랐을 거야!"

절대로 잘못 알아들을 리 없는 목소리였습니다. 그것은 바로 로이스 톰슨의 목소리였던 것입니다. 요즘 들어서 로이스는 좀처럼 전화를 하지 않고 있었습니다. 쉐리가 그들 관계의 불균형에 관하여 언급하기 시작한 뒤로, 로이스는 그전처럼 시도 때도 없이 전화하는 일을 그만두었습니다. 쉐리는 커피를 마시면서 로이스와 진솔하게 대면을 했었습니다 :

"로이스, 넌 상처를 입을 때마다 그걸 꼭 내게 말하고 싶은가 보더라. 그래, 거기까지는 좋다구, 하지만 내가 어떤 문제로 씨름을 하고 있을 때, 넌 어떻니? 넌 아무런 도움도 되지 않는 데다가, 마음도 딴 데 가 있고, 내 일에는 관심조차도 보이지 않잖아?"

로이스는 절대로 그렇지 않다고 항의했습니다. "난 진짜 네 친구야, 쉐리," 로이스는 이렇게 말했습니다.

"난 우리가 진상을 밝혀 내야 한다고 생각해. 난 우리의 우정이 내가 널 위하여 해주는 일들에 기초한 것인지——아니면 진실한 우정에 기초한 것인지를 꼭 알아야겠어. 그리고 내가 우리들 사이에 쌓기 시작한 몇 가지 울타리를 너 또한 인식해 주었으면 좋겠어. 첫째, 널 위하여 모든 일을 중지할 수는 없어. 로이스, 난 널 사랑해. 다만 그런 식으로 네 고통을 책임질 수는 없다는 거야. 그리고 두 번째, 내가 정말로 상처 입게 될 날이 있을 거야——그 때가 되면 너에게 전화를 걸어 도움을 청할게. 난 사실 네가 정말로 나를 알고 내 고통을 아는지 확신할 수가 없어. 그러니까 우리 둘 다 진상을 알아야 할 필요가 있는 거라구."

그후로 몇 달 동안 쉐리는 로이스와의 우정에 관하여 참으로 많은 것들을 알아냈습니다. 쉐리는 로이스가 그 만성적인 긴급 사태에 빠져 있을 때 자기가 위로해 주지 않으면 움츠러들고 또 상처 입게 된다는 사실을 알아냈습니다. 쉐리는 로이스가 모든 일이 다 잘되어 갈 때에는 자신을 무시한다는 사실도 알게 되었습니다. 자기가 어떻게 지내는지 알아보려고 전화를 한 적이 한번도 없었던 것입니다. 또한 쉐리는 자기한테 무슨 문제가 생겨서 로이스에게 전화를 걸었을 경우에도, 그저 로이스는 자기 자신에 관한 이야기만 늘어놓을 뿐이라는 사실도 알게 되었습니다.

어렸을 적에 맺어졌던 관계가 아직까지도 성숙한 애착으로 발전하지 못했다는 사실을 깨닫는다는 것은 너무나도 서글픈 일이었습니다. 로이스는 진정 쉐리의 세계를 이해하고 싶을 정도로 충분히 자신의 자기-중심성을 벗어 버리지 못하고 있었던 것입니다.

다시 전화 내용으로 돌아가 볼까요? 쉐리는 대답했습니다. "로이스, 네가 전화를 해줘서 기쁘구나. 그런데, 나 지금 나가봐야 하거든. 내가 나중에 전화할께, 괜찮지?"

"하지만 지금 당장 너와 얘기하고 싶은데," 부루퉁한 대답이 들려왔습니다.

"로이스, 원한다면 다음에 다시 전화하렴. 더 나은 시간을 가르쳐 줄께."

그들은 인사를 나누고 전화를 끊었습니다. 어쩌면 로이스가 다시 전화를 할 수도 있고, 어쩌면 안 할 수도 있습니다. 어쩌면 로이스의 친구들이 모두 바쁠 경우에만 쉐리 이름이 전화번호부에서 눈에 띌 수도 있겠죠. 그래, 로이스가 내게 좋은 감정을 품고 있지 않다니, 나도 슬퍼, 쉐리는 생각했습니다. 하지만 예수님이 성부와 함께 계시기 위하여 사람들 곁에서 물러나셨을 때에도, 사람들은 아마 예수님에 대하여 그리 좋은 감정을 품지 않았을 거야. 지금 내가 로이스의 감정을 책임지려고 애쓰는 것은, 하나님께서 내게 주신 적이 없는 것을 소유하려고 애쓰는 것과 똑같은 거라구. 그런 생각을 하면서 쉐리는 점심을 먹으러 나갔습니다.

오후 4:00

쉐리의 오후 시간은 아무 탈없이 잘 흘러갔습니다. 그녀가 막 사무실을 나서려는데, 보좌역을 맡고 있는 제프 모얼랜드가 그녀를 잡아 세웠습니다.

그녀는 발걸음을 멈추지 않은 채 그에게 말했습니다. "안녕, 제프— 메모를 남겨 주시겠어요? 30초 이내로 나가봐야 하거든요." 제프는 실망한 얼굴로 메모를 남기러 갔습니다.

지난 몇 달 사이에 커다란 변화가 있었습니다. 제프가 그녀의 직장 상사에서 보좌역으로 바뀐 것은 전혀 예상치 못한 일이었습니다. 쉐리가 자기 일에 경계를 세우고는 더 이상 제프의 비열한 행동들을 덮어 주지 않게 되자, 제프의 생산성은 극도로 곤두박질치기 시작했습니다. 제프의 무책임과 마무리 부족이 적나라하게 드러났습니다. 감독들은 처음으로 제프에게 문제가 있다는 사실을 눈치채게 되었습니다.

얼마 안 가서 그들은 디자인실 배후에는 쉐리라고 하는 원동력이 있다는 사실을 깨닫게 되었습니다. 쉐리야말로 일을 성사시키는 장본인이었던 것입니다. 제프는 모든 일들에 대한 신뢰를 한 몸에 받고 있으면서, 정작 그 일들을 모두 쉐리에게 맡겨 놓고 자신은 온종일 친구들과 전화질이나 하고 있었던 것입니다.

쉐리의 울타리는 그 역할을 톡톡히 해냈습니다 : 제프의 무책임을 그대로 폭로했던 것입니다. 쉐리의 울타리는 벽에 난 구멍이 어디인지를 뚜렷하게 보여 주었습니다. 제프는 서서히 변화하기 시작했습니다.

물론 처음에는 제프도 화를 내고 상처를 받았습니다. 그는 떠나겠노라고 협박도 하였습니다. 하지만 결국에는 모든 일이 잘 해결되었습니다. 제프는 실제적으로 좀 더 기능적인 사람이 되어갔습니다. 그는 진지하게 일에 달라붙었습니다. 강등이 그를 정신차리게 만든 것입니다—이제서야 그는 자신이 그 동안 남의 덕에 출세해 왔다는 사실을 깨닫게 되었습니다.

쉐리와 제프 사이에는 여전히 문제가 남아 있습니다. 제프는 쉐리로부터 '아니오!'라는 말을 듣는 것이 말할 수 없이 힘이 듭니다. 쉐리 역시 분개심을 참는 게 아주 어렵습니다. 하지만 울타리가 없던 예전의 쉐리에 비하면 이런 것은 아무 것도 아닙니다.

오후 4:30

토드의 4학년 담임교사와의 면담은 원만하게 진행되었습니다. 이번에는 월트가 생전 처음으로 쉐리와 동행해 주었습니다. 자신이 도움이 될 수 있다는 사실을 알자, 월트는 참 많이 변했습니다. 그보다도 더 중요한 것은, 그 동안 쉐리와 월트가 가정에서 토드를 상대로 힘들게 시도해 왔던 울타리 작업이 드디어 결실을 맺게 되었다는 것입니다.

"토드 어머님," 담임 선생님이 말했습니다. "솔직히 말씀드릴께요. 전 토드의 3학년 담임이었던 러셀 선생님과 의논한 끝에, 토드에게 몇 가지 유보 조건을 달고 지켜보았답니다. 그런데 댁의 아드님은 그 동안 경계에 반응하는 능력이 몰라볼 정도로 많이 향상되었어요."

월트와 쉐리는 서로 마주보면서 미소를 지었습니다. "정말이에요,"

월트가 이렇게 말했습니다. "마술 공식 같은 건 전혀 없었습니다. 토드는 숙제하기를 싫어하고, 우리 말에 따르기를 싫어하고, 집안 허드렛일을 책임지길 싫어했었죠. 하지만 꾸준한 칭찬과 결과가 도움이 되었던 것 같습니다."

담임 교사도 그 말에 동의했습니다. "정말로 도움이 되었어요. 토드는 순종적인 천사가 아니에요——늘 자기 마음속에 있는 것들을 그대로 내뱉어 버리죠. 하지만 바로 그런 게 그 또래 아이들에게는 정상적인 것 아니겠어요? 그래도 토드가 예절바르게 행동하도록 만드는 데에는 별 문제가 없답니다. 지금까지는 한 해를 아주 잘 보내고 있어요. 부모님이 도와주신 데 대하여 감사드려요."

오후 5:15

쉐리는 퇴근 시간대의 교통 혼잡과 한바탕 씨름을 하면서도 묘하게 그 상황이 감사하게 느껴졌습니다. 지금 이 순간을 내 가족과 친구들——그리고 우리의 즐거운 주말 계획에 대하여 하나님께 감사하는 시간으로 보낼 수 있어.

오후 6:30

에이미는 시간에 딱 맞게 거실로 들어왔습니다. "엄마와 딸의 시간이에요, 엄마," 에이미가 말했습니다. "우리, 밖으로 나가요."

집밖으로 나온 그들은 저녁식사 전의 산책을 시작하였습니다. 그 시간에는 주로 쉐리가 에이미의 이야기를 들어 주곤 했습니다. 학교나, 책이나, 친구들에 관한 이야기를 말입니다. 쉐리가 바라는 것은 단 한 가지, 딸과 이야기를 나눌 수 있는 것뿐이었습니다. 언제나처럼 그 산책은 너무나도 빨리 끝나 버렸습니다.

처음부터 이 두 사람의 관계가 이렇게 좋았던 것은 아닙니다. 에이미가 아주 빼고 움츠리드는 것을 치료해 달라는 부탁을 받고, 어떤 그리스도교 치료자가 에이미와 그 가족을 만나본 결과, 그는 토드의 나쁜 행실 때문에 식구들의 관심이 온통 토드 쪽으로만 쏠려 있다는 사실을 알아차리게 되었습니다. 에이미는 삐걱거리는 바퀴가 아니었습니다. 그 때문에 에이미는 쉐리와 월트의 관심을 덜 받았던 것입니다.

서서히 에이미는 자기 자신 속으로 움츠러들었습니다. 집안에는 에이미에게 어떤 것을 줄 만한 사람이 아무도 없었습니다. 에이미의 침실, 그곳이 그녀의 세계가 되어 버렸습니다.

문제를 알아차린 쉐리와 월트는 에이미에게 특별한 관심을 쏟기 시작했습니다. 그리고 에이미가 자신의 문제를 이야기할 수 있도록 격려해 주었습니다——비록 그 문제들이 토드가 처해 있는 것만큼이나 심각한 위기는 아니었지만 말입니다.

시간이 흐르면서 에이미는 마치 햇빛을 향해 피어나는 한 송이 꽃처럼 다시 한 번 부모와 상호 작용을 하기 시작했습니다. 에이미는 어린 소녀다운 관계를 맺기 시작했습니다. 쉐리와 월트가 토드를 상대로 펼친 울타리 작업도 사실은 에이미를 치료하기 위한 과정의 하나였습니다.

저녁 7:00

한참 저녁 식사를 하고 있는데 전화벨이 울렸습니다. 세 번 울리고 나자 자동응답기가 켜졌습니다. "쉐리, 나 필리스예요. 지금 교회에 있거든요. 다음 달 수련회에 참가할 수 있겠어요?"

자동 응답기는 저녁 식사를 방해하는 훼방꾼들을 퇴치하기 위한 해결책이었습니다. '저녁 식사를 끝마치기 전에는 전화를 받지 않는다!'가 쉐리 가족의 울타리였습니다. 그리고 그 가족의 식사시간은 그 울타리 때문에 더욱 더 풍성해졌습니다.

쉐리는 유감스럽지만 식사를 마친 후에 필리스에게 전화를 걸어 거절해야겠노라고 생각했습니다. 그 기간에 쉐리와 월트는 그들 부부만의 주말을 보내기로 이미 약속해 놓았던 것입니다. 그 약속은 그들 부부가 내내 신혼 분위기를 유지할 수 있도록 도와주었습니다.

매우 흥미롭게도, 쉐리는 울타리 작업을 처음 시작할 당시, 자신의 혼란스러운 삶을 정리하기 위하여 우선 교회 위원회 일에서 손을 떼는 것으로부터 출발을 했었습니다. 그렇지만 이제는 그녀도 자신이 소명을 받았다고 여겨지는 일들을 한두 가지 해보고 싶다는 욕구를 느끼게 되었습니다. 그래, 내가 받은 위로를 다른 사람들에게 되돌려주는 거야. 쉐리는 이렇게 생각했습니다. 어쩌면 필리스가 원하는 것만큼, 자신이 필리스에게 유용하지 않을 수도 있다는 생각이 들었습니다. 하지만 그것은 어디까지나 필리스와 하나님 사이의 일이었습니다. 쉐리는 그 특별한 고리에서 제외된 인물이었으니까요.

저녁 7:45

월트가 아이들과 함께 식탁을 치웠습니다. 그들은 아침식사를 놓치고 싶지 않은 것과 마찬가지로, 다음날 저녁식사 또한 놓치고 싶지 않았던 것입니다!

밤 9:30

애들은 숙제를 마친 다음 잠자리에 들었습니다. 잠자리에 들기 전에는 얼마 정도 놀이 시간도 가졌습니다. 월트와 쉐리는 커피잔을 손에 들고 나란히 앉았습니다. 그들은 오늘 하루 일과에 관하여 조용조용 대화를 나누었습니다. 말썽꾸러기들에 관한 이야기를 나누면서 웃음을 터뜨리기도 했고, 실패한 일들에 관하여 동정을 표하기도 했으며, 주말을 위하여 계획도 세웠고, 아이들에 관한 이야기도 나누었습니다. 그들은 서로의 눈을 바라보았습니다— 서로가 상대방의 눈 속에서 찬란하게 빛나고 있었습니다.

이것은 참으로 기적 중의 기적이었습니다. 그것도 아주 보기 드문 기적이었습니다. 쉐리는 교회 후원 집단과 연합하는 동시에, 스스로 자가 치료를 해야 했습니다. 그녀가 '분노 조절을 못하는 월트를 사랑하기' 양식에서 벗어나기까지는 많은 시간이 걸렸습니다. 그녀의 울타리는 남편과의 대면을 준비하기 전에 먼저 안전한 사람들과 더불어 충분한 연습을 거쳐야만 했습니다.

그리고는 무서운 시간이 계속되었습니다. 월트는 경계를 정할 수 있는 아내, 그리고 자기에게 "이것만은 당신이 미리 알아둬야 할 거예요. 당신이 공공장소에서 잔인하게 날 비난할 때마다 난 상처를 입게 되고 또 당신에게서 멀어지게 된다구요. 만일 당신이 계속해서 그런 식으로 행동한다면 난 그 즉시 그것에 관해 당신과 맞서겠어요. 그리고는 택시를 불러 타고 집으로 갈 거예요. 이제 더 이상 거짓말하지 않겠어요. 지금부턴 내 자신을 보호하겠어요."라고 말할 수 있는 아내를 어떻게 대해야 할지 몰라 쩔쩔맸습니다.

이제는 월트의 울화나 철수를 더 이상 책임지고 살지 않을 아내,

"당신이 자기의 불행에 관해 얘기하고 싶지 않다면 난 그만 손떼겠어요. 당신이 말하고 싶어질 때 내 친구들과 함께 듣도록 하죠."라고 말할 수 있는 아내만 존재할 뿐이었습니다. 여기에 적응하기란 정말로 어려운 일이었습니다. 그 동안 월트는 쉐리가 자기를 살살 달래서 말하게 하고, 자기 목털을 매만져주고, 완벽하지 못해서 미안하다고 사과하는 데 너무나도 익숙해져 있었던 것입니다.

이제는 그가 정서적으로 거리를 두는 것에 직접 맞서서, "당신은 내가 처음으로 친밀해지려고 선택했던 사람이에요. 난 당신을 사랑해요, 그리고 당신이 내 마음속에서 가장 중요한 사람으로 있어 주길 바래요. 하지만 당신이 우리가 친밀해지는 데 투자할 만한 시간이 없다면, 나는 그 시간을 후원 집단이나 교회나 우리 애들에게 쏟겠어요. 이제 더 이상은 당신이 텔레비전 보는 모습을 지켜보면서 밀실에 틀어박혀 있지 않겠어요. 지금부턴 당신이 우리가 먹을 팝콘을 전자레인지로 튀겨와야 해요."라고 말하는 아내가 있을 뿐이었습니다.

월트는 위협도 해보았습니다. 부루퉁해져 보기도 했습니다. 움츠려 보기도 했습니다.

하지만 쉐리는 끝까지 자기 입장을 고수했습니다. 하나님과 친구들, 치료자, 교회 후원 집단의 도움을 등에 업고서, 그녀는 월트의 사나운 행동에 맞섰습니다. 쉐리가 곁에 없어서 늘 거치적거리지 않는 것이 도대체 어떤 것인지를 월트는 서서히 경험하게 되었습니다.

이제 월트는 쉐리가 그리워졌습니다.

생전 처음으로 월트는 자기가 쉐리에게 의존하고 있다는 사실을 뼈저리게 느끼게 되었습니다. 자기에게는 쉐리가 얼마나 필요한지도 알 수 있게 되었습니다. 쉐리가 곁에 있을 때면 그녀가 얼마나 분위기를 재밌게 이끌어 가는지도 깨닫게 되었습니다. 그는 서서히, 그리고 점차적으로, 다시 한 번 아내와 사랑에 빠지게 되었습니다——이번에는 울타리가 있는 아내와 말입니다.

쉐리 역시 변했습니다. 쉐리는 월트와의 희생양 놀이를 그만 두었습니다. 쉐리는 이제 월트를 전처럼 심하게 비난하지 않는 자신을 발견하게 되었습니다. 쉐리는 이제 훨씬 화를 덜 냈습니다. 쉐리의 울타리는 쉐리가 충만한 삶을 발달시킬 수 있도록 도와주었습니다. 이제 월트는 쉐리가 원하는 것만큼 완벽한 남자가 될 필요가 없어졌습니다.

이 같은 부부 관계는 이제 더 이상 실현될 수 없는 이상이 아니었습니다. 이것은 이제 마치 폭풍우 한가운데의 닻처럼 좀 더 실질적인 것으로 다가왔습니다. 그들 부부는 이제 서로 사랑과 책임을 나누는 한 팀처럼 여겨졌습니다. 그들 부부는 갈등을 두려워하지 않았으며, 서로의 실수를 용서해 주었고, 나아가 서로의 울타리를 존중해 주었습니다.

밤 10:15

월트와 나란히 침대에 누운 쉐리는, 지난 몇 달 동안에 걸친 울타리 작업을 한번 회고해 보았습니다. 그녀는 하나님께서 두 번째로 허락해 주신 이 기회가 무척이나 포근하고 감사하게 느껴졌습니다.

성경 말씀이 떠올랐습니다. 그녀가 수없이 읽고 또 읽고 되뇌던 말씀, 그것은 바로 그리스도의 산상설교 말씀이었습니다.

"마음이 가난한 사람은 복이 있다. 하늘 나라가 그들의 것이다. 슬퍼하는 사람은 복이 있다. 그들이 위로를 받을 것이다. 온유한 사람은 복이 있다. 그들이 땅을 차지할 것이다."(마태복음 5장 3-5절)

내 마음은 언제나 가난하겠지, 그녀는 이렇게 생각했습니다. 하지만 내 울타리가 하늘 나라를 얻을 수 있을 만한 시간을 발견하도록 도와줄 거야. 난 언제나 이 땅에서 겪은 상실 때문에 슬퍼하겠지. 하지만 경계를 세우면 하나님과 인간으로부터 내게 필요한 위로를 얻을 수 있을 거야. 난 언제나 온유하고 상냥하게 대하겠지. 하지만 개별적인 인간이 됨으로써 그 누구보다도 먼저 땅을 차지할 수 있을 거야. 하나님, 제게 희망을 주셔서 감사합니다. 또한 제가 ──그리고 제가 사랑하는 이들이── 하나님의 길을 걷게 해주시니 정말 고맙습니다.

끝으로 우리는 여러분의 성서적인 울타리가 여러분을 사랑과 자유와 책임과 봉사가 가득 찬 삶으로 이끌어 주기를 간절히 기도드립니다.

주

제3장 : 울타리 문제
*1. 이 네 가지 유형에 관한 소개는 데이브 카더, 얼 헨슬린, 존 타운센드, 헨리 클라우드, 앨리스 브로윈드의 Secrets of Your Family Tree (Chicago : Moody Press, 1991), 176-179쪽에서 찾아볼 수 있습니다.

제4장 : 울타리를 발달시키는 방법
*1. 다음의 구조는 마가렛 말러에 따라 발달된 것으로, 마가렛 말러, 프레드 파인, 앤니 버그만이 쓴 The Psychological Birth of the Human Infant, New York : Basic Books, 1975 (이재훈 역, 〈유아의 심리적 탄생〉, 한국심리치료연구소, 1997)에 설명이 되어 있습니다. 연구자 말러는 이 성서적 개념들이 일반적인 계시로 조작되는 과정을 관찰하였습니다.
*2. 유대와 애착에 관한 성서적 견해를 좀더 깊이 알고싶으면, 헨리 클라우드의 Changes That Heal (Grand Rapids : Zondervan, 1992), 3-5장과 존 타운센드의 Hiding from Love (Colorado Springs : NavPress, 1991), 4-13장을 읽어 보세요.

제6장 : 일반적인 울타리 신화
*1. 프랜시스 브라운, S. R. 드라이버, 찰스 A. 브리스의 A Hebrew and English Lexicon of the Old Testament (Oxford : Clarendon Press, 1977), 60쪽 ; 그리고 메릴 C. 테니가 편집한 The Zondervan Pictorial Encyclopedia of the Bible, Vol.1 (Grand Rapids : Zondervan, 1977), 166-168쪽을 참고하세요.
*2. 제임스 답슨, Love Must Be Tough (Waco, Texas : Word, 1983).

제12장 : 울타리와 자기
*1. R. 레어드 해리스, 글리손 L. 아커, 브루스 K. 왈트케 편, The Theological Wordbook of the Old Testament (Chicago : Moody, 1980), 329쪽.
*2. 존 타운센드의 Hiding from Love : How to Change the Withdrawal Patterns That Isolate and Imprison You (Colorado Springs : NavPress, 1991) 가운데 제8장, "Helpful Hiding : Dealing with Suffering"을 참고하세요.

제14장 : 울타리에 대한 저항
*1. 헨리 클라우드, Changes That Heal : Understanding Your Past to Ensure a Healthier Future (Grand Rapids : Zondervan, 1992) ; John Townsend, Hiding from Love : How to Change the Withdrawal Patterns That Isolate and Imprison You (Colorado Springs : NavPress, 1991).

지은이
헨리 클라우드(Dr.Henry Cloud), 존 타운센드(Dr. John Townsend)
이 글을 지은 헨리 클라우드 박사와 존 타운센드 박사는 캘리포니아의 뉴포트 해안에 본부를 두고 있는 집단치료센터 '미너스 마이어 새생활 클리닉 웨스트'(Minirth Meier New Life Clinic West)의 공동소장이다. 임상심리학자들로서, 그들은 섯서와 심리학의 통합 같은 그런 쟁점들에 관한 대중연설가이며 특별기고가이기도 하다. 헨리 클라우드와 존 타운센드는 바이올라대학교의 로우즈미드심리학대학원에서 박사학위 (Ph.D.)를 받았다. 그들은 공동으로 베스트셀러를 집필하기도 했는데,
〈울타리와 자녀양육〉〈울타리와 결혼생활〉〈자녀를 훌륭한 아이로 키우기〉〈안전한 사람들〉
〈당신을 미치게 하는 열두가지 '그리스도교' 신앙〉〈엄마의 바다〉 등이 그것이며, 또 헨리 클라우드는 〈치유하는 변화〉를, 존 타운센드는 〈사랑으로부터 숨기〉를 쓰기도 했다.

옮긴이
신현복
목사, 한국교회와 가정을 연구하는 모임 대표, 한신대·한신대대학원을 졸업하고 한국실천신학박사원 박사과정을 밟고 있다. 한국전문화목회연구원·한국심리치료연구소·김영애가족치료연구소 등에서 연구활동을 했으며, 특히 박근원 박사의 지도로 〈새로운 예배자료〉(전5권, 진흥)와 〈예배자료21〉(전5권, 대한기독교서회)을 비롯한 여러 가지 연구프로젝트에 함께 했다. 지은책으로 〈건빵〉〈내마음의 그림자〉〈목마른 사슴의 노래〉 옮긴책으로 〈희망의 목회상담〉(레스터) 〈삶의 의미를 찾아서〉 (토마스 네일러 외) 〈영혼의 친구 365〉(로버트 스트랜드) 등이 있다.

울타리 TEXTBOOK

초판1쇄인쇄 1999년 6월 10일
초판1쇄발행 1999년 6월 15일

지은이 헨리 클라우드, 존 타운센드
옮긴이 신현복
펴낸이 길청자
펴낸곳 도서출판 아침
등록 제7호(1999.1.7)

기획 열란마당
제작 삼덕미디어

---

* 정가는 뒷표지에 표시되어 있습니다.
* 잘못 만들어진 책은 책방에서 바꾸어 드립니다.

ⓒ Henry Cloud, John Townsend, 1992

* 가까운 책방에 책이 없을 때에는 080-365-7878(수신자 부담 전화)로 전화주시면 송료 본사부담으로 책을 보내드립니다.

ISBN 89-88764-05-6   33230